Nicolas Werth

Ein Staat gegen sein Volk

Das Schwarzbuch des Kommunismus – Sowjetunion

W0377909

SERIE PIPER

Zu diesem Buch

Der kommunistische Terror in der Sowjetunion begann nicht erst mit Stalin, seine Wiege war die Oktoberrevolution selbst – so die These des französischen Historikers Nicolas Werth. Seit der Gründung der Tscheka, der politischen Polizei der Bolschewiki, im Dezember 1917 stellte der Terror eines von Lenins wichtigsten Herrschaftsmitteln dar. Die Tscheka ermordete im Herbst 1918 innerhalb weniger Monate weitaus mehr Menschen, als in der Zarenzeit von 1825 bis 1917 aus politischen Gründen hingerichtet worden waren. Doch nicht nur der Massenmord, auch planmäßig herbeigeführte Hungersnöte zählten zum Repertoire kommunistischer Gewaltherrschaft. Aus neu erschlossenen Archivbeständen hat Werth die Geschichte der Repression und des Terrors in der Sowjetunion rekonstruiert, von den Anfängen in der Oktoberrevolution bis zum Ende des Stalinismus. Ein erschütterndes Buch, das den Blick auf das 20. Jahrhundert grundlegend verändert hat.

Nicolas Werth ist Dozent für Geschichte und forscht am französischen Institut für Zeitgeschichte CNRS (Centre national de la recherche scientifique) mit dem Schwerpunkt Geschichte der UdSSR. Zahlreiche Veröffentlichungen.

Nicolas Werth

Ein Staat gegen sein Volk

Das Schwarzbuch des Kommunismus – Sowjetunion

Aus dem Französischen von
Bertold Galli

Mit 3 Karten und 18 Fotos

Piper München Zürich

»Ein Staat gegen sein Volk« erschien zuerst als Teil 1 des von Stéphane Courtois herausgegebenen Bandes »Das Schwarzbuch des Kommunismus. Unterdrückung, Verbrechen und Terror«, Piper Verlag, München 1998 (erweiterte Neuausgabe 2000). Die französische Originalausgabe erschien unter dem Titel »Le livre noir du communisme« 1997 bei Éditions Robert Laffont, Paris, unter der Verantwortung von Charles Ronsac.

Ungekürzte Taschenbuchausgabe
Februar 2002
© 1997 Éditions Robert Laffont, Paris
© der deutschsprachigen Ausgabe:
2002 Piper Verlag GmbH, München
Umschlag: Büro Hamburg
Isabel Bünermann, Meike Teubner
Satz: Dr. Ulrich Mihr GmbH, Tübingen
Druck und Bindung: Clausen & Bosse, Leck
Printed in Germany ISBN 3-492-23494-1

www.piper.de

Inhalt

1
Oktober 1917: Gegensätzliche Standpunkte und Mißverständnisse

»Mit dem Untergang des Kommunismus entfiel die Notwendigkeit, die *Große Sozialistische Oktoberrevolution* als ein ›historisch unausweichliches Ereignis‹ darzustellen. Endlich konnte das Geschehen von 1917 zu einem ›normalen‹ geschichtlichen Thema werden. Leider fehlt bei den Historikern und erst recht in unserer Gesellschaft die Bereitschaft, mit dem Gründungsmythos des Jahres Null zu brechen, jenes Jahres, in dem alles begonnen haben soll: das Glück oder das Unglück des russischen Volkes.«

Mit diesen Worten verdeutlicht ein russischer Historiker unserer Tage eine feststehende Tatsache: Selbst 80 Jahre nach dem Ereignis geht der »Streit um die Darstellung« von 1917 weiter.

Für eine erste, durchaus als »liberal« zu bezeichnende historische Schule war die Oktoberrevolution nur ein Putsch, der mit Gewalt einer passiven Gesellschaft aufgezwungen wurde; sozusagen das Ergebnis einer geschickt ausgeklügelten Verschwörung einer Handvoll disziplinierter und zynischer Fanatiker, die im Land keinen wirklichen Rückhalt besaßen. Fast alle russischen Historiker, aber auch die gebildete Elite und die Führungskräfte des postkommunistischen Rußlands haben sich heute diese liberale Vulgata zu eigen gemacht. Befreit von ihrer sozialen und historischen Komponente, erscheint die Oktoberrevolution von 1917 als ein Unfall, der das vorrevolutionäre Rußland – ein reiches, hart arbeitendes Rußland auf dem besten Wege in die Demokratie – von seinem natürlichen Kurs abgebracht hat. Solange die beachtliche Kontinuität der Führungskräfte, die alle der kommunistischen Nomenklatura angehörten, andauert, wird man den symbolischen Bruch mit dem »monströsen sowjetischen Zwischenspiel« um so stärker hervorheben. Dies hat einen großen Vorteil: Die russische Gesellschaft wird von einem Schuldgefühl befreit, von einem Gefühl der Reue, das in den von der schmerzlichen Wiederentdeckung des Stalinismus geprägten Perestroika-Jahren eine starke Belastung gewesen ist. Wenn der bolschewistische Staatsstreich von 1917 nur ein Unfall war, so war das russische Volk nur ein unschuldiges Opfer.

Im Gegensatz dazu sah die sowjetische Geschichtsforschung in der Oktoberrevolution von 1917 ein logisches, vorhersehbares und unausweichliches

Ergebnis, für das sich die »Massen« auf ihrem Weg in die Freiheit bewußt dem Bolschewismus angeschlossen hatten. Mit einer Reihe von Umgestaltungen haben diese Geschichtsforscher den »Streit um die Darstellung« von 1917 mit der Frage nach der Legitimität des sowjetischen Regimes verknüpft. Wenn sich mit der Großen Sozialistischen Oktoberrevolution der Sinn der Geschichte erfüllt hat und alle Völker in diesem Ereignis ein Befreiungssignal sehen dürfen, so bleiben das politische System mit seinen Institutionen und der Staat, die beide daraus hervorgegangen sind, trotz aller Fehler, die der Stalinismus begangen haben mag, legitim. Der Sturz des Sowjetregimes entzog natürlich der Oktoberrevolution von 1917 jegliche Legitimität und ließ die marxistisch gefärbte Vulgata verschwinden, die – um einen bekannten bolschewistischen Ausdruck zu gebrauchen – »auf der Müllhalde der Geschichte« landete. Doch wie die Erinnerung an die Angst bleibt auch die Erinnerung an jene Vulgata lebendig, im Westen vielleicht noch stärker als in der ehemaligen UdSSR.

In ihrer Ablehnung der liberalen wie auch der marxistisch gefärbten Vulgata bemüht sich eine dritte Richtung der Geschichtsforschung, die Geschichte der russischen Revolution zu »de-ideologisieren« und – um mit den Worten des Schriftstellers Marc Ferro zu sprechen – zu begreifen, daß »der Aufstand vom Oktober 1917 wohl eine Massenbewegung gewesen ist, an der jedoch nur eine kleine Zahl teilgenommen hat«. Viele Historiker sind nicht bereit, dem stark vereinfachten Schema der heute allgemein vorherrschenden liberalen Geschichtsschreibung zu folgen. Bei ihren Überlegungen zu 1917 geht es auch um grundsätzliche Fragen. Welche Rolle spielten die Militarisierung der Wirtschaft und die Verrohung der sozialen Beziehungen? Beides ist auch auf die russische Beteiligung am Ersten Weltkrieg zurückzuführen. Kam es dadurch zu einem spezifisch sozialen Gewaltpotential als Grundlage für ein politisches Gewaltpotential, das sich später gegen die Gesellschaft richtete? Wie konnte eine so grundsätzlich antiautoritäre und staatsverneinende plebejische Volksrevolution eine politische Gruppierung an die Macht bringen, die in ihrem Glauben an die Diktatur und den Staat nicht zu überbieten war? Im Laufe des Jahres 1917 kam es in der russichen Gesellschaft zu einer nicht zu leugnenden Radikalisierung. Welche Rolle spielte der Bolschewismus dabei?

Durch den zeitlichen Abstand und die zahlreichen Beiträge einer konfliktreichen und deshalb geistig anregenden Geschichtsforschung stellt sich uns heute die Oktoberrevolution von 1917 als ein zeitliches Aufeinandertreffen von zwei Bewegungen dar: eine politische Machtergreifung als Frucht eines sorgfältig vorbereiteten Aufstands, wodurch eine Partei nach oben kommt, die sich in ihren Praktiken, in ihrer Organisation und Ideologie grundlegend von allen anderen Trägern der Revolution unterscheidet; und eine umfassende, vielgestaltige und autonome soziale Revolution, die ganz unterschiedliche Erscheinungsformen kennt: Zunächst einmal handelt es sich um einen großen Bauernaufstand; eine breite Bewegung, deren Wurzeln weit in die Geschichte zurückreichen und die sich nicht nur durch vordergründigen Haß auf den Grundherrn auszeichnet, sondern auch durch ein tiefes Mißtrauen des Bauern gegenüber der Stadt, der Außenwelt und gegenüber jeder Form staatlicher Einmischung.

So gesehen bilden der Sommer und der Herbst des Jahres 1917 den endlich siegreichen Abschluß einer ganzen Serie von Aufständen, die 1902 begonnen und in den Jahren 1905 bis 1907 einen ersten Höhepunkt erreicht hatten. Das Jahr 1917 ist eine entscheidende Etappe der großen Agrarrevolution, während der sich die Bauernschaft und die Großgrundbesitzer um die Aufteilung der Ländereien streiten. Es geht um die sehnlichst erwartete »schwarze Umverteilung«, nach der das ganze Land entsprechend der Anzahl der in einer Familie zu ernährenden Personen aufgeteilt werden sollte. Aber auch für die Auseinandersetzung zwischen der Bauernschaft und dem Staat ist es eine wichtige Etappe. Die Landbevölkerung will sich nicht mehr von den Städten bevormunden lassen. In diesem Konflikt stellt das Jahr 1917 allerdings lediglich einen Meilenstein in einer langen Reihe von Kämpfen dar, die in den Jahren 1918 bis 1922 und 1929 bis 1933 ihren Höhepunkt erreichen und letztendlich zu einer völligen Niederlage des Bauernstandes führen, denn die mit Gewalt durchgesetzte Kollektivierung trifft die Landwirtschaft in ihrer Substanz.

Parallel zum Bauernaufstand kam es 1917 zu einer weitgehenden Auflösung der Armee. Sie bestand aus fast 10 Millionen Bauernsoldaten, die seit über drei Jahren zum Kriegsdienst verpflichtet waren, den Sinn dieses Krieges jedoch nicht begriffen. Fast alle Generäle beklagten den mangelnden Patriotismus dieser politisch nur dürftig in die Nation integrierten Bauernsoldaten, deren staatsbürgerliche Interessen nicht über die Grenzen ihres dörflichen Gemeinwesens hinausgingen.

Eine dritte, ebenfalls wichtige Bewegung geht von einer sozialen Minderheit aus, die nur 3% der arbeitenden Bevölkerung ausmacht, aber in ihrer starken Konzentration auf die großen Städte des Landes politisch agiert: die Arbeiterschaft. In diesem Milieu verdichten sich alle sozialen Widersprüche einer vor knapp einer Generation begonnenen wirtschaftlichen Modernisierung. Daraus entwickelt sich eine arbeiterspezifische Protestbewegung mit ihrer unverkennbar revolutionären Forderung nach »Arbeiterkontrolle« und der altbekannten Parole »Alle Macht den Sowjets«.

Vor dem Hintergrund einer zunehmenden Emanzipierung der verschiedenen Nationalitäten und Völker des Zarenreiches zeichnet sich eine vierte Bewegung ab, deren Forderungen zunächst auf eine größere Autonomie, später auf die Unabhängigkeit zielen.

Jede dieser Bewegungen nimmt einen anderen Verlauf, besitzt eine ihr eigene Dynamik und steht für ihre ganz spezifischen Ziele, die natürlich nicht auf die bolschewistischen Schlachtrufe und das politische Handeln dieser Partei zu reduzieren sind. Während des Jahres 1917 arbeiten diese Bewegungen als *zersetzende Kräfte* intensiv an der Zerstörung der herkömmlichen Institutionen und – im allgemeinen Sinne – an der Untergrabung jeglicher Form von Autorität. Durch das Verschwinden dieser Institutionen entsteht ein Freiraum, in dem die Bolschewiki als politische Minderheit agieren. Ende 1917 geht das Handeln dieser Bolschewiki für einen kurzen, aber entscheidenden Moment konform mit den Erwartungen der Mehrheit, auch wenn die mittel- und langfristigen Ziele der einzelnen Bewegungen stark voneinander abweichen. Für einen kurzen Augenblick laufen politischer Staatsstreich und soziale Revolution zusammen oder – besser gesagt – prallen aufeinander, um dann auf dem Wege in eine jahrzehntelange Diktatur wieder auseinanderzudriften.

Für die im Herbst 1917 ausbrechenden sozialen und nationalen Bewegungen ist die angespannte Wirtschaftslage ein günstiger Nährboden gewesen: Während des totalen Krieges, der ohnehin schon eine Regression und eine allgemeine Gewaltzunahme mit sich brachte, kam es zu einer Wirtschaftskrise, zu tiefgreifenden sozialen Veränderungen und zum Staatsbankrott.

Der vom Ersten Weltkrieg erhoffte neue Impuls für die zaristische Regierung und die Konsolidierung der noch unvollkommenen Sozialstruktur blieben aus. Statt dessen zeigte der Krieg die Schwächen eines autokratischen Regimes, das bereits während der Revolution von 1905/6 ins Wanken geraten war und durch seine inkonsequente Politik, die einmal unzureichende Zugeständnisse machte und ein andermal Härte demonstrierte, seinen letzten Vertrauenskredit verspielt hatte. Der Krieg deckte auch die Schwächen der noch nicht beendeten wirtschaftlichen Modernisierung auf, denn man war auf regelmäßige Lieferungen von Kapital, Spezialisten und Technologien aus dem Ausland angewiesen. Durch den Krieg offenbarte sich erneut der tiefe Riß zwischen einem urbanen, industriellen und von der Regierung bestimmten Rußland und dem bäuerlichen, politisch nicht integrierten und noch weitgehend in seinen lokalen und dörflichen Strukturen verhafteten Rußland.

Wie die anderen Kriegsparteien setzte auch die Zarenregierung auf einen kurzen Krieg. Die Sperrung der Meerengen und die Wirtschaftsblockade machten überdeutlich, wie sehr das Zarenreich von seinen ausländischen Lieferanten abhängig war. Mit dem Verlust der westlichen Provinzen, die ab 1915 von deutschen und österreichisch-ungarischen Truppen besetzt waren, verfügte Rußland nicht mehr über die Produkte der polnischen Industrie, die zu den bestentwickelten des Reiches gezählt hatte. Die staatliche Wirtschaft kam durch den fortdauernden Krieg schnell zum Erliegen. Bereits 1915 brach wegen fehlender Ersatzteile das Transportsystem der Eisenbahn zusammen. Da fast alle Betriebe militärisch genutzt wurden, war der Binnenmarkt nicht aufrechtzuerhalten. Schon nach wenigen Monaten waren im Hinterland keine Industrieprodukte mehr zu bekommen. Im ganzen Land kam es zu schweren Versorgungsengpässen, und die Inflationsrate stieg. Auch auf dem Land verschlechterte sich die Lage rapide: Mit einem Schlage waren sämtliche Agrarkredite gesperrt und die Bodenreform gestoppt, die Männer wurden zwangsweise zum Kriegsdienst eingezogen, Vieh und Getreide wurden beschlagnahmt. Industrieerzeugnisse waren Mangelware und an einen Warenaustausch zwischen den Städten und den ländlichen Regionen war nicht mehr zu denken. Der seit 1906 so erfolgreich in die Wege geleitete Modernisierungsprozeß der Landwirtschaft war jäh unterbrochen. Premierminister Piotr Stolypin, der Initiator der Modernisierung, war bereits 1910 ermordet worden. Die drei Kriegsjahre bestärkten bei den Bauern deren Vorstellung vom Staat als einer fremden, feindlichen Macht. Die täglichen Erniedrigungen in der Armee, wo der Soldat weniger als Bürger sondern als Leibeigener behandelt wurde, verschärften die Spannungen zwischen der einfachen Mannschaft und den Offizieren, und die militärischen Niederlagen nahmen der in allzu weiter Ferne sitzenden Zarenregierung das letzte Ansehen, das ihr noch geblieben war. Archaisches Denken und Gewalt waren auf dem Lande seit jeher präsente Kräfte, die sich bereits während den großen Bauernrevolten von 1902 bis 1906 stark bemerkbar gemacht hatten und nun neuen Auftrieb erhielten.

Gegen Ende des Jahres 1915 verlor die Regierung endgültig die Kontrolle über das Land. Angesichts der passiven Regierung und der Ohnmacht des Staates organisierten sich überall Vereinigungen und Verbände, die in Selbsthilfe die täglichen Aufgaben übernahmen: Die Pflege der Verwundeten und die Versorgung der Städte und der Armee. Die Russen gingen zur Selbstregierung über; es war der Beginn einer großen, sich aus der Gesellschaft heraus entwickelnden Bewegung, die niemand richtig abschätzen konnte. Um aber über die gleichermaßen aktiven zersetzenden Kräfte triumphieren zu können, hätte es einer politischen Macht bedurft, die diese Bewegung fördert und unterstützt.

Nikolaus II. schlug jedoch keine Brücke zwischen der Macht und den vorwärtsstrebenden Elementen der Bürgergesellschaft, sondern klammerte sich an seine monarchisch-populistische Utopie vom »Väterchen Zar, dem Heerführer seines treuen Bauernvolkes«. Er übernahm selber den Oberbefehl, was in Anbetracht der nationalen Niederlage einem Selbstmord der Autokratie gleichkam. Dem isoliert in seinem Sonderzug im Generalquartier von Mogilew sitzenden Zaren waren bereits im Herbst 1915 die Regierungszügel entglitten, und er vertraute auf seine Frau, die wegen ihrer deutschen Herkunft ausgesprochen unbeliebte Zarin Alexandra.

Während des Jahres 1916 scheint sich die politische Macht vollends aufzulösen. Die Reichsduma, die einzige gewählte Versammlung – so wenig repräsentativ sie auch war –, tagte nur noch wenige Wochen im Jahr. Es kam zu einem ständigen Wechsel der Regierungen und Minister, alle gleich inkompetent und unbeliebt. Ein Gerücht machte die Runde, daß die einflußreiche Clique um die Zarin und Rasputin dem feindlichen Heer die Landesgrenzen öffnen wolle. Es wurde offensichtlich, daß die Autokratie zu einer ordentlichen Kriegsführung nicht mehr in der Lage war. Ende 1916 war das Land unregierbar geworden. Die Ermordung Rasputins am 31. Dezember ist ein weiterer Hinweis auf die politische Krise. Die Streikwelle, die zu Beginn des Krieges fast bedeutungslos geworden war, schwoll wieder an. Die Unruhen griffen auf die Armee über, denn wegen der katastrophalen Zustände im Transportwesen war das Versorgungssystem zusammengebrochen. Es war eine bereits völlig abgewirtschaftete und geschwächte Regierung, die von den Ereignissen des Februars 1917 überrascht wurde.

Nachdem die Arbeiter fünf Tage lang auf die Straße gegangen und einige tausend Männer der Petrograder Garnison in der gleichen Zeit einem Aufruf zur Meuterei gefolgt waren, kam es zum Sturz des Zarenregimes. Dies zeigt nicht nur die Schwäche des Zarentums und den Auflösungszustand einer Armee, an die sich der Generalstab für die Niederschlagung der Volksunruhen nicht zu wenden wagte, sondern auch, wie wenig die zutiefst entzweiten Oppositionskräfte politisch darauf vorbereitet waren, angefangen beim liberalen Flügel der konstitutionellen Demokraten bis hin zu den Sozialdemokraten.

Der spontane Volksaufstand, der auf der Straße begann und in den von der Außenwelt abgeschlossenen Kabinettsräumen des Taurischen Palais endete, wurde zu keinem Zeitpunkt von den Kräften der politischen Opposition angeführt. Die Liberalen hatten Angst vor der Straße; die sozialistischen Parteien fürchteten eine militärische Reaktion. Zwischen den über ein Anwachsen der Unruhen besorgten Liberalen und den Sozialisten, die natürlich die Stunde der »bürgerlichen« Revolution gekommen sahen – einer Revolution, die nur als erste Etappe eines langen Prozesses allmählich den Weg für eine sozialistische Revolution ebnen würde –, kam es zu langwierigen Verhandlungen, die schließlich zur unausgesprochenen Doppelmacht-Formel führten: auf der einen Seite die um die Ordnung besorgte provisorische Regierung, die auf eine parlamentarische Staatsform und auf ein kapitalistisches, modernes und liberales Rußland hinarbeitete, das fest zu seinen französischen und britischen Verbündeten stand; auf der anderen Seite die Petrograder Sowjetmacht, eine Handvoll militanter Sozialisten, die sich eben erst zusammengefunden hatten und vorgaben, in der großen Tradition des Sowjets von St. Petersburg aus dem Jahre 1905 zu stehen, der auf eine direktere und revolutionärere Weise die »Massen« vertreten hatte. Aber diese »Sowjetmacht« war selbst ständigen Bewegungen und Veränderungen unterworfen, abhängig von der Entwicklung seiner dezentralisierten, überall Knospen treibenden Strukturen und mehr noch von den Launen einer wankelmütigen öffentlichen Meinung.

Die drei provisorischen Regierungen, die vom 2. März bis zum 25. Oktober einander ablösten, waren nicht in der Lage, die Probleme, die ihnen das Zarenregime als Erbschaft hinterlassen hatte, zu lösen: die Wirtschaftskrise, den fortdauernden Krieg, die Arbeiterfrage und das Agrarproblem. Die neuen Machthaber – in den ersten beiden Regierungen mehrheitlich Liberale der konstitutionell-demokratischen Partei, in der dritten überwiegend Menschewiki und Sozialrevolutionäre – gehörten alle zur gebildeten städtischen Elite, zu jenen vorwärtsstrebenden Elementen der Bürgergesellschaft, die zwischen dem blind-naiven Vertrauen in das »Volk« und der Furcht vor den sie umgebenden, ihnen völlig fremden »unheimlichen Massen« hin- und herschwankten. Zumindest in den ersten Revolutionsmonaten waren sie angesichts der erstaunlichen Friedfertigkeit zum großen Teil der Meinung, daß man dem durch die Krise und den Sturz des Zarenregimes ausgelösten demokratischen Schub freien Lauf lassen sollte. Rußland zum »freiesten Land der Welt« zu machen, war der Traum von Idealisten wie dem Prinzen Lwow, dem Chef der beiden ersten provisorischen Regierungen.

»Der russische Geist«, so sagt er in einer seiner ersten Erklärungen, »offenbart sich als ein von seiner Natur her ganz und gar demokratischer. Er ist nicht nur bereit, in der universellen Demokratie aufzugehen, sondern will auf dem Wege des Fortschritts sogar eine Vorreiterrolle übernehmen, angeführt von den Leitprinzipien der Französischen Revolution: Freiheit, Gleichheit, Brüderlichkeit.«

In dieser felsenfesten Überzeugung hat die provisorische Regierung eine ganze Reihe weiterer demokratischer Maßnahmen erlassen: grundlegende Freiheiten, das allgemeine Wahlrecht, die Abschaffung jeglicher sozialer, rassischer oder religiöser Diskriminierung, das Selbstbestimmungsrecht für Polen und Finnland, das Autonomieversprechen für die nationalen Minderheiten usw. Diese Maßnahmen sollten ein patriotisches Hochgefühl aufkommen lassen, den sozialen Zusammenhalt fördern, den militärischen Sieg auf Seiten der Alliierten sichern und das neue Regime fest in das System der westlichen Demokratien einbinden.

In ihrer pedantischen Sorge um Legalität lehnte es die Regierung jedoch ab, im Kriegszustand wichtige, für die Zukunft bindende Maßnahmen zu treffen. Man wollte eine verfassunggebende Versammlung abwarten, deren Wahl für den Herbst 1917 vorgesehen war. Die Regierung wollte bewußt »provisorisch« bleiben und legte deshalb die dringlichsten Probleme auf Eis: den Frieden und die Landverteilung. Für die Wirschaftskrise, die mit der Fortdauer des Krieges einherging, fand die provisorische Regierung in den wenigen Monaten ihrer Existenz auch keine besseren Lösungen als das zaristische Regime: Versorgungsengpässe, Inflation, Unterbrechungen des Warenaustausches, Betriebsschließungen und das Ansteigen der Arbeitslosigkeit sorgten für zusätzliche soziale Spannungen.

Angesichts der abwartenden Haltung der Regierung organisierte sich die Gesellschaft weiterhin selbständig. In wenigen Wochen bildete sich eine Unzahl von Sowjets, von Betriebs- und Stadtteilkomitees, von bewaffneten Arbeitermilizen (den »Roten Garden«), von Bauern-, Soldaten-, Kosaken- und Hausfrauenverbänden. Überall schuf man Diskussionsforen und Versammlungsorte, auf denen Forderungen und eine öffentliche Meinung formuliert wurden und eine andere Art Politik zum Ausdruck kam. Es war ein regelrechtes Befreiungsfest, das von Tag zu Tag gewaltsamere Formen annahm, denn in der Februarrevolution kamen lang angestaute Ressentiments und soziale Frustrationen zum Ausbruch. Die *Mitingowanje* (Dauermeeting) war das genaue Gegenteil der parlamentarischen Demokratie, von der die Politiker des neuen Regimes träumten. Im Laufe des Jahres 1917 nahm die Radikalität der Forderungen und der sozialen Bewegungen unübersehbar zu.

Ihren wirtschaftlichen Forderungen nach einem 8-Stunden-Tag, einer Sozialversicherung, einer Lohnerhöhung und nach der Streichung der Bußgelder und anderer Strafmaßnahmen schlossen die Arbeiter politische Forderungen an. Hier ging es um eine radikale Umgestaltung der sozialen Beziehungen zwischen Arbeitgeber und Arbeitnehmer und um eine andere Form der Macht. Die Arbeiter wollten sich in Betriebsräten organisieren, um so vor allem die Einstellungen und Entlassungen kontrollieren zu können und die Arbeitgeber an ungerechtfertigten Betriebsschließungen wegen angeblicher Versorgungsengpässe zu hindern. Daraus entstand die Forderung nach einer »Arbeiterkontrolle« über die Produktion. Doch um diese Arbeiterkontrolle durchsetzen zu können, bedurfte es einer völlig neuen Regierungsform. Allein die »Sowjetmacht« war zu radikalen Maßnahmen wie die Zwangsverwaltung und Verstaatlichung der Betriebe in der Lage. Forderungen dieser Art waren im Frühjahr 1917 noch unbekannt, doch bereits sechs Monate später wurden sie immer häufiger vorgetragen.

Im Revolutionsjahr 1917 spielten die Bauernsoldaten – eine Masse von 10 000 000 mobilisierten Männern – die entscheidende Rolle. Fahnenflucht und Pazifismus beschleunigten den Auflösungsprozeß der russischen Armee und sorgten für den allgemeinen Zusammenbruch der Institutionen. Die Soldatenausschüsse, die die provisorische Regierung bereits im ersten von ihr verabschiedeten Text anerkannt hatte – dem berühmten Dekret Nr. 1, einer wahren Charta der »Soldatenrechte«, welche die härtesten disziplinarischen Regeln des alten Regimes abschaffte –, dehnten ihre Vorrechte ständig aus. Schließlich lehnten sie sogar den einen oder anderen Offizier ab, wählten sich einen neuen, mischten sich in die militärische Strategie ein und schwangen sich zu einer bisher nicht gekannten »Soldatenmacht« auf. Auf der Grundlage dieser Soldatenmacht entwickelte sich ein typischer »Schützengraben-Bolschewismus«, den General Brusilow, der Oberbefehlshaber der russischen Armee, folgendermaßen beschrieb: »Die Soldaten hatten nicht die geringste Ahnung vom Kommunismus, vom Proletariat oder der Verfassung. Sie wollten Frieden, Land und ein freies Leben ohne Gesetze, Offiziere und Großgrundbesitzer. Ihr ›Bolschewismus‹ war in Wirklichkeit nur eine wunderbare Sehnsucht nach grenzenloser Freiheit, nach der Anarchie.«

Als im Juni 1917 die letzte russische Offensive scheiterte, spielte die russische Armee verrückt: Hunderte von Offizieren wurden von der Truppe der »Konterrevolution« bezichtigt, von den Soldaten verhaftet und nicht selten massakriert. Die Zahl der Fahnenflüchtigen stieg rapide an, in den Monaten August und September waren es täglich mehrere zehntausend. Die Bauernsoldaten hatten bald nur noch einen Gedanken im Kopf: heimzukehren, um die Verteilung des Landes und des Viehbestandes der Großgrundbesitzer nicht zu verpassen. Von Juni bis Oktober 1917 haben zwei Millionen Soldaten, die es leid waren, zu kämpfen oder mit leerem Magen in den Schützengräben oder in der Garnison zu warten, die vom Zerfall gekennzeichnete Armee verlassen. Ihre Rückkehr in die Dörfer sorgte für zusätzliche Unruhen in den ländlichen Regionen.

Bis in den Sommer hinein war das Ausmaß der Bauernunruhen im Vergleich zur Revolution von 1905/6 eher bescheiden gewesen. Als die Abdankung des Zaren bekannt wurde, versammelte sich die Bauernschaft, wie sie es immer bei einem wichtigen Ereignis getan hatte, und setzte eine Petition mit ihren Beschwerden und Wünschen auf. Als erstes forderte man, daß das Land denen gehören soll, die es bearbeiten, daß das brachliegende Land der Großgrundbesitzer sofort verteilt werden und der Pachtzins niedriger festgesetzt werden soll. Allmählich organisierten sich die Bauern und gründeten sowohl auf der Dorf- wie auch auf der Bezirksebene Landwirtschaftsausschüsse, die meistens von den Vertretern der dörflichen Intelligenzija – den Dorflehrern, Popen, Agronomen und Landärzten –, die alle dem sozialrevolutionären Milieu nahestanden, geleitet wurden. Mit den Monaten Mai und Juni 1917 wurde das Klima innerhalb der Bauernbewegung härter: Um nicht von der ungeduldigen Basis überrannt zu werden, fingen die Landwirtschaftsausschüsse an, die Geräte und den Viehbestand der Großgrundbesitzer zu beschlagnahmen und sich Wald, Weideland und brachliegendes Feld anzueignen. Dieser uralte Kampf um die »schwarze Umverteilung« des Landes wurde auf dem Rücken der Großgrundbesitzer ausgetragen, aber auch auf dem der Kulaken, jener wohlhabenden Bauern, die – von den Reformen Stolypins begünstigt – die Dorfgemeinschaft verlassen und sich, befreit von allen Gemeinschaftspflichten, auf einem eigenen Stück Land niedergelassen hatten. Seit der Oktoberrevolution von 1917 war der Kulak nur noch ein Schatten seiner selbst: Als Schreckgespenst aller boschewistischen Reden galt er als der »reiche Raubbauer«, der »Bourgeois auf dem Lande«, der »Wucherer« oder als der »blutsaugerische Kulak«. Er mußte tatsächlich den größten Teil seines Viehbestandes, seiner Maschinen und seiner Ländereien der Dorfgemeinschaft zurückgeben, wo alles in den gemeinsamen Topf kam und nach dem alten Gleichheitsgrundsatz der »zu ernährenden Münder« neu aufgeteilt wurde.

Mit der Heimkehr von Hunderttausenden bewaffneter Deserteure nahmen die Bauernunruhen im Laufe des Sommers bedrohliche und immer gewaltsamere Formen an. Enttäuscht über die nicht eingelösten Versprechungen einer Regierung, die die Agrarreform immer wieder verschob, gingen die Bauern Ende August mit Gewalt gegen die herrschaftlichen Landgüter vor. Alle Güter wurden systematisch ausgeraubt und in Brand gesteckt, um die elenden Gutsbesitzer ein für allemal daraus zu vertreiben. In der Ukraine und in den zentralrussischen Provinzen Tambow, Pensa, Woronesch, Saratow, Orel, Tula und Rjasan brannten Tausende von den herrschaftlichen Gütern, und die Gutsbesitzer wurden zu Hunderten massakriert.

Angesichts dieser Ausschreitungen zögerten die regierende Elite und die politischen Parteien – allein die Bolschewiki bildeten eine rühmliche Ausnahme, worauf wir aber noch zurückkommen – zwischen einer Politik, die versuchte, die soziale Revolution einigermaßen unter Kontrolle zu bringen, und dem Gedanken an einen militärischen Putsch. Sowohl die in den Arbeiterkreisen sehr beliebten Menschewiki als auch die Sozialrevolutionäre, die bei den Bauern von allen politischen Gruppierungen die größte Zustimmung fanden, beteiligten sich seit Mai an der Regierungsbildung, doch beide Parteien waren nicht in der Lage, die von ihnen schon seit langem propagierten Reformen zu verwirklichen – dies gilt vor allem für die Sozialrevolutionäre, die immer wieder von einer Neuverteilung des Landes gesprochen hatten. Die Regierungen, denen die Vertreter dieser Parteien angehörten, waren allzusehr um die Einhaltung der Ordnung und der entsprechenden Gesetze bemüht. Die gemäßigten sozialistischen Parteien waren zu den Verwaltern und Ordnungshütern des »bürgerlichen« Staates geworden und überließen es den Bolschewiki, gegen die Mißstände Sturm zu laufen. Auch aus der Beteiligung an einer Regierung, welche die Situation im Lande mit jedem Tag weniger beherrschte, konnten diese Parteien keinen Nutzen ziehen.

In Anbetracht der immer mehr um sich greifenden Anarchie lag bei den Arbeitgebern, den Großgrundbesitzern, dem Generalstab und bei so manchem enttäuschten Liberalen der Gedanke an eine militärische Intervention nahe. General Kornilow schlug dies offen vor. Dieser Lösungsversuch scheiterte jedoch am Widerstand der provisorischen Regierung unter Alexander Kerenski. Ein siegreicher Militärputsch hätte nämlich die Zivilmacht untergraben. Denn diese hat immer, so schwach sie auch war, für einen formellen Fortgang der politischen Geschäfte gekämpft. Das Scheitern des Putsches von General Kornilow in den Tagen vom 24. bis 27. August 1917 sorgte für ein vorzeitiges Ende der provisorischen Regierung, die endgültig die Kontrolle über sämtliche angestammte Machtbereiche verloren hatte. Während die Zivilregierung und das auf eine Diktatur hoffende Militär auf dem Höhepunkt des Machtspiels sich gegenseitig bekämpften, brachen die staatstragenden Pfeiler – die Justiz, die Verwaltung und die Armee – zusammen, das Recht und jede Art von Autorität wurde mit Füßen getreten.

Bedeutete die unleugbare Radikalisierung der Massen in den Städten und auf dem Lande zugleich ihre Bolschewisierung? Nichts darf mehr bezweifelt werden als das. Die Begriffe der gemeinsamen Schlachtrufe – »Arbeiterkontrolle« , »Alle Macht den Sowjets« – hatten für die militanten Arbeiter und die bolschewistischen Parteiführer nicht dieselbe Bedeutung. In der Armee steht der »Schützengraben-Bolschewismus« vor allem für die allgemeine Friedenssehnsucht, welche die kämpfenden Soldaten der seit drei Jahren an diesem mörderischen Totalkrieg beteiligten Länder alle gleichermaßen empfanden. Die Bauernrevolte hingegen ging einen völlig eigenen Weg, der dem die »schwarze Umverteilung« propagierenden Programm der Sozialrevolutionäre wesentlich näherstand als dem der Bolschewiki, die die Verstaatlichung des Landbesitzes und dessen Bewirtschaftung in großen Kollektiveinheiten befürworteten. Auf dem Lande kannte man die Bolschewiki nur aus den Erzählungen der Fahnenflüchtigen, die vom Bolschewismus nur vage Vorstellungen und vor allem zwei Zauberworte vermittelten: Frieden und Land. Bei weitem nicht alle Unzufriedenen gehörten der bolschewistischen Partei an. Anfang Oktober 1917 zählte die Partei – die Zahlen sind widersprüchlich – zwischen 100000 und 200000 Mitglieder. Im Herbst 1917 fehlte jedoch jegliche Form staatlicher Institution und Autorität. An deren Stelle waren unzählige von den Sowjets und anderen Gruppierungen ins Leben gerufene Ausschüsse getreten, und so vermochte ein gut organisierter und entschlossen vorgehender Parteikern in kurzer Zeit eine Macht zu erlangen, die in keinem Verhältnis zu seiner wirklichen Stärke stand. Genau das tat die bolschewistische Partei.

Seit ihrer Gründung im Jahre 1903 unterschied sich diese Partei sowohl auf russischer wie auf europäischer Ebene von den anderen sozialdemokratischen Strömungen durch ihre bewußte Strategie des radikalen Bruchs mit der bestehenden Ordnung und durch ihre strenge Organisationsstruktur. Es war eine elitäre, diszipliniert und effektiv arbeitende Partei, die als Avantgarde der Berufsrevolutionäre das genaue Gegenteil der großen Massenparteien war, die mit offenen Armen Sympathisanten ganz unterschiedlicher Richtung aufnahmen, beispielsweise die Menschewiki und in aller Regel auch die europäischen Sozialdemokraten.

Der Erste Weltkrieg brachte die Besonderheit des leninistischen Bolschewismus noch stärker zur Geltung. Der mehr und mehr isolierte Lenin, der eine Zusammenarbeit mit den anderen sozialdemokratischen Strömungen kategorisch ablehnte, lieferte in seiner Schrift *Der Imperialismus als höchstes Stadium des Kapitalismus* eine theoretische Rechtfertigung seiner Position. Dort erklärte er auch, daß die Revolution nicht in einem Land mit einem starken Kapitalismus ausbreche, sondern in einem wirtschaftlich unterentwickelten Staat wie Rußland. Bedingung sei jedoch, daß die revolutionäre Bewegung dort von einer disziplinierten Spitzentruppe angeführt wird, die notfalls bis zum Äußersten geht, d.h. bis zur Diktatur des Proletariats, und den imperialistischen Krieg in einen Bürgerkrieg verwandelt.

In einem Brief an Alexander Schljapnikow, einen der bolschewistischen Parteiführer, schrieb Lenin:

»Die Kriegsniederlage des Zarentums wäre im Augenblick das kleinere Übel. […] Die ganze Kraft unserer Arbeit (beharrlich, systematisch und vielleicht von langer Dauer) gilt dem Bestreben, den Krieg in einen Bürgerkrieg zu verwandeln. Wann sich das verwirklichen wird, ist eine andere Frage, es ist jedenfalls noch nicht klar. Wir müssen den Augenblick reifen lassen und ihn systematisch ›zur Reife treiben‹ … Wir können den Bürgerkrieg nicht ›versprechen‹ und ihn auch nicht ›beschließen‹, aber wir haben die Pflicht, *darauf* hinzuwirken – solange wie es nötig ist.«

Der »imperialistische Krieg« deckte die »inter-imperialistischen Widersprüche« auf, drehte so die Begriffe des marxistischen Dogmas um und ließ

Rußland als Explosionsort wahrscheinlicher erscheinen als jeden anderen Ort. Während des Krieges kam Lenin immer wieder auf den Gedanken zurück, daß die Bolschewiki bereit sein sollten, die Entwicklung eines Bürgerkriegs mit allen Mitteln zu fördern.

»Wer den Klassenkampf akzeptiert«, schrieb er im September 1916, »muß auch den Bürgerkrieg akzeptieren, der in jeder Klassengesellschaft für die natürliche Weiterführung, Entwicklung und Zunahme des Klassenkampfes steht.«

Nach dem Sieg der Februarrevolution, an dem keiner von den maßgeblichen bolschewistischen Führungskräften beteiligt war, weil sie allesamt entweder im Exil oder anderweitig im Ausland weilten, prophezeite Lenin im Gegensatz zur überwältigenden Mehrheit der Parteioberen das Scheitern der Versöhnungspolitik, um die sich der mehrheitlich aus Sozialrevolutionären und Sozialdemokraten der unterschiedlichsten Richtung bestehende Petrograder Sowjet gegenüber der provisorischen Regierung bemühte. In seinen vier *Briefen aus der Ferne*, die er in Zürich zwischen dem 20. und 25. März 1917 geschrieben hat und von denen die bolschewistische Tageszeitung *Prawda* nur den ersten zu veröffentlichen wagte, weil der Inhalt der Briefe mit der damals von den bolschewistischen Parteioberen von Petrograd verteidigten Position nicht mehr zu vereinbaren war, forderte Lenin den sofortigen Bruch zwischen dem Petrograder Sowjet und der Provisorischen Regierung und drängte zur aktiven Vorbereitung der sich nun anschließenden »proletarischen« Phase der Revolution. Für Lenin war das Auftreten der Sowjets ein Zeichen dafür, daß die Revolution ihre »bürgerliche Phase« bereits hinter sich gebracht hatte. Ohne weiter abzuwarten, sollten die revolutionären Organe mit Gewalt die Macht an sich reißen und den imperialistischen Krieg beenden, notfalls auch unter Einbeziehung eines in revolutionären Prozessen unvermeidlichen Bürgerkriegs.

Als Lenin am 3. April nach Rußland zurückkehrte, blieb er weiter bei seinen radikalen Positionen. In seinen berühmten *Aprilthesen* wiederholte er seine bedingungslos-feindselige Haltung gegenüber der parlamentarischen Republik und dem demokratischen Prozeß. Lenins Gedanken, die von den meisten der führenden Petrograder Bolschewiki mit Bestürzung und Feindseligkeit aufgenommen wurden, breiteten sich dennoch rasch aus, besonders unter den neuen Parteimitgliedern, die Stalin mit Recht im Gegensatz zu den »Theoretikern« die *praktiki* – die »Praktiker« – nannte. Innerhalb weniger Monate hatten die plebejischen Gruppen, unter denen die Bauernsoldaten eine zentrale Stelle einnahmen, die urbanisierten, intellektuellen und im institutionalisierten Sozialkampf erfahrenen Gruppen unterwandert. Es waren Militante einfacher Herkunft mit einem in der bäuerlichen Kultur verwurzelten und durch die drei Kriegsjahre noch gesteigerten Gewaltpotential, die sich weniger an das marxistische Dogma, das sie sowieso kaum kannten, gebunden fühlten. Politisch eher ungebildet, waren sie die typischen Vertreter des plebejischen Bolschewismus, der bald stark auf den intellektuelltheoretisierenden Bolschewismus des ursprünglichen Bolschewiken abfärben sollte, und stellten sich kaum die Frage, ob eine »bürgerliche Etappe« für den »Übergang zum Sozialismus« notwendig sei oder nicht. Als Anhänger des unmittelbaren Handelns und des entschiedenen Vorgehens waren sie die eifrigsten Verfechter eines Bolschewismus, bei dem die theoretischen Debatten einer einzigen noch auf der Tagesordnung stehenden Frage gewichen sind: der Frage nach der Machtergreifung.

Lenins Weg verlief auf dem schmalen Grat zwischen einer immer ungeduldiger auf das große Abenteuer wartenden plebejischen Basis – die Marinesoldaten von Kronstadt, dem vor Petrograd liegenden Flottenstützpunkt, einige Garnisonseinheiten der Hauptstadt und die Roten Garden der Arbeiterviertel von Wyborg – und den Parteioberen, die vor einem allzu voreiligen und deshalb zum Scheitern verurteilten Aufstand warnten.

Entgegen einer weitverbreiteten Vorstellung blieb die bolschewistische Partei während des ganzen Jahres 1917 tief gespalten, hin- und hergerissen zwischen dem Übermut der einen und dem Vorbehalt der anderen Fraktion. Die vielgerühmte Disziplin dieser Partei entsprach nicht ganz der Wirklichkeit. Anfang Juli 1917 hätten die Ausschreitungen der Basis, die ungeduldig auf einen Schlagabtausch mit den Regierungstruppen wartete, beinahe das Aus für die bolschewistische Partei bedeutet, denn im Anschluß an die blutigen Auseinandersetzungen vom 3. bis 5. Juli in Petrograd wurde sie verboten, und die Parteioberen wurden entweder verhaftet oder mußten wie Lenin ins Exil.

Die Ohnmacht der Regierung hinsichtlich der großen Probleme, das Fehlen staatlicher Institutionen und Behörden, die Weiterentwicklung der sozialen Bewegungen und das Scheitern des Militärputsches von General Kornilow riefen die bolschewistische Partei Ende August 1917 wieder auf den Plan. Die Situation war günstig, um über einen bewaffneten Aufstand an die Macht zu kommen.

Ein weiteres Mal war Lenins persönlicher Einfluß, sowohl als Theoretiker als auch als Stratege im Kampf um die Macht, entscheidend. In den Wochen, die dem bolschewistischen Staatsstreich vom 25. Oktober 1917 vorausgingen, bereitete Lenin mit aller Sorgfalt einen militärischen Staatsstreich vor, den weder die »Massen« durch einen unkontrollierten Aufstand noch die bolschewistischen Parteioberen mit ihrer »Revolution innerhalb des gesetzlichen Rahmens« vereiteln konnten. Parteiführer wie Sinowjew oder Kamenew wollten nach den bitteren Erfahrungen des Juli-Aufstandes gemeinsam mit den Sozialrevolutionären und den verschiedenen Gruppierungen der Sozialdemokraten, die zusammen in den Sowjets über eine Mehrheit verfügten, die Macht übernehmen. Aus seinem finnischen Exil schickte Lenin unablässig Briefe und Artikel an das Zentralkomitee der bolschewistischen Partei, in denen er zum Aufstand drängte.

»Über einen sofortigen Frieden und die Landverteilung an die Bauern«, so schrieb er, »schaffen sich die Bolschewiki eine Macht, die niemand stürzen wird. Es wäre vergeblich, auf eine formale Mehrheit zugunsten der Bolschewiki zu warten. Darauf wartet keine Revolution. Die Geschichte wird es uns nie verzeihen, wenn wir jetzt nicht die Macht übernehmen.«

Die meisten der bolschewistischen Parteiführer reagierten mit Skepsis auf diese Appelle. Warum denn die Dinge überstürzen, wenn sich die Situation sowieso von Tag zu Tag weiter zuspitzt? Genügte es denn nicht, sich an die Massen zu halten und ihre spontanen Gewaltausbrüche zu unterstützen, der zersetzenden Wirkung der sozialen Bewegungen freien Lauf zu lassen und die für den 20. Oktober vorgesehene Versammlung des II. Allrussischen Sowjetkongresses abzuwarten? Die Bolschewiki hatten gute Chancen, in dieser Versammlung eine relative Mehrheit zu erreichen, denn die Sowjetdelegierten der großen Arbeiterzentren und Soldatenkomitees waren gegenüber den von den Sozialrevolutionären beherrschten Dorfsowjets deutlich überrepräsentiert. Für Lenin war klar, daß eine aus dem Votum des Sowjetkongresses hervorgegangene Regierung zwangsläufig eine Koalition ist, in der sich die Bolschewiki die Macht mit den anderen sozialistischen Gruppierungen teilen müssen. Seit Monaten forderte Lenin jedoch die Alleinherrschaft für die Bolschewiki und wollte, daß die Bolschewiki über eine militärische Erhebung selbst die Macht ergriffen, und zwar vor dem Zusammentreten des II. Allrussischen Sowjetkongresses. Er wußte, daß die anderen linksgerichteten Parteien den Staatsstreich verurteilen würden und ihnen deshalb nur der Weg in die Opposition blieb. Somit hätten die Bolschewiki die Alleinherrschaft.

Am 10. Oktober kehrte Lenin heimlich nach Petrograd zurück und versammelte zwölf von den 21 Zentralkomiteemitgliedern der bolschewistischen Partei um sich. Nach einer zehnstündigen Diskussion konnte er die Mehrheit der Anwesenden überzeugen, und sie stimmten für die wichtigste Entscheidung, die diese Partei jemals getroffen hat: für einen bewaffneten Aufstand zum frühstmöglichen Zeitpunkt. Die Entscheidung wurde mit zehn zu zwei Stimmen angenommen. Die Gegenstimmen kamen von Sinowjew und Kamenew, die beide entschieden der Meinung waren, daß vor dem II. Allrussischen Sowjetkongreß nichts unternommen werden sollte. Trotz des Einspruchs der gemäßigten Linken stellte Trotzki am 16. Oktober eine militärische Organisation auf, die zwar theoretisch auf den Petrograder Sowjet zurückging, in Wirklichkeit aber fest in bolschewistischer Hand war: Das Militärrevolutionäre Komitee von Petrograd (MRKP). Aufgabe des Komitees war die Machtergreifung über eine militärische Erhebung und nicht über einen unkontrolliert-spontanen Volksaufstand, der die bolschewistische Partei überrollt hätte.

Ganz im Sinne Lenins war die Zahl der aktiv an der Großen Sozialistischen Oktoberrevolution Beteiligten streng begrenzt: einige tausend Soldaten von der Petrograder Garnison, der Kronstädter Marine und der dem MRKP beigetretenen Roten Garden und ein paar Hundertschaften militanter Bolschewiki aus den Arbeiterkomitees. Der Staatsstreich war erwartet, sorgfältig vorbereitet und konnte deshalb schnell und ohne Schwierigkeiten durchgeführt werden; so kam es nur zu wenigen Zusammenstößen, und die Zahl der Opfer war eher unbedeutend. Bezeichnenderweise fand die Machtergreifung im Namen des MRKP statt, wodurch die bolschewistischen Verantwortlichen die gesamte Macht an eine Instanz übertrugen, die nur im Auftrag des bolschewistischen Zentralkomitees gehandelt hatte und in keiner Weise vom Sowjetkongreß abhängig war.

Lenins Strategie erwies sich als richtig: Die vor vollendete Tatsachen gestellten gemäßigten Linken verurteilten »die hinter dem Rücken der Sowjets organisierte militärische Verschwörung« und verließen den II. Sowjetkongreß. Die Bolschewiki – zusammen mit ihren einzigen Verbündeten, der kleinen Linksgruppe der Sozialrevolutionäre, zahlenmäßig immer noch stark genug – ließen sich ihren Staatsstreich von den noch verbliebenen Kongreßabgeordneten absegnen. Man stimmte für einen von Lenin redigierten Text, der »alle Macht den Sowjets« übertrug. Ein rein formaler Beschluß, mit dem die Bolschewiki eine Fiktion festigen konnten, die ganze Generationen von Leichtgläubigen in die Irre führte: Sie regierten im Namen des Volkes im »Land der Sowjets«. Wenige Stunden später billigten die Abgeordneten, bevor sie sich trennten, die Berufung der neuen bolschewistischen Regierung – des Rats der Volkskommissare unter dem Vorsitz Lenins – und verabschiedeten die Dekrete über den Frieden und den Grund und Boden: die ersten Amtshandlungen des neuen Regimes.

Zwischen der neuen Macht und den sozialen Bewegungen, die in völliger Selbständigkeit gegen die alte politische, wirtschaftliche und soziale Ordnung vorgegangen waren, nahmen die Mißverständnisse und in der Folge die Konflikte sehr schnell zu. Das erste Mißverständnis betrifft die Agrarrevolution. Die Bolschewiki, die immer die Verstaatlichung von Grund und Boden propagiert hatten, mußten in einem für sie wenig günstigen Umfang das sozialrevolutionäre Programm übernehmen oder besser »stehlen« und eine erneute Verteilung des Landes an die Bauern gutheißen. Das »Dekret über den Grund und Boden«, das in seinen Hauptbestimmungen festlegte, daß »das Privateigentum an Grund und Boden entschädigungslos aufgehoben ist und die örtlichen Agrarkomitees über das ganze Land verfügen, um es neu zu verteilen«, war in Wirklichkeit nur eine nachträgliche Legitimation dessen, was seit dem Sommer 1917 in vielen Landgemeinden durchgeführt worden war: Man hatte sich das Land der Großgrundbesitzer und der reichen Bauern, der Kulaken, auf brutale Weise angeeignet. Für den Augenblick waren die Bolschewiki gezwungen, sich an diese selbständige Bauernrevolution zu halten, denn schließlich hat sie ihnen auf dem Weg zur Macht wertvolle Hilfe geleistet. Zehn Jahre später werden die Bolschewiki jedoch wieder auf ihr Programm zurückkommen. Die Zwangskollektivierung der Landwirtschaft bedeutet den Höhepunkt in der Auseinandersetzung zwischen dem aus der Oktoberrevolution von 1917 hervorgegangenen Regime und der Bauernschaft und führt zur tragischen Auflösung des Mißverständnisses von 1917.

Das zweite Mißverständnis betrifft das Verhältnis der bolschewistischen Partei zu den anderen politischen Institutionen, die ebenfalls an der Zerschlagung der herkömmlichen staatlichen Einrichtungen beteiligt waren und für eine Anerkennung und Erweiterung ihrer eigenen Kompetenzen gekämpft haben: Arbeiterkomitees, Gewerkschaften, linke Parteien, Quartierkomitees, Rote Garden und vor allem die Sowjets. Innerhalb weniger Wochen wurde diesen Institutionen die Macht entzogen, sie wurden der bolschewistischen Partei unterstellt oder eliminiert. »Alle Macht den Sowjets« – die vielleicht populärste Parole des russischen Oktobers von 1917 entwickelte sich im Handumdrehen zu einem Machtmittel der bolschewistischen Partei gegenüber den Sowjets. Was die »Arbeiterkontrolle« angeht, die andere große Forderung, für die zu kämpfen die Bolschewiki vorgaben, so wurden die Proletarier von Petrograd und der anderen großen Industriezentren zugunsten einer staatlichen Kontrolle über die Betriebe und Arbeiter, die angeblich von der Arbeiterschaft ausging, schnell beiseite geschoben. Gegenseitiges Unverständnis kennzeichnete das Verhältnis zwischen der durch Arbeitslosigkeit, schwindende Kaufkraft und Hunger schwer belasteten Arbeiterschaft und einem Staat, dessen Hauptaugenmerk der wirtschaftlichen Effizienz galt. Ab Dezember 1917 mußte sich das neue Regime einer ganzen Reihe von Arbeiterforderungen und einer neuen Streikwelle stellen. In wenigen Wochen verloren die Bolschewiki zum großen Teil den Vertrauensvorschuß, den sie sich im Laufe des Jahres 1917 bei Teilen der Arbeiterschaft erarbeitet hatten.

Das dritte Mißverständnis betrifft das Verhältnis des neuen Regimes zu den Nationalitäten des ehemaligen Zarenreiches. Mit dem bolschewistischen Staatsstreich nahmen die zentrifugalen Tendenzen zu, und die neuen Machthaber schienen sie anfänglich auch zu unterstützen. Die Bolschewiki erkannten die Gleichheit und Souveränität der Völker des alten Reiches an, sagten ihnen das Recht auf Selbstbestimmung und auf einen föderativen oder unabhängigen Status zu und luden sie anscheinend ein, sich von der Vorherrschaft der russischen Zentralgewalt zu befreien. In wenigen Monaten erklärten die Polen, Finnen, Balten, Ukrainer, Georgier, Armenier und Aserbeidschaner ihre Unabhängigkeit. Die überforderten Bolschewiki ordneten das Selbstbestimmungsrecht der Völker bald der Notwendigkeit unter, sich den ukrainischen Weizen und das Öl und die Bodenschätze aus dem Kaukasus zu sichern. Kurz: Vorrang hatten die Lebensinteressen des neuen Staates, eines Staates, der recht schnell und zumindest in territorialer Hinsicht in viel stärkerem Maße als die provisorische Regierung als Erbe des ehemaligen Zarenreiches auftrat.

Das Zusammentreffen von ganz unterschiedlichen sozialen und nationalen Revolutionsbewegungen und einer politischen Praxis, die jegliches Teilen der Macht von vornherein ausschloß, führte schnell und zwangsläufig zu einem Gewalt und Terror erzeugenden Konflikt zwischen der neuen Macht und weiten Teilen der Gesellschaft.

2
Der »bewaffnete Arm der Diktatur des Proletariats«

Die neue Macht stellt nach außen hin ein komplexes Gebilde dar: eine Fassade, »die Macht der Sowjets«, formal vertreten durch das zentrale Exekutivkomitee; eine legale Regierung, der Rat der Volkskommissare, der sich auf nationaler und internationaler Ebene um mehr Anerkennung bemüht; eine aus der Revolution hevorgegangene Organisation, die als Operationseinheit dem Zweck der Machtergreifung diente, das Militärrevolutionäre Komitee von Petrograd (MRKP). Felix Dserschinski, der von Anfang an eine entscheidende Rolle in diesem Komitee spielte, charakterisierte es folgendermaßen: »Eine leichte, flexible und sofort einsatzfähige Einheit ohne jegliche juristische Pedanterie. Unbeschränkte Handlungsfreiheit, um die Feinde mit dem bewaffneten Arm der Diktatur des Proletariats zu schlagen.«

Wie funktionierte in den ersten Tagen des neuen Regimes dieser »bewaffnete Arm der Diktatur des Proletariats«, um Dserschinskis bildhaften Ausdruck zu gebrauchen, der später auch für die Tscheka, die politische Polizei der Bolschewiki, verwendet wurde? Auf eine einfache und schnelle Weise. Das MRKP bestand aus etwa 60 Mitgliedern: 48 Bolschewiki, ein paar linke Sozialrevolutionäre und Anarchisten. Formell unterstand es einem Präsidenten, dem linken Sozialrevolutionär Lazimir, dem vier Bolschewiki – darunter Antonow-Owsejenko und Dserschinski – beigeordnet waren. In Wirklichkeit waren es etwa 20 Leute, die im Namen des »Präsidenten« oder des »Sekretärs« die etwa 6000 im allgemeinen mit Bleistift auf Papierschnipsel hingekritzelten Befehle des MRKP in den 53 Tagen seiner Existenz formulierten und unterschrieben.

Mit dem gleichen »geringen operationellen Aufwand« wurden die Direktiven weitergegeben und die Befehle ausgeführt: Das MRKP agierte über ein Netz von etwa 1000 Kommissaren, die bei den unterschiedlichsten Organisationen, Sowjets, Stadtteilkomitees, Militär- und Verwaltungseinheiten eingesetzt wurden. Diese Kommissare waren nur dem MRKP gegenüber Rechenschaft schuldig und trafen ihre Entscheidung oft ohne Zustimmung der Regierung oder des bolschewistischen Zentralkomitees. Schon am 26. Oktober (8. November)[1] beschlossen unbekannte und anonym gebliebene »Kommissare« in Abwesenheit der mit der Regierungsbildung beschäftigten bolschewistischen Parteioberen folgende Maßnahmen zur Festigung der Diktatur des Proletariats: ein Verbot der »konterrevolutionären« Flugblätter, die Einstellung der sieben wichtigsten Tageszeitungen der Hauptstadt (der »bürgerlichen« und »gemäßigten linken« gleichermaßen), die Kontrolle über den Rundfunk und das Telegrafenwesen und die Aufstellung eines Programms zur Beschlagnahmung privater Wohnungen und Automobile. Die Einstellung der Zeitungen wurde zwei Tage später durch ein Regierungsdekret legalisiert, eine Woche später und nach heftigen Diskussionen auch durch ein entsprechendes Dekret des zentralen Exekutivkomitees der Sowjets.[2]

In der ersten Zeit unterstützten die bolschewistischen Parteioberen aus mangelndem Vertrauen in ihre Kraft eine Taktik, die sich im Laufe des Jahres 1917 schon mehrmals bewährt hatte, den sogenannten »Hang der Massen zu spontanen Revolutionen«. Einer von den Dorfsowjets aus der Provinz Pskow entsandten Delegation, die sich beim MRKP über die Maßnahmen zur »Vermeidung der Anarchie« erkundigen wollte, erklärte Dserschinski, daß »es die augenblickliche Aufgabe ist, die bestehende Ordnung zu brechen. Doch wir Bolschewiki sind zahlenmäßig nicht stark genug, um diese historische Aufgabe zu erfüllen, und müssen deshalb dem Befreiungskampf der Massen mit ihrem Hang zu spontanen Revolutionen freien Lauf lassen. Später werden wir Bolschewiki den Massen den Weg zeigen, den sie zu gehen haben. Es sind die Massen, die über das MRKP zu Wort kommen und gegen ihren Klassenfeind, gegen die Feinde des Volkes vorgehen. Wir können den Haß und die legitime Rachsucht der Unterdrückten gegenüber ihren Unterdrückern nur kanalisieren und lenken.«

Wenige Tage zuvor – in der MRKP-Sitzung vom 29. Oktober (10. November) – hatten ihre Anonymität wahrende Sitzungsteilnehmer von der Notwendigkeit gesprochen, energischer gegen die »Volksfeinde« zu kämpfen, Der Ausdruck »Volksfeind« wurde in den folgenden Monaten, Jahren und Jahrzehnten sehr viel gebraucht. Auch in der MRKP-Erklärung vom 13. November (26. November) hat man ihn übernommen: »Die hohen Beamten der Staatsverwaltung, der Banken, der Finanzverwaltung, der Eisenbahn, des Post- und Telegraphendienstes sabotieren die Maßnahmen der bolschewistischen Regierung. Ab sofort werden diese Leute zu Volksfeinden erklärt. Ihre Namen werden in den Zeitungen veröffentlicht, und Listen mit den Volksfeinden werden in allen öffentlichen Einrichtungen ausgehängt.«[3] Wenige Tage nach der Einführung dieser Proskriptionslisten folgte eine neue Erklärung: »Alle der Sabotage, Spekulation und unrechtmäßigen Bereicherung verdächtigen Personen können auf der Stelle als Volksfeinde verhaftet und in die Gefängnisse von Kronstadt gebracht werden.«[4]

Innerhalb weniger Tage hatte das MRKP zwei ausgesprochen schreckenerregende Ausdrücke eingeführt: den »Volksfeind« und den »Suspekten«.

Am 28. November (10. Dezember) wird der Ausdruck »Volksfeind« endgültig von der Regierung geprägt; ein von Lenin unterzeichnetes Dekret schreibt vor, daß »die Mitglieder der Führungsinstanzen der konstitutionell-demokratischen Partei, der Partei der Volksfeinde, außerhalb des Gesetzes stehen, sofort zu verhaften sind und vor den Revolutionsgerichten zu erscheinen haben.«[5] Diese Gerichte waren kurz zuvor durch das »Dekret Nr. 1 über das Gerichtswesen« geschaffen worden. Mit ihm waren alle Gesetze, die »im Widerspruch standen zu den Dekreten der Arbeiter- und Bauernregierung sowie zu den politischen Programmen der sozialdemokratischen und sozialrevolutionären Partei«, abgeschafft. Bis zum Erscheinen des neuen Strafgesetzbuches lag die Entscheidung, inwieweit die vorhandenen Gesetze »in dem durch die Revolution geschaffenen Ordnungs- und Gesetzesrahmen« noch ihre Gültigkeit besaßen, ganz bei den Richtern. Die Erklärung war so allgemein gehalten, daß jeder Mißbrauch möglich war. Die Gerichte des alten Regimes wurden aufgelöst. An ihre Stelle traten Volks- und Revolutionsgerichte, die zuständig waren für alle Verbrechen und Vergehen gegen den »proletarischen Staat«, die »Sabotage«, die »Spionage«, den »Machtmißbrauch« und alle anderen »konterrevolutionären Verbrechen«. Wie Kurski, der von 1918 bis 1928 Volkskommissar für die Justiz war, zugab, handelte es sich bei den Revolutionsgerichten nicht um Gerichte im herkömmlichen, also »bürgerlichen« Sinne, sondern um Gerichte der Diktatur des Proletariats, die sich als Kampforgane gegen die Konterrevolution eher um Ausrottung bemühten als um Urteile.[6] Unter den Revolutionsgerichten gab es auch ein »Revolutionsgericht für Presseangelegenheiten«. Es war für die Pressedelikte zuständig und sollte alle Veröffentlichungen, die »über bewußte Falschmeldungen für Verwirrung sorgen«, unterbinden.[7]

Während die neugeschaffenen Justizanstalten ganz neue Kategorien (»Suspekte«, »Volksfeinde«) aufstellten, festigte sich die Struktur des Militärrevolutionären Komitees von Petrograd immer mehr. In einer Stadt, in der die Mehlvorräte kleiner waren als die für Notzeiten festgesetzte Tagesration – ein halbes Pfund Brot für einen Erwachsenen –, hatte die Versorgungsfrage natürlich eine übergeordnete Bedeutung.

Am 4. (17.) November wurde eine Versorgungskommission gegründet, die in ihrer ersten Erklärung »die von der Armut profitierenden reichen Klassen« anprangerte und außerdem verlauten ließ: »Es wird Zeit, die Mehreinnahmen der Reichen einzuziehen und – warum nicht – ihren Besitz.« Am 11. (24.) November schickte man auf Beschluß der Versorgungskommission unverzüglich Sonderkommandos aus Arbeitern, Roten Garden, Heeres- und Marinesoldaten in die Provinzen, in denen Getreide angebaut wurde, »um für Petrograd und die Front die allernotwendigsten Lebensmittel sicherzustellen«.[8] Diese Maßnahme ging auf eine Kommission der MRKP zurück und läutete die Versorgungspolitik der nächsten drei Jahre ein: Sonderkommandos einer »Versorgungsarmee« führten Beschlagnahmungen durch und lieferten für die Gewalt und Terror erzeugende Auseinandersetzung zwischen der neuen Macht und der Bauernschaft den meisten Zündstoff.

Die am 10. (23.) November gegründete Militärische Ermittlungskommission hatte den Auftrag, konterrevolutionäre Offiziere, die meistens von ihren eigenen Soldaten denunziert worden waren, Mitglieder der »bürgerlichen« Parteien und der »Sabotage« verdächtigte Beamte zu verhaften. Diese Kommission beschäftigte sich recht bald mit den unterschiedlichsten Angelegenheiten. In den Wirren einer notleidenden Stadt, wo schnell zusammengestellte Kommandos aus Roten Garden und Milizen unter Vorgabe eines vagen, von irgendeinem »Kommissar« unterschriebenen Auftrags im Namen der Revolution beschlagnahmten, pfändeten und plünderten, wurden täglich Hunderte wegen der unterschiedlichsten Vergehen vor die Kommission gebracht: wegen Raub oder »Spekulation«, wegen »übermäßiger Inanspruchnahme« lebenswichtiger Güter, aber auch wegen »Trunkenheit« oder »Zugehörigkeit zu einer feindlichen Klasse«.[9]

Die bolschewistischen Appelle an die Masse und deren spontane Erhebungen waren eine nur schwer zu handhabende Waffe. Racheakte und Gewalttaten nahmen deutlich zu, besonders Diebstähle mit vorgehaltener Waffe und das Plündern der Kelleranlagen des Winterpalais und von Geschäften, vor allem solcher, die Alkoholika führten. Diese Entwicklung nahm mit der Zeit so überhand, daß das MRKP auf einen Vorschlag von Dserschinski hin eine Kommission zur Bekämpfung von Trunkenheit und Unruhen ins Leben rief. Am 6. (20.) Dezember verhängte diese Kommission in Petrograd den Ausnahmezustand und ordnete Sperrstunden an, »um den Umtrieben und Machenschaften dieser zwielichtigen und angeblich revolutionären Elemente ein Ende zu bereiten«.[10]

Mehr noch als diese sporadischen Unruhen fürchtete die bolschewistische Regierung die Ausweitung des Beamtenstreiks, der schon seit den auf den Staatsstreich vom 25. Oktober (7. November) folgenden Tagen andauerte. Diese Bedrohung lieferte am 7. (20.) Dezember den Vorwand zur Gründung der *V*serossiskaïa *tch*rezvytchaïnaïa *k*omissia po bor'be s kontr'revoliutsii, spekulatsieï i sabotagem – der Außerordentlichen Allrussischen Kommission zur Bekämpfung der Konterrevolution, Spekulation und Sabotage. Unter ihren Initialen Vetscheka oder der Kurzform Tscheka sollte diese Kommission in die Geschichte eingehen.

Einige Tage vor der Tscheka-Gründung beschloß die Regierung – nicht ohne Zögern – die Auflösung des MRKP, das am Vorabend vor dem Aufstand als provisorische Operationseinheit gegründet worden war, um die Geländeoperationen durchführen zu können, und diese Aufgabe hatte es auch erfüllt. Das MRKP hatte die Machtergreifung ermöglicht und die Stellung des neuen Regimes so lange verteidigt, bis dieses einen eigenen Staatsapparat aufgebaut hatte. Im Interesse einer klaren Machtposition und zur Vermeidung von Kompetenzschwierigkeiten mußte das MRKP nun seine Vorrechte an die rechtmäßige Regierung abtreten, den Rat der Volkskommissare.

Aber wie konnte man in einem von den bolschewistischen Parteioberen als kritisch bezeichneten Augenblick auf den »bewaffneten Arm der Diktatur des Proletariats« verzichten? In der Sitzung vom 6. Dezember beauftragte die Regierung »den Genossen Dserschinski mit der Bildung einer Spezialkommission, die nach Mitteln sucht, um den Generalstreik der Beamten mit aller der Revolution dienenden Energie zu bekämpfen, und Methoden zur Unterbindung der Sabotage festlegt«. Die Wahl des Genossen Dserschinski löste nicht die geringste Diskussion aus und schien durchaus erwartet worden zu sein. Ein paar Tage zuvor hatte Lenin, der mit Vorliebe historische Parallelen zwischen der Großen – französischen – Revolution und der russischen Revolution von 1917 aufzeigte, seinem Sekretär V. Brontsch-Brujewitsch gegenüber erklärt, daß es dringend notwendig sei, »unseren Fouquier-Tinville« zu finden, »der die ganze konterrevolutionäre Bande außer Gefecht setzen wird«.[11] Am 6. Dezember fiel die Wahl des »zuverlässigen proletarischen Jacobiners« – um einen anderen Ausdruck Lenins zu gebrauchen – einstimmig auf Felix Dserschinski, der sich innerhalb weniger Wochen durch seinen unermüdlichen Einsatz beim MRKP zum großen Spezialisten für Sicherheitsfragen entwickelt hatte. »Außerdem«, erklärte Lenin gegenüber Brontsch-Brujewitsch, »hat Felix von uns allen die längste Zeit in zaristischer Haft gesessen und sich am meisten mit der Ochranka [der politischen Polizei des Zarenreichs] angelegt. Er kennt sich aus in diesem Geschäft!«

Vor der Regierungssitzung vom 7. (20.) Dezember schrieb Lenin eine Mitteilung an Dserschinski:

»Könnten Sie – hinsichtlich Ihres heutigen Berichts – nicht ein Dekret verfassen, dem etwa folgende Präambel vorausgeht: Die Bourgeoisie ist im Begriff, die schändlichsten Verbrechen zu begehen. Sie greift auf den Abschaum der Gesellschaft zurück, um Aufstände zu organisieren. Die Komplizen der Bourgeoisie, insbesondere die hohen Beamten, die Führungskräfte der Banken usw., betreiben Sabotage und organisieren Streiks, um die Maßnahmen der Regierung zur sozialistischen Umgestaltung der Gesellschaft zu unterlaufen. Die Bourgeoisie schreckt nicht vor einer gezielten Beeinträchtigung der Versorgung zurück und treibt so Millionen von Menschen in den Hunger. Im Kampf gegen die Saboteure und Konterrevolutionäre sind außerordentliche Maßnahmen zu treffen. Deshalb beschließt der Rat der Volkskommissare…«[12]

Am Abend des 7. (20.) Dezembers stellte Dserschinski sein Projekt dem Rat der Volkskommissare vor. Er begann seine Ausführungen mit einer Rede über die Gefahren, die der Revolution an der »inneren Front« drohten:

»An diese Front, der gefährlichsten und grausamsten aller Fronten, müssen wir zuverlässige Genossen schicken, die mit aller Entschiedenheit und Härte kämpfen und bereit sind, sich unverzagt für die Revolution zu opfern. Glaubt nicht, Genossen, daß ich nach einer Art revolutionsadäquaten Gerechtigkeit suche. Wir können mit ›Gerechtigkeit‹ nichts anfangen! Wir befinden uns im Krieg, und zwar an der grausamsten aller Fronten, denn der Feind ist maskiert auf dem Vormarsch, und es ist ein Kampf um Leben und

Tod! Mein Vorschlag, meine Forderung zielt auf die Bildung eines Organs, das auf revolutionäre und unverkennbar bolschewistische Weise mit den Konterrevolutionären abrechnet!«

Dann kommt Dserschinski auf die zentralen Punkte seiner Ausführungen zu sprechen. Der folgende Text wurde direkt dem Sitzungsprotokoll entnommen:

»Aufgabe der Kommission ist es: 1) alle Versuche und Aktionen der Konterrevolution und Sabotage zu unterbinden und zu verhindern, ganz egal, von welcher Seite sie kommen, und zwar auf dem gesamten russischen Territorium; 2) alle Saboteure und Konterrevolutionäre vor ein Revolutionsgericht zu bringen.

Die Kommission beschränkt sich auf eine Voruntersuchung, soweit sie zur Erfüllung ihrer Aufgaben unerläßlich ist.

Die Kommission gliedert sich in folgende Abteilungen: 1) Information; 2) Organisation; 3) Operation.

Die Kommission behandelt mit besonderer Aufmerksamkeit die Angelegenheiten der Presse und Sabotage, die KD-Leute [konstitutionellen Demokraten], die rechten SR-Leute [Sozialrevolutionäre], die Saboteure und Streikenden.

Die Kommission bedient sich folgender repressiver Maßnahmen: Beschlagnahmung des Besitzes, Ausweisung aus der Wohnung, Entzug der Lebensmittelkarten, Veröffentlichung von Volksfeind-Listen usw.

Beschluß: Dem Plan wird zugestimmt. Die Kommission nennt sich Außerordentliche Allrussische Kommission zur Bekämpfung der Konterrevolution, Spekulation und Sabotage. Ist zu veröffentlichen.«[13]

Der Gründungstext der politischen Sowjetpolizei wirft sofort eine Frage auf: Wie ist die Diskrepanz zwischen Dserschinskis offensiver Rede und dem relativ bescheidenen Rahmen, in dem sich die Kompetenzen der Tscheka bewegen, zu verstehen? Die Bolschewiki standen gerade in Vertragsverhandlung mit den linken Sozialrevolutionären (sechs ihrer Parteioberen beteiligten sich am 12. Dezember an der Regierung), um zu einem Zeitpunkt, wo es um die Frage ging, ob die verfassunggebende Versammlung einberufen werden soll, ihre politische Isolation zu brechen. In der verfassunggebenden Versammlung waren die Bolschewiki nämlich in der Minderheit. So hielten sie sich also im Hintergrund, und entgegen dem Regierungsbeschluß vom 7. (20.) Dezember wurde kein Dekret über die Gründung der Tscheka und die Festlegung ihrer Kompetenzen veröffentlicht.

Die Tscheka, die Außerordentliche Kommission, sollte ohne jegliche Gesetzesgrundlage gedeihen und agieren. Von Dserschinski, der wie Lenin völlig freien Spielraum haben wollte, stammt folgender bemerkenswerter Satz: »Das Leben selbst weist der Tscheka den Weg.« Das Leben, d. h. »Revolutionsterror der Massen« und Gewalt auf der Straße, was von den meisten bolschewistischen Parteiführern damals stark befürwortet wurde. Denn eine Zeitlang vergaßen sie ihr tiefes Mißtrauen gegenüber den spontanen Reaktionen der Masse.

Am 1. (13.) Dezember wandte sich Trotzki, der Volkskommissar für Kriegsfragen, mit einer Mahnung an die Delegierten des Zentralen Exekutivkomitees der Sowjets: »In weniger als einem Monat wird der Terror extrem gewaltsame Formen annehmen, so wie es auch bei der Großen Französischen Revolution gekommen ist. Nicht nur das Gefängnis, sondern auch die Guillotine, jene bemerkenswerte Erfindung der Großen Französischen Revolution, deren unbestreitbarer Vorzug es ist, den Menschen einen Kopf kürzer machen zu können, wird für unsere Feinde bereitstehen.«[14]

Ein paar Wochen später appellierte Lenin in einer Rede vor einer Arbeiterversammlung ein weiteres Mal an den Terror, die »neue Form von Klassengerechtigkeit«.

»Die Sowjetmacht hat so gehandelt, wie alle revolutionären Proletarier hätten handeln sollen: Sie hat die bürgerliche Justiz, das Machtinstrument der herrschenden Klassen, hinweggefegt. […] Die Soldaten und Arbeiter müssen begreifen, daß ihnen niemand hilft, wenn sie sich nicht selbst helfen. Wenn die Massen sich nicht spontan erheben, werden wir gar nichts erreichen. Solange wir gegenüber den Spekulanten keinen Terror ausüben – auf der Stelle eine Kugel in den Kopf –, wird uns überhaupt nichts gelingen!«[15]

Diese Appelle an den Terror entfachten einen Sturm der Gewalt, der sicherlich auch ohne die Machtergreifung der Bolschewiki losgebrochen wäre. Bereits im Herbst 1917 waren Tausende der großen Landgüter von den wütenden Bauern geplündert worden, und die Gutsbesitzer zu Hunderten massakriert. Im Sommer 1917 war die Gewalt in Rußland allgegenwärtig. Völlig neu war diese Gewalt nicht, doch durch die Ereignisse des Jahres 1917 kamen mehrere Formen von Gewalt, die bisher nur latent vorhanden gewesen waren, zusammen: eine urbane Gewalt als »Reaktion« auf die brutalen kapitalistischen Verhältnisse einer industriellen Welt, eine bäuerliche Gewalt »herkömmlicher« Natur und die »moderne« Gewalt des Ersten Weltkriegs, die einen außerordentlichen Rückschritt und eine ungemeine Verrohung der menschlichen Beziehungen mit sich brachte. Die Mischung dieser drei Gewaltformen ergab ein explosives Gemisch, das gerade in der besonderen Wirtschaftslage des revolutionären Rußlands verheerende Folgen anrichten konnte. Denn jegliche Form staatlicher Autorität und Ordnung fehlte, die schon lange schwelenden sozialen Spannungen und die Unzufriedenheit haben beträchtlich zugenommen, und nun wurde die Gewalt der Massen auch noch als politisches Mittel eingesetzt. Das Mißtrauen zwischen den Städtern und den Menschen vom Lande beruhte auf Gegenseitigkeit. Für das Land galt die Stadt mehr denn je als der Ort der Macht und Unterdrückung. Für die städtische Elite wiederum, die Berufsrevolutionäre, die größtenteils aus der Intelligenzija stammten, waren die Bauern nach wie vor – wie Gorki beschrieb – eine Masse von »Halbwilden«, die sich mit ihren

»grausamen Instinkten« und ihrem »tierischen Individualismus« der »organisierten Vernunft der Stadt« unterzuordnen hatten. Gleichzeitig waren sich Politiker und Intellektuelle sehr wohl darüber im klaren, daß der Sturz der Provisorischen Regierung nur den Erschütterungen der Bauernrevolten zu verdanken war und die Bolschewiki, die lediglich eine kleine Minderheit hinter sich hatten, nur die Macht ergreifen konnten, weil eben staatliche Einrichtungen jeglicher Art fehlten.

Ende 1917 und Anfang 1918 gab es keine ernstzunehmende Opposition, die das neue Regime hätte bedrohen können. Einen Monat nach dem bolschewistischen Staatsstreich war der größte Teil des nördlichen und zentralen Rußlands bis hin zur mittleren Wolga unter Kontrolle, ebenso eine ganze Reihe großer Ballungsräume, die bis in den Kaukasus (Baku) und nach Zentralasien (Taschkent) reichten. Die einzige organisiert-militärische, antibolschewistische Kraft war die kleine, etwa 3000 Mann starke »Armee der Freiwilligen«, Grundstock der späteren »weißen« Armee, welche die Generäle Alexejew und Kornilow im Süden Rußlands auf die Beine gestellt hatten. Diese zaristischen Generäle setzten ihre ganze Hoffnung auf die Kosaken am Don und Kuban. Die Kosaken unterschieden sich grundlegend von den anderen russischen Bauern; als wichtiges Privileg hatten sie unter dem alten Regime als Gegenleistung für ihren bis zum 36. Lebensjahr dauernden Militärdienst 30 Hektar Land übereignet bekommen. Wenn sie schon nicht mit dem Erwerb von Neuland rechnen konnten, so wollten sie zumindest das behalten, was sie bereits besaßen, und das bedeutete vor allem ihren Status und ihre Unabhängigkeit. Beunruhigt wegen der kulakenfeindlichen Erklärungen der Bolschewiki, schlossen sich die Kosaken im Frühjahr 1918 den antibolschewistischen Kräften an.

Kann man bei den ersten Kampfhandlungen des Winters von 1917 und des Frühjahrs von 1918, bei denen sich im russischen Süden die einige tausend Mann starke Armee der Freiwilligen und die knapp 6000 Mann zählenden bolschewistischen Truppen gegenüberstehen, überhaupt von einem Bürgerkrieg sprechen? Was sofort auffällt, ist der starke Kontrast zwischen den wenigen mobilisierten Streitkräften und der ungemeinen Härte, mit der die Bolschewiki nicht nur gegen gefangene Soldaten, sondern auch gegen Zivilisten vorging. Die von General Denikin, dem Oberbefehlshaber der Streitkräfte des russischen Südens, im Juni 1919 eingesetzte »Untersuchungskommission für bolschewistische Verbrechen« bemühte sich in den wenigen Monaten ihrer Forschungstätigkeit, die von den Bolschewiki in der Ukraine, im Kuban-Gebiet, am Don und auf der Krim begangenen Grausamkeiten zu erfassen. Die von dieser Kommission gesammelten Berichte beziehen sich alle auf unzählige, schon im Januar 1918 verübte Grausamkeiten. S.P. Melgunow beruft sich in seinem Buch *Der rote Terror in Rußland (1918–1924)* – dem 1924 in London erschienenen Klassiker über den bolschewistischen Terror – hauptsächlich auf diese Berichte. In Taganrog haben Spezialkommandos der Sivers-Armee 50 an Händen und Füßen gefesselte Gutsbesitzer und »weiße« Offiziere in einen Hochofen geworfen. In Ewpatoria wurden mehrere hundert Offiziere und Bürgerliche gefoltert und anschließend gefesselt ins Meer geworfen. Auf der Krim kam es in den meisten der von den Bolschewiki besetzten Städte – Sewastopol, Jalta, Aluschta und Simferopol – zu ähnlichen Gewaltverbrechen. Die gleichen Grausamkeiten geschahen ab April/Mai 1918 in den aufständischen Kosakengemeinden. Die peinlich genauen Akten der Denikin-Kommission berichten von »Leichen mit abgehackten Händen, zerschlagenen Knochen, abgerissenen Köpfen, zerschmetterten Kieferknochen und abgeschnittenen Genitalien«.[16]

Nach einer Notiz von Melgunow ist es jedoch »schwierig, zwischen der systematischen Vorgehensweise eines organisierten Terrors und den unkontrollierten ›Exzessen‹ mit ihren unterschiedlichen Erscheinungsformen zu unterscheiden«. Bis zum August/September 1918 war fast nie von einer lokalen Tscheka die Rede, die das Kommando für diese Massaker übernommen hätte. Doch bis zu jenem Datum war das Tscheka-Netz auch ziemlich dünn. Die Massaker, die bewußt nicht nur an den kämpfenden feindlichen Truppen, sondern auch an den zivilen »Volksfeinden« verübt wurden, waren meist von »bewaffneten Kommandos«, »Roten Garden« und anderen nicht näher spezifizierten »bolschewistischen Elementen« durchgeführt worden. So befanden sich unter den 240 Personen, die Anfang März 1918 in Jalta getötet worden waren, neben den 165 Offizieren etwa 70 Politiker, Rechtsanwälte, Journalisten und Lehrer. Die Ausrottung des »Volksfeindes« war nur die logische Fortsetzung einer zugleich politischen und sozialen Revolution, bei der die einen die »Sieger« und die anderen die »Besiegten« waren. Dieses Weltbild war nicht erst mit dem Oktober 1917 entstanden, aber der bolschewistische Standpunkt, der in dieser Frage sehr eindeutig war, hatte es legitimiert.

Erinnern wir uns an das, was ein junger, äußerst klarsichtiger Hauptmann schon im März 1917 über die Revolution in seinem Regiment geschrieben hat: »Die Kluft zwischen uns und den Soldaten ist unergründlich tief. Für sie sind und bleiben wir die *barines* [Herren]. Für sie ist das, was sich jetzt ereignet hat, keine politische, sondern eine soziale Revolution, in der sie die Sieger und wir die Besiegten sind. Sie sagen uns: ›Vorher wart ihr die *barines*, jetzt sind wir es!‹ Sie glauben, sich endlich für die jahrhundertelange Knechtschaft revanchieren zu können.«[17]

Die bolschewistischen Parteiführer unterstützten alles, was die Volksmassen in ihrem Wunsch nach einer »sozialen Revanche« bestärken konnte, und erklärten deshalb die Denunzierung, den Terror und einen »gerechten« Bürgerkrieg – wie Lenin sich ausdrückte – für moralisch legitim. Am 15. (28.) Dezember veröffentlichte Dserschinski in der *Iswestija* einen Appell, der »alle Sowjets« zur Organisation von Tschekas aufforderte. Das Ergebnis war eine unübersehbare Fülle von »Kommissionen«, »Kommandoeinheiten«, und anderen »außerordentlichen Organen«, welche die zentralen Behörden nur mit Mühe in den Griff bekamen, als sie wenige Monate später beschlossen, von der »Masseninitiative« Abstand zu nehmen und statt dessen ein strukturiertes, zentralisiertes Tscheka-Netz zu organisieren.[18]

Im Juli 1918 beschrieb Dserschinski die ersten sechs Monate der Tscheka: »Es war eine Zeit des Improvisierens und des vorsichtigen Versuchens, in der unsere Organisation der Situation nicht immer gewachsen war.«[19] Doch bereits zu jenem Zeitpunkt war das Konto der Tscheka als Repressionsorgan wider jede Freiheit schwer belastet. Innerhalb von sechs Monaten hat die Organisation, die noch im Dezember 1917 aus knapp hundert Leuten bestand, ihre Kräfte um das 120fache aufgestockt!

Die Anfänge dieser Organisation waren sicherlich eher bescheiden. Am 11. Januar 1918 schrieb Dserschinski an Lenin: »Trotz wertvoller Hilfeleistungen befinden wir uns in unmöglicher Situation. Keine finanzielle Unterstützung. Wir arbeiten Tag und Nacht ohne Brot, Zucker, Tee, Butter und Käse. Ergreift Maßnahmen für bescheidene Rationen oder erlaubt uns, uns selbst bei Bürgerlichen einzudecken.«[20] Dserschinski hatte um die hundert Leute angeworben, meistens ehemalige Kampfgefährten aus dem Untergrund, zum großen Teil Polen und Balten, die fast alle für das Militärrevolutionäre Komitee von Petrograd gearbeitet hatten und aus denen die Führungskräfte für die GPU der zwanziger und den NKWD der dreißiger Jahre kommen: Latsis, Menschinski, Messing, Moroz, Peters, Trilisser, Unschlicht, Jagoda.

Die erste Aktion der Tscheka war die Beendigung des Petrograder Beamtenstreiks. Die Methode war schnell – Verhaftung der »Anführer« – und die Begründung einfach: »Wer nicht mit dem Volk arbeiten will, hat auch keinen Platz in ihm«, erklärte Dserschinski, der verschiedene sozialrevolutionäre und menschewistische Abgeordnete der verfassunggebenden Versammlung verhaften ließ. Das willkürliche Vorgehen wurde von Steinberg, dem Volkskommissar der Justiz, einem linken Sozialrevolutionär, der wenige Tage zuvor in die Regierung eingetreten war, umgehend verurteilt. Dieser erste Zusammenstoß zwischen der Tscheka und der Justiz wirft die grundlegende Frage nach dem außergesetzlichen Status dieser politischen Polizei auf.

»Wozu ein Volkskommissariat der Justiz?« fragte Steinberg damals Lenin. »Man könnte es genausogut Volkskommissariat der sozialen Ausrottung nennen, dann wäre wenigstens alles klar!«

»Eine wunderbare Idee«, antwortete Lenin. »Genauso sehe ich die Sache auch. Nur leider kann man es nicht so nennen!«[21]

Natürlich entschied Lenin den Streitfall zwischen Steinberg, der gegenüber der Tscheka eine strikte Unterordnung unter die Justiz forderte, und Dserschinski, der sich gegen die »juristische Pendanterie der alten Schule des zaristischen Regimes« auflehnte, zugunsten des letzteren. Die Tscheka war für ihr Handeln nur der Regierung gegenüber verantwortlich.

Der 6. (19.) Januar war für die Konsolidierung der bolschewistischen Diktatur ein entscheidender Meilenstein. Frühmorgens wurde die verfassunggebende Versammlung, in der die Bolschewiki mit 175 von 707 Sitzen in der Minderheit waren, mit Gewalt aufgelöst. Ihre Sitzung hatte nur einen einzigen Tag gedauert. Dieser willkürliche Akt fand jedoch im Lande keine Zustimmung. Eine kleine Protestdemonstration gegen die gewaltsame Auflösung der Versammlung wurde vom Militär niedergeschlagen. Man zählte 20 Tote. Ein hoher Preis für erste Erfahrungen mit einer parlamentarischen Demokratie, die nur wenige Stunden gedauert hat.[22]

In den Wochen und Monaten nach der Auflösung der verfassunggebenden Versammlung wurde die Lage für die bolschewistische Regierung immer unerfreulicher, zumal zur gleichen Zeit Trotzki, Kamenew, Joffe und Radek in Brest-Litowsk mit den Delegationen der Mittelmächte über die Friedensbedingungen verhandelten. Am 9. Januar 1918 war die Frage des Umzugs nach Moskau für die Regierung ein offizieller Punkt der Tagesordnung.[23]

Es war weniger die Bedrohung durch die Deutschen – der Waffenstillstand war seit dem 15. (28.) Dezember in Kraft – als vielmehr die Gefahr eines Arbeiteraufstandes, die den bolschewistischen Parteiführern Sorgen machte. In den Arbeitervierteln nämlich, wo sie zwei Monate zuvor noch Unterstützung gefunden hatten, machte sich die Unzufriedenheit deutlich bemerkbar. Mit der Demobilisierung und dem Ausbleiben der militärischen Aufträge waren Zehntausende aus den Betrieben entlassen worden. Die zunehmenden Versorgungsschwierigkeiten ließen die tägliche Brotration auf ein Viertelpfund sinken. In seiner Ohnmacht angesichts dieser Lage stellte Lenin die »Gewinnler« und »Spekulanten« als Sündenböcke hin. »Jeder Betrieb und jede Gesellschaft muß Beschlagnahmungskommandos organisieren. Nicht nur die Freiwilligen, sondern jeder ist unter Androhung des sofortigen Einzugs der Lebensmittelkarte für die Nahrungssuche zu mobilisieren«, schrieb er am 22. Januar (3. Februar) 1918.[24]

Trotzki, der am 31. Januar 1918 aus Brest-Litowsk zurückkehrte, wurde an die Spitze einer Außerordentlichen Kommission des Versorgungs- und Transportwesens berufen. Ein deutliches Zeichen dafür, wie wichtig der Regierung die »Versorgungsjagd«, die erste Etappe der »Versorgungsdiktatur«, war. Dieser Kommission unterbreitete Lenin Mitte Februar einen Verordnungsplan, von dem selbst die Kommissionsmitglieder – zu denen neben Trotzki auch Zurjupa, der Volkskommissar für das Versorgungswesen, zählte – abrieten. Der von Lenin vorbereitete Text sah vor, daß alle Bauern ihre Ernteüberschüsse gegen eine Bescheinigung abzuliefern haben. Erfolgte die Lieferung nicht innerhalb einer bestimmten Frist, sollten die Zuwiderhandelnden erschossen werden. »Als wir den Plan lasen, waren wir sprachlos«, schrieb Zurjupa in seinen Erinnerungen. »Ein solcher Beschluß hätte zu Massenhinrichtungen geführt. Letztendlich wurde Lenins Plan aufgegeben.«[25]

Trotzdem ist dieser Zwischenfall sehr aufschlußreich. Schon Anfang 1918 war Lenin, den seine Politik in eine Sackgasse geführt hatte, angesichts der katastrophalen Versorgungslage in den großen Industriezentren, die als die einzigen bolschewistischen Inseln inmitten des bäuerlichen Ozeans galten, für »die Beschaffung von Getreide« zu allem bereit, nicht jedoch zu einer noch so kleinen Änderung seiner Politik. Zwischen einer Bauernschaft, die die Früchte ihrer Arbeit für sich behalten wollte und jede autoritäre Einmischung von außen strikt ablehnte, und dem neuen Regime, das seine Autorität durchsetzen, aber die wirtschaftlichen Kreislaufsysteme nicht begreifen wollte und statt dessen das, worin ihrer Meinung nach nur soziale Anarchie zum Ausdruck kam, zu bezähmen wünschte – und sich dazu auch in der Lage fühlte –, war der Konflikt unvermeidbar.

In Anbetracht der nach dem Abbruch der Verhandlungen in Brest-Litowsk blitzartig vorstoßenden deutschen Truppen erklärte die Regierung am 21. Februar 1918, daß »das sozialistische Vaterland in Gefahr« sei. Der Aufruf zum Widerstand gegen den Eindringling ging einher mit einem Aufruf zum Massenterror: »Jeder feindliche Agent, Spekulant, *Hooligan* [Ganove], konterrevolutionäre Unruhestifter und deutsche Spion wird auf der Stelle erschossen.«[26] Diese Erklärung kam in den militärischen Operationsgebieten einer Einführung des Standrechts gleich. Mit dem Frieden von Brest-Litowsk wurde sie am 3. März 1918 hinfällig. Erst am 16. Juni wurde in Rußland die Todesstrafe wieder eingeführt. Trotzdem hatte die Tscheka schon seit dem Februar 1918 zahlreiche standrechtliche Hinrichtungen außerhalb der militärischen Operationsgebiete durchgeführt.

Am 10. März 1918 zieht die Regierung von Petrograd in die neue Hauptstadt Moskau. Die Tscheka ließ sich in der Nähe des Kreml nieder, im Gebäudekomplex einer Versicherung in der Bolschaja-Lubjanka-Straße, wo sie unter wechselnden Kurzbezeichnungen – GPU, NKWD, MWD, KGB – bis zum Sturz des sowjetischen Regimes blieb. Die Zahl der im Moskauer »Großen Haus« arbeitenden Tschekisten – im März waren es noch 600 – steigt im Juli 1918 auf 2000, ohne Berücksichtigung der Spezialeinheiten. Eine beachtliche Zahl, wenn man bedenkt, daß das Volkskommissariat des Inneren, das den Riesenapparat der über das ganze Land verteilten lokalen Sowjets zu betreuen hatte, zur gleichen Zeit nur 400 Mitarbeiter zählte!

In der Nacht vom 11. auf den 12. April 1918 startete die Tscheka ihre erste Großoperation: Mit mehr als 1000 ihrer Leute überfielen die Spezialeinheiten in Moskau etwa 20 von Anarchisten besetzte Häuser. Nach einem stundenlangen, heftigen Kampf wurden 520 Anarchisten verhaftet. 25 von ihnen wurden als »Banditen« standrechtlich hingerichtet. Als Bandit galt von diesem Zeitpunkt an der streikende Arbeiter, der sich der Wehrpflicht entziehende Desserteur oder der sich gegen die Beschlagnahmungen zur Wehr setzende Bauer.[27]

Nach diesem ersten Erfolg und weiteren »pazifistischen« Operationen in Moskau und Petrograd forderte Dserschinski in einem Brief vom 29. April 1918 an das Zentrale Exekutivkomitee eine beträchtliche Aufstockung der für die Tscheka aufgewendeten Mittel: »In der augenblicklichen Phase«, so schrieb er, »ist ein deutlich verstärktes Handeln der Tscheka nicht zu umgehen, angesichts des gewaltigen Zuwachses, den die konterrevolutionäre Opposition von allen Seiten erfährt.«[28]

Die »augenblickliche Phase«, auf die sich Dserschinski bezog, stellte sich nämlich als eine entscheidende Periode dar, entscheidend für die Errichtung der politischen und wirtschaftlichen Diktatur und für die Einführung stärkerer Repressionen gegenüber einer den Bolschewiki immer feindseliger gesinnten Bevölkerung, die seit dem Oktober 1917 keine merkliche Verbesserung ihres Alltagslebens erfahren hatte und die grundlegenden Freiheiten, die sie sich im Laufe des Jahres 1917 erkämpft hatte, nicht halten konnte. Von allen Politikern waren die Bolschewiki die einzigen, die es zuließen, daß die Bauern das lang ersehnte Land in Besitz nahmen. Doch nun wurden in den Augen der Bauern aus den Bolschewiki »Kommunisten«, die ihnen die Früchte ihrer Arbeit stahlen. »Sind es denn dieselben?« fragten sich zahlreiche Bauern, in ihren Beschwerden genau unterscheidend zwischen den »Bolschewiki, die ihnen das Land gegeben hatten«, und den »Kommunisten, die den ehrlichen Landmann erpressten und ihm das letzte Hemd wegnahmen«.

Der Frühling 1918 war nämlich ein entscheidender Zeitpunkt. Noch war das Spiel nicht entschieden: Die Sowjets trugen noch keinen Maulkorb und waren noch nicht zu einfachen Organen der Staatsverwaltung geworden, sondern bildeten das Forum für regelrechte politische Debatten zwischen den Bolschewiki und den gemäßigten Sozialisten. Trotz der alltäglichen Schikanen gab es noch eine oppositionelle Tagespresse. Das lokalpolitische Leben kannte ein vielfältiges Nebeneinander gegenseitig konkurrierender Institutionen. In jener Zeit, die durch immer schlechter werdende Lebensbedingungen und einen absoluten Stillstand des Warenaustausches zwischen den Städten und den ländlichen Regionen geprägt war, erzielten die Sozialrevolutionäre und Menschewiki unleugbare politische Erfolge. Bei den Sowjet-Neuwahlen siegten sie trotz Repression und Manipulation in 19 der 30 Provinzhauptstädten, in denen gewählt wurde, und die Ergebnisse wurden veröffentlicht.[29]

Auf diese Situation reagierte die bolschewistische Regierung mit einer verschärften Diktatur, und zwar sowohl in wirtschaftlicher als auch politischer Hinsicht. Der wirtschaftliche Kreislauf war unterbrochen; zum einen fehlten die technischen Mittel, das Transportwesen – vor allem die Eisenbahn – war in einem erbärmlichen Zustand; zum anderen fehlte es am Anreiz, denn bei den mangelnden Industrieprodukten sah der Bauer keinen Anlaß, seine Waren zu verkaufen. Das Hauptproblem war also, die Versorgung der Armee und der Städte zu sichern, den Machtzentren und dem Sitz des »Proletariats«. Dafür boten sich den Bolschewiki zwei Möglichkeiten: entweder in einer völlig desolaten Wirtschaftslage so etwas wie einen Markt aufzubauen oder Zwang auszuüben. In ihrer Überzeugung, daß der Kampf gegen die »alte Ordnung« vorangetrieben werden müsse, entschieden sie sich für die zweite Strategie.

Am 29. April 1918 erklärte Lenin während einer Rede vor dem Zentralen Exekutivkomitee ohne Umschweife: »Ja, solange es galt, die Großgrundbesitzer und Kapitalisten zu stürzen, waren die kleinen Grundbesitzer und die Kleineigentümer auf unserer Seite, auf der Seite von uns anderen Proletariern. Doch jetzt trennen sich unsere Wege. Die kleinen Grundbesitzer haben für Organisation und Disziplin nicht viel übrig. Jetzt ist es für uns an der Zeit, einen unerbittlichen, gnadenlosen Kampf gegen diese kleinen Grundbesitzer und Kleineigentümer zu führen.«[30] Wenige Tage später präzisierte der Volkskommissar für das Versorgungswesen vor dem gleichen Gremium: »Ich sage es offen: es geht hier sehr wohl um einen Krieg, denn nur mit Waffengewalt bekommen wir das Getreide.«[31] Und Trotzki ging noch einen Schritt weiter: »Unsere Partei ist für den Bürgerkrieg. Der Bürgerkrieg, das ist der Kampf ums Brot ... Es lebe der Bürgerkrieg!«[32]

Zitieren wir einen letzten Text; er wurde 1921 von Karl Radek, einem anderen bolschewistischen Parteiführer, geschrieben und wirft ein deutliches Licht auf die bolschewistische Politik des Frühjahrs 1918, einer Zeit also, die der Ausweitung des bewaffneten Kampfes zwischen den Roten und Weißen, der sich letztendlich zwei Jahre lang hinzog, um Monate vorausgeht: »Der Bauer war soeben von der Front zurückgekehrt, hatte Land bekommen und seine Waffen behalten. Seine Haltung gegenüber dem Staat war folgendermaßen zusammenzufassen: Wozu ist ein Staat von Nutzen? Er wußte nichts mit ihm anzufangen. Wenn wir eine Naturalsteuer erhoben hätten, wären wir damit nicht durchgekommen. Denn wir verfügten über keinen Staatsapparat mehr, nachdem der alte zerschlagen worden war, und der Bauer hätte uns ohne Zwang nichts gegeben. Zu Beginn des Jahres 1918 war unsere Aufgabe einfach. Wir mußten den Bauern zwei grundlegende Dinge begreiflich machen: Daß der Staat für seine eigenen Bedürfnisse Anspruch hatte auf einen Teil der landwirtschaftlichen Produkte und daß er auch die Kraft besaß, seine Rechte durchzusetzen.«[33]

Im Mai/Juni 1918 griff die bolschewistische Regierung zu zwei entscheidenden Maßnahmen und eröffnete damit die Periode des Bürgerkriegs, die gemeinhin als »Kriegskommunismus« bezeichnet wird. Am 13. Mai 1918 bekam das Volkskommissariat für das Versorgungswesen per Dekret einen außerordentlichen Machtzuwachs. Es hatte den Auftrag, die landwirtschaftlichen Produkte zu beschlagnahmen, und sollte dafür eine regelrechte »Versorgungsarmee« auf die Beine stellen. Im Juli 1918 beteiligten sich bereits an die 12000 Leute an den »Versorgungskommandos«, die mit 80000 Mitstreitern im Jahre 1920 ihren Höhepunkt erreichten. Arbeitslose Arbeiter aus Petrograd, die sich für ein bescheidenes Gehalt und für eine den konfiszierten Getreidemengen entsprechende Naturalentschädigung anwerben ließen, machten gut die Hälfte dieser Kommandos aus. Am 11. Juni 1918 wurde ein weiteres Dekret beschlossen, das die Bildung von Komitees aus armen Bauern vorsah, die in enger Zusammenarbeit mit den Versorgungskommandos bei den reichen Bauern die Ernteüberschüsse beschlagnahmen sollten. Einen Teil der Beute durften sie einbehalten. Diese Komitees aus armen Bauern sollten auch die Sowjets auf dem Lande ersetzen, die der Regierung wegen ihrer sozialrevolutionären Prägung wenig vertrauenswürdig waren. Wenn man ihre Aufgabe bedenkt – anderen mit Gewalt die Frucht ihrer Arbeit zu nehmen – und ihre Motivationen – Machtgelüste, Frustrationsgefühl, die Lust, es den »Reichen« zu zeigen, und die Aussicht auf einen Teil der Beute –, so kann man sich vorstellen, wie die ersten Repräsentanten der bolschewistischen Macht auf dem Lande ankamen. Wie Andrea Graziosi klarsichtig geschrieben hat, »ging bei diesen Leuten ihre Hingabe für die Sache – oder vielmehr für den neuen Staat – und ihre unleugbare Einsatzfreude Hand in Hand mit einem vagen politischen und sozialen Bewußtsein, mit einem ausgeprägten Karrieredenken und ›herkömmlichen‹ Verhaltensweisen, wie etwa Brutalität gegenüber Untergebenen, Alkoholismus und Vetternwirtschaft. […] Wir haben hier ein gutes Beispiel dafür, wie sehr das neue Regime vom ›Geist‹ der plebejischen Revolution durchdrungen war.«[34]

Trotz anfänglicher Erfolge waren die aus armen Bauern zusammengesetzten Komitees ein Fehlschlag. Allein der Gedanke, den ärmsten Teil der Bauernschaft vorzuschicken, zeigt deutlich, wie tief das Mißtrauen der Bolschewiki gegenüber der bäuerlichen Gesellschaft war. Einem vereinfachten marxistischen Schema folgend, war diese nach bolschewistischen Vorstellungen in zwei feindliche Klassen geteilt. In Wahrheit waren die Bauern jedoch untereinander ausgesprochen solidarisch gegen die feindliche Außenwelt, gegen die aus der Stadt kommenden Fremden. Als es darum ging, die Ernteüberschüsse abzuliefern, kam innerhalb der Dorfgemeinschaft das Gefühl von Gleichheit und Zusammengehörigkeit voll zum Tragen. Die drückende Last der Beschlagnahmungen, die die wenigen reichen Bauern treffen sollte, wurde unter Berücksichtigung der individuellen Möglichkeiten auf alle verteilt. Die Bauern waren in ihrer Allgemeinheit betroffen, und somit wuchs die allgemeine Unzufriedenheit. In zahlreichen Gegenden kam es zu Unruhen. Gegen die von der Tscheka oder der Armee unterstützten brutalen Versorgungskommandos formierte sich schon im Juni 1918 eine regelrechte Guerilla. Im Juli und August kam es in dem vom neuen Regime kontrollierten Gebiet zu insgesamt 110 Bauernaufständen. Die Regierung sprach von »Kulakenaufständen«, in der bolschewistischen Terminologie die Bezeichnung für Erhebungen, an denen ganze Dörfer mit allen ihren sozialen Schichten teilnahmen. Der Vertrauensvorschuß, den die Bolschewiki für kurze Zeit genossen hatten, weil sie sich 1917 nicht gegen die Beschlagnahmung des Ackerlandes durch die Bauern gestellt hatten, war innerhalb weniger Wochen verspielt. Drei Jahre lang sorgte die Beschlagnahmungspolitik für unzählige Erhebungen und Aufstände, die in wahre Bauernkriege ausarteten und nur mit äußerster Gewalt niedergeschlagen werden konnten.

Auf politischer Ebene führte die verschärfte Diktatur im Frühjahr 1918 zur endgültigen Einstellung aller nicht-bolschewistischen Zeitungen, zur Auflösung aller nicht-bolschewistischen Sowjets, zur Verhaftung von Oppositionellen und zur brutalen Unterdrückung der zahlreichen Streikbewegungen. Im Mai und Juni 1918 wurden 205 Zeitungen der linken Opposition für immer abgeschafft und die von einer menschewistischen oder sozialrevolutionären Mehrheit bestimmten Sowjets von Kaluga, Twer, Jaroslawl, Rjasan, Kostroma, Kasan, Saratow, Pensa, Tambow, Woronesch, Orel und Wologda mit Gewalt aufgelöst.[35] Es lief fast überall nach dem gleichen Schema ab: Wenige Tage nach dem Sieg der Oppositionsparteien und der Bildung des neuen Sowjets rief die bolschewistische Fraktion eine bewaffnete Truppe zu Hilfe, meistens eine Tscheka-Abordnung, die das Standrecht proklamierte und die Oppositionellen verhaftete.

Dserschinski, der seine wichtigsten Mitarbeiter in die an die Opposition verlorengegangenen Städte schickte, plädierte ohne Umschweife für ein gewaltsames Vorgehen, wie aus seinen Direktiven vom 31. Mai 1918 an Eiduk, seinem Bevollmächtigten in Twer, deutlich hervorgeht: »Die von den Menschewiki, den SR-Leuten und den anderen konterrevolutionären Halunken beeinflußten Arbeiter haben gestreikt und sich für eine Regierung ausgesprochen, an der alle ›Sozialisten‹ beteiligt sind. Du mußt in der ganzen Stadt die Erklärung aufhängen lassen, daß jeder Bandit, Dieb, Spekulant und Konterrevolutionär, der sich gegen die sowjetische Macht verbündet, auf der Stelle hingerichtet wird. Die Bourgeoisie der Stadt mußt Du mit einer außerordentlichen Steuer belegen und in Listen festhalten. Für den Fall, daß ein Bourgeois jemals seinen Wohnort wechseln sollte, sind Listen dieser Art sehr nützlich. Du fragst mich, aus welchen Elementen wir unsere örtliche Tscheka bilden sollen. Nimm entschlossene Leute, die wissen, daß es nichts Wirksameres gibt als eine Kugel, um jemanden zum Schweigen zu bringen. Die Erfahrung hat mich gelehrt, daß mit wenigen energischen Leuten eine Situation umkippen kann.«[36]

Die Auflösung der von der Opposition beherrschten Sowjets und die am 14. Juni 1918 durchgeführte Ausweisung der Menschewiki und Sozialrevolutionäre aus dem gesamtrussischen Exekutivkomitee der Sowjets führte in zahlreichen Arbeiterstädten, wo die Ernährungslage übrigens immer schlechter wurde, zu Protesten, Demonstrationen und Streikbewegungen. In Kolpino bei Petrograd ließ der Chef einer Tscheka-Abordnung das Feuer auf einen Hungermarsch eröffnen, der von Arbeitern organisiert worden war, deren Monatsration auf zwei Pfund Mehl gesunken war. Man zählte zehn Tote. Am gleichen Tag tötete ein rotgardistisches Kommando in der Beresowski-Fabrik bei Ekaterinburg 15 Personen, die an einer Protestkundgebung gegen die »bolschewistischen Kommissare« teilgenommen hatten. Sie warfen den Kommissaren vor, sich der besten Häuser der Stadt bemächtigt und die 150 Rubel, die die ansässige Bourgeoisie an Steuern aufzubringen hatte, in die eigene Tasche gesteckt zu haben. Am nächsten Tag verhängten die lokalen Behörden das Standrecht über die Arbeiterstadt, und

14 Personen wurden unverzüglich von der örtlichen Tscheka erschossen. Nach Moskau wurde dies nicht weitergeleitet.[37]

In der zweiten Maihälfte und im Juni 1918 wurden in Somorwo, Jaroslawl, Tula und den Industriestädten des Urals (Nischni-Tagil, Beloretsk, Zlatus, Ekaterinburg) zahlreiche Arbeiterdemonstrationen blutig niedergeschlagen. Die wachsende Beteiligung der örtlichen Tscheka-Abteilungen an den Repressionen läßt sich an den im Arbeitermilieu immer häufiger anzutreffenden Schlagwörtern und Slogans gegen die »neue Ochranka« (politische Polizei der Zarenreichs) im Dienste der »Kommissarokratie« ablesen.[38]

Vom 8. bis 11. Juni führte Dserschinski bei der ersten gesamtrussischen Tscheka-Konferenz den Vorsitz. Etwa 100 Delegierte aus 43 verschiedenen Regionalsektionen waren anwesend. Insgesamt zählte die Tscheka damals 12 000 Mann, Ende 1918 sollten es bereits 40 000 und Anfang 1921 sogar mehr als 280 000 sein. Die Konferenz erklärte, »daß sie als oberstes Verwaltungsorgan des sowjetischen Rußlands für das gesamte Gebiet der Republik den schweren Kampf gegen die Konterrevolution auf sich nehme« und setzte sich damit über die Sowjets und – wie manche Bolschewiki sagten – sogar »über die Partei« hinweg. Der Organisationsplan, der am Ende der Konferenz beschlossen wurde, wirft ein Licht auf das weite Betätigungsfeld, das der politischen Polizei schon im Juni 1918 – also vor der großen »konterrevolutionären« Erhebungswelle des Sommers 1918 – offenstand. Nach dem Modell der Lubjanka hatte jede regionale Tscheka-Sektion innerhalb kürzester Zeit folgende Abteilungen und Dienststellen aufzubauen: 1. Informationsabteilung mit Dienststellen: Rote Armee, Monarchisten, Kadetten, rechte SR-Leute und Menschewiki, Anarchisten und Strafgefangene, Bourgeoisie und Leute der Kirche, Gewerkschaften und Arbeiterkomitees, Leute aus dem Ausland. Für jede dieser Kategorien haben die zuständigen Dienststellen eine Liste mit Verdächtigen zu erstellen. 2. Kampfabteilung gegen die Konterrevolution mit Dienststellen: Rote Armee, Monarchisten, Kadetten, rechte SR-Leute und Menschewiki, Anarchisten, Gewerkschafter, nationale Minderheiten, Ausländer, Alkoholismus, Pogrome und Öffentliche Ordnung, Presseangelegenheiten. 3. Kampfabteilung gegen das Spekulantentum und den Machtmißbrauch. 4. Abteilung für den Transport, die Verkehrswege und Häfen. 5. Einsatzabteilung mit den Spezialeinheiten der Tscheka.[39]

Zwei Tage nach dem Abschluß dieser gesamtrussischen Tscheka-Konferenz beschloß die Regierung die Wiedereinführung der gesetzlichen Todesstrafe, die nach der Februarrevolution von 1917 abgeschafft und von Kerenski im Juli 1917 wiedereingesetzt worden war. Sie war jedoch nur in den Frontgebieten von den Militärgerichten verhängt worden. Die erneute Abschaffung der Todesstrafe am 26. Oktober (8. November) 1917 war eine der ersten Maßnahmen des II. Sowjetkongresses gewesen. Eine Entscheidung, die bei Lenin Wut auslöste: »Das ist ein Irrtum, ein unverzeihlicher Fehler und eine pazifistische Illusion!«[40] Lenin und Dserschinski taten alles für die

Wiedereinführung der gesetzlichen Todesstrafe, auch wenn sie genau wußten, daß sie ohne jegliche »juristische Pedanterie« von außerhalb des Gesetzes stehenden Organen wie der Tscheka verhängt werden konnte. Am 21. Juni 1918 wurde von einem Revolutionsgericht das erste legale Todesurteil verkündet: Admiral Tschastniji ist der erste »Konterrevolutionär«, der »legal« erschossen wurde.

Am 20. Juni wurde W. Wolodarski, einer der bolschewistischen Parteiführer von Petrograd, von einem militanten Sozialrevolutionär ermordet. Diesem Anschlag gingen in der alten Hauptstadt deutlich spürbare Spannungen voraus. In den vorangegangenen Wochen waren die Beziehungen zwischen den Bolschewiki und der Arbeiterwelt merklich schlechter geworden. Im Mai und Juni 1918 berichtete die Petrograder Tscheka von 70 »Zwischenfällen« – Streiks, antibolschewistischen Kundgebungen und Demonstrationen –, vor allem bei den Metallarbeitern, die in und vor 1917 in den Arbeiterhochburgen zu den überzeugtesten Anhängern der Bolschewiki gezählt hatten. Die Verantwortlichen der großen staatlichen Betriebe reagierten darauf mit Aussperrungen, einer Praxis, die in den Folgemonaten immer häufiger eingesetzt wurde, um den Widerstand der Arbeiter zu brechen. Die Ermordung Wolodarskis hatte eine Verhaftungswelle von bisher im Arbeitermilieu von Petrograd nicht gekannten Ausmaßen zur Folge; »Die Versammlung der Arbeiterbevollmächtigten«, eine Organisation der Petrograder Arbeiteropposition, die mit ihrer menschewistischen Mehrheit ein arbeiterspezifisches Gegengewicht zum Petrograder Sowjet bildete, wurde aufgelöst. Mehr als 800 »Rädelsführer« wurden innerhalb von zwei Tagen verhaftet. Am 2. Juli 1918 reagierte man in den Arbeiterkreisen auf diese Verhaftungswellen mit einem Aufruf zum Generalstreik.[41]

Der Brief Lenins an Sinowjew, den Präsidenten des Petrograder Komitees der bolschewistischen Partei, gibt Aufschluß über die leninistische Auffassung vom Terror und ist gleichzeitig das Dokument einer außerordentlichen politischen Illusion. Denn in seinem Glauben, daß die Arbeiter sich *gegen* die Ermordung Wolodarskis erhoben hätten, erlag Lenin einem ungeheuren politischen Irrtum!

»Genosse Sinowjew! Wir haben soeben erfahren, daß die Arbeiter von Petrograd mit Massenterror auf den Mord unseres Genossen Wolodarski antworten wollten und daß Sie (nicht Sie persönlich, aber die Komiteemitglieder der Petrograder Partei) sie gebremst haben. Ich protestiere energisch! Wir machen uns lächerlich: In den Erklärungen des Sowjets propagieren wir immer den Massenterror, doch wenn es darauf ankommt, behindern wir die absolut korrekte Initiative der Massen. Das ist untragbar! Die Terroristen werden uns als Weichlinge betrachten. Die Zeichen der Zeit stehen auf Totalkrieg. In seiner Energie und als Ausdruck der Masse ist der gegen die Konterrevolutionäre gerichtete Terror unbedingt zu unterstützen, besonders in Petrograd, dessen Beispiel von entscheidender Bedeutung ist. Grüße. Lenin.«[42]

3
Der rote Terror

»Die Bolschewiki sagen ganz offen, daß ihre Tage gezählt sind«, berichtete Karl Helfferich, der deutsche Botschafter in Moskau, am 3. August 1918 seiner Regierung. »Eine wahre Panik hat Moskau gepackt… Über die ›Verräter‹, die sich angeblich in die Stadt eingeschlichen haben, kursieren die wildesten Gerüchte.«

Nie fühlten sich die Bolschewiki in ihrer Macht so bedroht wie im Sommer 1918. Das Gebiet, das sie kontrollierten, war in der Tat nur wenig größer als der historische Moskauer Staat und war von drei stabilen, antibolschewistischen Frontlinien umgeben: die erste war die der Don-Region, die von den Kosakentruppen des Atamans Krasnow und der Weißen Armee General Denikins besetzt war, die zweite die der Ukraine, die in den Händen der Deutschen und der ukrainischen Rada (Nationalregierung) war, und die dritte lief der Transsibirischen Eisenbahn entlang, dort, wo die meisten großen Städte an die tschechische Legion verlorengegangen waren und die in ihrer Offensive von der sozialrevolutionären Regierung Samaras unterstützt wurden.

In den Regionen, die mehr oder weniger von den Bolschewiki kontrolliert wurden, kam es während des Sommers 1918 zu etwa 140 Aufständen und bedeutenden Erhebungen. Es waren meist Bauern, die sich in ihrem Kampf gegen die brutalen Beschlagnahmungen der Versorgungskommandos, gegen die dem privaten Handel auferlegten Beschränkungen und die neuen Einberufungen zur Roten Armee zusammengeschlossen hatten.[43] Die wütenden Bauern marschierten scharenweise in die nächstgelegene Stadt, belagerten den Sowjet und versuchten in manchen Fällen auch Feuer zu legen. In der Regel nahmen diese Vorfälle einen dramatischen Verlauf: Das Militär, die als Ordnungskräfte eingesetzten Milizen und immer häufiger auch Abordnungen der Tscheka zögerten nicht, das Feuer auf die Demonstranten zu eröffnen.

Die bolschewistischen Parteioberen sahen in den immer zahlreicheren Zusammenstößen eine breite, von »als Weißgardisten verkleideten Kulaken« angeführte konterrevolutionäre Verschwörung.

»Es ist offensichtlich, daß in Nischni-Nowgorod ein Aufstand der Weißen Garden vorbereitet wird«, telegraphierte Lenin am 9. August 1918 dem Präsidenten des Exekutivkomitees des dortigen Sowjets. Dieser hatte ihm kurz zuvor von Zwischenfällen berichtet, bei denen Bauern gegen die Beschlagnahmungen protestiert hatten. »Es ist unverzüglich eine diktatorisch durchgreifende ›Troika‹ (Sie selbst, Markin und noch ein Dritter) zu bilden und der Massenterror einzuführen. Die Hundertschaften von Prostituierten, die den Soldaten zu trinken geben, alle Ex-Offiziere usw. sind zu erschießen oder abzuführen. Es ist keine Minute zu verlieren ... Auf alle Fälle hart durchzugreifen: Starke Kontrollen. Wer eine Waffe trägt, wird erschossen. Die Menschewiki und die anderen suspekten Elemente müssen in Scharen abgeführt werden.«[44] Einen Tag später, am 10. August, schickte Lenin ein Telegramm ähnlichen Inhalts an das Exekutivkomitee des Sowjets von Pensa:

»Genossen! Der Kulakenaufstand in Euren fünf Distrikten ist mit aller Härte niederzuschlagen. Im Interesse der Gesamtrevolution ist dies unausweichlich, denn nun hat überall der »Endkampf« mit den Kulaken begonnen. Es muß ein Exempel statuiert werden. 1. Mindestens 100 als blutsaugerische Geldsäcke bekannte Kulaken hängen (*und zwar so, daß die Leute es sehen können*). 2. Ihre Namen veröffentlichen. 3. Ihr ganzes Korn beschlagnahmen. 4. Die Geiseln so identifizieren, wie wir es im gestrigen Telegramm angegeben haben. Macht es so, daß im Umkreis von Hunderten von Meilen die Leute es sehen und wissen, daß sie zittern und sich sagen: Sie töten die blutdurstigen Kulaken und werden sie weiterhin töten. Telegraphiert, daß Ihr diese Anweisungen erhalten und ausgeführt habt. Euer Lenin.

P.S. Sucht Euch härtere Leute.«[45]

Nach einer aufmerksamen Lektüre der Tscheka-Berichte über die Revolten des Sommers 1918 bestätigt sich, daß offensichtlich nur die von dem sozialrevolutionären Parteiführer Boris Sawinkow und seiner Union zur Verteidigung des Vaterlands organisierten Erhebungen in Jaroslawl, Rybinsk und Murom und die von den Menschewiki und sozialrevolutionären Lokalpolitikern angestifteten Arbeiteraufstände der Itschewsker Waffenfabriken im voraus geplant waren. Alle anderen Erhebungen waren örtlich begrenzt und entwickelten sich spontan aus Vorfällen, bei denen sich Bauern in ihrem Protest gegen die Beschlagnahmungen oder die Einberufung zum Militärdienst zusammengeschlossen hatten. Sichere Abordnungen der Roten Armee oder der Tscheka schlugen die Aufstände in wenigen Tagen brutal nieder. Nur die Stadt Jaroslawl, wo Sawinkows Einheiten die bolschewistische Lokalmacht gestürzt hatten, leistete zwei Wochen lang Widerstand. Nach dem Fall der Stadt schickte Dserschinski den Einwohnern von Jaroslawl eine »spezielle Untersuchungskommission«, die in fünf Tagen – vom 24. bis 28. Juli 1918 – 428 Personen hinrichten ließ.[46]

Während des ganzen August 1918, also vor dem »offiziellen« Ausbruch des roten Terrors am 3. September, schickten die bolschewistischen Parteiführer mit Lenin und Dserschinski an der Spitze zahlreiche Telegramme an die Verantwortlichen der örtlichen Tscheka- oder Parteiverbände und forderten diese zu »prophylaktischen Maßnahmen« auf, um jedem Aufstandsversuch zuvorzukommen. Von diesen Maßnahmen sind nach Dserschinski »diejenigen am wirkungsvollsten, bei denen nach Listen, die Ihr für die der

Bourgeoisie auferlegten außerordentlichen Steuerzahlungen aufgestellt habt, unter den Bürgerlichen Geiseln genommen werden, [...] und all diese Geiseln und Suspekten verhaftet und in Konzentrationslagern festgehalten werden.«[47] Am 8. August forderte Lenin von Zurjupa, dem Volkskommissar für das Versorgungswesen, ein Dekret, nach dem »in jedem Getreide produzierenden Distrikt unter den reichsten Einwohnern 25 Geiseln bestimmt werden, die bei Nichteinhaltung des Requisitionsplans mit ihrem Leben büßen sollen.« Als Zurjupa nach langem Schweigen schließlich vorgab, daß es schwierig sei, solche Geiselnahmen zu organisieren, schickte ihm Lenin ein zweites, noch deutlicheres Schreiben: »Es ist nicht mein Vorschlag, die Geiseln tatsächlich in Gewahrsam zu nehmen, sie sollen lediglich in jedem Distrikt *namentlich bestimmt* werden. Das Ziel dieser namentlichen Bestimmung ist, die Reichen, so wie sie für ihre Steuerzahlungen verantwortlich sind, mit ihrem Leben für die sofortige Realisierung des für ihren Distrikt aufgestellten Requisitionsplans haften zu lassen.«[48]

Neben der Geiselnahme versuchten die bolschewistischen Parteiführer im August 1918 ein weiteres im russischen Krieg auftauchendes Repressionsmittel: das Konzentrationslager. Am 9. August 1918 telegraphierte Lenin dem Exekutivkomitee der Provinz Pensa, daß »Kulaken, Priester, die Weißen Garden und andere zweifelhafte Elemente in einem Konzentrationslager«[49] festzuhalten seien.

Einige Tage zuvor hatten auch Dserschinski und Trotzki angeordnet, die Geiseln in »Konzentrationslagern« festzuhalten. Diese »Konzentrationslager« waren Internierungslager, in denen »zweifelhafte Elemente« ohne gerichtliches Verfahren und ohne Urteilsspruch zusammengepfercht werden sollten. In Rußland existierten wie in den anderen kriegsführenden Ländern zahlreiche Lager, in denen Kriegsgefangene interniert wurden.

Zu den zweifelhaften Elementen, die als Präventivmaßnahme verhaftet werden sollten, zählten vor allem die noch auf freiem Fuß lebenden führenden Politiker der Oppositionsparteien. Am 15. August 1918 unterzeichneten Lenin und Dserschinski den Haftbefehl für die führenden Köpfe der menschewistischen Partei – Martow, Dan, Potressow und Goldman. Die Zeitungen dieser Partei waren bereits eingestellt, und ihre Vertreter aus den Sowjets gejagt worden.[50]

Für die bolschewistischen Parteiführer waren in einem Krieg, der – wie sie erklärten – seine eigenen Gesetze hatte, die Grenzen zwischen den verschiedenen Kategorien der politischen Opposition aufgehoben.

»Der Bürgerkrieg kennt keine geschriebenen Gesetze«, schrieb Latsis, einer von Dserschinskis wichtigsten Mitarbeitern, am 23. August 1918 in der *Iswestija*. »Der kapitalistische Krieg hat seine geschriebenen Gesetze [...], aber der Bürgerkrieg hat seine eigenen Gesetze [...]. Es gilt, nicht nur die aktiven Kräfte des Feindes zu zerstören, sondern auch zu zeigen, daß jeder, der sein Schwert gegen die bestehende Klassenordnung erhebt, durch das Schwert fallen wird. Dies sind die Regeln, welche die Bourgeoisie in ihren

Bürgerkriegen gegen das Proletariat immer beachtet hat. [...] Wir haben diese Regeln noch nicht genügend verinnerlicht. Unsere Leute werden zu Hunderten und Tausenden getötet. Wir richten ihre Leute nach langen Verhandlungen vor den Kommissionen und Gerichten einzeln hin. Im Bürgerkrieg gibt es keine Gerichte für den Feind. Es ist ein Kampf um Leben und Tod. Wenn du nicht tötest, wirst du getötet. Töte also, wenn du nicht getötet werden willst!«[51]

Am 30. August 1918 bestärkten zwei Attentate – gegen M.S. Uritzki, den Chef der Petrograder Tscheka, und gegen Lenin – die bolschewistischen Parteiführer in der Ansicht, daß ihre Existenz durch eine ernstzunehmende Verschwörung bedroht sei. In Wirklichkeit bestand zwischen den beiden Attentaten keinerlei Verbindung. Das Attentat gegen Uritzki wurde von einem jungen Studenten verübt, der seinen Freund – einen wenige Tage zuvor von der Petrograder Tscheka hingerichteten Offizier – rächen wollte, und steht für die populistisch-revolutionäre Tradition in ihrer reinsten Form. Das Attentat gegen Lenin wurde lange Fanny Kaplan zugeschrieben, einer dem anarchistischen und sozialrevolutionären Milieu nahestehenden militanten Aktivistin. Sie wurde auf der Stelle verhaftet und ohne Verfahren drei Tage nach dem Vorfall hingerichtet. Heute sieht es eher so aus, als hätte die Tscheka das Ganze bewußt hinter dem Rücken der Verantwortlichen provoziert.[52] Die bolschewistische Regierung legte die Attentate umgehend den »rechten Sozialrevolutionären, den Knechten des französischen und englischen Imperialismus«, zur Last. Schon am folgenden Tag wurde in Presseartikeln und offiziellen Erklärungen eine Ausweitung des Terrors gefordert:

»Arbeiter«, schrieb die *Prawda* am 31. August 1918, »die Zeit zur Vernichtung der Bourgeoisie ist gekommen. Ansonsten werdet Ihr von ihr vernichtet werden. Die Städte müssen schonungslos von allen bürgerlichen Verwesungserscheinungen gereinigt werden. All diese Herren werden in einer Kartei erfaßt, und diejenigen, die eine Gefahr für die revolutionäre Sache darstellen, werden ausgerottet. [...] Die Hymne der Arbeiterklasse wird ein Lied des Hasses und der Rache sein!«[53]

Dserschinski und sein Stellvertreter Peters verfaßten einen ähnlich gehaltenen »Appell an die Arbeiterklasse«: »Soll die Arbeiterklasse mit massivem Terror die Hydra der Konterrevolution vernichten! Sollen die Feinde der Arbeiterklasse wissen, daß jeder, der im unerlaubten Besitz einer Waffe angetroffen wird, auf der Stelle hingerichtet wird, daß jeder, der auch nur die geringste Propaganda gegen das sowjetische Regime zu betreiben wagt, umgehend verhaftet und in einem Konzentrationslager festgehalten wird!« Dieser Appell wurde am 3. September 1918 in der *Iswestija* abgedruckt. Einen Tag später wurde eine von N. Petrowski, dem Volkskommissar des Inneren, an alle Sowjets verschickte Anweisung veröffentlicht. Darin beklagt sich Petrowski, daß trotz der von den Regimefeinden ausgehenden und gegen die »Arbeitermassen« gerichteten »ungeheuren Repression« der rote Terror immer noch nicht zu spüren sei:

»Es ist höchste Zeit, mit dieser ganzen Weichheit und Sentimentalität endlich Schluß zu machen. Alle rechten Sozialrevolutionäre sind umgehend zu verhaften, und zahlreiche Bürgerliche und Offiziere sind als Geiseln zu nehmen. Beim geringsten Widerstand sind Massenhinrichtungen durchzuführen. Die Exekutivkomitees der Provinzen müssen in dieser Hinsicht Initiative zeigen. Die Tschekas und die anderen Milizen müssen alle Suspekten ausfindig machen und verhaften, außerdem müssen sie alle diejenigen, die in konterrevolutionäre Aktivitäten verwickelt sind, umgehend hinrichten. [...] Die Verantwortlichen der Exekutivkomitees müssen dem Volkskommissariat des Inneren jedes weiche und unentschlossene Verhalten der örtlichen Sowjets umgehend melden. [...] Bei der Einführung des Massenterrors ist keine Schwäche und kein Zögern zu dulden.«[54]

Dieses Telegramm, das offizielle Startzeichen des breit angelegten roten Terrors, widerlegt die von Dserschinski und Peters *a posteriori* entwickelte Darstellung, nach welcher »der rote Terror als Ausdruck einer allgemeinen und spontanen Entrüstung der Massen in Anbetracht der Attentate vom 30. August 1918 ohne die geringste zentrale Steuerung entstanden ist«. In Wahrheit war der rote Terror das natürliche Ventil eines von den meisten bolschewistischen Parteiführern geschürten, fast abstrakten Hasses gegen die »Unterdrücker«, die sie bereitwillig ausrotten wollten, wenn nicht als Individuen, so doch »als Klasse«. In seinen Erinnerungen berichtet der menschewistische Parteiführer Raphael Abramowitsch von einer aufschlußreichen Unterhaltung, die er im August 1917 mit Felix Dserschinski, dem späteren Tscheka-Chef, geführt hat:

»Abramowitsch, erinnerst du dich an Lassalles Rede über das Wesentliche einer Verfassung?«

»Natürlich.«

»Er sagte, daß jede Verfassung festgelegt sei durch das zu einem bestimmten Zeitpunkt in einem Lande bestehende Verhältnis der sozialen Kräfte. Ich frage mich, wie sich diese Wechselbeziehung zwischen dem politischen und sozialen Bereich ändern kann.«

»Nun, durch unterschiedliche wirtschaftliche und politische Entwicklungsprozesse, durch die Entstehung neuer Wirtschaftsformen, dem Aufsteigen bestimmter sozialer Schichten usw. Alles Dinge, die du genau kennst, Felix.«

»Ja, aber könnte man diese Wechselbeziehung nicht radikal verändern? Durch Unterwerfung oder Ausrottung bestimmter Gesellschaftsschichten beispielsweise?«[55]

Eine derart kühl berechnete und zynische Grausamkeit fand sich bei vielen Bolschewiki; sie war die Frucht einer den »Klassenkrieg« bis zum Äußersten treibenden unerbittlichen Logik. Im September 1918 erklärte Grigori Sinowjew, einer der wichtigsten bolschewistischen Parteiführer: »Um uns von unseren Feinden zu befreien, brauchen wir unseren eigenen sozialistischen Terror. Etwa 90 der 100 Millionen Einwohner des sowjetischen Rußlands müssen wir auf unsere Seite bringen. Den anderen haben wir nichts zu sagen. Sie müssen vernichtet werden.«[56]

Mit dem berühmten Dekret »Über den roten Terror« vom 5. September legalisierte die sowjetische Regierung den Terror: »In der augenblicklichen Situation ist es absolut lebensnotwendig, die Tscheka zu verstärken [...], die Klassenfeinde der sowjetischen Republik in Konzentrationslagern zu isolieren und so die Republik gegen sie zu schützen, jeden, der in weißgardistische Organisationen, in Verschwörungen, Aufstände und Erhebungen verwickelt ist, auf der Stelle zu erschießen, die Namen der Erschossenen mit Angabe des Erschießungsgrundes zu veröffentlichen.«[57] Wie Dserschinski später zugab, »brachten uns die Texte vom 3. und 5. September 1918 endlich auf legale Weise das, wogegen selbst Parteigenossen bislang protestiert hatten: das Recht, der konterrevolutionären Bande auf der Stelle und ohne irgend jemanden verständigen zu müssen, den Garaus zu machen«.

In einem internen Schreiben vom 17. September forderte Dserschinski alle lokalen Tscheka-Verbände auf, »die Prozeduren zu beschleunigen und die noch offenen Angelegenheiten zu Ende zu bringen, d. h. zu *liquidieren«*.[58] Eigentlich hatten die Liquidierungen bereits am 31. August angefangen. Am 3. September berichtete die *Iswestija*, daß in Petrograd während der vorangegangenen Tage mehr als 500 Geiseln von der örtlichen Tscheka hingerichtet worden waren. Tschekistische Quellen sprachen von 800 Personen, die im September 1918 in Petrograd zur Hinrichtung geführt worden waren. Die angegebenen Zahlen sind entschieden zu niedrig. Ein Augenzeuge nannte folgende Einzelheiten: »Eine grobe Zählung kommt in Petrograd auf 1300 Hinrichtungen. [...] Hunderte von Offizieren und Zivilisten, die auf Befehl der lokalen Behörden in Kronstadt erschossen worden sind, werden von den Bolschewiki in ihren ›Statistiken‹ nicht berücksichtigt. Allein in Kronstadt wurden in einer einzigen Nacht 400 Personen erschossen. Man hob im Hof drei große Gruben aus und stellte die 400 Leute – einen nach dem anderen – davor auf und erschoß sie.«[59] In einem der Zeitung *Utro Moskwy* am 3. November 1918 gewährten Interview gab Peters, Dserschinskis rechte Hand, zu, daß »in Petrograd die übersensiblen *[sic!]* Tschekisten schließlich den Kopf verloren und einen Übereifer an den Tag gelegt haben. Vor Uritzkis Ermordung war niemand hingerichtet worden – und glauben Sie mir, trotz aller Behauptungen bin ich nicht so blutdurstig, wie man allenthalben sagt –, danach gab es allerdings ein bißchen zu viele Hinrichtungen, oft auch wahllos. Moskau hingegen hat auf das Attentat gegen Lenin nur mit der Hinrichtung einiger zaristischer Minister geantwortet.«[60] Ebenfalls von der *Iswestija* erfahren wir, daß am 3. und 4. September in Moskau *»nur«* 29 Geiseln aus dem konterrevolutionären Lager an die Wand gestellt worden sind. Unter ihnen befanden sich auch zwei ehemalige Minister Nikolaus II., N. Chwostow (Inneres) und I. Tscheglowitow (Justiz). Zahlreiche übereinstimmende Zeugenaussagen berichten jedoch von hundertfachen Geiselhinrichtungen während der »September-Massaker« in den Moskauer Gefängnissen.

In der Zeit des roten Terrors ließ Dserschinski eine Zeitung herausgeben: *Etschenedelnik VCK* (die Wochenzeitung der Tscheka). Sie hatte ganz eindeutig die Aufgabe, die Verdienste der politischen Polizei zu rühmen und den »berechtigten Rachedurst der Massen« anzuheizen. Sechs Wochen lang berichtete dieses Wochenblatt unverblümt und ohne Scham von den Geiselnahmen, den Internierungen in den Konzentrationslagern, den Hinrichtungen usw. Als jedoch die Tscheka von einer Reihe bolschewistischer Führungskräfte in Frage gestellt wurde, stellte man die Zeitung auf Befehl des Zentralkomitees ein. Sie dient als offizielle Quelle, zumindest für den roten Terror vom September und Oktober 1918. Man liest dort, daß die auf die Befehle von Nicolai Bulganin, dem späteren sowjetischen Staatschef (1954–1957), mit besonderem Diensteifer reagierende Tscheka von Nischni-Nowgorod bereits am 31. August 141 Geiseln hingerichtet hat; innerhalb von drei Tagen wurden in dieser russischen Stadt mittlerer Größe 700 Geiseln in Gewahrsam genommen. Der nach Wiatka ausgelagerte, ursprünglich in Ekaterinburg sitzende Tscheka-Verband des Uralgebiets meldete innerhalb einer Woche die Hinrichtung von 23 »ehemaligen Gendarmen«, 154 »Konterrevolutionären«, 8 »Monarchisten«, 28 »Mitgliedern der konstitutionell-demokratischen Partei«, 186 »Offizieren«, 10 »Menschewiki und rechten SR-Leuten«. Die Tscheka von Iwano-Wosnessensk berichtete von 181 Geiselnahmen, von der Hinrichtung von 25 »Konterrevolutionären« und vom Bau eines »Konzentrationslagers für 1000 Leute«. Die Tscheka der Kleinstadt Sebeisk meldete »16 an die Wand gestellte Kulaken und einen Priester, der für den blutsaugerischen Tyrannen Nikolaus II. eine Messe gelesen hatte«; die Tscheka von Twer 130 Geiseln und 39 Hinrichtungen; die Tscheka von Perm 50 Hinrichtungen. Mit einigen Auszügen aus den sechs Ausgaben der *Wochenzeitung der Tscheka* könnte man den makabren Katalog noch weiter fortsetzen.[61]

Auch in anderen Zeitungen des Landes wird während des Herbstes von 1918 von tausendfachen Verhaftungen und Hinrichtungen berichtet. Zwei Beispiele sollen genügen: In der einzigen Ausgabe der *Iswestija Zarizinskoi Gubtscheka* (Nachrichten der Tscheka aus der Provinz Zarizin) werden für die Woche vom 3. bis zum 10. September 1918 103 Hinrichtungen erwähnt. Vom 1. bis zum 8. November 1918 wurden 371 Leute vor das örtliche Tscheka-Gericht gebracht: 50 wurden zum Tode verurteilt, die anderen wurden »als prophylaktische Maßnahme in ein Konzentrationslager gebracht, wo sie bis zur völligen Niederschlagung aller konterrevolutionären Aufstände als Geiseln gehalten werden«. Die einzige Ausgabe der *Iswestija Pensenskoi Gubtscheka* (Nachrichten der Tscheka aus der Provinz Pensa) berichtete ohne weiteren Kommentar folgendes: »Für die Ermordung des Petrograder Arbeiters und Genossen Egorow, der für ein Requisitionskommando gearbeitet hat, hat die Tscheka 152 Weiße Garden hingerichtet. Gegen all diejenigen, die ihren Arm gegen den bewaffneten Arm des Proletariats erheben, wird man in Zukunft noch härtere *[sic!]* Maßnahmen treffen.«[62]

Die seit kurzem zugänglichen vertraulichen Berichte *(swodki)*, welche die lokalen Tscheka-Verbände nach Moskau schickten, bestätigen übrigens die Brutalität, mit der bereits im Sommer 1918 die kleinsten Zwischenfälle zwischen den Bauern und den lokalen Behörden unterbunden wurden. Anlaß war meistens der Widerstand gegen die Beschlagnahmungen und die Wehrpflicht. All diese Unruhen wurden systematisch als »konterrevolutionäre Kulakenaufstände« abgestempelt und erbarmungslos niedergeschlagen.

Die Zahl der Opfer dieser ersten großen Welle des roten Terrors benennen zu wollen, wäre ein hoffnungsloses Unterfangen. Latsis, einer der wichtigsten Führungskräfte der Tscheka, gab vor, daß die Tscheka in der zweiten Hälfte des Jahres 1918 4500 Personen hingerichtet habe, und fügte nicht ohne Zynismus hinzu: »Wenn man der Tscheka etwas vorwerfen kann, dann nicht etwa einen Übereifer bei den Hinrichtungen, sondern vielmehr ihre Schwäche bei der Anwendung härterer Strafmaßnahmen. Eine eiserne Hand hält die Zahl der Opfer immer geringer.«[63] Ende Oktober 1918 schätzte der menschewistische Parteiführer Juri Martow die Zahl der Opfer, die seit Anfang September allein von der Tscheka umgebracht worden waren, auf »über 10 000«.[64]

Wie hoch auch immer die genaue Zahl der Opfer des im Herbst 1918 wütenden roten Terrors gewesen ist – allein die Hinrichtungsberichte der Presse lassen vermuten, daß es nicht weniger als 10 000 bis 15 000 gewesen sind –, mit diesem Terror setzte sich endgültig die bolschewistische Praxis durch, jeder Form eines wirklichen oder möglichen Protestes mit einem erbarmungslosen und – nach Latsis – »seinen eigenen Gesetzen« gehorchenden Bürgerkrieg zu begegnen. Wenn Arbeiter in den Streik traten, wie das beispielsweise Anfang November 1918 bei der Waffenfabrik Motowilicha in der Provinz Perm der Fall war, um gegen Rationierungen, bei denen nach bolschewistischem Grundsatz »die soziale Herkunft berücksichtigt« wurde, und gegen die Übergriffe der örtlichen Tscheka zu protestieren, so wurde sofort die ganze Fabrik von den Behörden für »im Aufruhr befindlich« erklärt. Keinerlei Verhandlung mit den Streikenden: Aussperrung und Rausschmiß aller Arbeiter, Verhaftung der »Rädelsführer« und Suche nach den »konterrevolutionären« Menschewiki, die man als Urheber des Streiks verdächtigte.[65] Solche Praktiken waren sicherlich bereits im Sommer 1918 an der Tagesordnung gewesen. Doch im Herbst ging die örtliche Tscheka – inzwischen gut organisiert und durch die von der Parteizentrale kommenden Aufrufe zum Mord stimuliert – in ihren Repressalien noch weiter; über 100 Streikende ließ sie ohne jeglichen Prozeß hinrichten.

Schon allein die Zahlen – zwischen 10 000 und 15 000 standrechtliche Hinrichtungen innerhalb von zwei Monaten – bewegen sich im Vergleich zur Zarenzeit in einer anderen Größenordnung. Es genügt zu wissen, daß für die 90 Jahre von 1825 bis 1917 die Zahl der von den zaristischen Gerichten (einschließlich Standgerichte) in Angelegenheiten »mit einem Bezug zur politischen Ordnung« verkündeten Todesurteile mit 6321 angegeben wird, wobei das Jahr 1906 mit seinen Verfahren gegen die Revolutionäre von 1905 mit 1310 Todesurteilen an der Spitze liegt. Die Zahl derer, die allein von der Tscheka innerhalb weniger Wochen hingerichtet worden sind, ist zwei- bis dreimal so hoch wie die derjenigen, die in neunzig Jahren unter dem Zaren zum Tode verurteilt und zum Teil nach dem Prozeßverfahren nicht einmal hingerichtet worden sind, denn bei vielen von ihnen wurde anschließend die Todesstrafe in Zwangsarbeit umgewandelt.[66]

Doch nicht nur bei den Zahlen gelten andere Maßstäbe. Die Einführung neuer Begriffe – »Suspekter«, »Volksfeind«, »Geisel«, »Konzentrationslager« und »Revolutionsgericht« – und neuer Praktiken – der »prophylaktische Gewahrsam« oder die standrechtliche Erschießung, die auf Hunderte und Tausende nach ihrer Verhaftung durch eine politische Polizei völlig neuen Typs wartete, – sorgt auch in dieser Hinsicht für eine regelrecht kopernikanische Revolution.

Die Revolution war so gewaltig, daß selbst die bolschewistischen Parteiführer nicht alle darauf gefaßt waren. Dies beweist die Auseinandersetzung über die Rolle der Tscheka, die zwischen Oktober und Dezember 1918 auf der Führungsebene der bolschewistischen Partei geführt wurde. In Abwesenheit von Dserschinski – man hatte ihn zur geistigen und körperlichen Erholung für einen Monat *inkognito* in die Schweiz geschickt – beriet das Zentralkomitee der bolschewistischen Partei am 25. Oktober 1918 über einen neuen Status der Tscheka. Bucharin, Olminski, einer der Parteiältesten, und Petrowski, der Volkskommissar des Inneren, kritisierten die »uneingeschränkte Vollmacht einer Organisation, die vorgibt, in ihrem Handeln über den Sowjets und selbst über der Partei zu stehen«, und forderten Maßnahmen zur Beschränkung des »Übereifers einer Organisation voller Krimineller, Sadisten und entarteter Elemente des Lumpenproletariats«. Eine politische Kontrollkommission wurde gegründet. Ihr gehörte auch Kamenew an, der sogar schlichtweg für die Auflösung der Tscheka plädierte.[67]

Aber bald gewann das Lager der der Tscheka in bedingungsloser Treue ergebenen Anhänger wieder die Oberhand. Dazu zählten neben Dserschinski Parteigrößen wie Swerdlow, Stalin, Trotzki und natürlich Lenin, der ganz entschieden die Verteidigung einer Institution übernahm, die »wegen einiger Entgleisungen von einer bornierten Intelligenzija, die nicht in der Lage ist, das Problem des Terrors in einem größeren Zusammenhang zu betrachten, zu Unrecht angegriffen wird«.[68] Am 19. Dezember 1918 verbot das Zentralkomitee auf Lenins Vorschlag der bolschewistischen Presse die Veröffenlichung von »verleumderischen Artikeln über die Institutionen, insbesondere über die Tscheka, die unter besonders schwierigen Bedingungen arbeitet«. Damit war die Debatte beendet. Der »bewaffnete Arm der Diktatur des Proletariats« hat das Zeugnis seiner Unfehlbarkeit bekommen. »Ein guter Kommunist ist auch ein guter Tschekist«, sagte Lenin.

Anfang 1919 erreichte Dserschinski beim Zentralkomitee die Aufstellung von tschekistischen Spezialeinheiten für die militärische Sicherheit.

Am 16. März 1919 wurde er zum Volkskommissar des Inneren ernannt und begann in dieser Eigenschaft, alle Milizverbände, Kampftruppen, Abteilungen und Hilfseinheiten, die bisher ganz unterschiedlichen Verwaltungsstellen zugeteilt waren, zu reorganisieren und der Tscheka zu unterstellen. Im Mai 1919 wurden alle diese Einheiten – die Milizen der Eisenbahn, die Versorgungskommandos, die Grenzwache und die tschekistischen Bataillone – zu einem Spezialkorps zusammengefaßt, den »Truppen für die innere Verteidigung der Republik«, die 1921 auf 200 000 Mann anwuchs. Aufgabe dieser Truppen war es, die Lager, Bahnhöfe und anderen strategisch wichtigen Punkte zu überwachen, Beschlagnahmungen durchzuführen, aber vor allem auch Bauernrevolten, Arbeiteraufstände und die Meutereien der Roten Armee niederzuschlagen. Die Spezialeinheiten der Tscheka und die Truppen für die innere Verteidigung der Republik – insgesamt an die 200 000 Mann – bildeten eine ausgezeichnete Kontroll- und Repressionskraft, eine regelrechte Armee innerhalb einer durch Fahnenflucht ruinierten Roten Armee, die zwar auf dem Papier eine beträchtliche Truppenstärke von 3 bis 5 Millionen Mann besaß, aber dennoch nie mehr als 500 000 voll ausgerüstete Soldaten aufbringen konnte.[69]

Eine der ersten Entscheidungen des neuen Volkskommissars des Inneren betraf die Organisationsmodalitäten der Lager, die seit dem Sommer 1918 ohne jegliche grundsätzliche Regelung oder juristische Basis existierten. Der Beschluß vom 15. April 1919 unterschied zwei Lagertypen: die »Arbeitslager«, in denen im Prinzip diejenigen interniert waren, die von einem Gericht verurteilt worden waren, und die »Konzentrationslager«, in denen die Leute – meist als Geiseln – ohne gerichtliches Verfahren festgehalten wurden. In Wirklichkeit war die Unterscheidung zwischen diesen beiden Lagertypen reine Theorie. Dies bestätigt die Zusatzanweisung vom 17. Mai 1919, die »für jede Provinz mindestens ein Lager mit einer Mindestkapazität von 300 Gefangenen« vorschrieb und 16 verschiedene Kategorien der zu internierenden Personen auflistete, darunter so unterschiedliche Gruppen wie »Geiseln aus dem Großbürgertum«, »Beamte des alten Regimes bis hin zum Rang eines Schulbeirats, Staatsanwalts und deren Stellvertreter, Bürgermeister und Stellvertreter von Städten mit einer Distriktsverwaltung«, »unter dem Sowjetregime wegen Schmarotzertum, Zuhälterei oder Prostitution zu allen möglichen Strafen Verurteilte«, »gewöhnliche Fahnenflüchtige (keine Rückfälligen) und gefangene Soldaten des Bürgerkriegs« usw.[70]

Die Zahl der in Arbeits- und Konzentrationslager Internierten nahm in den Jahren 1919 bis 1921 laufend zu. Sie lag im Mai 1919 bei ungefähr 16 000 und stieg im September 1921 auf über 70 000.[71] In diesen Zahlen nicht enthalten sind eine Reihe von Lagern in den Gebieten, die sich im Aufruhr gegen das Sowjetregime befanden: So zählte man im Sommer 1921 allein in den sieben zur Niederschlagung des Bauernaufstandes eingerichteten Konzentrationslagern der Provinz Tambow 50 000 »Banditen« und »als Geiseln festgehaltene Familienangehörige der Banditen«.[72]

4
Der »schmutzige Krieg«

Der russische Bürgerkrieg wurde allgemein als ein Konflikt zwischen den Roten (Bolschewiki) und Weißen (Monarchisten) betrachtet. In Wahrheit war jedoch das, was sich hinter den recht beweglichen Frontlinien abspielte – abseits von den militärischen Kämpfen zwischen den beiden Armeen, der roten und den diversen, ziemlich heterogenen Einheiten der weißen Armee –, wahrscheinlich wichtiger. Es handelt sich um eine andere Dimension des Bürgerkriegs, nämlich die der »inneren Front«. Sie ist gekennzeichnet durch mannigfache, von den etablierten Mächten (weiß oder rot) ausgehende Repressionen – die der Roten waren allgemeiner und systematischer – gegen engagierte Parteipolitiker oder Oppositionelle, gegen streikende Arbeiter, gegen Deserteure, die sich ihrer Einberufung entzogen oder ihre Einheit verließen, oder einfach gegen Bürger, die einer suspekten oder »feindlichen« sozialen Schicht angehörten und deren einziger Fehler es war, daß sie in einer dem »Feind« wieder abgenommenen Stadt oder Ortschaft angetroffen worden waren. Der Kampf an der inneren Front des Bürgerkriegs äußerte sich auch und vor allem im millionenfachen Widerstand der aufrührerischen und fahnenflüchtigen Bauern, die von den Roten und Weißen die Grünen genannt wurden und beim Vordringen oder Scheitern des einen oder anderen Lagers oft eine entscheidende Rolle spielten.

So kam es im Sommer 1919 an der mittleren Wolga und in der Ukraine zu großen Bauernaufständen gegen die bolschewistische Macht, mit deren Hilfe Admiral Koltschak und General Denikin die bolschewistischen Frontlinien auf Hunderten von Kilometern durchbrechen konnten. Wenige Monate später war es ebenfalls ein Bauernaufstand, der die Niederlage des weißarmistischen Admirals Koltschak gegen die Rote Armee beschleunigte, nämlich der Aufstand der sibirischen Bauern in ihrer Empörung über die Wiedereinführung der den Grundbesitz garantierenden Rechte.

Während die großen militärischen Operationen zwischen den Weißen und Roten kaum mehr als ein Jahr dauerten – von Ende 1918 bis Anfang 1920 –, nimmt der Großteil dessen, was man üblicherweise unter dem Begriff »Bürgerkrieg« zusammenfaßt, in Wirklichkeit die Form eines »schmutzigen Krieges« an, eines Krieges der Befriedung, den die verschiedenen militärischen oder zivilen, roten oder weißen Machthaber in den jeweiligen Kontrollgebieten der beiden Lager gegen alle potentiellen oder tatsächlichen Gegner führten. In den von den Bolschewiki beherrschten Gebieten war es der »Klassenkampf« gegen die ehemalige Oberschicht, die Bourgeoisie und die »in sozialer Hinsicht fremden Elemente«, die Jagd auf die überzeugten Anhänger aller nicht bolschewistischen Parteien und die Unterdrückung der Arbeiterstreiks, der von unsicheren Einheiten der Roten Armee getragenen Meutereien und der Bauernaufstände. Bei den Weißen hingegen war es die Jagd auf Elemente, die möglicher »jüdisch-bolschewistischer« Sympathien verdächtig waren.

Der Terror war keine Spezialität der Bolschewiki. Es gab auch einen weißen Terror, der sich im Sommer und Herbst 1919 in den Pogromwellen der Ukraine in seiner schlimmsten Form zeigte. Dahinter standen Abteilungen von Denikins Armee und Einheiten Petljuras, denen etwa 150 000 Menschen zum Opfer fielen. Aber wie die meisten Historiker betonen, die sich mit dem roten und weißen Terror während des russischen Bürgerkrieges beschäftigt haben, sind die beiden Erscheinungsarten des Terrors nicht auf der gleichen Ebene abzuhandeln. Die Politik des bolschewistischen Terrors kannte eine systematischere und organisiertere Form, war bereits lange vor dem Bürgerkrieg als solche erdacht und in die Praxis umgesetzt worden und richtete sich in ihrer Theorie gegen ganze Gesellschaftsgruppen. Der weiße Terror hingegen war nie systematisch aufgebaut worden. Er war fast immer Sache von unkontrollierten Einheiten der Armee, die sich der Autorität eines militärischen Kommandos entzogen hatten, eines Kommandos, das vergeblich versuchte, Regierungsaufgaben zu übernehmen. Abgesehen von den Pogromen – Denikin hat sie schwer verurteilt – äußerte sich der weiße Terror meist in polizeilichen Repressalien, die eher einer militärischen Spionageabwehr glichen. Im Vergleich zur Spionageabwehr der Weißen waren die Tscheka und die Truppen für die innere Verteidigung der Republik ein besser strukturiertes, mächtiges Repressionsinstrument, das über alle Privilegien des bolschewistischen Regimes verfügte.

Wie bei jedem Bürgerkrieg ist es schwierig, eine Bilanz der verschiedenen Repressions- und Terrorformen der einen oder anderen Partei aufzustellen. Den bolschewistischen Terror – er allein ist hier Gegenstand unserer Betrachtung – kann man auf verschiedene Weisen beschreiben. Mit seinen Methoden, Eigenheiten und bevorzugten Zielen existierte er schon lange vor dem eigentlichen Bürgerkrieg, der sich erst im Spätsommer 1918 entwickelte. Wir haben uns für eine Typologie entschieden, die angesichts der kontinuierlichen Entwicklung, die man schon in den ersten Monaten des Regimes beobachten kann, die wichtigsten Gruppen der Opfer dieser konsequenten und systematischen Repression hervorhebt:

- die engagierten nicht bolschewistischen Politiker, von den Anarchisten bis zu den Monarchisten;
- die Arbeiter im Kampf für ihre elementaren Rechte: Brot, Arbeit und ein Minimum an Freiheit und Würde;
- die Bauern (oft fahnenflüchtig), die in eine der unzähligen Bauernerhebungen oder Meutereien von Einheiten der roten Armee verwickelt waren;

- die Kosaken, die in Scharen deportiert wurden, weil sie in ihrer sozialen und ethnischen Gruppierung als Feinde des Sowjetregimes galten. Die »Entkosakisierung« nimmt die großen Deportationsbewegungen der dreißiger Jahre vorweg (»Entkulakisierung«, Deportation ethnischer Gruppen) und unterstreicht die Kontinuität der repressiven Politik während der leninistischen und stalinistischen Periode;
- die »in sozialer Hinsicht fremden Elemente« und anderen »Volksfeinde«, »Suspekten« und »Geiseln«, die »präventiv« liquidiert wurden, besonders wenn die Bolschewiki Städte evakuierten oder wenn sie – im Gegenzug – Städte und Gebiete, die eine Zeitlang von den Weißen besetzt waren, wieder zurückeroberten.

Die Repression, die engagierte Politiker der verschiedenen Oppositionsparteien unter dem bolschewistischen Regime traf, kennt man wahrscheinlich am ehesten. Die inhaftierten und oft auch exilierten führenden Oppositionspolitiker haben zahlreiche Berichte hinterlassen. Im Gegensatz zu den militanten Arbeitern und Bauern der Basis, die oft ohne irgendein Verfahren erschossen oder während einer tschekistischen Strafexpedition massakriert wurden, blieben diese Oppositionspolitiker im allgemeinen am Leben.

Den ersten Schlag gegen die Opposition startete die Tscheka am 11. April 1918 gegen die Moskauer Anarchisten. Mehrere Dutzend wurden auf der Stelle erschossen. Auch in den Folgejahren ließ der Kampf gegen die Anarchisten nicht nach, obwohl einige von ihnen zu den Bolschewiki überliefen und sogar wie Alexander Goldberg, Michail Brener oder Timofei Samsonow wichtige Posten bei der Tscheka übernehmen. Das Dilemma der meisten Anarchisten, die sowohl die bolschewistische Diktatur als auch die Wiederkehr der Anhänger des alten Regimes bekämpften, wird an den Kehrtwendungen des Bauern und großen Anarchistenführers Machno ziemlich deutlich. Zunächst war er gezwungen, mit der Roten Armee gegen die Weißen gemeinsame Sache zu machen. Als die weiße Gefahr jedoch gebannt war, mußte er – um seinen Idealen treu zu bleiben – die Roten bekämpfen. Als die Tscheka zum Schlag gegen die Bauernarmeen Machnos und seiner Anhänger ausholte, wurden Tausende der namenlosen militanten Anarchisten als »Banditen« hingerichtet. Diese Bauern machen offensichtlich den weitaus größten Teil der anarchistischen Opfer aus, wenn man der wahrscheinlich unvollständigen, aber allein zugänglichen Bilanz Glauben schenkt, die im Berliner Exil weilende russische Anarchisten 1922 im Hinblick auf die bolschewistische Repression aufgestellt haben. Danach wurden von 1919 bis 1921 138 militante Anarchisten hingerichtet und 281 exiliert. Weitere 608 saßen am 1. Januar 1922 immer noch in Haft.[73]

Die linken Sozialrevolutionäre waren bis zum Sommer 1918 Verbündete der Bolschewiki und wurden deshalb bis zum Februar 1919 mit relativ viel Nachsicht behandelt. Maria Spiridonowa, die bekannte Vorsitzende dieser Partei, leitete im Dezember 1918 einen von den Bolschewiki geduldeten

Parteitag der Sozialrevolutionäre. Wegen ihrer scharfen Verurteilung des täglich von der Tscheka verübten Terrors wurde sie am 10. Februar 1919 mit 210 weiteren militanten Oppositionellen verhaftet und vom Revolutionsgericht »wegen ihres hysterischen Zustandes zum Zwangsaufenthalt in einem Sanatorium« verurteilt; es ist das erste Beispiel für einen Oppositionspolitiker, der unter dem Sowjetregime in einer psychiatrischen Anstalt gefangengehalten wurde. Maria Spiridonowa konnte fliehen und so die von den Bolschewiki verbotene Partei der linken Sozialrevolutionäre heimlich weiterführen. Laut tschekistischen Angaben wurden 1919 58 Organisationen der linken Sozialrevolutionäre zerschlagen, und 1920 weitere 45. Im Laufe der beiden Jahre sollen 1875 aktive SR-Leute als Geiseln in Gewahrsam genommen worden sein, ganz im Sinne der Richtlinien, die Dserschinski am 18. März 1919 erläutert hatte: »In Zukunft wird die Tscheka keinen Unterschied mehr machen zwischen den Weißen Garden vom Typ Krasnow und den Weißen Garden des sozialistischen Lagers. [...] Die verhafteten SR-Leute und die Menschewiki werden als Geiseln betrachtet und ihr Schicksal ist abhängig vom politischen Verhalten ihrer Partei.«[74]

Für die Bolschewiki galten die rechten Sozialrevolutionäre immer noch als die gefährlichsten politischen Rivalen. Man hatte nicht vergessen, daß sie bei den allgemeinen freien Wahlen vom November/Dezember 1917 im gesamten Land eine überwältigende Mehrheit errungen hatten. Nach der Auflösung der verfassunggebenden Versammlung, in der sie die absolute Mehrheit besaßen, tagten die Sozialrevolutionäre immer noch in den Sowjets und im Zentralen Exekutivkomitee der Sowjets, aus denen sie erst im Juni 1918 mit den Menschewiki ausgeschlossen wurden. Ein Teil der sozialrevolutionären Parteiführer stellte damals zusammen mit den konstitutionellen Demokraten und den Menschewiki die kurzlebigen Regierungen von Samara und Omsk, die jedoch bald darauf vom weißen Admiral Koltschak gestürzt wurden. Wegen ihrer Lage zwischen den Fronten – zwischen den Bolschewiki und den Weißen – war eine kohärente Oppositionspolitik für die Sozialrevolutionäre und Menschewiki recht schwierig, zumal das bolschewistische Regime mit seinem ständigen Wechsel zwischen besänftigenden Maßnahmen und Taktiken der Unterwanderung und Repression eine geschickte Politik gegenüber der gemäßigt-sozialistischen Opposition betrieb.

Nachdem die Tscheka, besonders nach dem Angriff Admiral Koltschaks, vom 20. bis 30. März 1919 das Wiedererscheinen der sozialrevolutionären Zeitung *Delo Naroda* (Die Sache des Volkes) erlaubt hatte, startete sie am 31. März 1919 eine Großrazzia gegen die aktiven Sozialrevolutionäre und Menschewiki, obwohl zu dieser Zeit ihre Parteien keinem gesetzlichen Verbot unterlagen. In Moskau, Tula, Smolensk, Woronesch, Pensa, Samara und Kostroma wurden mehr als 1900 ihrer engagierten Vertreter verhaftet.[75] Wie viele bei den gewaltsamen Aktionen gegen die Streiks und Bauernrevolten, wo die Sozialrevolutionäre und Menschewiki oft eine wichtige Rolle spielten, auf der Stelle hingerichtet worden sind, ist schwierig zu sagen. Es gibt nur wenig Zahlenmaterial, denn selbst wenn die Zahl der Opfer der wichtigsten, erfaßten Repressionsaktionen bekannt ist, weiß man immer noch nicht, wie viele aktive Politiker von den Massakern betroffen waren.

Auf Lenins Artikel in der Prawda vom 28. August 1919, in dem er die SR-Leute und die Menschewiki erneut als »Komplizen und Knechte der Weißen, Grundbesitzer und Kapitalisten« geißelte, folgte eine zweite Verhaftungswelle. Nach tschekistischen Angaben wurden in den letzten vier Monaten des Jahres 1919 2380 Sozialrevolutionäre und Menschewiki verhaftet.[76] Nachdem der aktiv von der politischen Polizei gesuchte sozialrevolutionäre Parteiführer Viktor Tschernow, der für einen Tag Präsident der aufgelösten verfassunggebenden Versammlung gewesen war, am 23. Mai 1920 auf einer von der Schriftsetzergewerkschaft für eine englische Arbeiterdelegation organisierten Versammlung maskiert und unter falschem Namen das Wort ergriffen und so die Tscheka und die Regierung lächerlich gemacht hatte, kam es wieder verstärkt zu Repressalien gegen die aktiven Sozialisten. Tschernows Familienangehörige wurden als Geiseln festgenommen, und die noch freien sozialrevolutionären Parteiführer ins Gefängnis gebracht.[77] Im Sommer 1920 wurden mehr als 2000 engagierte und ordnungsgemäß registrierte Sozialrevolutionäre und Menschewiki verhaftet und als Geiseln in Gewahrsam genommen. Ein vertrauliches Dokument der Tscheka vom 1. Juli 1920 erklärte in groben Zügen und mit einem seltenen Zynismus, wie gegen die sozialistischen Oppositionellen vorzugehen sei: »Anstatt eines Verbots dieser Parteien, der sie nur in einen schwer zu kontrollierenden Untergrund treiben würde, ist es viel besser, ihnen einen halbgesetzlichen Status zu gewähren. So hat man sie leichter bei der Hand und kann – falls es notwendig werden sollte – Unruhestifter, Abtrünnige und andere nützliche Informanten von ihnen entfernen. […] Die augenblickliche Kriegssituation ist gegenüber diesen antisowjetischen Parteien unbedingt auszunützen, um ihren Mitgliedern folgende Verbrechen zur Last legen zu können: ›konterrevolutionäre Aktivitäten‹, ›Hochverrat‹, ›Störung der Organisation hinter der Front‹, ›Spionage für eine feindliche interventionistische Macht‹ usw.«[78]

Das gewaltsame Vorgehen gegen die Arbeiterschaft, in deren Namen die Bolschewiki die Macht übernommen hatten, wurde von allen repressiven Aktionen am sorgfältigsten geheimgehalten. Die Repressionen gegen die Arbeiter begannen schon 1918, setzten sich in den Jahren 1919 und 1920 fort und erreichten schließlich im Frühjahr 1921 mit der bekannten Episode von Kronstadt ihren Höhepunkt. Bereits Anfang 1918 hatten die Arbeiter von Petrograd ihr Mißtrauen gegenüber den Bolschewiki zum Ausdruck gebracht. Nach dem Scheitern des Generalstreiks vom 2. Juli 1918 kam es im März 1919, nachdem die Bolschewiki eine ganze Reihe von sozialrevolutionären Parteiführern verhaftet hatten, erneut zu Arbeiterunruhen in der ehemaligen Hauptstadt. Zu den verhafteten Sozialrevolutionären gehörte auch Maria Spiridonowa, die kurz zuvor eine denkwürdige Rundreise durch die größten Petrograder Industriebetriebe unternommen hatte und überall gefeiert worden war. In der wegen der Versorgungsschwierigkeiten gereizten Stimmungslage lösten diese Verhaftungen eine breite Protest- und Streikbewegung aus. Am 10. März 1919 verabschiedeten die Arbeiter der Putilow-Betriebe auf ihrer Hauptversammlung mit 10000 Teilnehmern eine Erklärung, in der die Bolschewiki in aller Form verurteilt wurden: »Diese Regierung ist nur die Diktatur des Zentralkomitees der Kommunistischen Partei und regiert nur mit Hilfe der Tscheka und der Revolutionsgerichte.«[79]

Die Erklärung forderte die volle Machtübergabe an die Sowjets, freie Wahlen zu den Sowjets und Arbeiterkomitees, die Aufhebung aller Beschränkungen für die Lebensmittel, welche die Arbeiter vom Land nach Petrograd mitführen durften (1,5 Pud, d.h. 24 Kilogramm), und die Freilassung aller politischen Gefangenen der »authentischen Revolutionsparteien« und ganz besonders von Maria Spiridonowa. In der Absicht, die täglich stärker werdende Bewegung aufzuhalten, begab sich Lenin am 12. und 13. März 1919 persönlich nach Petrograd. Als er jedoch in den streikenden Betrieben das Wort ergreifen wollte, wurde er zusammen mit Sinowjew ausgebuht: »Nieder mit den Juden und Kommissaren!«[80] Kaum hatten die Bolschewiki den Vertrauensvorschuß, den sie nach der Oktoberrevolution kurzzeitig genossen hatten, verloren, zieht die uralte, im Volk immer wieder zum Vorschein kommende antisemitische Grundhaltung sofort eine Verbindung zwischen den Bolschewiki und den Juden. Die Tatsache, daß ein bedeutender Anteil der bekannteren bolschewistischen Parteiführer zu den Juden zählte (Trotzki, Sinowjew, Kamenew, Rykow, Radek usw.), rechtfertigte in den Augen der Massen die Gleichsetzung von Juden und Bolschewiki.

Am 16. März 1919 griffen die tschekistischen Einheiten die Putilow-Betriebe an. Man verteidigte sich mit Waffengewalt. Ungefähr 900 Arbeiter wurden verhaftet. In den folgenden Tagen wurden an die 200 der Streikenden ohne Verfahren in der etwa 50 km vor Petrograd liegenden Festung Schlüsselburg hingerichtet. Eine neue Regel sah vor, alle wegen der Teilnahme am Streik Entlassenen erst wieder einzustellen, wenn sie eine Erklärung unterschrieben hatten, in der sie zugaben, von konterrevolutionären Rädelsführern getäuscht und »zum Verbrechen verführt« worden zu sein.[81] Von da an sollten die Arbeiter schwer überwacht werden. Im Frühjahr 1919 begann der tschekistische Geheimdienst, in einer ganzen Reihe von Arbeiterzentren ein Netz von Spitzeln aufzubauen, die regelmäßig über die »Geisteshaltung« im einen oder anderen Betrieb berichten sollten. Arbeitende Klassen, gefährliche Klassen …

Im Frühjahr 1919 kam es in mehreren russischen Arbeiterzentren zu zahlreichen, gewaltsam niedergeschlagenen Streikbewegungen: in Tula, Somorwo, Orel, Briansk, Twer, Iwanowo-Wosnessensk und Astrachan.[82] Die Forderungen der Arbeiter waren fast überall dieselben. Bei ihrem minimalen

Lohn, der gerade dem Preis einer Lebensmittelkarte (250 Gramm Brot pro Tag) entsprach, waren sie dem Hunger ausgesetzt. Deshalb forderten die Streikenden zunächst einmal eine Angleichung ihrer Tagesration an die der Soldaten der Roten Armee. Aber ihre Forderungen beinhalteten auch und vor allem politische Ziele: Abschaffung der Privilegien für die Kommunisten, Freilassung aller politischen Gefangenen, freie Wahlen zu den Arbeiterkomitees und Sowjets, Abschaffung des Wehrdienstes in der Roten Armee, Vereinsfreiheit, Meinungsfreiheit, Pressefreiheit usw.

Diese Bewegungen waren für die Bolschewiki vor allem deshalb so gefährlich, weil sie oft auf die in den Städten stationierten militärischen Einheiten übergriffen. In Orel, Briansk, Gomel und Astrachan schlossen sich meuternde Soldaten den Streikenden an, schrien »Tod den Juden, nieder mit den bolschewistischen Kommissaren!« und besetzten und plünderten einen Teil der Stadt, den die tschekistischen Einheiten und regimetreuen Truppen erst nach mehreren Tagen wieder zurückerobern konnten.[83] Die repressiven Maßnahmen angesichts dieser Streiks und Meutereien waren unterschiedlicher Art. Sie reichten von der Aussperrung der gesamten Betriebsbesatzung und dem Einzug der Lebensmittelkarten – zu den wirksamsten Waffen der bolschewistischen Macht zählte die Hungerwaffe – bis zu Massenhinrichtungen Hunderter von Streikenden und Meuterern.

Die gewaltsamen Aktionen vom März und April 1919 in Tula und Astrachan zählen in dieser Hinsicht zu den bedeutsamsten. Am 3. April begab sich Dserschinski persönlich nach Tula, dem historischen Zentrum der russischen Waffenindustrie, um dem Arbeiterstreik in den Waffenfabriken ein Ende zu bereiten. Schon im Winter 1918/19 waren diese für die Rote Armee lebenswichtigen Betriebe – von dort kamen 80% der in Rußland hergestellten Gewehre – Schauplatz von Arbeitsniederlegungen und Streiks gewesen. Die politisch Aktiven dieser hochqualifizierten Arbeiterschaft unterstützten mit deutlicher Mehrheit die Menschewiki und Sozialrevolutionäre. Als Anfang März 1919 Hunderte von aktiven Sozialisten verhaftet wurden, löste dies eine ungeheure Protestwelle aus. Höhepunkt war am 27. März der endlose »Zug für die Freiheit und gegen den Hunger«, an dem sich Tausende von Industrie- und Bahnarbeitern beteiligten. Am 4. April ließ Dserschinski weitere 800 »Rädelsführer« verhaften und die seit Wochen von den Streikenden besetzten Betriebe mit Gewalt räumen. Alle Arbeiter wurden entlassen. Mit der Hungerwaffe wurde der Widerstand der Arbeiter gebrochen. Schon seit mehreren Wochen waren keine Versorgungskarten mehr eingelöst worden. Wer neue Karten für die Ausgabe von 250 Gramm Brot und nach der allgemeinen Aussperrung eine neue Arbeit haben wollte, mußte einen Anstellungsvertrag unterschreiben, in dem ausdrücklich stand, daß jede Arbeitsniederlegung in Zukunft einer Fahnenflucht gleichzusetzen und wie diese mit dem Tode zu bestrafen sei. Am 10. April wurde die Produktion wiederaufgenommen. Ein Tag zuvor waren 26 »Rädelsführer« an die Wand gestellt worden.[84]

Die Stadt Astrachan in der Nähe der Wolgamündung besaß im Frühjahr 1919 eine besondere strategische Bedeutung; sie war nämlich der letzte bolschewistische Riegel, der die im Nordosten stehenden Truppen des Admiral Koltschak von denen des General Denikin im Südwesten trennte. Dieser Umstand erklärt wahrscheinlich die außergewöhnliche Härte, mit der im März 1919 der Arbeiterstreik in dieser Stadt niedergeschlagen wurde. Ausschlaggebend für den Streikbeginn Anfang März waren sowohl wirtschaftliche – allzu niedrige Lebensmittelrationen – als auch politische Gründe – die Verhaftung der aktiven Sozialisten. Als sich am 10. März das 45. Infanterieregiment weigerte, auf den Arbeiterzug im Stadtzentrum zu schießen, weitete sich der Streik gefährlich aus. Die Soldaten schlossen sich den Streikenden an, plünderten die bolschewistische Parteizentrale und töteten mehrere Parteifunktionäre. Sergej Kirow, der Präsident des militärrevolutionären Komitees der Region, befahl deshalb »mit allen Mitteln die gnadenlose Ausrottung der weißgardistischen Läuse«. Die regimetreu gebliebenen Truppen und die tschekistischen Kommandoeinheiten besetzten alle Ausgänge der Stadt und begannen mit der systematischen Rückeroberung. Da die Gefängnisse beinahe überquollen, wurden die Meuterer und Streikenden auf Schleppkähne verladen und zu Hunderten mit Steinen am Hals in die Wolga geworfen. Vom 12. bis 14. März erschoß und ertränkte man zwischen 2000 und 4000 Arbeiter und Meuterer. Ab dem 15. März traf die Repression auch die »Bourgeoisie« der Stadt. Sie habe angeblich zu der Verschwörung der »Weißen Garde« angestiftet, und die Arbeiter und Soldaten seien nur das Fußvolk gewesen. Zwei Tage lang wurden die reichen Kaufmannsvillen von Astrachan geplündert, und ihre Besitzer verhaftet und erschossen. Bei der Frage, wie viele »Bürgerliche« den Massakern von Astrachan zum Opfer gefallen sind, schwanken die – unsicheren – Schätzungen zwischen 600 und 1000 Personen. Insgesamt wurden innerhalb einer Woche zwischen 3000 und 5000 Menschen hingerichtet oder ertränkt. Die Zahl der getöteten und am 18. März – dem Jahrestag der Pariser Kommune, wie von offizieller Seite betont wurde – mit großem Pomp beigesetzten Kommunisten betrug 47. Die Schlächterei von Astrachan wurde lange Zeit lediglich als eine Episode des Kriegs zwischen den Roten und Weißen hingestellt. Heute wird anhand der Dokumente aus den zugänglichen Archiven der wahre Sachverhalt deutlich: Es war das größte Massaker, das die bolschewistische Macht vor demjenigen von Kronstadt an den Arbeitern begangen hat.[85]

Ende 1919 und Anfang 1920 trübten sich durch die Militarisierung von mehr als 2000 Betrieben die Beziehungen zwischen der bolschewistischen Macht und der Arbeiterwelt noch mehr. Leo Trotzki, Hauptbefürworter einer Militarisierung der Arbeitswelt, legte im März 1920 auf dem 9. Parteitag seine Ansichten zu diesem Punkt dar. Der Mensch neige von Natur aus zur Faulheit, erklärte er. Im Kapitalismus müssen die Arbeiter in ihrem Kampf um das Überleben Arbeit suchen. Es ist der kapitalistische Markt, der den Arbeiter antreibt. Im Sozialismus »ersetzt die Nutzung des Arbeitskräftepotentials den Markt«. Der Staat hat also die Aufgabe, die Arbeiter zu lenken, zu verteilen und zu betreuen. Der Arbeiter wiederum muß dem Arbeiterstaat, dem Verteidiger der Interessen des Proletariats, gehorchen wie ein Soldat. Dies war die Grundlage und der Sinn der Arbeitsmilitarisierung, die von einer Minderheit aus Gewerkschaftern und bolschewistischen Parteiführern heftig kritisiert wurde; sie bedeutete nämlich das Verbot jeglicher Streiks, die in Kriegszeiten einer Desertion gleichgesetzt wurden, die Stärkung der Disziplin und der Macht der Direktion und die völlige Unterordnung der Gewerkschaften und Arbeiterkomitees, deren Rolle sich in Zukunft auf die Umsetzung der Produktionspolitik beschränkte. Außerdem war es den Arbeitern verboten, ihren Arbeitsplatz zu verlassen. Auch häufiges Fehlen und Zuspätkommen – in Zeiten, in denen die Arbeiter mit der schwierigen Nahrungsbeschaffung beschäftigt waren, kein Sonderfall – wurde bestraft.

Die durch die Militarisierung ausgelöste Unzufriedenheit der Arbeiterschaft nahm durch die immer schwieriger werdenden Lebensbedingungen noch zu. In einem Bericht vom 6. Dezember 1919 an die Regierung, gab die Tscheka zu, daß »die Versorgungskrise in letzter Zeit sich stetig ausgeweitet hat. Der Hunger quält die Arbeitermassen. Die Arbeiter haben keine physische Kraft mehr weiterzuarbeiten, und fehlen immer häufiger; Hunger und Kälte wirken zusammen. In Moskau sind die verzweifelten Massen einer ganzen Reihe von metallverarbeitenden Betrieben zu allem bereit – Streik, Aufruhr und Erhebung –, wenn die Versorgungsfrage nicht binnen kurzem gelöst wird.«[86]

Anfang 1920 lag der Monatslohn eines Petrograder Arbeiters zwischen 7000 und 12 000 Rubel. Abgesehen von diesem geringen Grundgehalt – auf dem freien Markt kostete ein Pfund Butter 5000 Rubel, ein Pfund Fleisch 3000 Rubel und ein Liter Milch 750 Rubel! – hatte jeder Arbeiter entsprechend der Kategorie, zu der er gehörte, Anspruch auf eine bestimmte Menge von Produkten. In Petrograd stand dem Schwerarbeiter Ende 1919 täglich ein halbes Pfund Brot zu, monatlich ein Pfund Zucker, ein halbes Pfund Fett, vier Pfund geräucherte Heringe …

Theoretisch waren die Bürger in fünf Kategorien von »Mägen« eingeteilt, von den Schwerarbeitern und Soldaten der Roten Armee bis hin zu den »Müßiggängern«, zu denen die besonders schlecht behandelten Intellektuellen zählten, wurden die »Klassenrationen« immer kleiner. In Wirklichkeit war das System noch ungerechter und komplexer. Die am meisten Benachteiligten – »Müßiggänger«, Intellektuelle und »Ehemalige« – wurden zuletzt berücksichtigt und bekamen oft gar nichts. Die »Arbeiter« waren nämlich in eine Vielzahl von Kategorien eingeteilt, wobei die für das Überleben des Regimes wichtigen Sektoren bevorzugt wurden. In Petrograd zählte man im Winter 1919/20 33 verschiedene Kategorien von Karten, die alle nie länger als einen Monat gültig waren! In dem von den Bolschewiki aufgestellten Versorgungssystem spielte die Nahrungswaffe bei der Stimulierung oder Bestrafung der einen oder anderen Bürgerkategorie eine große Rolle.

»Die Brotration ist für die, die nicht im Transportsektor – heute von entscheidender Bedeutung – arbeiten, zu verkleinern und für die, die darin arbeiten, zu erhöhen«, schrieb Lenin am 1. Februar 1920 an Trotzki. »Sollen notfalls Tausende von Leuten umkommen, aber der Staat muß gerettet werden.«[87]

Bei dieser Politik bemühten sich alle, die ihre Verbindungen zu den Bauern gepflegt hatten – und das waren viele –, so oft wie möglich in ihr Dorf zurückzukehren, um Nahrung mitnehmen zu können.

Die zur »Wiederherstellung der Ordnung« in den Betrieben erlassenen Militarisierungsmaßnahmen lösten einen gegenteiligen Effekt aus: es kam zu zahlreichen Arbeitsniederlegungen und Arbeitsausfällen, zu Streiks und Unruhen, die alle erbarmungslos niedergeschlagen wurden. »Der beste Platz für den streikenden Arbeiter, dieser schädlichen Stechmücke«, konnte man am 12. Februar 1920 in der *Prawda* lesen, »ist das Konzentrationslager!« Nach den offiziellen Zahlen des Volkskommissariats der Arbeit waren 77% von Rußlands großen und mittleren Industriebetrieben in der ersten Hälfte des Jahres 1920 vom Streik betroffen. Bezeichnenderweise waren die am meisten bestreikten Sektoren – die Metallindustrie, die Bergwerke und die Eisenbahn – auch diejenigen, in denen die Militarisierung der Arbeit am weitesten entwickelt war. Die Berichte des tschekistischen Geheimdienstes an die bolschewistischen Parteiführer werfen ein deutliches Licht auf die Repressalien, mit denen man den sich der Militarisierung widersetzenden Arbeitern begegnete: sie wurden verhaftet und meistens von einem Revolutionsgericht wegen »Sabotage« oder »Fahnenflucht« verurteilt. In Siombirs – um nur ein Beispiel zu nennen – wurden im April 1920 zwölf Arbeiter der Waffenfabrik zu Lagerhaft verurteilt, »weil sie mit italienischen Streiks Sabotage betrieben haben [...] und unter Ausnutzung des religiösen Aberglaubens und des schwachen politischen Bewußtseins der Massen Propaganda gegen die Sowjetmacht gemacht [...] und falsche Vorstellungen von der sowjetischen Lohnpolitik verbreitet haben«.[88] Im Klartext bedeutet dies, daß die Angeklagten wahrscheinlich ohne Erlaubnis der Direktion Pausen eingelegt, gegen die obligatorische Sonntagsarbeit protestiert, die Privilegien der Kommunisten kritisiert und die erbärmlichen Löhne angeprangert haben.

Die obersten Parteiführer, darunter auch Lenin, forderten eine exemplarische Niederschlagung der Streikbewegungen. Beunruhigt über die Ausweitung der Arbeiterbewegungen im Oralgebiet, telegrafierte Lenin am 29. Januar 1920 an Smirnow, dem Chef des Militärrevolutionären Rates der V. Armee: »P. berichtete mir, daß die Bahnarbeiter eindeutig Sabotage betreiben. [...] Auch die Arbeiter von Ischewsk sollen mit von der Partie sein. Ich bin erstaunt, daß ihr euch damit abfindet und keine Massenhinrichtungen wegen Sabotage durchführt.«[89] Durch die Arbeitsmilitarisierung war es

1920 zu zahlreichen Streikbewegungen gekommen. In Ekaterinburg waren im März 1920 80 Arbeiter verhaftet und zu Lagerhaft verurteilt worden; an der Eisenbahnstrecke Rjasan-Ural waren im April 1920 100 Bahnarbeiter und an der Strecke Moskau-Kursk im Mai 1920 weitere 160 Bahnarbeiter verurteilt worden. Im Juni 1920 waren in Briansk 152 Arbeiter der Metallindustrie verurteilt worden. Für die im Rahmen der Arbeitsmilitarisierung gewaltsam niedergeschlagenen Streikbewegungen ließen sich noch viele Beispiele anführen.[90]

Eine der beachtlichsten Streikbewegungen war im Juni 1920 die der Waffenfabriken von Tula, die trotz schwerster Repressalien vom April 1919 immer noch zu den Hochburgen des Arbeiterprotests gegen das Regime zählte. Am Sonntag, den 6. Juni, weigerten sich einige Metallarbeiter, zu den von der Direktion angeordneten Überstunden anzutreten. Sie wollten weder an diesem Tag noch überhaupt am Sonntag arbeiten, denn der Sonntag – so erklärten sie – sei der einzige Tag, an dem sie sich in den umliegenden Dörfern mit Nahrung eindecken könnten. Auf den Hilferuf der Betriebsverwaltung erschien ein starkes Tschekisten-Kommando und verhaftete die Streikenden. Das Standrecht wurde verhängt, und eine Troika aus Vertretern der Partei und der Tscheka sollte »die zur Schwächung der Schlagkraft der Roten Armee von den polnischen Spionen und den Schwarzen Hundert angezettelte konterrevolutionäre Verschwörung« anprangern.

Während der Streik sich ausdehnte und die Verhaftungen der »Rädelsführer« zunahmen, kam es zu einem bis dahin unbekannten Vorfall, der den Verlauf, den diese Angelegenheiten gewöhnlich nahmen, erheblich störte: Zu Hunderten – und später zu Tausenden – fanden sich Arbeiterinnen und einfache Hausfrauen bei der Tscheka ein und wollten ebenfalls verhaftet werden. Die Bewegung weitete sich aus, und die Arbeiter wollten ihrerseits in Massen verhaftet werden, um die These von der »Verschwörung der Polen und der Schwarzen Hundert« *ad absurdum* zu führen. Innerhalb von vier Tagen waren mehr als 10 000 Personen in Gewahrsam genommen – oder besser gesagt – auf einer großen Fläche unter freiem Himmel von tschekistischen Wachen zusammengepfercht worden. Die örtlichen Organisationen der Partei und der Tscheka waren überfordert und wußten nicht mehr, wie sie diese Ereignisse in Moskau darstellen sollten. Schließlich gelang es ihnen, die zentralen Behörden davon zu überzeugen, daß es sich wirklich um eine große Verschwörung handelte. In der Hoffnung, ideale Schuldige zu finden, wurden Tausende von Arbeitern und Arbeiterinnen von einem »Komitee zur Liquidierung der Verschwörung von Tula« verhört. Um freigelassen, wiedereingestellt und mit einer neuen Lebensmittelkarte bedacht zu werden, mußten die verhafteten Arbeiter folgende Erklärung unterschreiben: »Ich, der Unterzeichnende, bin ein krimineller Schweinehund. Vor dem Revolutionsgericht und der Roten Armee bekenne ich reumütig meine Sünden und verspreche, gewissenhaft zu arbeiten.«

Im Gegensatz zu anderen Arbeiterprotestbewegungen waren die Urteile im Sommer 1920 bei den Unruhen von Tula relativ glimpflich: 28 Personen wurden zu Lagerhaft verurteilt und 200 hingerichtet.[91] Bei dem Mangel an hochqualifizierten Arbeitskräften konnte die bolschewistische Macht wahrscheinlich nicht auf die besten Waffenproduzenten des Landes verzichten. Die Repression hatte wie die Versorgung die wichtigen Sektoren und die übergeordneten Interessen des Regimes zu berücksichtigen.

So wichtig die »Arbeiterfront« in symbolischer und strategischer Hinsicht auch war, gemessen an den unzähligen »inneren Fronten«, an denen das Regime im Bürgerkrieg kämpfte, war sie nur ein kleiner Teil. Der Kampf gegen die sich den Beschlagnahmungen und der Wehrpflicht widersetzenden Bauern – die Grünen – nahm alle Kräfte in Anspruch. Die heute zugänglichen Berichte von den Spezialabteilungen der Tscheka und der Truppen für die innere Verteidigung der Republik, die gegen die Meutereien, Bauernaufstände und Fahnenflucht zu kämpfen hatten, zeigen unbeschönigt die außergewöhnliche Härte dieses »schmutzigen« Befriedungskriegs, der am Rande der Auseinandersetzungen zwischen den Roten und Weißen geführt wurde. In diesem entscheidenden Kampf zwischen der bolschewistischen Macht und der Bauernschaft entwickelte sich endgültig eine politische Terrorpraxis, die ein extrem pessimistisches Bild von den Massen zur Grundlage hat. »Die Massen sind so undurchschaubar und ignorant«, schrieb Dserschinski, »daß sie nicht einmal in der Lage sind, zu sehen, wo ihre Interessen liegen.« Diese rohen Massen sind nur mit Gewalt in den Griff zu bekommen, mit dem »eisernen Besen«, von dem Trotzki in seinem bildhaften Vergleich sprach, als er beschreiben wollte, wie die Ukraine von den »Räuberbanden« Nestor Machnos und der anderen Bauernführer zu säubern sei.[92]

Bereits im Sommer 1918 gab es die ersten Bauernrevolten. In den Jahren 1919 und 1920 weiteten sie sich aus und nahmen schließlich im Winter 1920/21 solche Ausmaße an, daß das bolschewistische Regime für den Augenblick zum Nachgeben gezwungen war.

Es gab zwei offenkundige Gründe, welche die Bauern in den Aufstand trieben: die Beschlagnahmungen und die Wehrpflicht in der Roten Armee. Im Januar 1919 wurde die unkoordinierte Suche nach landwirtschaftlichen Überschüssen, wie sie seit dem Sommer 1918 für die ersten Beschlagnahmungsaktionen typisch war, durch ein zentral gesteuertes und durchgeplantes Requirierungssystem ersetzt. Jede Provinz, jeder Distrikt, jeder Kreis und jede Dorfgemeinde hatte dem Staat eine nach den zu erwartenden Ernteeinnahmen im voraus festgelegte Quote zu liefern. Diese Quoten beschränkten sich nicht auf das Getreide, sondern bezogen sich auf etwa 20 verschiedene Produkte: Kartoffeln, Honig, Eier, Butter, Ölfrüchte, Fleisch, Rahm, Milch … Die gesamte Dorfgemeinschaft haftete für die Lieferung. Erst wenn das gesamte Dorf seine Quoten erfüllt hatte, stellten die Behörden Berechtigungsscheine für Industrieprodukte aus, die dem wirklichen Bedarf jedoch nicht einmal annähernd entsprachen; Ende 1920 waren gerade einmal 15% des Bedarfs gedeckt. Die Bezahlung der landwirtschaftlichen Lieferungen erfolgte zu symbolischen Preisen, denn Ende 1920 hatte der Rubel gegenüber dem Goldrubel 96% seines Wertes verloren. Zwischen 1918 und 1920 hatten sich die beschlagnahmten Getreidemengen verdreifacht. Präzise Zahlenangaben sind schwierig, doch der Umfang der Bauernrevolten nahm zumindest eine parallele Entwicklung.[93]

Die Verweigerung des Militärdienstes in der Roten Armee – nach drei Jahren Dienst an den Fronten und in den Schützengräben des »imperialistischen Krieges« – war das zweite Motiv für die Bauernrevolten, die meistens von den sich in den Wäldern versteckt haltenden Fahnenflüchtigen, den Grünen, angeführt wurden. Für die Jahre 1919 und 1920 schätzt man die Zahl der Fahnenflüchtigen auf über drei Millionen. 1919 wurden etwa 500000 Fahnenflüchtige von den verschiedenen Sonderkommandos der Tscheka und von den auf den Kampf gegen die Desserteure spezialisierten Spezialeinheiten festgenommen; 1920 waren es zwischen 700000 und 800000. Zwischen 1,5 und 2 Millionen Fahnenflüchtige – in der Mehrzahl Bauern, die das Gelände gut kannten – konnten den Suchtrupps jedoch entkommen.[94]

Das Problem wurde so groß, daß die Regierung zu immer härteren Repressalien griff. Sie ließ nicht nur Tausende der Fahnenflüchtigen erschießen, sondern behandelte auch deren Familienangehörige wie Geiseln. Eigentlich waren Geiselnahmen schon seit dem Sommer 1918 an der Tagesordnung. Dies geht beispielsweise aus dem von Lenin unterzeichneten Regierungsdekret vom 15. Februar 1919 hervor, in dem die örtlichen Tschekaverbände aufgefordert werden, in den Orten, in denen der Schneeräumungsdienst für die Bahngleise nicht zufriedenstellend erledigt ist, unter den Bauern Geiseln festzunehmen: »Wenn der Schnee nicht geräumt ist, sind die Geiseln an die Wand zu stellen.«[95] Am 12. Mai 1920 schickte Lenin an alle im Kampf gegen die Fahnenflüchtigen eingesetzten Provinzkommissionen folgende Anweisugen: »Nach einer Schonfrist von sieben Tagen, die den Fahnenflüchtigen gewährt wird, um sich zu ergeben, sind die Sanktionen gegenüber diesen unverbesserlichen Verrätern, die dem Volk der Arbeiter nur schaden, noch zu verschärfen. Die Familienangehörigen und alle, die den Fahnenflüchtigen auf welche Weise auch immer helfen, sind von diesem Zeitpunkt an als Geiseln zu betrachten und auch als solche zu behandeln.«[96] Dieses Dekret hat lediglich bereits landläufige Praktiken legalisiert. Der Strom der Fahnenflüchtigen riß deshalb nicht ab. In den Jahren 1920 und 1921 stellten die Fahnenflüchtigen den Hauptanteil der grünen Partisanen, gegen welche die Bolschewiki drei Jahre lang (in manchen Gegenden sogar vier oder fünf Jahre) mit unerhörter Grausamkeit einen unerbittlichen Krieg führten.

Abgesehen von den unliebsamen Beschlagnahmungen und dem Wehrdienst, lehnten die Bauern ganz allgemein jegliche Einmischung einer für sie fremden Macht ab, und so auch die der aus den Städten kommenden

»Kommunisten«. Für viele Bauern waren die Kommunisten mit ihrer Requirierungspolitik nicht identisch mit den »Bolschewiki«, welche die Agrarrevolution von 1917 unterstützt hatten. In den Landstrichen, die mal der weißen Soldateska, mal den roten Requirierungskommandos ausgeliefert waren, kannten Unruhe und Gewalt keine Grenzen.

Die Berichte der verschiedenen mit Repressionsmaßnahmen beauftragten tschekistischen Abteilungen sind für den, der die vielfältigen Erscheinungsformen dieser Bauernguerilla kennenlernen will, eine außergewöhnliche Quelle. Sie unterscheiden bei diesen Bauernbewegungen zwei Grundtypen: den *bunt*, eine örtlich begrenzte Revolte mit einem kurzen, gewaltsamen Aufflackern und einer relativ begrenzten Teilnehmerzahl (von wenigen Dutzend bis zu hundert Personen), und die *wosstanije*, eine Erhebung, an der Tausende – manchmal auch Zehntausende – von in regelrechten Armeen organisierten Bauern beteiligt sind. Sie können sich ganzer Ortschaften und Städte bemächtigen und besitzen ein kohärentes politisches Programm sozialrevolutionärer oder anarchistischer Richtung.

»30. April 1919. Provinz Tambow. Anfang April brach im Distrikt Lebiadinski ein Aufruhr aus. Es waren Kulaken und Fahnenflüchtige, die gegen die Mobilisierung von Männern und Pferden und die Beschlagnahmung des Getreides protestierten. Die bewaffneten Aufständischen schrien ›Nieder mit den Kommunisten! Nieder mit den Sowjets!‹ und plünderten vier zum Kreis gehörende Exekutivkomitees. Sieben Kommunisten wurden bei lebendigem Leibe zersägt oder auf sonst barbarische Weise umgebracht. Das von den Mitgliedern des Requirierungskommandos zu Hilfe gerufene 212. Bataillon der Tscheka hat die revoltierenden Kulaken niedergemacht. 60 Personen wurden verhaftet, und fünfzig auf der Stelle hingerichtet. Das Dorf, von dem die Revolte ausging, wurde völlig niedergebrannt.«

»Provinz Woronesch, 11. Juni 1919, 16 Uhr 15. Über Telegraph. Die Lage bessert sich. Die Revolte des Distrikts Nowochopersk ist praktisch niedergeschlagen. Unser Aeroplan hat die Ortschaft Tretiaki, eines der wichtigsten Schlupfwinkel der Banditen, bombardiert und völlig niedergebrannt. Die Säuberungsoperationen gehen weiter.«

»Provinz Jaroslawl, 23. Juni 1919. Die Revolte der Fahnenflüchtigen in der *Volost* Petropawlowskaja ist niedergeschlagen. Die Familienangehörigen der Fahnenflüchtigen wurden als Geiseln festgenommen. Als wir anfingen, aus jeder Familie der Fahnenflüchtigen einen Mann zu erschießen, kamen die Grünen aus den Wäldern heraus und ergaben sich. 34 Fahnenflüchtige wurden als abschreckendes Beispiel erschossen.«[97]

Tausende von Berichten ähnlichen Inhalts[98] zeugen von der außerordentlichen Gewalt dieses Befriedungskrieges der Behörden gegen die Bauernguerilla, die durch die Fahnenflüchtigen Unterstützung erfuhr, aber meistens als »Kulakenrevolte« oder »Banditenaufstand« abgetan wurde. Die drei zitierten Auszüge lassen die gängigsten Repressionsmethoden erkennen: Verhaftung und Hinrichtung von Geiseln, die aus den Familien der Fahnenflüchtigen oder der »Banditen« stammten, und bombardierte, niedergebrannte Dörfer. Die blinde und unverhältnismäßige Bestrafung folgte dem Prinzip der Kollektivhaftung der gesamten Dorfgemeinschaft. Im allgemeinen gewährten die Behörden den Fahnenflüchtigen eine Frist, um sich ergeben zu können. War diese Frist verstrichen, so galt der Fahnenflüchtige als »Bandit der Wälder« und war unverzüglich hinzurichten. Die Texte der zivilen und militärischen Behörden brachten übrigens klar zum Ausdruck, daß »wenn die Einwohner eines Dorfes den sich in den benachbarten Wäldern versteckt haltenden Banditen auf welche Weise auch immer helfen, das Dorf völlig niedergebrannt wird«.

Einige zusammenfassende Berichte der Tscheka machen Zahlenangaben, an denen das Ausmaß dieses Befriedungskriegs gegen die Bauern zu erkennen ist. Demzufolge kam es zwischen dem 15. Oktober und dem 30. November 1918 in nur 12 russischen Provinzen zu 44 Aufständen (*bunty*), in deren Verlauf 2320 Personen verhaftet, 620 getötet und weitere 982 erschossen wurden. Den gleichen Unruhen fielen auch 480 sowjetische Beamte und 112 Mitglieder der Versorgungskommandos, der Roten Armee und der Tscheka zum Opfer. Für den Monat September 1919 zählt man in den zehn russischen Provinzen, über die es zusammenfassende Informationen gibt, 48 735 verhaftete Fahnenflüchtige und 7325 verhaftete Banditen, 1826 Todesopfer und 2230 Erschießungen; auf Seiten der sowjetischen Beamten und des Militärs werden 430 Opfer beklagt. Die Zahlen sind unvollständig, denn die weitaus schwereren Verluste der großen Bauernaufstände wurden nicht berücksichtigt.

Bei den Aufständen gab es besonders heiße Phasen: vom März bis August 1919 vor allem im mittleren Wolga-Gebiet und in der Ukraine und vom Februar bis August 1920 besonders in den Provinzen Samara, Ufa, Kazan, Tambow und wiederum in der Ukraine, welche die Bolschewiki zwar den Weißen wieder abgenommen hatten, wo aber nach wie vor die Bauernguerilla das Hinterland kontrollierte. Ende 1920 und in der ersten Jahreshälfte von 1921 gelang der in der Ukraine, am Don und im Kuban-Gebiet hart bedrängten Bauernbewegung in Rußland der große Durchbruch mit einem gewaltigen Bauernaufstand, der sich hauptsächlich auf die Provinzen Tambow, Pensa, Samara, Saratow, Simbirsk und Zarizyn konzentrierte.[99] Erst mit dem Beginn einer der größten Hungersnöte des 20. Jahrhunderts sollten sich die Wirren dieses Bauernkriegs legen.

In den reichen Provinzen Samara und Simbirsk, die 1919 etwa ein Fünftel der russischen Getreidebeschlagnahmungen erdulden mußten, entwickelte sich im März 1919 zum ersten Mal seit der Errichtung des bolschewistischen Regimes aus den örtlichen Bauernunruhen ein regelrechter Aufstand. Dutzende von Ortschaften wurden von einem aufständischen Bauernheer erobert, das bis zu 30 000 bewaffnete Männer zählte. Für ungefähr einen Monat hatte die bolschewistische Macht die Kontrolle über die Provinz Samara verloren. Die Rebellion erleichterte den von Admiral Koltschak befehligten weißarmistischen Einheiten den Vorstoß zur Wolga, und nur mit Hilfe von mehreren 10 000 Mann bekamen die Bolschewiki die recht gut organisierte Bauernarmee in den Griff. Die Bauern besaßen ein kohärentes politisches Programm, das die Abschaffung der Beschlagnahmungen, Handelsfreiheit, freie Sowjetwahlen und das Ende der »bolschewistischen Kommissarokratie« forderte. Als der Chef der Tscheka von Samara Anfang April 1919 für die Niederschlagung der Bauernaufstände seiner Provinz eine Bilanz aufstellte, zählte er auf der Seite der Aufständischen 4240 Todesopfer, 625 Erschießungen und 6210 verhaftete Fahnenflüchtige und »Banditen«.

Kaum war der Brand in der Provinz Samara für den Augenblick gelöscht, als er in ungleich stärkerem Maße den größten Teil der Ukraine erfaßte. Nach dem Abzug der deutschen und österreichisch-ungarischen Armee Ende 1918 beschloß die bolschewistische Regierung die Rückeroberung der Ukraine. Die ertragreichste Agrarregion des ehemaligen Zarenreichs sollte »das Moskauer und Petrograder Proletariat ernähren«. Hier waren die Beschlagnahmungsquoten noch höher als anderswo. Ihre Erfüllung bedeutete für Tausende von Dörfern, die schon während des ganzen Jahres 1918 von den deutschen und österreichisch-ungarischen Besatzungsarmeen zur Ader gelassen wurden, unweigerlich die Hungersnot. Außerdem wollten die Bolschewiki im Gegensatz zu Rußland, wo sie Ende 1917 eine Politik der Landverteilung innerhalb der Dorfgemeinschaft akzeptieren mußten, in der Ukraine alle großen Landgüter – die modernsten des ehemaligen Zarenreichs – verstaatlichen. Die großen Güter des Getreide- und Zuckeranbaus sollten zu Kollektivbetrieben umgewandelt werden, in denen der Bauer zum Agrararbeiter wurde. Eine solche Politik mußte den Unmut der Bauernschaft heraufbeschwören. Durch die Auseinandersetzungen mit den deutschen und österreichisch-ungarischen Besatzungsarmeen war sie bereits kampferprobt. Anfang 1919 existierten in der Ukraine regelrechte Bauernheere mit mehreren 10 000 Mann, deren Kommando ukrainische Heerführer und Politiker wie Simon Petljura, Nestor Machno, Hryhoryiw oder auch Zeleny übernommen hatten. Diese Bauernheere waren fest entschlossen, ihre Vorstellung von der Agrarrevolution durchzusetzen: das Land den Bauern, die Freiheit des Handels und frei gewählte Sowjets »ohne Moskauer und Juden«. Die meisten ukrainischen Bauern waren vom uralten Gegensatz zwischen der mehrheitlich aus Ukrainern bestehenden Landbevölkerung und den überwiegend mit Russen und Juden bevölkerten Städten geprägt, und so war für sie folgende Gleichsetzung nur selbstverständlich: Moskauer = Bolschewik = Jude. Sie sollten alle hinaus aus der Ukraine.

Diese ukrainischen Besonderheiten erklären die Brutalität und die lange Dauer der Auseinandersetzungen zwischen den Bolschewiki und einem Großteil der ukrainischen Bauernschaft. Ein weiterer Mitspieler – die Weiße Armee – sowohl von den Bolschewiki als auch von den verschiedenen Bauernheeren, die keine Rückkehr der Großgrundbesitzer wollten, bekämpft, machte das politische und militärische Durcheinander der Region noch unübersichtlicher: Manche Städte – Kiew beispielsweise – wechselten innerhalb von zwei Jahren bis zu 14mal den Machthaber!

Die ersten großen Revolten gegen die Bolschewiki und ihre schändlichen Requirierungskommandos brachen bereits im April 1919 aus. Allein in diesem Monat kam es in den Provinzen von Kiew, Tscherginow, Poltawa und Odessa zu 93 Bauernrevolten. In den ersten 20 Julitagen des Jahres 1919 waren es laut offiziellen Angaben der Tscheka 210 Revolten, an denen ungefähr 100 000 Bewaffnete und mehrere 100 000 Bauern beteiligt waren. Die Bauernheere von Hryhoryiw – ungefähr 20 000 Mann in Waffen, darunter mehrere meuternde Einheiten der Roten Armee, mit 50 Kanonen und 700 Maschinengewehren – besetzten im April und Mai 1919 eine ganze Reihe von Städten in der südlichen Ukraine – Tscherkassy, Cherson, Nikolajew und Odessa – und errichteten dort eine autonome Regierung, deren politische Losung ziemlich eindeutig war: »Alle Macht den Sowjets des ukrainischen Volkes!«, »Die Ukraine den Ukrainern, ohne Bolschewiken und Juden!«, »Aufteilung des Landes«, »Freiheit der Wirtschaft und des Handels«.[100] Die Anhänger Zelenys, ungefähr 20 000 Mann in Waffen, kontrollierten die Provinz Kiew, mit Ausnahme der größeren Städte. Unter der Parole »Es lebe die Sowjetmacht! Nieder mit den Bolschewiken und Juden!« organisierten sie in den jüdischen Gemeinden der kleineren Städte in der Provinz Kiew und Tschernigow blutige Pogrome. Dank zahlreicher Studien ist das Wirken Nestor Machnos besser bekannt: An der Spitze eines Bauernheeres von mehreren 10 000 Mann präsentierte er ein zugleich nationales, soziales und anarchistisches Programm, das in regelrechten Kongressen erarbeitet worden war, beispielsweise im »Kongreß der delegierten Bauern, Rebellen und Arbeiter von Guljai-Pole«, der im April 1919 mitten im machnowistischen Aufstandsgebiet stattfand. Wie viele andere weniger strukturierte Bauernbewegungen waren die Machnowisten gegen jede Einmischung des Staates in die Angelegenheiten der Bauern und plädierten für eine bäuerliche *Selbstverwaltung* auf der Grundlage frei gewählter Sowjets. Zu diesen Grundforderungen kamen weitere Punkte, die allen Bauernbewegungen gemeinsam waren: Stopp der Beschlagnahmungen, Abschaffung der Gebühren und Steuern, Freiheit für alle sozialistischen Parteien und anarchistischen Gruppen, Aufteilung des Landes, Abschaffung der »bolschewistischen Kommissarokratie«, der Spezialtruppen und der Tscheka.[101]

Die hundertfachen Bauernaufstände im Rücken der Roten Armee spielten im Frühjahr und Sommer 1919 eine entscheidende Rolle für den kurzfristigen Sieg der weißen Truppen General Denikins. Die Weiße Armee startete am 19. Mai 1919 in der südlichen Ukraine und rückte sehr schnell zu den mit der Niederschlagung der Bauernaufstände beschäftigten Einheiten der Roten Armee vor. Am 12. Juni besetzten Denikins Truppen Charkow, am 28. August Kiew und 30. September Woronesch. Der Rückzug der Bolschewiki, die nur in den größeren Städten ihre Macht errichten konnten und das Hinterland den revoltierenden Bauern überlassen mußten, ging mit Massenhinrichtungen der Gefangenen und Geiseln einher. Wir werden darauf zurückkommen. Bei ihrem überstürzten Rückzug quer durch das von der Bauernguerilla kontrollierte Hinterland kannten die Einheiten der Roten Armee und der Tscheka kein Erbarmen: Hunderte von Dörfern wurden niedergebrannt, und die »Banditen«, Fahnenflüchtigen und »Geiseln« wurden reihenweise hingerichtet. Die Aufgabe und anschließende Rückeroberung (Ende 1919/Anfang 1920) der Ukraine brachte für die Zivilbevölkerung eine außerordentliche Welle von Gewalt mit sich. *Isaak Babel* weiß in seinem Meisterwerk *Die Reiterarmee* ausführlich davon zu berichten.[102]

Anfang 1920 war die Weiße Armee geschlagen, mit Ausnahme von einigen wenigen Einheiten, die unter dem Oberbefehl von Baron Wrangel, dem Nachfolger Denikins, auf der Krim Zuflucht gefunden hatten. Nun standen sich die bolschewistischen Streitkräfte und die Bauern gegenüber. Bis 1922 sollten die gegen die Macht kämpfenden Landstriche eine erbarmungslose Repression erleben. Im Februar und März 1920 brach eine neue große Revolte aus; sie ist bekannt unter dem Namen »Der Aufstand der Gabeln« und hat das immense Gebiet von der Wolga bis zum Ural zum Schauplatz, nämlich die Provinzen Kasan, Simbirsk und Ufa. In diesem Gebiet, in dem nicht nur Russen, sondern auch Tataren und Baschkiren lebten, waren die Beschlagnahmungen besonders hart. In wenigen Wochen waren gut zehn Distrikte von der Rebellion erfaßt. Das aufständische Bauernheer der »Schwarzen Adler« zählte in seinen besten Zeiten bis zu 50 000 Mann. Mit Kanonen und Maschinengewehren dezimierten die Truppen für die innere Verteidigung der Republik die mit Gabeln und Spießen bewaffneten Rebellen. In wenigen Tagen wurden Tausende von den Aufständischen massakriert und Hunderte von Dörfern niedergebrannt.[103]

Nach der schnellen Erledigung des »Gabelaufstands« sprang das Feuer der Bauernrevolten erneut auf die Provinzen des mittleren Wolgagebiets über. Auch sie waren von den Beschlagnahmungen hart getroffen: Tambow, Pensa, Samara, Saratow und Zarizyn. Wie der bolschewistische Parteiführer Antonow-Owsejenko, der die Repressionen gegen die aufständischen Bauern von Tambow leiten sollte, zugab, bedeuteten die Requisitionspläne von 1920/21 – falls sie durchgeführt würden – für die Bauern den sicheren Tod: Man ließ ihnen im Durchschnitt 1 Pud (16 Kilogramm) Getreide und 1,5 Pud (24 Kilogramm) Kartoffeln pro Person und Jahr. Das ist zehn- bis zwölfmal weniger als das zum Leben notwendige Minimum. Es war also ein Kampf ums Überleben, für den sich die Bauern dieser Provinzen bereits im Sommer 1920 entschieden. Er sollte ohne Unterbrechung zwei Jahre lang dauern. Dann kam die Hungersnot über die aufständischen Bauern.

Auch 1920 blieb der dritte Schwerpunkt der Auseinandersetzung zwischen den Bolschewiki und den Bauern die Ukraine, die zwar zwischen Dezember 1919 und Februar 1920 der Weißen Armee wieder abgenommen worden war, aber dennoch im Hinterland nach wie vor von einer Vielzahl völlig unabhängiger grüner Verbände oder von mehr oder weniger dem Befehl Machnos unterstehenden Einheiten kontrolliert wurde. Im Gegensatz zu den Schwarzen Adlern waren die ukrainischen Verbände, die größtenteils aus Fahnenflüchtigen bestanden, gut bewaffnet. Im Sommer 1920 zählte Machnos Armee noch an die 15000 Mann, 2500 Reiter, etwa 100 Maschinengewehre, 20 aus der Artillerie stammende Kanonen und zwei Panzerfahrzeuge. Auch hunderte von kleineren Banden, von denen jede etliche Dutzend bis etliche Hundert Mann um sich versammelte, leisteten dem bolschewistischen Einmarsch entschiedenen Widerstand. Zur Bekämpfung dieser Bauernguerilla ernannte die Regierung Anfang Mai 1920 Felix Dserschinski, den Chef der Tscheka, zum »Oberbefehlshaber für das Gebiet hinter der südwestlichen Front«. Dserschinski blieb mehr als zwei Monate in Charkow, um für die Truppen der inneren Sicherheit der Republik 80 Spezialeinheiten aufzustellen. Dies waren Spezialeinheiten, die zur Verfolgung der Rebellen über eine Kavallerie und über Flugzeuge zur Bombardierung der »Banditennester«[104] verfügten, sie sollten innerhalb von drei Monaten die Bauernguerilla ausrotten. In Wirklichkeit zogen sich die »Befriedungsoperationen« über zwei Jahre hin, vom Sommer 1920 bis zum Herbst 1922, und forderten Zehntausende von Opfern.

Unter den verschiedenen Aktionen, die die bolschewistische Macht in ihrem Kampf gegen die Bauernschaft startete, nimmt die »Entkosakisierung« – d.h. die Beseitigung der Kosaken am Don und im Kuban-Gebiet als soziale Gruppe – eine Sonderstellung ein. Zum ersten Mal nämlich griff das neue Regime zu repressiven Maßnahmen, um auf der Grundlage der Kollektivhaftung die gesamte Bevölkerung eines von den bolschewistischen Parteiführern gewöhnlich als »sowjetfeindlicher Unruheherd«[105] bezeichneten Gebietes zu vernichten, auszurotten oder zu deportieren. Die Operationen waren nicht das Ergebnis von im Eifer des militärischen Gefechts durchgeführten Vergeltungsmaßnahmen, sondern im voraus geplant und auf höchster staatlicher Ebene unter direkter Beteiligung zahlreicher hochrangiger Politikfunktionäre (Lenin, Ordschonikidse, Syrtsow, Sokolnikow, Reingold) beschlossen. Wegen der militärischen Rückschläge der Bolschewiki war die Entkosakisierung im Frühjahr 1919 zunächst einmal ein Fehlschlag. Mit der bolschewistischen Rückeroberung der Kosakengebiete am Don und Kuban wurde sie jedoch mit erneuter Grausamkeit wiederaufgenommen.

Bereits im Dezember 1917 verloren die Kosaken, die von den Bolschewiki als »Kulaken« und »Klassenfeinde« eingestuft wurden, den Sonderstatus, den sie unter dem Zarenregime genossen hatten. Unter der Führung des Atamans Krasnow schlossen sie sich den weißen Streitkräften an, die sich im Frühjahr 1918 im Süden Rußlands formiert hatten. Erst im Februar 1919, als die Bolschewiki gegen die Ukraine und den russischen Süden vorstießen, drangen die ersten Kommandoeinheiten der Roten Armee in das Kosakengebiet am Don ein. Sofort ergriffen die Bolschewiki eine Reihe von Maßnahmen, um all das, was das Kosakentum ausmachte, zu beseitigen: Das

Land der Kosaken wurde konfisziert und an russische Siedler oder ansässige Bauern, die nicht den Kosakenstatus besaßen, verteilt; die Kosaken, die aufgrund ihres traditionellen Status als Grenzschützer des russischen Reichs alle bewaffnet waren, hatten unter Androhung der Todesstrafe die Pflicht, die Waffen abzuliefern; die Verwaltungsräte und -distrikte der Kosaken wurden aufgelöst.

Alle diese Maßnahmen gehörten zu einem im voraus aufgestellten Entkosakisierungsplan, der in einem geheimen Beschluß des Zentralkomitees der bolschewistischen Partei vom 24. Januar 1919 auch durchaus als solcher definiert wurde: »Nach den Erfahrungen im Bürgerkrieg gegen die Kosaken muß man zugeben, daß der gnadenlose Kampf, der massive Terror gegen die reichen Kosaken, die bis auf den letzten Mann auszurotten und physisch zu vernichten sind, die einzige politisch korrekte Maßnahme ist.«[106]

In Wahrheit – wie Reingold, der mit der Umsetzung des »bolschewistischen Befehls« im Kosakengebiet beauftragte Vorsitzende des Revolutionskomitees der Don-Provinz, im Juli 1919 zugab – »tendierten wir zu einer Politik, die die Kosaken ohne jegliche Differenzierung völlig ausrotten wollte«.[107] In den wenigen Wochen von Mitte Februar bis Mitte März 1919 wurden von den bolschewistischen Kommandoeinheiten mehr als 8000 Kosaken hingerichtet.[108] In jeder *Stanitsa* (Kosakenstadt) fällten Revolutionsgerichte in wenigen Minuten das standrechtliche Urteil über ganze Listen von Suspekten, die in der Regel alle wegen »konterrevolutionären Verhaltens« zum Tode verurteilt wurden. Angesichts dieser geballten Repression hatten die Kosaken gar keine andere Wahl als die Revolte.

Die Erhebung begann am 11. März 1919 im Distrikt Weschenskaja. Die aufständischen Kosaken verfügten über eine gute Organisation und beschlossen die allgemeine Mobilmachung aller Männer im Alter zwischen 16 und 55 Jahren. Im gesamten Dongebiet und sogar in der Nachbarprovinz Woronesch verschickten sie Telegramme, in denen die Bevölkerung zum Aufstand gegen die Bolschewiki aufgefordert wurde.

»Wir Kosaken«, erklärten sie, »sind nicht gegen die Sowjets. Wir sind für freie Wahlen. Wir sind gegen die Kommunisten, die Kommunen [Betriebe mit Kollektivwirtschaft] und die Juden. Wir sind gegen die Beschlagnahmungen, Diebstähle und gegen die von der Tscheka vollstreckten Hinrichtungen.«[109] Anfang April waren die Kosaken eine beachtliche Streitkraft mit an die 30 000 gut bewaffneten und kampferprobten Leuten. Die aufständischen Don-Kosaken operierten im Rücken der Roten Armee, die weiter südlich gegen die mit den Kuban-Kosaken verbündeten Denikin-Truppen kämpfte, und begünstigten so wie die rebellischen Bauern der Ukraine den blitzartigen Vorstoß der Weißen Armee vom Mai/Juni 1919. Anfang Juni vereinigten sich die Don-Kosaken mit dem Hauptverband der von den Kuban-Kosaken unterstützten Weißen Armee. Damit war das gesamte Kosakengebiet von der schändlichen Macht der »Moskauer, Juden und Bolschewiki« befreit.

Doch mit einer neuen militärischen Glückssträhne kehrten die Bolschewiki im Februar 1920 zurück. Es begann eine zweite militärische Besetzung des Kosakengebiets, die noch mehr Opfer forderte als die erste. Die Don-Region wurde zur Lieferung von 36 Millionen Pud Getreide verpflichtet, eine Menge, die die lokale Gesamtproduktion bei weitem überstieg. Die Landbevölkerung wurde systematisch beraubt, und zwar nicht nur ihrer mageren Lebensmittelvorräte, sondern ihrer gesamten Habseligkeiten »einschließlich Schuhe, Kleider, Kopfkissen und Samoware«, wie ein Bericht der Tscheka klar zum Ausdruck brachte.[110] Alle kampffähigen Männer schlossen sich als Reaktion auf diese Plünderungen und systematischen Repressionen den grünen Partisanenverbänden an, die im Juli 1920 am Kuban und Don mindestens 35 000 Mann zählten. General Wrangel, der seit Februar auf der Krim eingeschlossen war, beschloß einen letzten Ausbruchsversuch, um sich von der bolschewistischen Umklammerung zu befreien und sich mit den Kosaken und Grünen vom Kuban zu vereinen. Am 17. August 1920 gingen bei Noworossisk 5000 Mann an Land. Unter dem vereinten Druck der Weißen, Kosaken und Grünen mußten die Bolschewiki Ekaterinodar, die größte Stadt am Kuban, und später die gesamte Region verlassen, und General Wrangel stieß seinerseits in die südliche Ukraine vor. Die Erfolge der Weißen waren jedoch nur von kurzer Dauer. Unter dem Druck der zahlenmäßig weit überlegenen Bolschewiki wichen Wrangels Truppen Ende Oktober in völliger Auflösung und durch endlose Zivilistenströme behindert auf die Krim zurück. Die Einnahme der Krim durch die Bolschewiki – die letzte Episode in der Auseinandersetzung zwischen den Weißen und den Roten – führte zu den größten Schlächtereien des Bürgerkriegs: Mindestens 50 000 Zivilisten wurden im November und Dezember 1920 von den Bolschewiki massakriert.[111]

Die Kosaken, ein weiteres Mal auf der Seite der Verlierer, waren erneut einem roten Terror ausgesetzt. Der Lette Karl Lander, einer der führenden Leute der Tscheka, wurde zum »Befehlshaber des nördlichen Kaukasus und der Donprovinz« ernannt. Er führte die *Troiki* ein, mit der Entkosakisierung beauftragte Spezialgerichte. Allein im Oktober 1920 verurteilten diese Troiki mehr als 6000 Menschen zum Tode. Sie wurden alle sofort hingerichtet.[112] Die Familienangehörigen und manchmal sogar die Nachbarn der grünen Partisanen und Kosaken, die sich gegen das Regime aufgelehnt hatten, aber nicht aufgegriffen worden waren, wurden systematisch als Geiseln festgenommen und in Konzentrationslager verschleppt, in wahre Todeslager, wie Martyn Latsis, der Chef der ukrainischen Tscheka, in einem seiner Berichte zugab: »Die Geiseln – Frauen, Kinder und Alte – wurden in einem Lager bei Maikop zusammengetrieben und vegetierten unter den schrecklichsten Bedingungen dahin, im Schlamm und in der Oktoberkälte. [...] Sie starben wie die Fliegen. [...] Um dem Tod zu entgehen, waren die Frauen zu allem bereit. Die Wachsoldaten des Lagers nutzten dies aus und verdienten ihr Geld mit den Frauen.«[113]

Jeglicher Widerstand wurde erbarmungslos bestraft. Als der Chef der Tscheka von Piatigorsk in einen Hinterhalt geriet, beschlossen die Tschekisten einen »Tag des roten Terrors«. »Der Terrorakt«, erklärte Lander, »soll dazu dienen, wertvolle Geiseln in der Absicht aufzugreifen, sie hinzurichten, und die Hinrichtungsverfahren der weißen Spione und der Konterrevolutionäre im allgemeinen zu beschleunigen.« Doch die Tschekisten von Piatigorsk gingen weit über diese Anweisungen hinaus und stürzten sich in eine Flut von Verhaftungen und Hinrichtungen. Weiter meinte Lander: »Die Frage des roten Terrors wurde auf einfachste Weise gelöst. Die Tschekisten von Piatigorsk beschlossen, 300 Leute an einem Tag hinzurichten. Für die Stadt Piatigorsk und für jede Ortschaft der Umgebung legten sie Quoten fest und befahlen den Parteiorganisationen, Hinrichtungslisten aufzustellen. [...] Diese Methode war unbefriedigend, denn sie führte zu zahlreichen Abrechnungen von privaten Angelegenheiten. [...] In Kislowodsk hatte man keine bessere Idee und beschloß deshalb, die Insassen des Krankenhauses zu töten.«[114]

Eine der schnellsten Entkosakisierungsmethoden war die Zerstörung der Kosakenstädte und die Verschleppung der Überlebenden. Im Archiv von Sergo Ordschonikidse, einem der wichtigsten Bolschewistenführer und damals Vorsitzenden des Revolutionskomitees vom nördlichen Kaukasus, wurden die Dokumente einer solchen Operation aufbewahrt. Sie fanden alle zwischen Ende Oktober und Mitte November 1920 statt.[115]

Am 23. Oktober befahl Sergo Ordschonikidse:

»1. Den Ort Kalinowskaja völlig niederzubrennen;

2. Die Ortschaften Ermolowskaja, Romanowskaja, Samachinskaja und Michailowskaja von ihren Bewohnern zu räumen. Die Häuser und das Land dieser Bewohner an arme Bauern zu verteilen, besonders an die Tschetschenen, die immer ihre tiefe Verbundenheit mit der sowjetischen Macht gezeigt haben;

3. die gesamte männliche Bevölkerung im Alter zwischen 18 und 50 Jahren der oben aufgeführten Ortschaften in Züge zu verladen und unter Aufsicht nach Norden zu deportieren, wo sie Zwangsarbeit der schweren Kategorie zu leisten haben;

4. die Frauen, Kinder und Alten zu vertreiben. Sie haben jedoch die Erlaubnis, sich in den weiter nördlich gelegenen Ortschaften wieder anzusiedeln;

5. den gesamten Viehbestand und den gesamten Besitz der Bewohner der oben aufgeführten Ortschaften zu beschlagnahmen.«

Drei Wochen später beschrieb ein an Ordschonikidse adressierter Bericht den Verlauf der Operationen:

»Kalinowskaja: gesamter Ort niedergebrannt, die ganze Bevölkerung (4220) verschleppt oder vertrieben.

Ermolowskaja: von allen Bewohnern geräumt (3218).

Romanowskaja: 1600 deportiert; 1661 sind noch zu deportieren.

Samachinskaja: 1018 deportiert; 1900 sind noch zu deportieren.

Michailowskaja: 600 deportiert; 2200 sind noch zu deportieren.

Außerdem wurden 154 Waggons mit Lebensmitteln nach Grozny verschickt. In den drei Ortschaften, in denen die Deportation noch nicht abgeschlossen ist, wurden zuerst die Familien mit den weiß-grünen Elementen und mit den Elementen, die am letzten Aufstand teilgenommen haben, deportiert. Unter denen, die noch nicht deportiert wurden, befinden sich Anhänger des sowjetischen Regimes, Familienangehörige von rotarmistischen Soldaten, Beamten und Kommunisten. Die Verzögerungen bei den Deportationen erklären sich durch den Mangel an Waggons. Im Durchschnitt bekommen wir für die Durchführung der Operationen täglich einen einzigen Zug. Um die Deportationsoperationen zu Ende führen zu können, wurden 306 zusätzliche Waggons mit aller Dringlichkeit angefordert.«[116]

Wie sind die »Operationen« ausgegangen? Leider gibt es kein Dokument, das uns in diesem Punkt genaue Auskunft gib. Man erfährt, daß die »Operationen« sich in die Länge gezogen haben und daß die deportierten Männer letzten Endes meistens nicht in den hohen Norden gebracht wurden, wie das in Zukunft der Fall sein sollte, sondern in die viel näherliegenden Minen von Donetz. In Anbetracht des erbärmlichen Zustands der Züge Ende 1920 hatte die Operationsleitung ihre Schwierigkeiten mit der Durchführung… Trotzdem nehmen die »Operationen« der Entkosakisierung von 1920 in vielerlei Hinsicht die zehn Jahre später startenden großen »Operationen« der Entkulakisierung vorweg: die gleiche Vorstellung von der Kollektivhaftung, das gleiche Deportationsverfahren über Züge, die gleichen Probleme bei der Durchführung und Zielorte, die auf die Aufnahme der Deportierten nicht vorbereitet sind, und ebenfalls die Idee, die Deportierten auszubeuten und der Zwangsarbeit zu unterziehen. In den Kosakengebieten am Don und Kuban zahlte man für den Widerstand gegen die Bolschewiki einen hohen Preis. Nach den glaubwürdigsten Schätzungen wurden in den Jahren 1919 und 1920 zwischen 300 000 und 500 000 Menschen getötet oder deportiert, wobei die Zahl der Gesamtbevölkerung nicht über drei Millionen hinausging.

Die Massaker an Personen, die wegen ihrer Zugehörigkeit zu einer »feindlichen« oder »in sozialer Hinsicht fremden Klasse« als Gefangene oder Geiseln festgehalten wurden, sind von allen repressiven Operationen am schwierigsten aufzulisten und zu werten. Diese Massaker sind die logische Fortsetzung des roten Terrors aus der zweiten Jahreshälfte von 1918, allerdings in einem noch größeren Ausmaß. Diese Massakerwut »auf Klassenbasis« war durch die Tatsache, daß eine neue Welt im Entstehen war, permanent gerechtfertigt. Alles war erlaubt, wie es im Leitartikel der Erstausgabe von *Krasnyi Metsch* (Das rote Schwert), der Zeitung der Tscheka in Kiew, den Lesern erklärt wurde.

»Die alten Systeme der Moral und der ›Menschlichkeit‹ lehnen wir ab. Sie wurden von der Bourgeoisie erfunden, um die ›unteren Klassen‹ unterdrücken und ausbeuten zu können. Unsere Moral ist ohne Vorbild, und unsere Menschlichkeit absolut, denn sie basiert auf einem neuen Ideal: jegliche Form von Unterdrückung und Gewalt zu zerstören. Uns ist alles erlaubt, denn wir sind die Ersten in der Welt, die das Schwert nicht zur Unterdrükkung und Versklavung erheben, sondern um die Menschheit von ihren Ketten zu befreien … Blut? Mag es in Strömen fließen! Denn nur Blut kann das schwarze Banner der Piratenbourgeoisie in eine rote Fahne verwandeln, die Fahne der Revolution. Denn nur der endgültige Tod der alten Welt kann uns auf immer vor der Rückkehr der Schakale bewahren!«[117]

Diese Mordaufrufe weckten ein Gewaltpotential und ein Verlangen nach sozialer Revanche, das beides bei vielen Tschekisten seit jeher präsent war, denn oft wurden sie – wie es viele bolschewistische Parteiführer selbst zugaben – unter den »kriminellen und sozial degenerierten Elementen der Gesellschaft« ausgewählt. In einem Brief an Lenin vom 22. März 1919 beschrieb der bolschewistische Parteifunktionär Gopner die Aktivitäten der Tscheka von Ekaterinoslawl folgendermaßen: »In dieser von Kriminalität, Gewalt und Willkür verseuchten Organisation, wo Schurken und Verbrecher den Ton angeben, richten bis an die Zähne bewaffnete Männer jeden hin, der ihnen nicht paßt. Sie dringen in die Häuser ein, plündern, vergewaltigen, nehmen Leute fest, bringen Falschgeld in Umlauf und verlangen von den Leuten Krüge voll Wein, um anschließend die, von denen sie den Wein bekommen haben, zu erpressen und sie schließlich gegen eine 10- oder 20mal so hohe Summe wieder laufen zu lassen.«[118]

In den Archiven des Zentralkomitees – dem von Felix Dserschinski beispielsweise – finden sich unzählige Berichte von Parteifunktionären oder Inspektoren der politischen Polizei über die »Entartung« der im »Gewalt- und Blutrausch« schwelgenden örtlichen Tschekaverbände. Das Verschwinden jeglicher juristischer oder moralischer Norm förderte die absolute Unabhängigkeit der örtlichen Tschekafunktionäre, die wegen ihrer Taten von den Vorgesetzten nicht einmal mehr zur Rechenschaft gezogen wurden. Sie entwickelten sich zu blutrünstigen, unkontrollierten und nicht kontrollierbaren Tyrannen. Drei Auszüge aus solchen Berichten – stellvertretend für mehrere Dutzend ähnlichen Inhalts – zeigen das Abdriften der Tscheka in einen Bereich der totalen Willkür, völlig außerhalb des Rechts.

Aus Sysran, Provinz Tambow, ein auf den 22. Mai 1919 datierter Bericht von Smirnow, einem Ausbilder der Tscheka, an Dserschinski: »Ich habe die Angelegenheit des Kulakenaufstandes in der Volost Nowo-Matrionskaja näher untersucht. Das Ermittlungsverfahren ist chaotisch geführt worden. 75 Personen wurden unter Anwendung der Folter verhört, und es ist unmöglich, aus den schriftlichen Zeugenberichten irgend etwas zu begreifen. […] Am 16. Februar wurden 5 Personen erschossen, 13 einen Tag später. Das Protokoll der Verurteilungen und Hinrichtungen trägt das Datum vom 28. Februar. Als ich den Verantwortlichen der örtlichen Tscheka um eine Erklärung bat, antwortete er mir: ›Wir haben überhaupt keine Zeit, die Protokolle zu schreiben. Wozu soll das denn eigentlich gut sein? Wir rotten die Kulaken und Bürgerlichen ja als Klasse aus.‹«[119]

Im folgenden ein Bericht aus Jaroslawl vom 26. September 1919. Er stammt vom Sekretär der regionalen Organisation der bolschewistischen Partei: »Die Tschekisten plündern und verhaften, wen sie wollen. Sie wissen, daß sie straffrei bleiben und haben deshalb die Tschekazentrale in ein Riesenbordell umgewandelt, wo sie die ›bürgerlichen‹ Frauen hinbringen. Überall herrscht Trunkenheit. Kokain ist bei den kleinen Chefs weit verbreitet.«[120]

Aus Astrachan ein Bericht vom 16. Oktober von N. Rosental, der die Leitung der Spezialeinheiten kontrollieren sollte: »Artabekow, der Chef der Spezialeinheiten der XI. Armee, erkennt nicht einmal mehr die Zentralgewalt an. Als Genosse Zakowski, der im Auftrag von Moskau die Arbeit der Spezialeinheiten kontrollierte, am 30. Juli bei Artabekow vorsprach, sagte dieser zu ihm: ›Sagt Dserschinski, daß ich mich nicht kontrollieren lasse …‹ Vom Personal, das großenteils aus zweifelhaften, ja kriminellen Elementen besteht, wird keine einzige Verwaltungsnorm respektiert. Von der Operationsabteilung gibt es so gut wie gar keine Akten. Was die Todesurteile und Hinrichtungen betrifft, so habe ich keine individuellen Sitzungs- und Urteilsprotokolle gefunden, lediglich Listen, meist unvollständige, auf denen nur die Notiz steht ›Erschossen auf Befehl des Genossen Atarbekow‹. Was die Vorkommnisse vom März betrifft, so ist es unmöglich, sich ein Bild zu machen, wer erschossen wurde und warum. […] Täglich gibt es Trinkgelage und Orgien. Fast alle Tschekisten haben einen starken Kokainkonsum. So könnten sie – wie sie sagen – den täglichen Anblick von Blut besser ertragen. Im Gewalt- und Blutrausch kommen die Tschekisten ihrer Pflicht nach, aber es sind ohne Zweifel unkontrollierte Elemente, die streng überwacht werden müssen.«[121]

Diese internen Berichte der Tscheka und der bolschewistischen Partei bestätigen heute die zahlreichen Zeugenaussagen, die schon 1919 und 1920 von den Gegnern der Bolschewiki und besonders von der von General Denikin gegründeten Forschungskommission für bolschewistische Verbrechen gesammelt worden waren. Das jetzt wieder zugängliche Archiv dieser Kommission war 1945 von Prag nach Moskau überführt worden und war lange Zeit geschlossen. Schon 1926 hatte der russische Historiker und Sozialrevolutionär Sergej Melgunow in seinem Werk *Der rote Terror in Rußland* versucht, von den wichtigsten Massakern, welche die Bolschewiki meist auf »Klassenbasis« in großer Zahl an Häftlingen, Geiseln und einfachen Zivilisten begangen haben, ein Verzeichnis aufzustellen. Auch wenn die Liste der für diese Repressionsart interessanten Hauptvorkommnisse so, wie sie in diesem Pionierwerk dargestellt wird, unvollständig ist, wird sie doch durch eine Reihe von recht unterschiedlichen, aber miteinander übereinstimmenden dokumentarischen Quellen aus beiden Lagern bestätigt. In Anbetracht des organisatorischen Chaos, das bei der Tscheka herrschte, besteht jedoch nach wie vor Ungewißheit über die Zahl der Opfer, die während der uns heute genau bekannten repressiven Großaktionen hingerichtet wurden. Durch den Vergleich der unterschiedlichen Quellen kann man jedoch Rückschlüsse auf die Größenordnung wagen.

Zu den ersten Massakern an »Suspekten«, Geiseln und anderen »Volksfeinden«, die aus Präventivgründen und ohne gerichtliches Verfahren in Gefängnissen oder Konzentrationslagern festgehalten wurden, kam es bereits im September 1918 während der ersten roten Terrorwelle. Nachdem man die Kategorien »Suspekte«, »Geiseln« und »Volksfeinde« festgelegt und die Konzentrationslager recht schnell in Betrieb genommen hatte, war die Repressionsmaschine funktionsbereit. Als Auslöser diente natürlich in einem Krieg mit beweglichen Fronten, in dem sich die militärische Lage jeden Monat änderte, die Einnahme einer bis dahin vom Feind gehaltenen Stadt oder – das Gegenteil – der überstürzte Abzug aus einer Stadt.

Die Errichtung der »Diktatur des Proletariats« erfolgte in den (zurück)eroberten Städten immer in den gleichen Etappen: Auflösung aller zuvor gewählten Versammlungen, Verbot jeglichen Handels – eine Maßnahme, die sofort zu einem Anstieg der Lebensmittelpreise und dann zum Verschwinden der Lebensmittel führte –, Konfiszierung der staatlichen und städtischen Betriebe; hohe Steuerforderungen an die Bourgeoisie – 600 Millionen Rubel in Charkow (Februar 1919) und 900 Millionen Rubel in Odessa (April 1919). Als Garantie für die Steuerleistungen wurden Hunderte von »Bürgerlichen« als Geiseln festgenommen und in Konzentrationslager gebracht. In Wahrheit waren die Steuerforderungen synonym mit Plünderungen, Enteignungen und Demütigungen, erste Etappe einer Ausmerzung der »Bourgeoisie als Klasse«.

»Gemäß den Beschlüssen des Arbeitersowjets wurde der heutige 13. Mai zum Tag der Enteignung der Bourgeoisie erklärt«, konnte man am 13. Mai 1919 in der *Iswestija* des Rats der Arbeiterdeputierten von Odessa lesen. »Die besitzenden Klassen haben einen detaillierten Fragebogen zu beantworten, der die Lebensmittel, Schuhe, Kleider, Fahrräder, Decken, Leintücher, die Silbersachen und den Schmuck, das Geschirr und andere für das Arbeitervolk unerläßliche Dinge erfaßt. [...] Jeder muß die Enteignungskommissionen in ihrer bedeutenden Aufgabe unterstützen. [...] Wer den Anweisungen der Enteignungskommissionen nicht Folge leistet, wird sofort verhaftet. Wer Widerstand leistet, wird auf der Stelle erschossen.«

Wie Latsis, der Chef der ukrainischen Tscheka, in einem Rundschreiben an die örtlichen Tschekaverbände zugab, wanderten diese »Enteignungen« alle in die Tasche der Tschekisten und der anderen kleinen Chefs der unzähligen Beschlagnahmungs-, Enteignungs- und rotarmistischen Kommandos, von denen es bei solchen Anläßen nur so wimmelte.

Die zweite Etappe der Enteignungen bestand in der Konfiszierung der bürgerlichen Wohnungen. In diesem »Klassenkrieg« spielte die Demütigung der Besiegten auch eine entscheidende Rolle: »Der Fisch will mit einer

Sahnecreme serviert werden. Die Bourgeoisie liebt die Autorität, die hart durchgreift und sie tötet«, konnte man am 26. April 1919 in der bereits erwähnten Zeitung aus Odessa lesen. »Wenn wir einige Dutzend von diesen Taugenichtsen und Idioten hinrichten, wenn wir sie zum Straßenfegen verurteilen und ihre Frauen zwingen, die Kasernen der Roten Garden zu putzen (und das wäre keine geringe Ehre für sie), werden sie begreifen, daß unsere Macht auf einer soliden Basis steht und sie nichts zu erwarten haben, weder von den Engländern noch von den Hottentotten.«[122]

Ein beliebtes Thema, das in vielen Artikeln der bolschewistischen Zeitungen wiederkehrte, war die Erniedrigung der »Bürgerlichen«, die gezwungen wurden, die Latrinen und Kasernen der Tschekisten und Roten Garden zu putzen. Diese Praxis war in Odessa, Kiew, Charkow, Ekaterinoslaw, aber auch in Perm (Ural) und in Nischni-Nowgorod gang und gäbe. Dies war jedoch auch die verschönerte und »politisch salonfähigere« Version einer viel brutaleren Wirklichkeit: Die Vergewaltigungen nahmen nach zahlreichen, übereinstimmenden Zeugenberichten schwere Ausmaße an, besonders 1920 während der zweiten Eroberung der Ukraine, der Kosakengebiete und der Krim.

Logische und letzte Etappe der »Ausrottung der Bourgeoisie als Klasse« war die Hinrichtung der Gefangenen, Suspekten und Geiseln, die nur wegen ihrer Zugehörigkeit zur »besitzenden Klasse« festgehalten worden waren. Dies wurde in vielen Städten, die von den Bolschewiki erobert worden waren, bestätigt. Zwischen Februar und Juni 1919 wurden in Charkow zwischen 2000 und 3000 Menschen hingerichtet, im Dezember 1919, als die Stadt zum zweiten Male von den Bolschewiki eingenommen wurde, zwischen 1000 und 2000. In Rostow am Don kam es im Januar 1920 zu ungefähr 1000 Hinrichtungen. In Odessa wurden zwischen Mai und August 1919 2200 Menschen hingerichtet und zwischen Februar 1920 und Februar 1921 zwischen 1500 und 3000. In Kiew mindestens 3000 zwischen Februar und August 1919, in Ekaterinodar mindestens 3000 zwischen August 1920 und Februar 1921, in Armawir, einer kleinen Stadt am Kuban, zwischen 2000 und 3000 in der Zeit vom August bis Oktober 1920. Die Liste ließe sich weiter fortsetzen.

Auch anderswo fand eine ganze Reihe von Hinrichtungen statt, aber sie waren nicht Gegenstand der Untersuchungen, die kurz nach den Massakern durchgeführt wurden. Deshalb ist das, was in der Ukraine und im südlichen Rußland passierte, weitaus bekannter als die Ereignisse im Kaukasus, am Ural oder in Zentralasien. Die Hinrichtungen häuften sich nämlich in der Regel beim Herannahen des Feindes, wenn die Bolschewiki ihre Positionen aufgeben und die Gefängnisse »leeren« mußten. In Charkow wurden in den zwei Tagen vor der Ankunft der Weißen – dem 8. und 9. Juni 1919 – Hunderte von Geiseln hingerichtet. In Kiew wurden zwischen dem 22. und dem 28. August – vor der Einnahme der Stadt durch die Weißen am 30. August – 1800 Menschen niedergemetzelt. Dasselbe Bild haben wir in Ekaterinodar, wo Atarbekow, der Chef der dortigen Tscheka, beim Herannahen der Kosakentruppen, innerhalb von drei Tagen, vom 17. bis 19. August, 1600 »Bürgerliche« hinrichten ließ. Und das in einer kleinen Provinzstadt, die vor dem Krieg weniger als 30 000 Einwohner zählte.[123]

Die Dokumente der Untersuchungskommissionen der weißarmistischen Einheiten, die wenige Tage – manchmal sogar wenige Stunden – nach den Hinrichtungen in die Städte kamen, enthalten zahlreiche Zeugenaussagen und Berichte über die Massaker, Autopsie-Ergebnisse, Photos und Hinweise zu den Personalien der Opfer. Die Hinrichtungsopfer »der letzten Stunde« wurden in aller Eile mit einem Schuß in den Nacken niedergestreckt und weisen in der Regel keine Folterspuren auf. Bei den exhumierten Leichen älterer Massengräber sah das anders aus. Die Autopsie-Berichte, die vorgefundenen Gegenstände und die Zeugenaussagen bestätigen die schlimmsten Foltermethoden. Detaillierte Beschreibungen dieser Foltermethoden finden sich vor allem in dem bereits erwähnten Sammelband von Sergej Melgunow und in der 1922 in Berlin unter dem Titel *Tscheka* erschienenen Zusammenstellung des Zentralbüros der sozialrevolutionären Partei.[124]

Auf der Krim erreichten die Massaker bei der Evakuierung der letzten weißen Einheiten Wrangels und der Zivilisten, die vor dem Vormarsch der Bolschewiki geflüchtet waren, ihren Höhepunkt. In den wenigen Wochen von Mitte November bis Ende Dezember 1920 wurden an die 50 000 Menschen erschossen oder erhängt.[125] Zahlreiche Hinrichtungen fanden kurz nach der Einschiffung der Wrangel-Truppen statt. Am 26. November wurden in Sewastopol mehrere hundert Hafenarbeiter erschossen, weil sie bei der Evakuierung der Weißen geholfen hatten. Am 28. und 30. November veröffentlichte die *Iswestija* des Revolutionskomitees von Sewastopol zwei Listen der Erschossenen. Die erste enthielt 1634 Namen, die zweite 1202. Anfang Dezember, als der Sturm der ersten Massenhinrichtungen sich gelegt hatte, führten die Behörden unter der Bevölkerung der wichtigsten Krim-Städte eine trotz der gegebenen Umstände möglichst vollständige Registrierung durch. Denn man ging davon aus, daß Zehntausende, vielleicht sogar Hunderttausende von Bürgerlichen aus ganz Rußland in ihre traditionellen Ferienorte geflüchtet waren. Am 6. Dezember erklärte Lenin in Moskau vor einer Versammlung von Funktionären, daß auf der Krim 300 000 Bürgerliche versammelt wären. Er versicherte, daß diese Elemente – ein Heer von »potentiellen Spionen und dem Kapitalismus willig zu Diensten stehenden Agenten« – in allernächster Zukunft »bestraft« werden würden.[126]

Die militärischen Wachposten an der Landenge von Perekop, dem einzigen Fluchtweg über Land, wurden verstärkt, und somit die Falle geschlossen. Daraufhin ordneten die Behörden an, daß jeder Einwohner sich bei der Tscheka zu melden habe, um ein großes Untersuchungsformular auszufüllen. Es ging um ungefähr 50 Fragen über die soziale Herkunft des Betreffenden, seine Vergangenheit, seine Aktivitäten, seine Einkünfte, aber auch über das, was er im November 1920 gemacht hat, wie er über Polen, über Wrangel und die Bolschewiki denkt usw. Auf der Grundlage dieser Untersuchungen wurde die Bevölkerung in drei Kategorien eingeteilt: zu erschießen; in ein Konzentrationslager einzuweisen; zu schonen. Die Berichte der wenigen Überlebenden, die 1921 in den Zeitungen der Emigrierten veröffentlicht wurden, beschreiben Sewastopol, eine der von der Repression am meisten betroffenen Städte, als eine »Stadt der Gehängten«. »Der Nachimowski-Prospekt war voller hängender Leichen von Offizieren, Soldaten und Zivilisten, die auf der Straße verhaftet worden waren. [...] Die Stadt war tot, die Bevölkerung versteckte sich in den Kellern und auf den Speichern. Alle Zäune, Hausmauern. Telegraphenmasten und Schaufenster waren mit Plakaten zugedeckt: ›Tod den Verrätern‹. [...] Zur Lehre wurden die Leute in den Straßen erhängt.«[127]

Mit der letzten Episode der Auseinandersetzung zwischen den Weißen und den Roten waren die Repressionen nicht vorbei. Die militärischen Fronten des Bürgerkriegs waren verschwunden, doch der Krieg der »Befriedung« und »Ausrottung« sollte sich noch ungefähr zwei Jahre hinziehen.

5

Von Tambow bis zur großen Hungersnot

Ende 1920 schien das bolschewistische Regime zu triumphieren. Die letzten weißen Truppen waren besiegt, die Kosaken geschlagen und Machnos Einheiten aufgerieben. Trotzdem: Auch wenn der Krieg zwischen den Roten und Weißen, der als solcher nie bestritten wurde, beendet war, gingen die Auseinandersetzungen zwischen dem Regime und weiten Teilen der Bevölkerung unvermindert weiter. Die Bauernkriege erreichten ihren Höhepunkt 1921, als ganze Provinzen sich der Kontrolle der bolschewistischen Macht entzogen. In der Provinz Tambow, einem Teil der Wolgaprovinzen (Samara, Saratov, Zarizyn, Symbirsk) und in Westsibirien konnten sich die Bolschewiki nur in den Städten halten. Auf dem Land lag die Kontrolle in den Händen der Grünen, die Hunderte von Banden, ja sogar regelrechte Bauernheere bildeten. Jeden Tag meuterten Einheiten der Roten Armee. In den letzten noch produzierenden Industriezentren des Landes – in Moskau, Petrograd, Iwanowo-Wosnessensk und Tula – nahmen die Streiks, Aufstände und Arbeiterproteste deutlich zu. Ende Februar 1921 kam es auch in der vor Petrograd liegenden Flottenbasis von Kronstadt zur Meuterei. Die Spannungen nahmen bedrohlich zu, und das Land wurde unregierbar. In Anbetracht eines sozialen Erdbebens, welches das Regime zu stürzen drohte, sahen sich die bolschewistischen Parteiführer zum Rückzug gezwungen und griffen zu der einzigen Maßnahme, die für den Augenblick die Gemüter beruhigen konnte. Am gefährlichsten und unmittelbarsten war die Unzufriedenheit der Bauern. Die Bolschewiki versprachen, die Beschlagnahmungen zu beenden und dafür die Naturalsteuer einzuführen. Im Zusammenhang mit diesen Auseinandersetzungen zwischen dem Regime und der Gesellschaft zeichnete sich ab März 1921 die Neue Ökonomische Politik (NEP) ab.

Eine lange Zeit vorherrschende Politikgeschichte hat die »Zäsur« vom März 1921 deutlich überbetont. Die als Ersatz für die Beschlagnahmungen am letzten Tag des X. bolschewistischen Parteikongresses unter dem Druck der sozialen Spannung in aller Eile angenommene Naturalsteuer hat weder das Ende der Bauernrevolten und Arbeiterstreiks noch ein Nachlassen der Repressionen bewirkt. Die heute zugänglichen Archive zeigen deutlich, daß sich der zivile Frieden im Frühjahr 1921 nicht von einem Tag auf den anderen eingestellt hat. Mindestens bis zum Sommer 1922 herrschen immer noch starke Spannungen, in manchen Regionen sogar weit länger. Auf dem

Lande wüteten weiterhin die Requirierungskommandos, die Arbeiterstreiks wurden mit brutaler Gewalt gebrochen, die letzten sozialistischen Kämpfer verhaftet, Geiseln in Scharen erschossen, Dörfer mit Giftgas bombardiert, und auch »die Ausrottung der Waldbanden« wurde mit allen Mitteln fortgesetzt. Letzten Endes war es die große Hungersnot von 1921/22, welche die aufsässigsten Landstriche zur Ruhe brachte, jene Landstriche, die von den Requirierungskommandos am meisten heimgesucht worden waren und die sich erhoben hatten, um zu überleben. Die Landstriche der Hungersnot dekken sich exakt mit den Gebieten, in denen die Beschlagnahmungen in den vorangegangenen Jahren am rücksichtslosesten durchgeführt worden waren und in denen die Bauernrevolten am heftigsten waren. Als »objektive« Verbündete des Regimes und absolute Befriedungswaffe diente die Hungersnot den Bolschewiki im übrigen als Vorwand für ihren entscheidenden Schlag gegen die orthodoxe Kirche und die Intelligenzija, die sich zum Kampf gegen die Katastrophe stark gemacht hatten.

Von allen Bauernrevolten, die seit der Einführung der Beschlagnahmungen im Sommer 1918 zum Ausbruch kamen, war die von Tambow die längste, die wichtigste und die am besten organisierte. Die Provinz Tambow – über 500 Kilometer südöstlich von Moskau – war seit Beginn des Jahrhunderts eine der Hochburgen der sozialrevolutionären Partei, der Erbin des russischen Populismus. Trotz der Repressalien, die diese Partei zu erdulden hatte, besaß sie in den Jahren 1918/20 immer noch eine große und aktive Anhängerschaft. Außerdem war die Provinz Tambow für Moskau die nächstgelegene Kornkammer und so wüteten bereits im Herbst 1918 über 100 Requirierungskommandos in dieser dichtbevölkerten Agrarprovinz. 1919 kam es zu Dutzenden von *buntys*, von Aufständen ohne große Folgen, die alle erbarmungslos niedergeschlagen wurden. 1920 wurden die Quoten für die Beschlagnahmungen merklich erhöht: von 18 auf 27 Millionen Pud. Die Bauern hatten jedoch bewußt weniger Felder eingesät, wohlwissend, daß alles, was sie nicht innerhalb kürzester Zeit verbrauchen konnten, beschlagnahmt werden würde.[128] Die Erfüllung der Quoten bedeutete also den Hungertod der Bauernschaft. Am 19. August 1920 kam es in der Ortschaft Chitrowo zu den altbekannten Ausfällen der Versorgungskommandos. »Die Kommandos ließen sich einige Übergriffe zuschulden kommen«, wie selbst die örtlichen Behörden zugaben. »Auf ihrem Durchzug plünderten sie alles, selbst Kissen und Küchengeräte. Sie teilten sich die Beute und verprügelten vor aller Augen alte Männer von 70 Jahren. Die Alten wurden bestraft, weil man ihrer fahnenflüchtigen, sich in den Wäldern versteckenden Söhne nicht habhaft werden konnte. […] Was die Bauern auch in Aufruhr versetzte, war die Tatsache, daß das beschlagnahmte Korn bis zum nächsten Bahnhof gekarrt wurde und dort unter freiem Himmel verdarb.«[129]

Von Chitrowo aus breitete sich die Revolte wie ein Lauffeuer aus. Im August 1920 hatten mehr als 14000 meist fahnenflüchtige und mit Gewehren, Heugabeln und Sensen bewaffnete Männer alle in den drei Distrikten der

Provinz Tambow sitzenden »Vertreter der Sowjetmacht« verjagt oder massakriert. Innerhalb weniger Wochen entwickelte sich die Bauernrevolte dieser traditionellen sozialrevolutionären Hochburg, die sich am Anfang in keiner Weise von den anderen 100 Revolten, die seit zwei Jahren in Rußland oder in der Ukraine tobten, unterschied, unter der Führung von Alexander Stephanowitsch Antonow, einem genialen Kriegschef, zu einer gut organisierten Aufstandsbewegung.

Antonow, der seit 1906 ein entschiedener Anhänger der Sozialrevolutionäre war und von 1908 bis zur Februarrevolution von 1917 als aus politischen Gründen Verbannter in Sibirien gelebt hatte, war eine Zeitlang mit dem bolschewistischen Regime verbündet gewesen und hatte in seinem Heimatdistrikt Kirsanow das Amt des Milizvorstehers übernommen. Im August 1918 hatte er mit den Bolschewiki gebrochen und sich an die Spitze von einer dieser unzähligen Deserteur-Banden gesetzt, die das Hinterland kontrollierten, sich den Requirierungskommandos in den Weg stellten und die wenigen sowjetischen Beamten, die sich in die Dörfer wagten, angriffen. Als die Bauernrevolte im August 1920 seinen Heimatdistrikt Kirsanow erreichte, organisierte er eine schlagkräftige Organisation von Bauernmilizen und einen beachtlichen Informationsdienst, dessen Verbindungen bis zur Tscheka von Tambow reichten. Er sorgte auch für einen Propagandadienst, der Flugblätter und Erklärungen gegen die »bolschewistische Kommissarokratie« verteilte und bei den Bauern für einige populäre Forderungen warb: Handelsfreiheit, Unterbindung der Beschlagnahmungen, freie Wahlen und die Abschaffung der bolschewistischen Kommissariate und der Tscheka.[130]

Parallel dazu baute die Untergrundorganisation der sozialrevolutionären Partei eine Union der arbeitenden Bauernschaft auf, ein Geheimnetz engagierter Bauern mit ausgezeichneten lokalen Verbindungen. Trotz der Spannungen zwischen Antonow, der sich von den Sozialrevolutionären getrennt hatte, und der Führung der Union der arbeitenden Bauernschaft verfügte die Bauernbewegung der Provinz Tambow über eine militärische Organisation, einen Informationsdienst und ein politisches Programm, die ihr die Kraft und Kohärenz gaben, die – von der Machno-Bewegung einmal abgesehen – den meisten der bisherigen Bauernbewegungen fehlten.

Im Oktober kontrollierte die bolschewistische Macht nur noch die Stadt Tambow und einige wenige urbane Zentren der Provinz. Antonows Bauernheer, dem sich die Fahnenflüchtigen zu Tausenden anschlossen, zählte auf seinem Höhepunkt mehr als 50000 Mann in Waffen. Am 19. Oktober schrieb Lenin, der die Situation in ihrer Tragweite endlich begriff, an Dserschinski: »Diese Bewegung ist auf die schnellste und exemplarischste Weise niederzuschlagen. [...] Zeigen Sie mehr Energie!«[131]

Anfang November brachten die Bolschewiki gerade einmal 5000 Mann aus den Truppen für die innere Sicherheit der Republik auf die Beine. Nach Wrangels Niederlage auf der Krim sorgten die nach Tambow abkommandierten Sondereinheiten jedoch für schnellen Zuwachs, weshalb die Bolschewiki schließlich auf eine Truppenstärke von 100 000 Mann kamen, einschließlich der Einheiten der Roten Armee, die zahlenmäßig immer in der Minderheit gehalten wurden, weil man sie für den Einsatz bei Volksaufständen für wenig vertrauenswürdig hielt.

Anfang 1921 griffen die Bauernrevolten auf neue Regionen über: auf das ganze untere Wolgagebiet (die Provinzen Samara, Saratow, Zarizyn, Astrachan) und auf Westsibirien. Die Lage wurde kritisch, denn die reichen, aber seit Jahren erbarmungslos ausgeplünderten Regionen waren von der Hungersnot bedroht. Aus der Provinz Samara berichtete der Kommandant des Militärdistrikts an der Wolga am 12. Februar 1921: »Eine Menge von mehreren tausend hungrigen Bauern belagert die Gebäude, in denen die Sonderkommandos das für die Städte und die Armee beschlagnahmte Korn gelagert haben. Es kam zu mehreren Eskalationen, und die Armee mußte auf die vor Wut kochende Menge schießen.« Die bolschewistischen Parteiführer von Saratow telegraphierten nach Moskau: »Das Bandenwesen hat die ganze Provinz erfaßt. Die Bauern haben die ganzen Vorräte – drei Millionen Pud – aus den staatlichen Lagerhallen mitgenommen. Mit den Gewehren, die sie über die Fahnenflüchtigen bekommen, sind sie schwer bewaffnet. Ganze Einheiten der Roten Armee haben sich aufgelöst.«

Zur gleichen Zeit entsteht mehr als 1000 Kilometer weiter östlich ein weiterer Unruheherd der Bauern. Nachdem die bolschewistische Regierung in den reichen Agrargebieten des russischen Südens und der Ukraine alle verfügbaren Ressourcen aufgebraucht hatte, wandte sie sich im Herbst 1920 nach Westsibirien, wo die Lieferquoten auf der Grundlage der Getreideexporte aus dem Jahre 1913 (!) willkürlich festgelegt worden waren. Aber kann man den für den Export gegen klingende Goldrubel bestimmten Ertrag mit dem Ertrag vergleichen, den der Bauer für die erzwungenen Beschlagnahmungen zurückgelegt hat? Wie überall, erhoben sich die sibirischen Bauern, um die Frucht ihrer Arbeit zu verteidigen und ihr eigenes Überleben zu sichern. Zwischen Januar und März 1921 verloren die Bolschewiki die Kontrolle über die Provinzen Tiumen, Omsk, Tscheljabinsk und Ekaterinburg – ein Gebiet, das größer ist als Frankreich. Damit war die Transsibirische Eisenbahn, die einzige Zugverbindung zwischen dem europäischen Rußland und Sibirien unterbrochen. Am 21. Februar besetzte eine Volksarmee aus Bauern die Stadt Tobolsk. Erst am 30. März gelang es den Einheiten der Roten Armee, sie zurückzuerobern.[132]

In den am anderen Ende des Landes liegenden Hauptstädten – Petrograd, der ehemaligen, und Moskau, der neuen – war die Situation zu Beginn des Jahres 1921 fast genauso gespannt. Die Wirtschaft stand sozusagen still; es verkehrten keine Züge mehr, und die meisten Betriebe waren aus Mangel an Brennstoffen entweder geschlossen oder arbeiteten nur auf Sparflamme; die Versorgung der Städte war nicht mehr gesichert. Die Arbeiter standen entweder auf der Straße oder waren in den umliegenden Dörfern auf Nahrungssuche oder diskutierten in den eiskalten und halb leergeräumten Werkstätten, denn alles, was man als »Industrieerzeugnis« gegen etwas Nahrung eintauschen konnte, hatte man mitgenommen.

»Es herrscht eine allgemeine Unzufriedenheit«, stellte ein Bericht der Informationsabteilung der Tscheka vom 16. Januar abschließend fest. »In Arbeiterkreisen spricht man über den bevorstehenden Sturz des Regimes. Keiner arbeitet mehr, und die Leute haben Hunger. Es ist mit Streiks in großem Ausmaß zu rechnen. Auf die Einheiten der Moskauer Garnison ist immer weniger Verlaß, sie können sich jeden Moment unserer Kontrolle entziehen. Es sind unbedingt Vorsichtsmaßnahmen zu treffen.«[133]

Am 21. Januar beschloß die Regierung, vom folgenden Tag an die Brotrationen für Moskau, Petrograd, Iwanowo-Wosnessensk und Kronstadt um ein Drittel zu reduzieren. Zu einem Zeitpunkt, wo die letzte weißarmistische Einheit besiegt war und die Regierung deshalb nicht mehr die drohende Gefahr einer Konterrevolution ins Feld führen konnte, um an den Patriotismus der Arbeiterklasse zu appellieren, brachte diese Maßnahme das Faß zum Überlaufen. Von Ende Januar bis Mitte März 1921 kam es täglich zu Streiks, Protestversammlungen, Hungermärschen, Kundgebungen und Fabrikbesetzungen. Ende Februar und Anfang März erreichten sie in Moskau wie in Petrograd ihren Höhepunkt. Vom 22. bis 24. Februar ereigneten sich in Moskau schwere Zusammenstöße zwischen Sondereinheiten der Tscheka und demonstrierenden Arbeitern, die mit Gewalt in die Kasernen eindringen wollten, um sich mit den Soldaten zu verbrüdern. Einige Arbeiter wurden getötet und Hunderte von ihnen festgenommen.[134]

Als am 22. Februar die Arbeiter von mehreren Petrograder Großbetrieben eine stark von den Menschewiki und Sozialrevolutionären bestimmte »Versammlung von Arbeiter-Beauftragten« wählten, erreichten die Unruhen in dieser Stadt einen neuen Höhepunkt. In seiner ersten Erklärung forderte diese Versammlung die Abschaffung der bolschewistischen Diktatur, freie Sowjetwahlen, die Rede-, Vereins- und Pressefreiheit und die Freilassung sämtlicher politischer Gefangener. Zur Durchsetzung dieser Ziele rief die Versammlung zum Generalstreik auf. Das militärische Oberkommando konnte mehrere Regimenter nicht daran hindern, Versammlungen abzuhalten, auf denen Anträge zur Unterstützung der Arbeiter angenommen wurden. Am 24. Februar eröffneten Sondereinheiten der Tscheka das Feuer auf eine Arbeiterkundgebung und töteten zwölf Arbeiter. An diesem Tag wurden an die 1000 Arbeiter und militante Sozialisten verhaftet.[135] Trotzdem wuchs die Zahl der Demonstranten unaufhörlich weiter; Tausende von Soldaten verließen ihre Einheiten, um sich den Arbeitern anzuschließen. Vier Jahre nach den Februartagen, in denen das Zarenregime gestürzt wurde, schienen sich die Ereignisse zu wiederholen. Ein zweites Mal sollten sich die demonstrierenden Arbeiter und die meuternden Soldaten verbrüdern. Das Telegramm, das Sinowjew, der Leiter der bolschewistischen Organisation von Petrograd, am 26. Februar um 21.00 Uhr an Lenin schickte, verrät Panik: »Die Arbeiter sind mit den Soldaten in den Kasernen in Kontakt getreten. [...] Wir warten immer noch auf die in Nowgorod angeforderte Truppenverstärkung. Wenn nicht in den nächsten Stunden zuverlässige Truppen erscheinen, sind wir überfordert.«

Zwei Tage später ereignete sich das, was die bolschewistischen Parteiführer ganz besonders befürchtet hatten: die Meuterei der Marinesoldaten von zwei Panzerkreuzern in Kronstadt, einer vor Petrograd liegenden Flottenbasis. Am 28. Februar um 23.00 Uhr schickte Sinowjew ein weiteres Telegramm an Lenin: »Kronstadt: die beiden wichtigsten Schiffe, die *Sewastopol* und die *Petropawlowsk*, stehen hinter Forderungen der SR und der Schwarzen Hundert und haben ein Ultimatum gestellt, auf das wir innerhalb von 24 Stunden antworten sollen. Bei den Arbeitern von Petrograd ist die Lage nach wie vor unsicher. In den großen Betrieben wird gestreikt. Wir gehen davon aus, daß die SR-Leute die Bewegung antreiben werden.«[136]

Die Forderungen, die Sinowjew einzig und allein der »SR und den Schwarzen Hundert« zuschrieb, waren in Wirklichkeit Forderungen, die von der überwältigenden Mehrheit der Bürger nach drei Jahren bolschewistischer Diktatur formuliert worden waren: Neuwahl der Sowjets, und zwar in geheimer Wahl nach freien Debatten und Vorwahlen; Rede- und Pressefreiheit, und zwar »zugunsten der Arbeiter, Bauern, Anarchisten und linken sozialistischen Parteien«; gleiche Lebensmittelrationen für alle und Freilassung aller politischen Gefangenen, die Mitglieder sozialistischer Parteien sind, sowie aller Arbeiter, Bauern, Soldaten und Matrosen, die wegen ihrer Beteiligung an den Arbeiter- und Bauernbewegungen inhaftiert sind; Bildung einer Untersuchungskommission, die den Fall eines jeden Gefangenen in den Gefängnissen und Konzentrationslagern prüft; Unterbindung der Beschlagnahmungen; Abschaffung der tschekistischen Spezialeinheiten; absolute Freiheit für die Bauern, »damit sie unter der Bedingung, daß sie mit ihren eigenen Mitteln zurechtkommen, auf ihrem Land machen können, was sie wollen, und ihr eigenes Vieh aufziehen«.[137]

In Kronstadt überstürzten sich die Ereignisse. Am 1. März fand eine Versammlung mit mehr als 15 000 Menschen statt, das entspricht einem Viertel der zivilen und militärischen Bevölkerung der Flottenbasis. Michail Kalinin, der Vorsitzende des zentralen Exekutivrats der Sowjets, versuchte mit seiner Ankunft die Situation zu retten, doch er wurde von der Menge ausgebuht und abgewiesen. Einen Tag später bildeten die Aufständischen mit Unterstützung von mindestens der Hälfte der 2000 Kronstädter Bolschewiki ein provisorisches Revolutionskomitee, das sich sofort um eine Kontaktaufnahme mit den Streikenden und Soldaten von Petrograd bemühte.

Die täglichen Berichte der Tscheka über die Situation in Petrograd während der ersten Märzwoche von 1921 bestätigen die große Zustimmung, auf welche die Meuterei von Kronstadt in der Bevölkerung stieß: »Das Revolutionskomitee von Kronstadt rechnet jeden Tag mit einem allgemeinen Aufstand in Petrograd. Zwischen den Meuterern und zahlreichen Betrieben ist der Kontakt hergestellt. [...] Auf einer Kundgebung der Firma Arsenal haben die Arbeiter heute den Plan, sich dem Aufstand anzuschließen, befürwortet. Man wählte eine dreiköpfige Delegation – einen Anarchisten, einen Menschewiken und einen Sozialrevolutionär –, um mit Kronstadt in Verbindung zu bleiben.«[138]

Am 7. März erhielt die Petrograder Tscheka den Befehl, »gegen die Arbeiter entscheidende Schritte zu unternehmen«, um die Bewegung ein für allemal zu zerschlagen. Innerhalb von 48 Stunden wurden mehr als 2000 Arbeiter sowie Anhänger und engagierte Kämpfer der Sozialisten und Anarchisten verhaftet. Im Gegensatz zu den Meuterern besaßen die Arbeiter keine Waffen und konnten deshalb den Sondereinheiten der Tscheka keinen Widerstand leisten. Nachdem die Bolschewiki die Basis und den Rückhalt des Aufstandes zerstört hatten, bereiteten sie mit aller Sorgfalt den Angriff auf Kronstadt vor. General Tuchatschewski hatte den Auftrag, die Revolte niederzuschlagen. Der Sieger des Polenfeldzuges von 1920 setzte vor allem auf die jungen Rekruten der auf keinerlei revolutionäre Tradition zurückschauenden Militärschule und die Sondereinheiten der Tscheka, die auf das eigene Volke schießen sollten. Am 8. März begannen die Operationen. Zehn Tage später fiel Kronstadt. Die Zahl der Toten ging auf beiden Seiten in die Tausende. Der Aufstand wurde erbarmungslos niedergeschlagen. In den Tagen nach dem Fall von Kronstadt wurden Hunderte von gefangenen Aufständischen an die Wand gestellt. Allein für die Monate April bis Juni 1921 berichten die erst kürzlich veröffentlichten Akten von 2103 Todesurteilen und 6459 Verurteilungen zu Gefängnis- oder Lagerhaft.[139]

Kurz vor der Einnahme Kronstadts gelang etwa 8000 Menschen die Flucht über die zugefrorene Ostsee nach Finnland, wo sie in den Durchgangslagern von Terijoki, Wyborg und Ino interniert wurden. Aufgrund eines falschen Amnestieversprechens sind viele von ihnen 1922 wieder nach Rußland zurückgekehrt, wo sie sofort verhaftet und in die Lager der Solowki-Inseln oder von Cholmogory bei Archangelsk, eines der grauenvollsten Konzentrationslager, gebracht wurden.[140] Nach einer auf anarchistische Kreise zurückgehenden Quelle waren von den 5000 Häftlingen, die von Kronstadt aus nach Cholmogory gebracht wurden, im Frühjahr 1922 nicht einmal mehr 1500 am Leben.[141]

Der traurige Ruf des Lagers Cholmogory am Ufer des Stromes Dwina geht auf das Schnellverfahren zurück, mit dem man sich dort einer Vielzahl von Häftlingen entledigte. Man brachte die Unglücklichen auf Lastkähne und stürzte sie mit gefesselten Händen und einem Stein am Hals in den Strom. Michail Kedrow, einer der maßgeblichen Leute der Tscheka, hatte diese Massenertränkungen im Juni 1920 eingeführt. Nach mehreren übereinstimmenden Zeugenberichten sollen zahlreiche nach Cholmogory deportierte Meuterer von Kronstadt, aber auch Kosaken und Bauern aus der Provinz Tambow 1922 in der Dwina ertränkt worden sein. Im selben Jahr hat eine spezielle Evakuierungskommission 2514 Zivilisten aus Kronstadt nach Sibirien geschickt, und zwar aus dem einzigen Grund, weil sie während der Revolte in der Festung geblieben waren![142]

Nach der Niederschlagung der Kronstädter Revolte konzentrierte das Regime alle seine Kräfte auf die Jagd nach militanten Sozialisten, auf die Bekämpfung der Streiks und der »Nachlässigkeit« von Seiten der Arbeiter, auf die Repressionen gegen die Kirche und auf die Ausmerzung der Bauernrevolten, die trotz der offiziellen Erklärung über das Ende der Beschlagnahmungen immer häufiger ausbrachen.

Bereits am 28. Februar 1921 befahl Dserschinski allen Tscheka-Verbänden in der Provinz, »1. Sofort alle menschewistischen, sozialrevolutionären oder den Anarchisten nahestehenden Intellektuellen zu verhaften, besonders die Beamten, die in den Volkskommissariaten für die Landwirtschaft oder das Versorgungswesen arbeiten. 2. Danach alle Menschewiki, Sozialrevolutionäre und Anarchisten zu verhaften, die in den Betrieben arbeiten und zu Streiks oder Kundgebungen aufrufen können.«[143]

Die im März 1921 erfolgte Einführung der NEP ging nicht mit einer Lokkerung der repressiven Politik einher, vielmehr mit verstärkten Repressionen gegenüber den engagierten Kämpfern der gemäßigten Sozialisten. Der Grund dafür lag nicht darin, daß bei diesen Leuten Widerstand gegen die Neue Ökonomische Politik zu erwarten war, sondern in der Tatsache, daß sie diese Politik schon lange gefordert hatten und sich so in ihrer Weitsichtigkeit und in der Richtigkeit ihrer Analyse bestätigt sahen. »Der einzige Platz für die Menschewiki und die SR-Leute – ganz egal, ob sie ihre Gesinnung offen erklären oder verheimlichen – ist das Gefängnis«, schrieb Lenin im April 1921.

Wenige Monate später hielt er die Sozialisten immer noch für allzu »rührig« und schrieb: »Wenn von den Menschewiki und SR-Leuten auch nur eine Nasenspitze zu sehen ist, sind sie auf der Stelle erbarmungslos zu erschießen!« Zwischen März und Juni 1921 wurden mehr als 2000 engagierte Kämpfer und Sympathisanten der gemäßigten Sozialisten verhaftet. Alle Mitglieder des Zentralkomitees der menschewistischen Partei fanden sich im Gefängnis wieder; als ihnen Anfang Januar die Verlegung nach Sibirien drohte, traten sie in den Hungerstreik; daraufhin wurden zwölf ihrer Parteiführer, darunter auch Dan und Mikolajewski, des Landes verwiesen und kamen im Februar 1922 nach Berlin.

Die Wiederankurbelung der industriellen Produktion, die auf ein Zehntel ihres Wertes von 1913 gesunken war, betrachtete das Regime im Frühjahr 1921 als eines seiner Hauptanliegen. Die in den vorangegangenen Jahren eingeführte Militarisierung der Arbeit wurde nicht nur beibehalten, sondern sogar ausgebaut. Der Druck auf die Arbeiter ließ nicht im geringsten nach. Die Politik, die 1921 – nach der Einführung der NEP – in der großen Industrie- und Bergbauregion von Donez, wo 80% der inländischen Kohle- und Stahlproduktion abgewickelt wurden, zum Einsatz kam, ist offenbar in vielerlei Hinsicht bezeichnend für die diktatorischen Methoden der Bolschewiki, »um die Werktätigen wieder zum Arbeiten zu bringen«. Ende 1920 war Piatakow, einer der maßgeblichen Parteiführer und ein Vertrauter Trotzkis, an die Spitze der zentralen Leitung der Kohleindustrie berufen worden. Innerhalb eines Jahres gelang es ihm mit Hilfe einer beispiellosen Ausbeutungs- und Repressionspolitik gegenüber der Arbeiterklasse, die Kohleproduktion zu verfünffachen. Grundlage dieser Politik war die Militarisierung der Arbeit von 120 000 Minenarbeitern, die seinen Überwachungsdiensten ausgeliefert waren. Piatakow führte eine strenge Disziplin ein: Jede Abwesenheit kam einem »Sabotageakt« gleich und wurde mit Lagerhaft, ja sogar mit dem Tode bestraft – 18 Bergarbeiter wurden 1921 wegen »schweren Schmarotzertums« hingerichtet. Er setzte längere Arbeitszeiten (und vor allem die Sonntagsarbeit) durch und benutzte die Lebensmittelkarte gern als Erpressungsmittel, um bei den Arbeitern eine Produktionssteigerung zu erreichen. All diese Maßnahmen wurden in einer Zeit eingeführt, in der die Arbeiter – als Bezahlung – zwischen einem Drittel und der Hälfte der zum Überleben notwendigen Brotration bekamen und am Ende ihres Arbeitstages das einzige Paar Schuhe, das sie besaßen, dem Kollegen, der sie ablöste, weitergeben mußten. Wie die Direktion der Kohleindustrie zugab, gab es für das häufige Fehlen der Arbeiter viele Gründe: neben den Epidemien auch der »ewige Hunger« oder das »quasi völlige Fehlen von Kleidern, Hosen oder Schuhen«. Um bei der drohenden Hungersnot die Zahl der zu ernährenden Personen zu reduzieren, ordnete Piatakow am 24. Juni 1921 an, die Bergbaustädte von allen Personen zu räumen, die nicht in den Minen arbeiteten und folglich eine »tote Last« darstellten. Den Familienangehörigen der Bergarbeiter wurden die Lebensmittelkarten entzogen. Die Rationen wurden streng nach den individuellen Leistungen jedes einzelnen Bergarbeiters festgelegt. Auf diese Weise wurde eine primitive Form des Stücklohns eingeführt.[144]

Alle diese Maßnahmen widersprachen der Idee der Gleichheit und der »garantierten Ration«, an die noch mancher von der bolschewistischen Arbeitermythologie betrogene Arbeiter glaubte. Sie nehmen in beachtenswerter Weise die arbeiterfeindlichen Maßnahmen der dreißiger Jahre vorweg. Die Arbeitermassen waren nur die *rabsila* (die Arbeitskraft), die es so geschickt wie möglich auszunutzen galt, unter Umgehung der Arbeitsgesetze und der nutzlosen Gewerkschaften, deren Rolle sich auf die Steigerung der Produktivität beschränkte. Die Militarisierung der Arbeit war offensichtlich die wirksamste Methode, diese störrischen, ausgehungerten und wenig produktiven Arbeitskräfte in Schach zu halten. Sofort stellt sich die Frage, inwieweit sich diese Form der Ausbeutung der freien Arbeit noch von der Zwangsarbeit in den Anfang der dreißiger Jahre errichteten großen Strafanstalten unterscheidet. Wie so viele andere Erscheinungen der Frühzeit des Bolschewismus – die nicht allein auf den Bürgerkrieg zurückzuführen sind – weist das, was 1921 im Donezgebiet passierte, auf einige den Kern des Stalinismus treffende Praktiken voraus.

Ein anderes großes Anliegen des bolschewistischen Regimes im Frühjahr 1921 war die »Befriedung« aller Regionen, die unter der Kontrolle der Banden und Bauerntrupps standen. Am 27. April wurde General Tuchatschewski vom Politbüro zum verantwortlichen Leiter der »Liquidationsoperationen von Antonows Banden in der Provinz Tambow« ernannt. An der Spitze von fast 100 000 Mann, die zum großen Teil von Sondereinheiten der Tscheka gestellt wurden, gelang es Tuchatschewski, unterstützt von schwerer Artillerie und Flugzeugen, Antonows Truppen durch ein unerhört gewaltsames Vorgehen zu besiegen. Tuchatschewski und Antonow-Owsejenko, der als Vorsitzender der Bevollmächtigten-Kommission des Zentralen Exekutivrates mit der Errichtung eines regelrechten Besatzungsregimes in der Provinz Tambow beauftragt war, zogen alle Register: Geiselnahme, Hinrichtung, Internierung in Konzentrationslagern, Ausrottung durch Giftgas und Deportation ganzer Dörfer, die verdächtigt wurden, den »Banditen« geholfen oder Unterschlupf gewährt zu haben.[145]

Der von Antonow-Owsejenko und Tuchatschewski unterzeichnete Tagesbefehl Nr. 171 vom 11. Juni 1921 klärt über die Methoden auf, mit denen die Provinz Tambow »befriedet« wurde. Der Befehl bestimmt vor allem folgendes:

»1. Jeder Bürger, der sich weigert, seinen Namen zu nennen, ist auf der Stelle zu erschießen.

2. Die politischen Kommissionen des Distriktes oder des Kreises sind berechtigt, in Dörfern, in denen Waffen versteckt sind, Geiselnahmen anzuordnen und, falls die Waffen nicht herausgegeben werden, diese Geiseln zu erschießen.

3. Werden versteckte Waffen entdeckt, ist der Familienälteste auf der Stelle standrechtlich zu erschießen.

4. Eine Familie, die einen Banditen versteckt hat, ist zu verhaften und aus der Provinz wegzubringen. Der Familienbesitz wird konfisziert und der Familienälteste standrechtlich erschoßen.

5. Familien, die Familienangehörige oder die Habe von Banditen verstekken, sind selbst als Banditen zu betrachten. Der Älteste einer solchen Familie ist auf der Stelle standrechtlich zu erschießen.

6. Ist eine Familie von Banditen geflohen, ist ihr Besitz auf die der Sowjetmacht treuen Bauern zu verteilen. Die verlassenen Häuser sind niederzubrennen oder niederzureißen.

7. Der vorliegende Tagesbefehl ist strikt und erbarmungslos auszuführen.«[146]

Einen Tag nach der Verkündung des Befehls Nr. 171 ordnete General Tuchatschewski die Vergasung der Rebellen an. »Die Reste der zerschlagenen Banden und einzelne Banditen versammeln sich weiterhin in den Wäldern. […] Die Wälder, in denen sich die Banditen verstecken, sind mit Giftgas zu räumen. Alles ist so zu berechnen, daß die Gaswolke in den Wald eindringt und alles, was sich darin versteckt, ausrottet. Der Inspektor der Artillerie hat unverzüglich die erforderlichen Mengen Giftgas und die für solche Operationen kompetenten Fachleute zu stellen.« Am 19. Juli wurde in

Anbetracht des Widerstands vieler bolschewistischer Parteiführer gegen diese Radikalform der »Ausrottung« der Befehl Nr. 171 zurückgezogen.[147]

Im Juli 1921 hatten die militärischen Behörden und die Tscheka bereits sieben Konzentrationslager eingerichtet, in denen – nach noch recht lückenhaften Daten – mindestens 50000 Menschen interniert waren, meistens Frauen, alte Leute und Kinder, »Geiseln« und Familienangehörige der fahnenflüchtigen Bauern. Die Situation in diesen Lagern war grauenhaft: Typhus und Cholera waren an der Tagesordnung. Den halbnackten Lagerhäftlingen fehlte es an allem. Im Sommer 1921 begann die Hungersnot. Die Sterblichkeitsrate lag im Herbst bei 15 bis 20% im Monat! Am 1. September 1921 gab es nur noch einige wenige Banden mit kaum mehr als 1000 bewaffneten Leuten. Im Februar 1921, auf dem Höhepunkt der Bauernbewegung, waren es 40000 Mann gewesen. Ab November 1921, als die ländlichen Gegenden schon längst »befriedet« waren, wurden mehrere tausend der robustesten Häftlinge in die Konzentrationslager im Norden Rußlands deportiert, nach Archangelsk und nach Cholmogory.[148]

Wie die wöchentlichen Berichte der Tscheka an die bolschewistischen Parteiführer bestätigen, dauerte die »Befriedung« der ländlichen Gegenden in vielen Regionen – in der Ukraine, in Westsibirien, im Kaukasus und in den Wolgaprovinzen – mindestens bis zur zweiten Hälfte des Jahres 1922 an. Was in den vorangegangenen Jahren zur Gewohnheit geworden war, hielt sich hartnäckig. Offiziell waren die Beschlagnahmungen zwar im März 1921 abgeschafft worden, doch auch die an deren Stelle eingeführte Naturalsteuer wurde oft mit einer außerordentlichen Brutalität eingetrieben. Die in Anbetracht der katastrophalen landwirtschaftlichen Situation des Jahres 1921 extrem hohen Quoten sorgten für eine permanente Spannung in den Dörfern, wo ohnehin zahlreiche Bauern ihre Waffen behalten hatten.

Nikolai Ossinski, der stellvertretende Volkskommissar für die Landwirtschaft, berichtete in seinen Beschreibungen von einer Reise im Mai 1921 durch die Provinzen Tula, Orel und Woronesch, daß die vor Ort sitzenden Beamten für den Herbst fest mit einer Wiedereinführung der Beschlagnahmungen rechneten. Die lokalen Behörden »können sich die Bauern nur als unverbesserliche Saboteure« vorstellen.[149]

Bericht des Vorsitzenden der bevollmächtigten Fünfer-Kommission über die repressiven Maßnahmen gegen die Banditen der Provinz Tambow (10. Juli 1921)

Die Säuberungsoperationen in der Wolost (Kreis) Kudriukowskaja haben am 27. Juni im Dorf Ossinowka begonnen, ein Dorf, das in der Vergangenheit Banditenbanden Unterschlupf gewährt hat. Die Haltung der Bauern gegenüber unseren Repressionseinheiten war durch ein gewisses Mißtrauen gekennzeichnet. Die Bauern meldeten uns keine Banditen in den Wäldern, und auf die Fragen, die ihnen gestellt wurden, antworteten sie, daß sie von nichts wüßten.

Wir nahmen 40 Geiseln, verhängten den Ausnahmezustand über das Dorf und gaben den Einwohnern zwei Stunden Zeit, um uns die Banditen und die versteckten Waffen auszuliefern. Die zur Beratung versammelten Dorfleute wußten nicht so recht, wie sie sich verhalten sollten, entschieden sich jedoch, sich nicht aktiv an der Jagd auf die Banditen zu beteiligen. Wahrscheinlich nahm man unsere Drohung, die Geiseln hinzurichten, nicht ernst. Nach Ablauf der Frist ließen wir 21 Geiseln vor der Dorfversammlung hinrichten. Die öffentliche Hinrichtung durch Einzelerschießung mit all den üblichen Formalitäten und in Anwesenheit aller Mitglieder der bevollmächtigten Kommission, der Kommunisten usw. hatte eine beachtliche Wirkung auf die Bauern …

Was das Dorf Karajewka betrifft, ein Dorf, in dem sich wegen der geographischen Lage die Banditenbanden mit Vorliebe aufhielten … Die Kommission hatte beschlossen, es von der Landkarte verschwinden zu lassen. Alles wurde konfisziert, und die gesamte Bevölkerung deportiert, mit Ausnahme der Familien von Soldaten der Roten Armee, die in die Ortschaft Kurdiuki gebracht und in die konfiszierten Häuser der Banditenfamilien eingewiesen wurden. Nach Sicherstellung einiger Wertgegenstände – Fensterrahmen, Gegenstände aus Glas und Holz, usw. – wurde in den Häusern des Dorfes Feuer gelegt …

Am 3. Juli begannen wir mit den Operationen in der Ortschaft Bogoslowka. Noch selten trafen wir auf eine so verstockte und organisierte Bauernschaft. Als wir mit den Bauern diskutierten, schauten alle – der jüngste genauso wie der älteste – ganz erstaunt und sagten einstimmig: »Banditen, bei uns? Was Sie nicht sagen! Wir haben vielleicht mal einen im nahen Wald gesehen, aber wir wissen nicht einmal, ob es wirklich einer war. Wir leben hier in aller Ruhe, tun niemandem etwas zu leide und wissen von nichts.«

Wir griffen zu den gleichen Maßnahmen wie in Ossinowka: Wir nahmen 58 Geiseln. Am 4. Juli haben wir eine erste Grupe von 21 Leuten öffentlich erschossen. Einen Tag später wurden weitere 15 Personen erschossen und 60 Banditenfamilien unschädlich gemacht, insgesamt etwa 200 Personen. Schließlich hatten wir unser Ziel erreicht, und die Bauern waren zur Jagd auf die Banditen und zur Suche nach den versteckten Waffen gezwungen …

Die Säuberung der oben erwähnten Dörfer und Kleinstädte wurde am 6. Juli beendet. Die Operation war vom Erfolg gekrönt und hat Konsequenzen, die sogar über die beiden benachbarten Wolosts (Kreise) hinausgehen. Immer noch ergeben sich Banditenbanden.

Der Vorsitzende der bevollmächtigten Fünfer-Kommission, Uskonin.[150]

Zur Beschleunigung der Steuereintreibung in Sibirien, der Region, die während der Hungersnot in all den Wolgaprovinzen den größten Anteil an Lieferungen von landwirtschaftlichen Produkten übernehmen mußte, wurde Felix Dserschinski im Dezember 1921 als außerordentlicher Bevollmächtigter nach Sibirien geschickt. Er stellte »wandernde Revolutionsgerichte auf«, die durch die Dörfer ziehen sollten, um jeden Bauern, der keine Steuern zahlte, auf der Stelle zu Gefängnis- oder Lagerhaft zu verurteilen.[151] Ähnlich den Beschlagnahmungskommandos ließen sich diese Gerichte – unterstützt durch »Steuerkommandos« – so viele Übergriffe zuschulden kommen, daß Nikolai Krylenko persönlich, der Vorsitzende des Obersten Gerichts, eine Untersuchung der Machenschaften dieser vom Chef der Tscheka finanzierten Organe anordnen mußte. Am 14. Februar 1922 schrieb ein Inspektor aus Omsk: »Die Übergriffe der Beschlagnahmungskommandos haben ein unvorstellbares Ausmaß angenommen. Die verhafteten Bauern werden systematisch in unbeheizte Lagerräume gesperrt, sie werden mit der Peitsche traktiert und mit der Hinrichtung bedroht. Diejenigen, die ihre Lieferquote nicht vollständig erfüllt haben, werden gefesselt und müssen nackt die Hauptstraße des Dorfes entlanglaufen. Anschließend sperrt man sie in einen unbeheizten Lagerraum. Viele Frauen wurden bis zur Bewußtlosigkeit geschlagen, man legte sie nackt in Schneegruben…« In allen Provinzen war die Atmosphäre nach wie vor äußerst gespannt.

Dies bestätigen die Auszüge aus einem Bericht der politischen Polizei vom Oktober 1922, anderthalb Jahre nach dem Beginn der NEP:

> »In der Provinz Pskow machen die für die Naturalsteuer festgelegten Quoten zwei Drittel der Ernte aus. Vier Distrikte haben zu den Waffen gegriffen. […] In der Provinz Nowgorod werden die Quoten nicht erfüllt werden, trotz des wegen der schlechten Ernte kürzlich gewährten Nachlasses von 25%. In den Provinzen Rjasan und Twer würde die Einhaltung der Quoten den Hungertod der Bauernschaft bedeuten. […] In der Provinz Nowo-Nikolajewsk droht eine Hungersnot, und die Bauern legen für den eigenen Verzehr einen Vorrat an Gras und Wurzeln an. […] Alle diese Tatsachen sind aber offensichtlich unbedeutend im Vergleich zu den Nachrichten, die uns aus der Provinz Kiew erreichten: Dort beobachtet man eine Selbstmordwelle in bisher nicht gekannten Ausmaßen. Die Bauern bringen sich scharenweise um, weil sie weder Steuern bezahlen noch auf die konfiszierten Waffen zurückgreifen können. Die Hungersnot, die seit über einem Jahr eine ganze Reihe von Regionen heimsucht, läßt die Bauern ihre Zukunft äußerst pessimistisch beurteilen.«[152]

Im Herbst 1922 war jedoch das Schlimmste vorbei. Nach zwei Hungerjahren brachten die Überlebenden eine Ernte ein, mit der sie über den Winter kommen konnten, vorausgesetzt natürlich, daß die Steuern nicht in ihrer gesamten Höhe fällig würden. »Dieses Jahr wird die Getreideernte unter dem Durchschnitt der letzten zehn Jahre liegen.« Mit diesen Worten hatte die *Prawda* am 2. Juli 1921 in einer kleinen Notiz auf der letzten Seite zum ersten Mal von der Existenz eines »Versorgungsproblems« an der »Agrarfront« berichtet. Zehn Tage später gab Michail Kalinin, der Präsident des Zentralen Exekutivkomitees der Sowjets, in einem in der *Prawda* vom 12. Juli 1921 veröffentlichten »Appell an alle Bürger der RSFSR« zu, daß

»die diesjährige Trockenheit in zahlreichen Distrikten die Ernte vernichtet hat«.

»Diese Kalamität ist nicht nur auf die Trockenheit zurückzuführen«, teilte das Zentralkomitee in einer Erklärung vom 21. Juli mit. »Schuld an ihr sind die ganzen letzten Jahre, unsere rückständige Landwirtschaft, das Fehlen einer Organisation, die geringen agronomischen Kenntnisse, die primitive Technik und die veralteten Formen des Fruchtwechsels. Verschlimmert hat sie sich durch die Folgen des Krieges und der Blockade, durch den ewigen Kampf der Grundbesitzer, der Kapitalisten und ihrer Knechte gegen uns und durch die unaufhörlichen Machenschaften der Banditen, welche die Befehle von Organisationen ausführen, die dem sowjetischen Rußland und seiner ganzen arbeitenden Bevölkerung feindlich gesinnt sind.«[153]

In der langen Aufzählung der Gründe für die »Kalamität«, die man noch nicht beim Namen zu nennen wagte, fehlt der entscheidende Faktor: die Beschlagnahmungspolitik, die der bereits stark angeschlagenen Landwirtschaft seit Jahren schwer zusetzte. Die im Juni 1921 nach Moskau gerufenen Führungskräfte der von der Hungersnot betroffenen Provinzen betonten einstimmig die Verantwortung der Regierung und insbesondere des allmächtigen Volkskommissariats für das Versorgungswesen für die weite Verbreitung und das verheerende Ausmaß der Hungersnot. Der Vertreter aus der Provinz Samara, ein gewisser Wawilin, erklärte, daß das Provinzkomitee für das Versorgungswesen seit der Einführung der Beschlagnahmungen ständig die Zahlen für die zu erwartenden Ernten nach oben getrieben habe.

Trotz der schlechten Ernte von 1920 waren in jenem Jahr zehn Millionen Pud beschlagnahmt worden. Die ganzen Vorräte einschließlich des Saatguts für die nächste Ernte waren eingezogen worden. Bereits im Januar 1921 hatten viele Bauern nichts mehr zu essen, und schon im Februar begann die Sterblichkeitsrate zu steigen. Innerhalb von zwei oder drei Monaten waren in der Provinz Samara die Aufstände und Revolten gegen das Regime praktisch verschwunden. »Heute gibt es keine Revolten mehr«, erklärte Wawilin. »Man hat es mit neuen Phänomenen zu tun: Tausende von hungernden Leuten belagern schweigend das Exekutivkomitee der Sowjets oder der Partei und warten tagelang auf irgendein wundersames Eintreffen von Lebensmitteln. Es ist nicht möglich, diese Leute, von denen viele täglich wie die Fliegen sterben, zu vertreiben. […] Ich denke, es gibt mindestens 900 000 Hungernde in der Provinz.«[154]

Berichten der Tscheka und des militärischen Informationsdienstes zufolge hatte die Hungersnot schon 1919 in vielen Regionen Einzug gehalten. Während des Jahres 1920 verschlechterte sich die Situation mehr und mehr. Die Tscheka und die Volkskommissariate für die Landwirtschaft und das Versorgungswesen waren sich über die Situation völlig im klaren, denn bereits im Sommer 1922 stellten sie eine Liste von »hungerleidenden« oder »der Hungersnot ausgesetzten« Distrikten und Provinzen auf. Im Januar 1921 listet ein Bericht unter den Gründen, die in der Provinz Tambow zur

Hungersnot führten, die »Beschlagnahmungsorgie« von 1920 auf. Für die kleinen Leute war es offensichtlich, daß »die sowjetische Macht alle Bauern, die sich ihr zu widersetzen wagen, verhungern lassen will«. Dies geht aus den von der politischen Polizei weitergegebenen Äußerungen klar hervor. Aber obwohl die Regierung über die Konsequenzen ihrer Beschlagnahmungspolitik voll informiert war, unternahm sie keinerlei Schritte. Selbst als die Hungersnot immer mehr Provinzen heimsuchte, schickten Lenin und Molotow am 30. Juli 1921 ein Telegramm an alle maßgeblichen Leute der Parteikomitees in den Regionen und Provinzen und forderten sie auf, »den für den Steuereinzug verantwortlichen Apparat zu verstärken [...], mit Hilfe einer massiven Propaganda der ländlichen Bevölkerung die wirtschaftliche und politische Bedeutung einer pünktlichen und restlosen Steuerbezahlung zu erklären [...], dem für den Einzug der Naturalsteuer zuständigen Dienst die gesamte Macht der Partei und alle Druckmittel des Staatsapparates zur Verfügung zu stellen«.[155]

Gegen diese politische Haltung, die um jeden Preis am Aderlaß der Bauernschaft festhalten wollte, taten sich die informierten und aufgeklärten Kreise der Intelligenzija zusammen. Im Juni 1921 gründeten einige Universitätsangehörige und eine Reihe von Agrar- und Wirtschaftswissenschaftlern innerhalb der Moskauer Gesellschaft für die Landwirtschaft ein Sozialkomitee zur Bekämpfung der Hungersnot. Zu den Gründungsmitgliedern dieses Komitees zählten die herausragenden Wirtschaftswissenschaftler Kondratjew und Prokopowitsch, der ehemalige Versorgungsminister der provisorischen Regierung, die Maxim Gorki nahestehende Journalistin Ekaterina Kuskowa und mehrere Schriftsteller, Ärzte und Agrarwissenschaftler. Obwohl Lenin es abgelehnt hatte, eine Delegation dieses Komitees zu empfangen, bekam man auf Fürsprache Gorkis, der gute Verbindungen zu den bolschewistischen Parteiführern hatte, einen Audienztermin bei Lew Kamenew. Nach dieser Unterredung schickte Lenin, welcher der »Gefühlsduselei« einiger bolschewistischer Parteioberen immer noch mißtraute, seinen Kollegen vom Politbüro eine Nachricht: »Die Kuskowa ist ein für allemal unschädlich zu machen. [...] Von der Kuskowa akzeptieren wir den Namen, ihre Unterschrift und ein oder zwei Waggons, gestiftet von Leuten, die für sie (und solche ihrer Art) Sympathie empfinden. Mehr nicht!«[156]

Schließlich gelang es den Komiteemitgliedern, ein paar von den Parteioberen von der Nützlichkeit dieser Leute zu überzeugen. Sie waren die meistgeachteten Vertreter der russischen Wissenschaft, Literatur und Kunst, im Westen durchaus bekannt und hatten zum großen Teil bereits bei der Hilfsorganisation für die Opfer der Hungersnot von 1891 aktiv mitgearbeitet. Sie hatten außerdem zahlreiche Kontakte zu den Intellektuellen in aller Welt und konnten dafür bürgen, daß eine eventuelle internationale Hilfe gerecht an die Hungernden verteilt würde. Zu dieser Bürgschaft waren sie auch durchaus bereit. Sie forderten lediglich einen offiziellen Status für das Hilfskomitee für die Hungernden.

Am 21. Juli entschied sich die Regierung nicht ohne Vorbehalt, das Sozialkomitee gesetzlich anzuerkennen. Es nannte sich fortan »Allrussisches Hilfskomitee für die Hungernden« und durfte offiziell das Zeichen des Roten Kreuzes führen. Das Komitee war berechtigt, sich im In- und Ausland Lebensmittel, Viehfutter und Medikamente zu verschaffen und diese Hilfsmittel an die notleidende Bevölkerung zu verteilen. Es durfte zur Verteilung der Hilfsgüter gesonderte Transporte organisieren, Volksküchen einrichten, Lokalsektionen und -komitees gründen, »mit den vom Komitee anzugebenden Organisationen und Handlungsbevollmächtigten des Auslands frei kommunizieren« und sogar »über die von den zentralen und lokalen Behörden getroffenen Maßnahmen, die nach Meinung des Komitees den Kampf gegen die Hungersnot betreffen, verhandeln«.[157] Zu keinem Zeitpunkt der sowjetischen Geschichte bekam eine soziale Organisation solche Rechte zugesprochen. Die Konzessionen der Regierung entsprachen der Krisensituation, in der sich das Land vier Monate nach dem offiziellen und recht zögerlichen Beginn der NEP befand.

Das Komitee nahm Kontakt auf mit dem Oberhaupt der orthodoxen Kirche, dem Patriarchen Tichon, der sofort von kirchlicher Seite aus ein allrussisches Hilfskomitee für die Hungernden gründete. Am 7. Juli ließ der Patriarch in allen Kirchen einen Hirtenbrief verlesen. »Verwesendes Fleisch ist für die ausgehungerte Bevölkerung zu einer köstlichen Mahlzeit geworden, aber selbst diese Mahlzeit ist schwierig zu finden. Überall ertönt ein Weinen und Klagen. Man geht bereits zum Kannibalismus über… Reicht Euren Brüdern und Schwestern eine helfende Hand! Mit der Zustimmung der Gläubigen könnt ihr die Kirchenschätze ohne sakramentalen Wert zur Hilfe für die Hungernden verwenden, beispielsweise Ringe, Ketten und Armreife, den Schmuck der heiligen Ikonen usw.«

Mit kirchlicher Hilfe kam das Gesamtrussische Hilfskomitee für die Hungernden in Kontakt mit verschiedenen internationalen Institutionen, so auch mit dem Roten Kreuz, den Quäkern und der American Relief Association (ARA), die alle positiv reagierten. Doch die Zusammenarbeit zwischen dem Regime und dem Hilfskomitee sollte kaum mehr als fünf Wochen dauern: Am 27. August 1921, sechs Tage, nachdem die Regierung einen Vertrag mit dem Vertreter der von Herbert Hoover geleiteten American Relief Association unterzeichnet hatte, wurde das Komitee aufgelöst. Mit der Ankunft der ersten amerikanischen Hilfslieferungen hatte das Komitee für Lenin ausgedient. »Der Name und die Unterschrift der Kuskowa« hatten den Bolschewiki als Bürgschaft gedient. Das genügte.

»Ich schlage vor, noch heute, Freitag den 26. August, das Komitee aufzulösen«, schrieb Lenin. »Prokopowitsch ist wegen aufrührerischer Reden zu verhaften […] und für drei Monate in ein Gefängnis einzuweisen. […] Die anderen Komiteemitglieder sind unverzüglich, noch heute, aus Moskau auszuweisen und, getrennt voneinander, in Bezirkshauptstädten, wenn möglich abseits von der Bahnlinie, unter Hausarrest zu stellen. […] Morgen werden wir eine kurze amtliche Mitteilung von fünf Zeilen veröffentlichen: Komitee wegen Arbeitsverweigerung aufgelöst. Den Zeitungen ist die Anweisung zu geben, ab morgen die Leute vom Komitee mit Beleidigungen zu überschütten, als verwöhnte Muttersöhnchen beispielsweise oder als Weißgardisten, die lieber im Ausland herumreisen als in der russischen Provinz. Sie sind mit allen Mitteln lächerlich zu machen und zwei Monate lang mindestens einmal pro Woche heftig zu kritisieren.«[158]

In strenger Befolgung dieser Anweisungen fiel die Presse über die 60 renommierten Intellektuellen, die am Komitee beteiligt waren, her. Die Titel der veröffentlichten Artikel sagen sehr viel über die Art dieser Verleumdungskampagne aus: »Man spielt nicht mit dem Hunger!« (*Prawda*, 30. August 1921); »Sie spekulierten mit dem Hunger!« (*Komunistitscheski Trud*, 31. August 1921); *»Das Hilfskomitee … für die Konterrevolution«* (*Iswestija,* 30. August 1921). Einem Fürsprecher der verhafteten und deportierten Komiteemitglieder erklärte Unschlicht, einer von Dserschinskis Stellvertretern bei der Tscheka: »Sie sagen, das Komitee habe nichts Gesetzwidriges unternommen. Das ist richtig. Aber es spielte die Rolle eines gesellschaftlichen Kristallisationspunktes. Und das können wir nicht zulassen. Sie wissen ja, wenn man einen Zweig, der noch keine Triebe hat, in ein Glas Wasser stellt, fängt er sofort an, Knospen zu treiben. Genauso schnell hat das Komitee angefangen, seine Fühler in der sozialen Gemeinschaft auszustrecken. […] Wir mußten den Zweig aus dem Wasser nehmen und zerbrechen.«[159]

Anstelle des Komitees stellte die Regierung eine zentrale Hilfskommission für die Hungernden auf die Beine, eine schwerfällige, bürokratische Organisation aus Beamten verschiedener Volkskommissariate, korrupt und wenig effektiv. Als im Sommer 1922, der schlimmsten Zeit der Hungersnot, ungefähr 30 Millionen Menschen von ihr betroffen waren, reichten die unregelmäßigen Lebensmittelhilfen der Zentralkommission nicht einmal für drei Millionen Hungernde. Die ARA, das Rote Kreuz und die Quäker hingegen ernährten täglich etwa elf Millionen Menschen. Trotz der internationalen Hilfe starben von den 29 Millionen Hungernden in den Jahren 1921 und 1922 mindestens fünf Millionen den Hungertod.[160] Der letzten großen Hungersnot, die Rußland 1891 ungefähr in denselben Gebieten (an der mittleren und unteren Wolga und in einem Teil Kasachstans) heimgesucht hatte, waren zwischen 400 000 und 500 000 Menschen zum Opfer gefallen. Damals versuchten der Staat und die Gesellschaft, sich gegenseitig mit ihren Hilfeleistungen für die von der Trockenheit geschlagenen Bauern zu übertreffen. Wladimir Uljanow-Lenin lebte Anfang der neunziger Jahre als junger Anwalt in Samara, dem Verwaltungszentrum einer von der Hungersnot von 1891 am härtesten betroffenen Provinz. Er war der einzige von der örtlichen Intelligenzija, der sich nicht an der Sozialhilfe für die Hungernden beteiligte und sich sogar kategorisch gegen eine solche Hilfe aussprach. Einer seiner Freunde erinnerte sich: »Wladimir Uljanow-Lenin hatte den Mut, offen zu erklären, daß die Hungersnot viele positive Konsequenzen habe, nämlich das Auftreten eines industriellen Proletariats, des Totengräbers der bürgerlichen Ordnung. [...] Mit der Zerstörung der rückständigen bäuerlichen Wirtschaft bringt uns die Hungersnot unserem Endziel, dem sich direkt an den Kapitalismus anschließenden Sozialismus, objektiv ein Stück näher. Außerdem zerstört die Hungersnot nicht nur den Glauben an den Zaren, sondern auch den an Gott.«[161]

30 Jahre später nimmt der zum bolschewistischen Regierungschef aufgestiegene junge Anwalt seine Idee wieder auf: die Hungersnot konnte und mußte dazu dienen, »den Feind am Kopf tödlich zu treffen«. Der Feind, das war die orthodoxe Kirche. »Die Elektrizität wird Gott ersetzen. Laßt den Bauern die Elektrizität anbeten, er wird in ihr die Macht der Behörden mehr spüren als die des Himmels«, sagte Lenin 1918 in einer Diskussion mit Leonid Krassin über die Elektrifizierung Rußlands. Seit der bolschewistischen Machtübernahme waren die Beziehungen zwischen dem neuen Regime und der Kirche schlechter geworden. Am 5. Februar 1918 hatte die bolschewistische Regierung die Trennung von Kirche und Staat und von Schule und Kirche beschlossen, die Gewissens- und Religionsfreiheit verkündet und die staatliche Beschlagnahmung des Kirchenbesitzes angekündigt. Gegen diese Rollenbeeinträchtigung der orthodoxen Kirche, die unter dem Zaren Staatsreligion war, hatte der Patriarch Tichon in vier Hirtenbriefen an die Gläubigen heftig protestiert. Die Bolschewiki reagierten verstärkt mit Provokationen: sie »untersuchten« – d.h. schändeten – die Reliquien der Heiligen, organisierten während der hohen Kirchenfeiern »antireligiöse Karnevalsfeste« und forderten die Umwandlung des großen Dreifaltigkeitsklosters des Hl. Sergius bei Moskau, wo die Gebeine des Hl. Sergius von Radonesch aufbewahrt werden, in ein Museum des Atheismus. Viele Priester und Bischöfe waren verhaftet worden, weil sie sich diesen Provokationen widersetzt hatten. In dieser bereits gespannten Atmosphäre nahmen die bolschewistischen Parteioberen auf Initiative Lenins die Hungersnot zum Anlaß, um eine politische Aktion gegen die Kirche zu starten.

Am 26. Februar 1922 veröffentlichte die Presse ein Regierungsdekret, das »die sofortige Beschlagnahmung aller in den Kirchen befindlichen Edelsteine und Wertgegenstände aus Gold und Silber, die nicht direkt dem Gottesdienst dienen«, vorschreibt. »Die beschlagnahmten Gegenstände werden den Organen des Volkskommissariats für die Finanzen übergeben und von dort an den Fonds der Zentralen Hilfskommission für die Hungernden weitergeleitet.« Die Beschlagnahmungsoperationen begannen Anfang März und waren von zahlreichen Auseinandersetzungen zwischen den mit dem Einzug der Kirchenschätze beauftragten Spezialeinheiten und den Gläubigen begleitet. Zu den schwersten Zwischenfällen kam es am 15. März 1922 in Schuja, einer kleinen Industriestadt in der Provinz Iwanowo, wo die Truppe auf die Gläubigen schoß und etwa zehn Menschen tötete. Diese Schlächterei nahm Lenin zum Anlaß für eine verstärkte antireligiöse Kampagne.

In einem Brief an die Mitglieder des Politbüros vom 19. März 1922 erklärte er mit dem für ihn typischen Zynismus, wie man die Hungersnot nutzen könnte, um »den Feind am Kopf tödlich zu treffen«:

»Was die noch im Politbüro zu besprechenden Ereignisse von Schuja angeht, so denke ich, daß bereits jetzt eine klare Entscheidung zu treffen ist, und zwar im Rahmen des Generalplans des an dieser Front geführten Kampfes. [...] Wenn man berücksichtigt, was uns die Zeitungen über die Haltung der kirchlichen Vertreter in der Kampagne um die Konfiszierung des Kirchenbesitzes berichten, und nun die rebellische Stellungnahme des Patriarchen Tichon, so scheint eindeutig klar zu sein, daß die klerikalen Schwarzen Hundert dabei sind, einen Plan zu entwickeln, der uns noch zum gegenwärtigen Zeitpunkt eine entscheidende Niederlage beibringen soll. [...] Ich glaube, unser Feind begeht gerade einen schweren strategischen Fehler. Der jetzige Augenblick ist nämlich günstig für uns, aber nicht für sie. Unsere Chancen, den Feind mit durchschlagendem Erfolg am Kopf tödlich zu treffen und uns für die kommenden Jahrzehnte für uns wichtige Positionen zu sichern, stehen 99 zu 1. Jetzt und nur jetzt bei all den ausgehungerten, sich von Menschenfleisch ernährenden Leuten und den mit Hunderten, Tausenden von Leichen übersäten Straßen können (und müssen) wir mit energischem Eifer und ohne Erbarmen den Kirchenbesitz konfiszieren. Genau jetzt und nur jetzt kann uns die überwältigende Mehrheit der Bauernmassen unterstützen oder ist – genauer gesagt – nicht in der Lage, dieses Häuflein von Kirchenstreitern der Schwarzen Hundert und von reaktionären Kleinbürgern zu unterstützen... Wir können uns so eines Schatzes von mehreren Hundert Millionen Goldrubeln bemächtigen (denkt an die Reichtümer bestimmter Klöster!). Ohne diesen Schatz ist keine staatliche Aktivität im allgemeinen, kein wirtschaftlicher Aufbau im besonderen und keine Verteidigung unserer Positionen denkbar. Wir müssen uns um jeden Preis dieses Schatzes von mehreren hundert Rubeln bemächtigen (vielleicht sogar von mehreren Milliarden!). All das kann nur jetzt mit Erfolg bewerkstelligt werden. Alles deutet darauf hin, daß wir zu einem anderen Zeitpunkt unsere Ziele nicht erreichen werden, denn nur die Verzweiflung durch den Hunger kann bei den Massen eine wohlwollende oder zumindest neutrale Haltung uns gegenüber bewirken... So komme ich also zu dem kategorischen Schluß, daß dies der Augenblick ist, die Priester der Schwarzen Hundert niederzumachen, und zwar mit einer solchen Entschiedenheit, Erbarmungslosigkeit und Brutalität, daß sie sich noch jahrzehntelang daran erinnern werden. Ich stelle mir die Durchführung unseres Kampfplans folgendermaßen vor: Nach außen hin wird allein Genosse Kalinin Maßnahmen ergreifen. Auf keinen Fall darf Genosse Trotzki in der Presse oder Öffentlichkeit erscheinen... Einer von den energischsten und intelligentesten Mitgliedern des Zentralexekutivkomitees... ist mit den mündlichen Anweisungen eines Politbüromitglieds nach Schuja zu schikken. Diese Anweisungen sollen ihn dazu beauftragen, in Schuja möglichst viele Mitglieder des Priesterstands, Kleinbürger und Bürgerliche festzunehmen, mindestens einige Dutzend, die wegen ihrer direkten oder indirekten Beteiligung am gewaltsamen Widerstand gegen den Beschluß, den Kirchenbesitz zu konfiszieren, angeklagt werden. Nach der Ausführung des Auftrags muß der Verantwortliche entweder vor dem gesamten Politbüro oder vor zwei seiner Mitglieder einen Rechenschaftsbericht abgeben. Auf der Grundlage dieses Berichts wird das Politbüro den Justizbehörden genaue mündliche Anweisungen geben, nämlich daß der Prozeß gegen die Rebellen von Schuja möglichst schnell abzuwickeln ist, und zwar einzig und allein mit dem Ergebnis, daß eine recht große Zahl von Mitgliedern der Schwarzen Hundert aus Schuja, aber auch aus Moskau und anderen kirchlichen Zentren durch Erschießung hingerichtet wird … Je mehr Vertreter des reaktionären Priesterstands und der reaktionären Bourgeoisie an die Wand gestellt werden, desto besser für uns. Wir müssen all diesen Leuten unverzüglich eine solche Lektion erteilen, daß sie auf Jahrzehnte hinaus nicht mehr an irgendwelchen Widerstand denken werden …«[162]

Wie die wöchentlichen Berichte der politischen Polizei klar bestätigen, erreichte die Kampagne um die Konfiszierung des Kirchenbesitzes im März, April und Mai 1922 seinen Höhepunkt. Es wurden 1414 Zwischenfälle registriert und mehrere tausend Priester, Mönche und Nonnen festgenommen. Nach kirchlichen Quellen wurden 1922 2691 Priester, 1962 Mönche und 3447 Nonnen getötet.[163] Die Regierung organisierte in Moskau, Iwanowo, Schuja, Smolensk und Petrograd mehrere Schauprozesse gegen Mitglieder des geistlichen Standes. Bereits am 22. März, eine Woche nach den Vorfällen von Schuja, beschloß das Politbüro eine Reihe von Maßnahmen, die ganz den Anweisungen Lenins entsprachen: »Die Synode und der Patriarch sind zu verhaften, nicht sofort, aber innerhalb von 15 bis 25 Tagen. Die Umstände der Schuja-Affäre müssen publik gemacht werden. In Schuja sind Priester und Laien innerhalb einer Woche vor Gericht zu stellen. Die Anführer der Rebellion sind zu erschießen.«[164] In einem Bericht an das Politbüro teilt Dserschinski mit, daß »der Patriarch und seine Bande offenen Widerstand gegen die Konfiszierung des Kirchenbesitzes leistet. […] Schon jetzt gibt es genügend Gründe, Tichon und die reaktionärsten Mitglieder des Synods festzunehmen. Die GPU ist der Meinung, daß 1. die Verhaftung des Synods und des Patriarchen angebracht ist; 2. die Berufung einer neuen Synode nicht gestattet werden darf; 3. jeder Priester, der sich der Konfiszierung des Kirchenbesitzes widersetzt, als Volksfeind in die Wolgaregionen zu bringen ist, die von der Hungersnot am stärksten betroffen sind.«[165]

In Petrograd wurden vier Geistliche hingerichtet und 76 zu Lagerhaft verurteilt. Zu den vier Hingerichteten gehörte auch Benjamin; der volksnahe Kirchenmann war 1917 zum Petrograder Metropolit gewählt worden und hatte sich eigentlich für eine vom Staat unabhängige Kirche stark gemacht. In Moskau wurden 148 Priester und sonstige Vertreter der Kirche zu Lagerhaft und sechs zum Tode verurteilt. Die Hinrichtungen wurden sofort vollstreckt. Der Patriarch Tichon wurde im Moskauer Donskoi-Kloster unter Hausarrest gestellt.

Wenige Wochen nach dieser juristischen Farce gegen die Kirche begann am 6. Juni 1922 in Moskau der seit Februar angekündigte große Schauprozeß gegen 34 Sozialrevolutionäre, denen »konterrevolutionäre und terroristische Machenschaften gegen die sowjetische Regierung« vorgeworfen wurden. Besondere Anklagepunkte waren das Attentat vom 31. August 1918 gegen Lenin und die »politische Führung« des Bauernaufstandes von Tambow. Die Angeklagten bildeten keine einheitliche Gruppe: Sie bestand aus Leuten, die tatsächlich zu den führenden politischen Kreisen gehörten, unter ihnen die zwölf Mitglieder des Zentralkomitees der Sozialrevolutionären Partei, der Abraham Gots und Dimitri Donskoi vorstanden, und aus Agenten, die gegen ihre Mitangeklagten aussagen und »ihre Verbrechen bekennen« sollten. Dies sollte in den dreißiger Jahren eine gängige Praxis werden. Wie Hélène Carrière d'Encausse schrieb, war es durch diesen Prozeß auch möglich, »ein Anklageverfahren zu testen, das wie die ineinanderverschachtelten russischen Holzpuppen aufgebaut ist. Ausgehend von einem exakten Tatbestand – bereits 1918 waren die Sozialrevolutionäre gegen die bolschewistische Alleinherrschaft gewesen – kommt man zu dem Grundsatz, daß jede Form von Opposition letztendlich einer Zusammenarbeit mit der internationalen Bourgeoisie gleichzusetzen ist.«[166]

Am Ende dieser Gerichtsfarce, während der die Behörden Massenkundgebungen inszeniert hatten, auf denen die Todesstrafe für die »Terroristen« gefordert worden war, wurden elf der Angeklagten – die Führer der sozialrevolutionären Partei – am 7. August 1922 zum Tode verurteilt. Wegen internationaler Proteste – dafür hatten die im Exil lebenden russischen Sozialisten gesorgt – und vor allem wegen der realen Gefahr neuer Aufstände in den ländlichen Gebieten, in denen »der sozialrevolutionäre Geist« immer noch lebendig war, wurden die Hinrichtungen unter der Bedingung ausgesetzt, »daß die sozialrevolutionäre Partei von allen ihren konspirativen, terroristischen und aufwieglerischen Aktivitäten Abstand nimmt«. Im Januar 1924 wurden die Todesurteile in fünfjährige Lagerhaftstrafen umgewandelt. Die Verurteilten kamen jedoch nie wieder frei und wurden in den dreißiger Jahren hingerichtet, zu einem Zeitpunkt, als internationaler Widerstand und drohende Bauernaufstände von der bolschewistischen Regierung nicht mehr berücksichtigt wurden.

Im Prozeß gegen die Sozialrevolutionäre war das neue, seit dem 1. Juni 1922 geltende Strafrecht angewandt worden. Lenin hatte die Ausarbeitung dieses Strafrechts persönlich verfolgt. Es sollte die Gewalt gegen die politischen Feinde auf eine gesetzliche Grundlage stellen, die Zeit der durch den

Bürgerkrieg gerechtfertigten Vernichtungsaktionen war offiziell abgeschlossen. Am 15. Mai 1922, als die ersten Entwürfe unterbreitet wurden, machte Lenin gegenüber Kurski, dem Volkskommissar für die Justiz, folgende Bemerkungen: »Meines Erachtens ist der Anwendungsbereich der Todesstrafe auszudehnen auf alle möglichen Aktivitäten der Menschewiki, Sozialrevolutionäre usw. Eine neue Strafe ist zu finden, es wird wohl die Verbannung ins Ausland sein, und eine treffende Formulierung, die diese Aktivitäten an die internationale Bourgeoisie *bindet*.«[167] Zwei Tage später noch einmal Lenin, diesmal schriftlich: »Genosse Kurski, ich möchte unserem Gespräch diesen Entwurf für einen Zusatzparagraphen des Strafgesetzbuchs hinzufügen. Das Wesentliche ist klar, glaube ich. Der Grundsatz, der das Wesen und die Berechtigung der Terrors, seine Notwendigkeit und seine Grenzen begründet, muß in aller Offenheit aufgestellt werden, und zwar im politischen Sinne – nicht nur in engen juristischen Begriffen. Das Gericht darf den Terror nicht unterbinden; wer dies sagt, belügt sich selbst oder lügt. Der Terror ist auf eine Grundlage zu stellen und auf dieser Grundlage gesetzlich zu verankern, und zwar klar und deutlich, ohne Falschheit oder Verschleierung der Wirklichkeit. Die Formulierung muß so offen wie möglich sein, denn nur das Bewußtsein, daß die Revolution ihre Gesetzlichkeit hat, und das Bewußtsein einer Revolution schaffen die Bedingungen für die Anwendung des Rechts.«[168]

In Übereinstimmung mit Lenins Anweisungen definierte das Strafgesetzbuch das konterrevolutionäre Verbrechen als einen Akt, »der den Sturz oder die Schwächung der durch die proletarische Revolution errichteten Macht der Arbeiter- und Bauernsowjets zum Ziel hat«, aber auch jeden Akt, »der beiträgt zur Unterstützung der internationalen Bourgeoisie, welche die Rechtsgleichheit des kommunistischen Systems in der Nachfolge des kapitalistischen Systems nicht anerkennt, und es mit Gewalt, durch militärische Intervention oder Blockade, durch Spionage, Finanzierung der Presse oder andere Mittel ähnlicher Art zu stürzen versucht.«

Die Todesstrafe stand nicht nur auf sämtlichen einem »konterrevolutionären Akt« gleichzusetzenden Aktivitäten (Revolte, Aufruhr, Sabotage, Spionage usw.), sondern auch auf der Beteiligung an einer Organisation oder einer entsprechenden unterstützenden Mitarbeit, »wenn damit einem Teil der internationalen Bourgeoisie geholfen wird«. Selbst die »einen Teil der internationalen Bourgeoisie unterstützende Propaganda« wurde als konterrevolutionäres Verbrechen betrachtet und war mit einem Freiheitsentzug »nicht unter drei Jahren« oder mit lebenslänglicher Verbannung zu bestrafen.

Auch die Umbenennung der politischen Polizei ist im Zusammenhang mit der Anfang 1922 in Angriff genommenen Legalisierung der politischen Gewalt zu sehen. Am 6. Februar 1922 wurde per Dekret die Tscheka abgeschafft. An ihre Stelle trat im selben Augenblick die GPU – die politische staatliche Verwaltung – als Ersatz für das Volkskommissariat des Inneren. Auch wenn der Name wechselte, die Verantwortlichen und die inneren

Strukturen blieben dieselben. Ein Umstand, der den Fortbestand der Institution klar bestätigt. Was hatte der Etiketten-Wechsel also zu bedeuten? Die Tscheka war dem Namen nach eine außerordentliche Kommission, was auf den provisorischen Charakter ihrer Existenz und Daseinsberechtigung hinwies. Der Name GPU hingegen zeigte klar auf, daß der Staat reguläre und ständige Kontroll- und Repressionsinstanzen brauchte. Hinter dem Namenswechsel zeichneten sich die Etablierung und Legalisierung des Terrors als Lösungsmöglichkeit für die Konflikte zwischen dem neuen Staat und der Gesellschaft ab.

Die lebenslängliche Verbannung war eine von den Neuerungen des neuen Strafgesetzbuches. Dem lebenslänglich Verbannten war unter Androhung der sofortigen Hinrichtung die Rückkehr in die UdSSR verboten. Bereits im Herbst 1922 war diese neue Bestimmung im Rahmen einer großen Ausweisungswelle angewandt worden. Sie traf etwa 200 renommierte Intellektuelle, die als Gegner des Bolschewismus verdächtigt wurden. An erster Stelle auf der Liste der Ausgewiesenen standen alle diejenigen, die an dem am 27. Juli 1921 aufgelösten Sozialkomitee zur Bekämpfung der Hungersnot beteiligt gewesen waren.

Am 20. Mai 1922 legte Lenin in einem langen Brief an Dserschinski einen großen Plan vor, der »die Ausweisung von Schriftstellern und Professoren, welche die Konterrevolution unterstützen«, vorsah. »Wir müssen diese Operation sorgfältig vorbereiten«, schrieb Lenin. »Eine Sonderkommission ist zu berufen. Die Mitglieder des Politbüros müssen 2 bis 3 Stunden pro Woche für die Untersuchung einiger Bücher und Zeitschriften aufbringen. [...] Über die politische Vergangenheit, die Arbeiten und das literarische Schaffen der Professoren und Schriftsteller sind systematisch Informationen zu sammeln.«

Und Lenin ging mit gutem Beispiel voran: »Bei der Zeitschrift *Ekonomist* beispielsweise handelt es sich ganz klar um einen Ring von Weißgardisten. Die Nr. 3 (allein die Nummer drei! *nota bene*!) enthält auf dem Einband die Liste der Mitarbeiter. Ich denke, es sind fast alles äußerst legitime Kandidaten für die Ausweisung. Es sind alles erwiesene Konterrevolutionäre, Komplizen der Entente, die unter der studentischen Jugend eine Organisation von Knechten und Spionen mit bestechlichem Einfluß aufbauen. Man muß die Dinge so organisieren, daß die Spione ständig, organisiert und systematisch gejagt und gefaßt werden, um sie ins Ausland auszuweisen.«[169]

Bereits am 22. Mai stellte das Politbüro eine Sonderkommission auf, der in erster Linie Kamenew, Kurski, Unschlicht und Manzew (zwei direkte Mitarbeiter Dserschinskis) angehörten. Sie sollten eine ganze Reihe von Intellektuellen zwecks Verhaftung mit anschließender Ausweisung registrieren. Sergej Prokopowitsch und Ekaterina Kuskowa, die beiden maßgeblichen Kräfte des ehemaligen Sozialkomitees zur Bekämpfung der Hungersnot, waren die Ersten, die im Juni 1922 des Landes verwiesen wurden. Eine erste Gruppe von 160 renommierten Intellektuellen, Philosophen, Schriftstellern, Historikern und Universitätsprofessoren wurde am 16. und 17. August verhaftet und im September per Schiff ausgewiesen. Zu ihnen gehörten vor allem Leute, die bereits ein internationales Renommee besaßen, aber auch solche, die sich ihre internationale Anerkennung in den späteren Jahren noch erwarben: Nikolai Berdjajew, Sergej Bulgakow, Semion Frank, Nikolai Losski, Lew Karsawin, Fedor Stepun, Sergej Trubetskoi, Alexander Isgojew, Iwan Lapschin, Michail Ossorgin, Alexander Kiesewetter ... Jeder mußte ein Dokument unterzeichnen, daß er im Falle einer Rückkehr in die UdSSR unverzüglich erschossen würde. Mitnehmen durfte der Ausgewiesene einen Winter- und einen Sommermantel, einen Anzug und Unterwäsche zum Wechseln, zwei Tageshemden und zwei Nachthemden, zwei Unterhosen und zwei Paar Strümpfe! Außerdem hatte jeder Ausgewiesene das Recht, neben persönlichen Gegenständen 20 Dollar in Devisen mitzunehmen.

Parallel zu diesen Ausweisungen setzte die politische Polizei ihre Registrierung der verdächtigen Intellektuellen fort, nun derjenigen der zweiten Kategorie, denen eine Umsiedlung in entlegene Landesteile – auf der gesetzlichen Grundlage eines Dekrets vom 10. August 1922 – oder das Konzentrationslager blühte. Am 5. September 1922 schrieb Dserschinski an seinen Mitarbeiter Unschlicht:

»Genosse Unschlicht! Was die Registrierung der Intelligenzija betrifft, sind die Dinge noch ganz schön primitiv. Seit Agranows Weggang haben wir nicht einmal mehr einen kompetenten Verantwortlichen für diesen Bereich. Zaraiski ist ein wenig zu jung. Um voranzukommen, scheint mir Genosse Menschinski die Sache in die Hand nehmen zu müssen. [...] Ein guter Arbeitsplan, der regelmäßig korrigiert und erweitert wird, ist unbedingt erforderlich. Die gesamte Intelligenzija ist in Gruppen und Untergruppen einzuteilen: 1.) Schriftsteller; 2.) Journalisten und Politiker; 3.) Wirtschaftswissenschaftler (unbedingt Untergruppen bilden: a) Finanzexperten, b) Energiefachleute, c) Transportfachleute, d) Geschäftsleute, e) Kooperationsspezialisten usw.); 4.) Technische Spezialisten (auch hier sind Untergruppen notwendig: a) Ingenieure, b) Agrarwissenschaftler, c) Mediziner usw.); 5.) Universitätsprofessoren und ihre Assistenten usw., usw. Die Informationen über diese Herren sind in unseren Abteilungen zu sammeln und in der Abteilung »Intelligenzija« zusammenzufassen. Jeder Intellektuelle muß bei uns eine Akte haben. [...] Es ist immer im Auge zu behalten, daß das Ziel unserer Abteilung nicht nur die Verhaftung und Ausweisung von Einzelpersonen ist. Wir wollen auch einen Beitrag leisten zur Ausarbeitung einer allgemeinen politischen Linie gegenüber diesen Intellektuellen: Sie streng überwachen und voneinander trennen, aber diejenigen, die bereit sind, nicht nur mit Worten, sondern auch mit Taten die Sowjetmacht zu unterstützen, sollen gefördert werden.«[170]

Wenige Tage später richtete Lenin ein langes Memorandum an Stalin, in welchem er ausführlich und mit einer regelrecht manischen Detailfreude auf die »definitive Säuberung« zurückkam, die Rußland von allen Sozialisten, Intellektuellen, Liberalen und anderen »Herren« befreien sollte.

»Was die Ausweisung der Menschewiki, der Volkssozialisten, der Kadetten usw. angeht, würde ich gerne einige Fragen stellen, denn die Maßnahme, die vor meinem Weggang in die Wege geleitet worden war, ist immer noch nicht beendet. Ist beschlossen worden, alle Volkssozialisten zu eliminieren? Petschechonow, Miakotin, Gornfeld? Petrischtschew und die anderen? Ich denke, sie sollten alle ausgewiesen werden. Sie sind weitaus gefährlicher als die SR-Leute, denn sie sind raffinierter. Und auch Potressow, Isgojew und alle Leute von der Zeitschrift *Ekonomist* (Oserow und viele andere). Die Menschewiki Rosanow (ein Mediziner, Russe), Wigdortschik (Migulo oder etwas in der Richtung), Ljubow Nikolajewna Radtschenko und ihre kleine Tochter (nach dem, was man erzählt, die niederträchtigsten Feinde des Bolschewismus); N. A. Rojkow (er muß ausgewiesen werden, er ist unverbesserlich). […] Die Kommission Manzew-Messing sollte Listen erstellen, und mehrere hundert von diesen Herren sollten erbarmungslos ausgewiesen werden. Wir werden Rußland ein für allemal säubern. […] Ebenfalls alle Autoren aus dem *Haus der Schriftsteller*, auch die des *Gedankens*[171] (aus Petrograd). Charkow muß gründlich untersucht werden, wir haben keine Ahnung, was dort vorgeht, für uns ist es ein fremdes Land. Die Stadt muß radikal und schnell gesäubert werden, spätestens mit dem Ende des Prozesses gegen die SR-Leute. Kümmert Euch um die Autoren und Schriftsteller von Petrograd (ihre Adressen stehen im *Neuen Russischen Gedanken* Nr. 4, 1922, S. 37) und auch um die Liste der privaten Herausgeber (S. 29). Das ist äußerst wichtig!«[172]

6

Von der Kampfpause zur »Großen Wende«

Fünf Jahre lang – von Anfang 1923 bis Ende 1927 – ruhte die Auseinandersetzung zwischen dem Regime und der Gesellschaft. Die politischen Anstrengungen der bolschewistischen Parteioberen konzentrierten sich großenteils auf den Kampf um die Nachfolge Lenins, der am 24. Januar 1924 starb, aber bereits seit seinem dritten Schlaganfall im März 1923 vollständig von der aktiven Politik ausgeschlossen war. In diesen wenigen Jahren pflegte die Gesellschaft ihre Wunden.

Während dieser Kampfpause versuchte die Bauernschaft, die mehr als 85% der Bevölkerung ausmachte, an die alten Marktverbindungen anzuknüpfen, mit den Früchten ihrer Arbeit Handel zu treiben und – um die schöne Formulierung von Michael Confino, des großen Historikers der russischen Bauernschaft, anzuführen – zu leben, »als ob die bäuerliche Utopie noch funktionieren würde«. Diese »bäuerliche Utopie« – die Bolschewiki bezeichneten sie gerne als *eserowschina*, was am treffendsten mit »sozialrevolutionärer Mentalität« zu übersetzen ist – ruhte auf vier Prinzipien, die schon seit Jahrzehnten die Grundlage aller von den Bauern aufgestellten Programme bildeten: das Ende des Großgrundbesitzes und die Aufteilung des Landes nach der Anzahl der zu ernährenden Personen, freie Verfügung über die Früchte der Arbeit und freier Handel, eine bäuerliche Selbstverwaltung in Form der traditionellen Dorfgemeinschaften und ein bolschewistischer Staat, der lediglich in der Reduktion auf seine einfachste Ausdrucksform in Erscheinung tritt: ein Dorfsowjet, in dem mehrere Dörfer zusammengefaßt sind, und in jedem hundertsten Dorf eine Niederlassung der kommunistischen Partei.

Teilweise von der Macht akzeptiert und für den Augenblick als Zeichen des »Rückstandes« in einem überwiegend von der Landwirtschaft bestimmten Land geduldet, begannen die Marktmechanismen, die von 1914 bis 1922 unterbunden worden waren, wieder zu greifen. Sofort kamen die saisonbedingten Wanderungen in die Städte wieder auf, ein Phänomen, das unter dem alten Regime weit verbreitet war; da der Sektor der Konsumgüter von der staatlichen Industrie vernachlässigt wurde, erlebte das Handwerk in den ländlichen Gebieten einen beachtlichen Aufschwung, der Hunger wurde seltener, die Bauern konnten sich wieder satt essen.

Die vordergründige Ruhe dieser Jahre konnte jedoch die tiefen Spannungen zwischen dem Regime und einer Gesellschaft, welche die Gewalt, der sie ausgesetzt war, nicht vergessen hatte, nicht kaschieren. Für die Bauern gab es immer noch genügend Gründe zur Unzufriedenheit.[173] Die Preise für die landwirtschaftlichen Produkte waren zu niedrig, die für die wenigen industriellen Erzeugnisse zu hoch, und die Steuern allzu drückend. Sie hatten den Eindruck, im Vergleich zu den Städtern und insbesondere zu den oft als Privilegierte betrachteten Arbeitern Bürger zweiter Klasse zu sein. Die Bauern beklagten sich besonders über unzählige Fälle, in denen die noch stark vom »Kriegskommunismus« geprägten örtlichen Vertreter des Sowjetregimes ihre Macht mißbrauchten. Sie waren nach wie vor der absoluten Willkür einer lokalen Macht ausgesetzt, die sowohl von einer bestimmten russischen Tradition als auch von den terroristischen Praktiken der vorangegangenen Jahre herrührte. »In der Justiz und im Verwaltungs- und Polizeiapparat gehört der Alkoholismus zur allgemeinen Tagesordnung, nur gegen Alkohol zeigt man sich erkenntlich. [...] Bürokratismus und allgemeine Grobheiten gegenüber den Bauernmassen sind gang und gäbe«, wie Ende 1925 ein ausführlicher Bericht der politischen Polizei über den »Zustand der sozialistischen Gesetzlichkeit auf dem Lande« zugab.[174]

Auch wenn die bolschewistischen Parteioberen die schlimmsten Mißbräuche der Vertreter der Sowjetmacht verurteilten, betrachteten sie dennoch in der Mehrheit die ländlichen Gegenden als eine gefährliche *terra incognita*, als »ein Milieu, in dem es von Kulakengruppen, Sozialrevolutionären, Popen und ehemaligen Gutsbesitzern, die noch nicht ausgerottet worden sind, nur so wimmelt«, um die bildhafte Beschreibung eines Chefberichts der politischen Polizei aus der Provinz Tula zu zitieren.[175]

Wie die Dokumente des Informationsdienstes der GPU bestätigen, wurde jedoch auch die Arbeiterwelt nach wie vor streng überwacht. Als soziale Gruppe, die nach den Kriegs-, Revolutions- und Bürgerkriegsjahren wiederaufgebaut wurde, standen die Arbeiter immer im Verdacht, allzu enge Verbindungen zur feindlichen Bauernwelt zu unterhalten. Die in jedem Betrieb präsenten Spitzel spürten abweichlerischen Unterhaltungen und Verhaltensweisen nach, »Bauernstimmungen«, welche die Arbeiter, wenn sie nach ihren Ferien, in denen sie auf dem Land arbeiteten, wieder in die Stadt zurückkehrten, angeblich mitbrachten. Die Polizeiberichte unterteilten die Arbeiterwelt in »feindliche Elemente«, die ohne Frage von konterrevolutionären Splittergruppen beeinflußt waren, in »politisch rückständige Elemente«, die im allgemeinen vom Lande kamen, und in Elemente, die das Prädikat »politisch bewußt« verdienten. Arbeitsniederlegungen und Streiks – recht selten in diesen Jahren der hohen Arbeitslosigkeit und der relativen Verbesserung des Lebensstandards für diejenigen, die Arbeit hatten – wurden genauestens untersucht, die Anführer verhaftet.

Die internen, heute teilweise zugänglichen Berichte der politischen Polizei zeigen, daß diese Institution nach Jahren der gewaltigen Expansion mit Schwierigkeiten zu kämpfen hatte, die ganz klar mit jener Unterbrechung zusammenhingen, welche die auf Gesellschaftsumwandlung ausgerichtete bolschewistische Politik in jener Zeit erlebte. In den Jahren 1924 bis 1926 mußte Dserschinski sich sogar entschieden gegen eine Reihe von Parteioberen wehren, die der Meinung waren, daß die Stärke einer politischen Polizei bei abnehmenden Einsätzen zu reduzieren sei. Zum ersten und einzigen Mal bis zum Jahre 1953 wird die Belegschaft der politischen Polizei drastisch reduziert. 1921 beschäftigte die Tscheka ungefähr 105 000 Zivilisten und an die 180 000 Angehörige von unterschiedlichen militärischen Spezialeinheiten, einschließlich der Grenzschutz-Truppen, den bei der Eisenbahn diensttuenden Tschekisten und den Wachsoldaten der Lager. 1925 waren es nur noch 25 000 Zivilisten und 63 000 Truppenangehörige. Außerdem sind noch 30 000 Spitzel hinzuzurechnen; über die entsprechende Zahl von 1921 können wegen des augenblicklichen Zustands der Dokumentation keine Angaben gemacht werden.[176] Im Dezember 1924 schrieb Nikolai Bucharin an Felix Dserschinski: »Ich denke, wir sollten schneller zu einer ›liberaleren‹ Form der Sowjetmacht übergehen: weniger Repression, mehr Gesetzlichkeit, mehr Diskussionen, größere Lokalmacht (unter der Parteiführung *naturaliter*) usw.«[177]

Wenige Monate später, am 1. Mai 1925, richtete Nikolai Krylenko, der als Vorsitzender des Revolutionsgerichtes die Prozeßfarce gegen die Sozialrevolutionäre geleitet hatte, an das Politbüro ein langes Schreiben, in dem er den Machtmißbrauch der GPU kritisierte, die seiner Meinung nach die ihr gesetzlich zustehenden Rechte weit überschritt. Mehrere Beschlüsse aus den Jahren 1922/23 hatten in der Tat die Kompetenzen der GPU auf Spionage- und Falschgeldaffären und auf Angelegenheiten im Zusammenhang mit dem Banditentum und der »Konterrevolution« begrenzt. Für diese Verbrechen war die GPU das allein zuständige Gericht, und ihr Richterkollegium konnte viele Strafen verhängen: Deportation, Verbannung mit Hausarrest (bis zu drei Jahren), Lagerhaft oder sogar Todesstrafe. 1924 kamen von den 62 000 bei der GPU anhängigen Verfahren etwas mehr als 52 000 vor die ordentlichen Gerichte. Die Sondergerichte der GPU behielten mehr als 9000 Angelegenheiten in ihrer Hand, eine beachtliche Zahl, wenn man sich wie Nikolai Krylenko in Erinnerung ruft, daß die politische Situation stabil war. Er faßte folgendermaßen zusammen:

»Die Lebensbedingungen der Deportierten und der ohne einen Pfennig Geld in den hintersten Winkeln Sibiriens Festgehaltenen sind grauenhaft. Junge 18/19jährige aus Studentenkreisen werden dort genauso hingeschickt wie Alte von 60/70 Jahren, besonders Mitglieder des geistlichen Standes und alte Frauen, ›die zu sozial gefährlichen Klassen gehören‹.«

Deshalb schlug Krylenko vor, das Prädikat »konterrevolutionär« nur auf die offiziellen Mitglieder von »Parteien, welche die Interessen der Bourgeoisie vertreten«, zu begrenzen, um »eine falsche Interpretation des Begriffs durch die Diensteinheiten der GPU« zu vermeiden.[178]

Im Hinblick auf diese Kritik versäumten es Dserschinski und seine Mitarbeiter nicht, die maßgeblichen Parteiführer, insbesondere Stalin, mit alarmierenden Berichten zu versorgen, Berichte über nach wie vor schwere innenpolitische Probleme und über bedrohliche Ablenkungsmanöver, die von den Baltenländern, von Polen, Großbritannien, Frankreich und Japan inszeniert würden. Nach dem Tätigkeitsbericht der GPU für das Jahr 1924 hat die politische Polizei angeblich:

- 11453 »Banditen« verhaftet und 1858 von ihnen standrechtlich erschossen;
- 926 Ausländer aufgegriffen (und 357 von ihnen ausgewiesen) und 1542 »Spione«;
- auf der Krim einen »Aufstand der Weißen Garden« verhindert (und in diesem Zusammenhang 132 Personen hingerichtet);
- 81 »Operationen« gegen anarchistische Gruppen durchgeführt und dabei 266 Personen festgenommen;
- eine ganze Reihe von Organisationen »liquidiert«: 14 menschewistische (540 Verhaftungen), 6 der rechten Sozialrevolutionäre (152 Verhaftungen), 7 der linken Sozialrevolutionäre (52 Verhaftungen), 117 von »diversen Intellektuellen« (1360 Verhaftungen), 24 »monarchistische« (1245 Verhaftungen), 85 »kirchliche« und »sektiererische« (1765 Verhaftungen), 675 »Kulakengruppen« (1148 Verhaftungen);
- in zwei großen Operationen vom Februar und Juli 1924 ungefähr 4500 »Diebe«, »Wiederholungstäter« und »nepmen« (private Händler und Kleinunternehmer) aus Moskau und Leningrad ausgewiesen;
- 18200 »in sozialer Hinsicht gefährliche« Personen einzeln überwacht;
- 15501 diverse Betriebe und Verwaltungsstellen überwacht;
- 5078174 diverse Briefe und Korrespondenzen gelesen.[179]

Inwiefern sind diese Daten, die durch ihre peinliche Genauigkeit etwas Lächerlich-Bürokratisches an sich haben, glaubwürdig? Als Bestandteil des Haushaltsplans der GPU für 1925 sollten sie vor allem zeigen, daß die politische Polizei in ihrer Wachsamkeit gegenüber den Bedrohungen von außen nicht nachläßt und deshalb die Gelder, die man für sie ausgegeben hat, verdient. Sie sind aber für den Historiker deswegen nicht weniger wertvoll, denn ganz abgesehen von den Zahlen und den recht willkürlich gewählten Kategorien wird an ihnen deutlich, daß man an den Methoden, den potentiellen Feinden und dem zwar im Augenblick weniger aktiven, aber nach wie vor einsatzfähigen Verbindungsnetz festhielt.

Trotz der Haushaltseinbußen und der kritischen Stimmen aus dem inkonsequenten bolschewistischen Führungslager konnte die Verschärfung des Strafrechts nur eine verstärkte Aktivität der GPU zur Folge haben. Tatsächlich wurde in den am 31. Oktober 1924 angenommenen *Grundlagen für die Strafgesetzgebung der UdSSR* genauso wie im neuen Strafrecht von 1926 der Begriff des konterrevolutionären Verbrechens spürbar erweitert. Auch die Definition einer »in sozialer Hinsicht gefährlichen Person« wurde schriftlich festgehalten. Nach dem Gesetz fielen unter die konterrevolutionären Verbrechen alle Aktivitäten, die – ohne direkt auf den Sturz oder die Schwächung der Sowjetmacht zu zielen – bereits durch ihre Art und »besonders aus der Sicht des Täters« einen »Angriff auf die politischen oder wirtschaftlichen Errungenschaften der proletarischen Revolution« darstellten. Damit wurde durch das Gesetz nicht nur die direkte, sondern auch die mögliche oder indirekte Absicht geahndet.

Außerdem galt jede Person als »in sozialer Hinsicht gefährlich«, die »einen für die Gesellschaft gefährlichen Akt begangen hat«, ebenso Personen, »deren Kontakte zu einem kriminellen Milieu oder deren frühere Handlungen eine Gefahr darstellen«. Personen, auf die diese schwammigen Kriterien zutrafen, konnten auch dann verurteilt werden, wenn ihnen kein eigenes Verschulden nachzuweisen war. Es war klar festgelegt, daß »das Gericht zu sozialen Schutzmaßnahmen gegen eindeutig in sozialer Hinsicht gefährliche Personen berechtigt ist, wenn diese entweder ein bestimmtes Delikt begangen haben oder wenn diese – als Angeklagte wegen erwiesener Unschuld freigesprochen – als in sozialer Hinsicht gefährlich eingestuft werden«. Alle diese 1926 niedergeschriebenen Bestimmungen – allen voran der berühmte Artikel 58 des Strafgesetzbuches mit seinen 14 die konterrevolutionären Verbrechen näher definierenden Absätzen – stärkten die gesetzliche Grundlage des Terrors.[180] Am 4. Mai 1926 schickte Dserschinski seinem Mitarbeiter Jagoda einen Brief, in dem er ein umfangreiches Programm zur »Bekämpfung der Spekulation« unterbreitete. Es wirft ein klares Licht auf die Grenzen der NEP und den »Bürgerkriegsgeist«, der unter den obersten bolschewistischen Parteiführern immer noch weit verbreitet war:

»Der Kampf gegen die Spekulation hat heute wieder große Bedeutung … Moskau ist unbedingt von diesen Parasiten und Spekulanten zu säubern. Ich habe Pauker gebeten, mir im Hinblick auf dieses Problem alle verfügbaren Unterlagen von der Registrierung der Moskauer Einwohnerschaft zusammenzustellen. Bis jetzt habe ich noch nichts von ihm bekommen. Glauben Sie nicht, man sollte innerhalb der GPU eine spezielle Siedlungsabteilung einrichten, die mit Sondergeldern aus den Konfiszierungen zu finanzieren wäre …? Mit den Parasiten (und ihren Familien) aus unseren Städten sollte man die unwirtlichen Gegenden unseres Landes bevölkern, nach einem im voraus aufgestellten und von der Regierung gebilligten Plan. Wir müssen unsere Städte um jeden Preis von Hunderttausenden dort wie die Made im Speck lebender Spekulanten und Parasiten befreien … Diese Parasiten fressen uns auf. Ihretwegen gibt es keine Waren für die Bauern, ihretwegen steigen die Preise und sinkt unser Rubel. Die GPU muß dieses Problem mit größter Energie und Tatkraft anpacken.«[181]

Weitere Besonderheiten des sowjetischen Strafrechts waren die beiden unterschiedlichen Systeme der Strafverfolgung, ein juristisches und ein administratives, und die beiden Strafanstaltssysteme, das eine wurde vom

Volkskommissariat des Inneren und das andere von der GPU verwaltet. Neben den herkömmlichen Gefängnissen, wo diejenigen inhaftiert waren, die über ein »gewöhnliches« juristisches Verfahren verurteilt worden waren, gab es ein von der GPU geleitetes System von Lagern, in denen diejenigen festgehalten wurden, die über die Spezialgerichte der politischen Polizei für Verbrechen verurteilt worden waren, die in den Zuständigkeitsbereich dieser Institution fielen: Konterrevolution in all seinen Erscheinungsformen, schweres Banditenwesen, Falschgeld und Verbrechen, die von Mitgliedern der politischen Polizei verübt wurden.

1922 schlug die Regierung der GPU zur Einrichtung eines Großlagers den Archipel Solowki vor, fünf Inseln im Weißen Meer vor Archangelsk. Auf der Hauptinsel lag eines der größten Klöster der russisch-orthodoxen Kirche. Nach der Vertreibung der Mönche organisierte die GPU auf dem Archipel einen Lagerverband unter der Abkürzung SLON (Sonderlager des Archipel Solowki). Die ersten Lagerinsassen kamen Anfang Juli 1923 aus den Lagern Cholmogory und Pertaminsk. Ende des Jahres zählte man bereits 4000 Häftlinge, 1927 bereits 15 000 und Ende 1928 an die 38 000.

Eine der Besonderheiten dieses Straflagerverbands auf dem Solowki-Archipel war seine Selbstverwaltung. Bis auf den Direktor und einige wenige Führungskräfte waren alle Posten innerhalb des Lagers mit Häftlingen besetzt. Es waren überwiegend ehemalige Mitarbeiter der politischen Polizei, die wegen besonders schwerer Übergriffe verurteilt worden waren. Da die Selbstverwaltung in den Händen von solchen Leuten lag, kam sie der völligen Willkür gleich und hat so das nahezu privilegierte Dasein, das die politischen Häftlinge noch als Überbleibsel aus dem alten Regime genossen hatten, im Handumdrehen verschlechtert. Während der NEP unterschied die Verwaltung der GPU drei Kategorien von Häftlingen.

In der ersten waren die politischen Häftlinge zusammengefaßt, d. h. ausschließlich die Mitglieder der ehemaligen menschewistischen, sozialrevolutionären und anarchistischen Partei. Diese Häftlinge konnten 1921 bei Dserschinski, der unter dem Zaren lange Zeit selbst politischer Gefangener gewesen war und ungefähr zehn Jahre seines Lebens im Gefängnis oder Exil verbracht hatte, eine relativ milde Haftordnung erreichen: sie bekamen eine bessere Ernährung, die sogenannte »politische Ration«, behielten wenige persönliche Kleider und konnten sich Zeitungen und Zeitschriften schicken lassen. Sie lebten in der Gemeinschaft und waren vor allem von der Zwangsarbeit befreit. Dieser privilegierte Status wurde Ende der zwanziger Jahre aufgehoben.

Die zweite, zahlenmäßig größte Kategorie faßte die »Konterrevolutionäre« zusammen: Mitglieder aller nicht sozialistischen oder anarchistischen Parteien, Angehörige des geistlichen Standes, ehemalige Offiziere der zaristischen Armee, ehemalige Beamte, Kosaken, Leute, die sich an den Revolten von Kronstadt oder Tambow beteiligt hatten, und alle anderen, die auf Grund des Artikels 58 des Strafgesetzes verurteilt worden waren.

Die dritte Gruppe bildeten die von der GPU verurteilten Straftäter (Banditen, Geldfälscher) und die ehemaligen Tschekisten, die wegen verschiedener Verbrechen oder Delikte gegen ihre Institution verurteilt worden waren. Die Konterrevolutionäre mußten mit den Straftätern, die innerhalb des Lagers das Sagen hatten, zusammenwohnen und waren so der völligen Willkür, dem Hunger, der eisigen Kälte im Winter und den Mücken im Sommer ausgesetzt. Eine der häufigsten Foltermaßnahmen bestand darin, die Gefangenen nackt in den Wäldern anzubinden, als gefundenes Fressen für die auf den nördlichen Inseln mit den vielen Seen besonders zahlreichen und gefürchteten Mücken. Der Schriftsteller Warlam Schalamow, einer der bekanntesten Gefangenen des Solowki-Archipels, erinnerte sich, daß die Gefangenen, wenn sie von einem Sektor in den anderen wechseln mußten, die Hände auf den Rücken gebunden haben wollten, so wie es ausdrücklich in den Lagerregeln geschrieben stand: »Es war für die Häftlinge die einzige Möglichkeit, sich gegen die lakonische Formel ›bei einem Ausbruchsversuch getötet‹ zu verteidigen.«[182]

In den Lagern auf dem Solowki-Archipel wurde nach den ewigen Improvisationen der Bürgerkriegsjahre das eigentliche System der Zwangsarbeit aufgebaut. Ab 1929 wird sich dieses System im Eiltempo weiterentwickeln. Bis 1925 wurden die Häftlinge mit verschiedenen Arbeiten innerhalb des Lagers beschäftigt, relativ wenig produktiv. Ab 1926 entschloß sich die Verwaltung, mit einer Reihe von Staatsorganismen Verträge abzuschließen, und bemühte sich um eine »rationellere« Nutzung der Zwangsarbeit, die jetzt zu einer Einnahmequelle wurde und nicht mehr – wie das noch der Ideologie der ersten »Arbeitskorrektiv«-Lager der Jahre 1919/20 entsprach – als Mittel zur »Umerziehung« diente. Die Lager des Solowki-Archipels wurden unter der Abkürzung USLON (Direktion der Sonderlager des Nordens) reorganisiert und dehnten sich auf das Festland aus, zunächst auf die Küstengebiete des Weißen Meeres. In den Jahren 1926/27 wurden bei der Petschura-Mündung weitere Lager errichtet, in Kem und anderen Orten einer unwirtlichen Küste, die jedoch waldreiches Hinterland besaß. Die Häftlinge hatten ein genau vorgeschriebenes Produktionsprogramm auszuführen, hauptsächlich Bäume fällen und Holz sägen. Das ungeheure Anwachsen der Produktionsprogramme machte bald eine Aufstockung der Häftlingszahlen nötig. Dies führte im Juni 1929 zu einer grundlegenden Reform des Haftsystems: Alle Häftlinge, die zu mehr als drei Jahren Haft verurteilt worden waren, wurden in die Arbeitslager gebracht. Diese Maßnahme wird in den kommenden Jahren für einen ungeheuren Aufschwung des Arbeitslagersystems sorgen. Als Versuchslabor der Zwangsarbeit waren die »Sonderlager« des Solowki-Archipels das Grundmuster für ein anderes, noch zu errichtendes Archipel, ein riesiges Archipel von der Größe des gesamten Landes oder Kontinentes: der Archipel Gulag.

Die gewöhnlichen Aktivitäten der GPU, die jährlich etliche tausend Menschen zu Lagerhaft oder zu Hausarrest in der Verbannung verurteilte, ließen ihr dennoch genügend Raum für einige großangelegte Operationen mit spezifisch repressivem Charakter. Von 1923 bis 1927, in den ruhigen Jahren der NEP, waren in Wirklichkeit die in den russischen Randgebieten – in Transkaukasien und Zentralasien – liegenden Republiken die Schauplätze der massivsten und blutigsten Repressionen. Die meisten dieser Länder hatten im 19. Jahrhundert erbitterten Widerstand gegen die russische Eroberung geleistet und waren erst spät von den Bolschewiki eingenommen worden: Aserbeidschan im April 1920, Armenien im Dezember 1920, Georgien im Februar 1921, Daghestan Ende 1921 und Turkestan mit Buchara im Herbst 1920. Der Widerstand gegen die Sowjetisierung war nach wie vor groß. »Wir haben nur die wichtigsten Städte unter Kontrolle, oder besser gesagt das Zentrum der wichtigsten Städte«, schrieb Peters, der nach Turkestan entsandte Sonderbevollmächtigte der Tscheka, im Januar 1923. Mit Ausnahme der Städte stand ein Großteil Zentralasiens von 1918 bis Ende der zwanziger Jahre und in einigen Gegenden noch bis zu den Jahren 1935/36 unter der Kontrolle der *basmatschis*. Den Ausdruck *basmatschi* (usbekisch: »Gauner«) verwendeten die Russen für die unterschiedlichsten Typen von Partisanen oder Aufständischen, aber auch für die Nomaden, die Usbeken, die Kirgisen und Turkmenen, die alle unabhängig voneinander in den verschiedenen Regionen agierten.

Das Hauptgebiet der Revolte lag im Fergana-Tal. Nachdem die Rote Armee Buchara im September 1920 erobert hatte, weitete sich die Revolte nach den östlichen und südlichen Gebieten des ehemaligen Buchara-Emirats und nach den nördlichen Teilen der turkmenischen Steppen aus. Anfang 1921 schätzte der Generalstab der Roten Armee die Zahl der bewaffneten *basmatschis* auf 30 000. Die Führung der Bewegung war heterogen: sie bestand aus lokalen Größen, hervorgegangen aus der Oberschicht der Dorfes oder Klans und aus traditionellen religiösen Führern, aber auch aus moslemischen Nationalisten, die nicht aus der Region stammten, wie etwa Enwer Pascha, der ehemalige türkische Verteidigungsminister, der 1922 bei einer Auseinandersetzung mit tschekistischen Einheiten getötet wurde.

Die Basmatschi-Bewegung war eine spontane Erhebung, die sich instinktiv gegen den »Ungläubigen«, den »russischen Unterdrücker«, den in neuer Gestalt wiederauferstandenen alten Feind richtete, der sich nicht nur vorgenommen hatte, das Land und das Vieh in Besitz zu nehmen, sondern auch die geistige Welt des Islam entweihen wollte. Als »Befriedungskrieg« kolonialen Anstrichs band der Kampf gegen die *basmatschis* für über ein Jahrzehnt einen wichtigen Teil der Streitkräfte und der Sondertruppen der politischen Polizei, zu deren Hauptabteilungen folgerichtig auch die östliche Abteilung zählte. Es ist heute nicht möglich, eine auch nur annähernde Zahl der Opfer dieses Krieges zu nennen.[183]

Transkaukasien war das zweite Gebiet, für das die östliche Abteilung der

GPU zuständig war. In der ersten Hälfte der zwanziger Jahre waren vor allem Dagestan, Georgien und Tschetschenien stark von der Repression betroffen. Dagestan konnte dem sowjetischen Einmarsch bis Ende 1921 Widerstand leisten. Unter der Führung des Scheichs Usun Hadschi setzte sich die moslemische Bruderschaft der Nakschbandis an die Spitze einer großen Bergbauernrevolte, der Kampf bekam den Charakter eines heiligen Kriegs gegen den russischen Eindringling. Er dauerte über ein Jahr, und einige Regionen wurden erst 1923/24 nach massiven Bombardierungen und Massakern an der Zivilbevölkerung »befriedet«.[184]

Nach drei Jahren der Unabhängigkeit unter einer menschewistischen Regierung wurde Georgien im Februar 1921 von der Roten Armee besetzt, blieb aber selbst nach dem Eingeständnis von Alexander Miasnikow, dem Sekretär des Komitees der bolschewistischen Partei Transkaukasiens, »eine ziemlich schwierige Angelegenheit«. Der magere Bestand der örtlichen bolschewistischen Partei, die es nach drei Jahren der Macht gerade einmal auf 10 000 Mitglieder gebracht hatte, sah sich konfrontiert mit einer stark antibolschewistischen Schicht von Intellektuellen und Adligen, die an die 100 000 Leute zählte, und mit einem noch recht gut funktionierenden Netz der Menschewiki, deren Partei noch 1920 über 60 000 Mitglieder hatte. Trotz des Terrors der allmächtigen Tscheka von Georgien, die von Moskau weitgehend unabhängig war und von dem jungen Lawrenti Berija, einem vielversprechenden Polizeifunktionär von 25 Jahren, geführt wurde, gelang es den exilierten menschewistischen Parteiführern, Ende 1922 mit anderen antibolschewistischen Parteien zur Vorbereitung eines Aufstandes ein geheimes Komitee für die Unabhängigkeit Georgiens auf die Beine zu stellen. Am 28. August 1924 brach der Aufstand in der Kleinstadt Tschiatura aus und griff in wenigen Tagen auf fünf der 25 georgischen Distrikte über. Die Aufständischen waren zum größten Teil Bauern aus der Region Gurie. Mit einer Übermacht, die auf Artillerie und Flugzeuge zurückgreifen konnte, wurde der Aufstand in einer Woche niedergeschlagen. Sergo Ordschonikidse, der erste Sekretär des Komitees der bolschewistischen Partei Transkaukasiens, und Lawrenti Berija, nahmen den Aufstand zum Vorwand, um »den Menschewismus und den georgischen Adel ein für allemal niederzumachen«. Nach jüngst veröffentlichten Zahlen wurden vom 29. August bis zum 5. September 1924 12 578 Menschen erschossen. Das Ausmaß der Repression war so groß, daß selbst das Politbüro dagegen protestierte. Von der Parteiführung bekam Ordschonikidse einen Verweis mit der Anweisung, ohne die ausdrückliche Erlaubnis des Zentralkomitees weder unverhältnismäßige Massenexekutionen noch politische Erschießungen durchzuführen. Trotzdem gingen die standrechtlichen Hinrichtungen noch monatelang weiter. »Vielleicht haben wir ein bißchen übertrieben, doch daran ist jetzt nichts mehr zu ändern!«[185] gab Sergo Ordschonikidse im Oktober 1924 vor dem Plenum des Moskauer Zentralkomitees zu.

Ein Jahr nach der Niederschlagung des georgischen Aufstandes vom August 1924 startete das Regime eine großangelegte »Befriedungsoperation« in Tschetschenien, wo man einhellig davon ausging, daß die sowjetische Macht nicht existiert. Vom 27. August bis zum 15. September 1925 versuchten mehr als 10000 Mann der regulären rotarmistischen Truppen unter der Leitung von General Uborewitsch, mit Unterstützung von Sondereinheiten der GPU eine Entwaffnung der das Hinterland kontrollierenden tschetschenischen Partisanen durchzuführen. Zehntausende von Waffen wurden eingezogen und an die 1000 »Banditen« festgenommen. Angesichts des Widerstands in der Bevölkerung gab Unschlicht, der Leiter der GPU, zu, daß »die Truppen auf schwere Artillerie zurückgreifen und die widerspenstigsten Banditennester bombardieren mußten«. Nach dieser neuen »Befriedungsoperation«, die zu einer Zeit durchgeführt wurde, die man allgemein zum »Höhepunkt der NEP« zählt, beendete Unschlicht seinen Bericht folgendermaßen: »Wie die Erfahrung im Kampf gegen die *basmatschis* in Turkestan und gegen das Banditentum in der Ukraine, der Provinz Tambow und anderswo gezeigt hat, ist die militärische Repression nur dann wirksam, wenn sich eine gründliche Sowjetisierung des Landes an sie anschließt.«[186]

Seit dem Ende des Jahres 1926 scheint die GPU, die nach dem Tode ihres Gründers Dserschinski von dessen rechter Hand, dem ebenfalls aus Polen stammenden Wjatscheslaw Rudolfowitsch Menschinski, weitergeführt wurde, von Stalin erneut sehr beansprucht worden zu sein, diesmal zur Vorbereitung seiner politischen Offensive gegen Trotzki und Bucharin. Im Januar 1927 bekam die GPU die Anweisung, ihre Registrierung der »in sozialer Hinsicht gefährlichen und antisowjetischen Elemente« auf dem Lande zu beschleunigen. Innerhalb eines Jahres stieg die Zahl der registrierten Personen von 30000 auf ungefähr 72000. Im September 1927 startete die GPU in mehreren Provinzen eine Reihe von Verhaftungsaktionen gegen Kulaken und »in sozialer Hinsicht gefährliche Elemente«. Im nachhinein wirken diese Operationen wie Vorbereitungsübungen für die großen Kulaken-Razzien während der »Entkulakisierung« des Winters 1929/30.

Im Winter 1926/27 zeigte sich die GPU auch schwer aktiv bei der Jagd auf kommunistische Oppositionelle, die als »Sinowjewisten« oder »Trotzkisten« abgestempelt wurden. Registrierungen und Verfolgungen von kommunistischen Oppositionellen hat es schon sehr früh gegeben, bereits in den Jahren 1921/22. Im September 1923 hatte Dserschinski zur »Festigung der ideologischen Einheit der Partei« vorgeschlagen, daß die Kommunisten sich verpflichten sollten, der politischen Polizei alles mitzuteilen, was sie über bestehende Fraktionen und Splittergruppen innerhalb der Partei wissen. Dieser Vorschlag hatte bei manchen Parteifunktionären, darunter auch Trotzki, helle Empörung ausgelöst. Trotzdem wurde die Überwachung der Oppositionellen in den folgenden Jahren gang und gäbe. An der von Sinowjew durchgeführten Säuberung der kommunistischen Organisation von Leningrad im Januar/Februar 1926 waren die Dienstabteilungen der GPU maßgebend beteiligt. Dic Oppositionellen wurden nicht nur aus der Partei ausgeschlossen; mehrere hundert von ihnen wurden in ferne Städte verbannt, wo ihre Lage nach wie vor äußerst prekär war, denn niemand wagte ihnen eine Arbeit anzubieten. 1927 war ein Teil der GPU-Abteilungen monatelang mit der Jagd auf die oppositionellen Trotzkisten beschäftigt. Alle wurden registriert und Hunderte der aktiven Trotzkisten verhaftet und ohne gerichtliches Verfahren verbannt. Im November wurden die wichtigsten maßgeblichen Leute der Opposition – Trotzki, Sinowjew, Kamenew, Radek und Rakowski – aus der Partei ausgeschlossen und festgenommen. Alle diejenigen, die eine öffentliche Selbstkritik ablehnten, wurden verbannt. Am 19. Januar verkündete die *Prawda*, daß Trotzki und 30 weitere Oppositionelle Moskau verlassen und ins Exil nach Alma-Ata gehen. Ein Jahr später mußte Trotzki sogar die UdSSR verlassen. Aus einem der wichtigsten Begründer des bolschewistischen Terrors war ein »Konterrevolutionär« geworden. Damit begann eine neue Etappe, eingeleitet unter der Führung des neuen Parteichefs Stalin.

Anfang 1928, kurz nach der Beseitigung der trotzkistischen Opposition, beschloß die stalinistische Mehrheit des Politbüros, die Kampfpause mit der Gesellschaft, die sich immer mehr von dem Weg, den die Bolschewiki für sie vorgesehen hatten, zu entfernen schien, zu beenden. Wie zehn Jahre zuvor war der Hauptgegner immer noch die überwältigende Mehrheit der Bauern, die als feindliche, unkontrollierte und nicht kontrollierbare Masse empfunden wurden.

So begann der zweite Akt des Krieges gegen die Bauernschaft, der – wie der Historiker Andrea Graziosi mit Recht bemerkt – »sich trotzdem ziemlich vom ersten unterschied. Denn inzwischen lag die Initiative völlig in den Händen des Staates, und der gesellschaftliche Gegenspieler konnte nur noch auf die Angriffe gegen ihn reagieren, und zwar mit schwindender Kraft.«[187]

Auch wenn die Landwirtschaft sich im allgemeinen von der Katastrophe der Jahre 1918 bis 1922 erholt hatte, war der »Bauernfeind« Ende der zwanziger Jahre schwächer und der Staat stärker als zu Beginn des Jahrzehnts. Das ergibt sich beispielsweise aus der Tatsache, daß die Behörden über die Geschehnisse im Dorf bestens informiert waren, aber auch aus der Registrierung der »in sozialer Hinsicht fremden Elemente«, mit der die GPU ihre ersten Massenverhaftungen im Rahmen der Entkulakisierung problemlos durchführen konnte, aus der allmählichen und letztendlich völligen Ausrottung des »Banditentums«, aus der Entwaffnung der Bauern, der zunehmenden Präsenz von Reservisten bei militärischen Übungen und aus der Entwicklung eines stärkeren Schulnetzes. Der Briefwechsel zwischen den bolschewistischen Parteiführern und die stenographischen Notizen von den Diskussionen auf oberster Parteiebene machen deutlich, daß die stalinistische Führung – ebenso wie Bucharin, Rykow und Kamenew, die Gegner einer neuen Repressionswelle gegen die Bauern –, sich 1928 sehr wohl darüber im klaren war, was ein neuer Angriff auf die Bauernschaft bedeutete.

»Sie werden einen Bauernkrieg haben, so wie 1918/19«, warnte Bucharin. Stalin war dazu um jeden Preis bereit. Er wußte, daß dieses Mal das Regime als Sieger daraus hervorgehen würde.[188]

Die »Steuerertragskrise« von Ende 1927 lieferte Stalin den gesuchten Vorwand. Im November 1927 verzeichneten die Behörden, die mit dem Einzug der Naturalsteuer beauftragt waren, einen spektakulären Rückgang der Agrarlieferungen. Im Dezember waren die Zahlen noch katastrophaler, und im Januar 1928 mußte man sich den Tatsachen beugen: Trotz einer guten Ernte lieferten die Bauern nur 4,8 Millionen Tonnen statt – wie im vorangegangenen Jahr – 6,8 Millionen. Gründe für die Krise gab es mehrere: Das Fallen der vom Staat gezahlten Preise, die Teuerung für die wenigen Industrieprodukte, die es überhaupt gab, die Desorganisation der Steuereinzugsbehörden, die Kriegsgerüchte, kurz die allgemeine Unzufriedenheit der Bauernschaft im bezug auf das Regime. Stalin bezeichnete diese Krise sofort als »Kulakenstreik«.

Die stalinistische Führungsgruppe nahm dies sofort zum Anlaß für neue Beschlagnahmungen und eine ganze Reihe von repressiven Maßnahmen, die sich schon in den Zeiten des Kriegskommunismus bewährt hatten. Stalin begab sich persönlich nach Sibirien. Andere Parteiobere – Andrejew, Mikojan, Postyschew oder Kossior beispielsweise – fuhren in die übrigen großen Getreideanbaugebiete: die Schwarzerderegionen, die Ukraine und der nördliche Kaukasus. Am 14. Januar 1928 verfaßte das Politbüro ein Rundschreiben an die lokalen Behörden mit dem Befehl, »die Spekulanten, Kulaken und anderen Störer des Marktes und der Preispolitik zu verhaften«. »Bevollmächtigte« – schon allein der Ausdruck erinnerte an die Jahre 1918 bis 1921 mit ihren Beschlagnahmungen – und Kommandoeinheiten militanter Kommunisten wurden auf das Land geschickt, um die angeblich gegenüber den Kulaken allzu nachsichtigen lokalen Behörden auf Vordermann zu bringen und die versteckten Ernteüberschüsse ausfindig zu machen, notfalls mit Hilfe der armen Bauern, denen dafür ein Viertel des bei den »Reichen« gefundenen Korns versprochen wurde.

Zum Arsenal der Strafmaßnahmen für die Bauern, die ihre Agrarprodukte nicht fristgerecht und zu einem Drittel oder Viertel des regulären Marktpreises lieferten, gehörte die Erhöhung der ursprünglich festgesetzten Abgabemenge um das Doppelte, Drei- oder Fünffache. Auch der Artikel 107 des Strafgesetzbuches, der für alle preistreibenden Handlungen eine dreijährige Gefängnisstrafe vorsah, kam häufig zur Anwendung. Die Steuern für die Kulaken stiegen innerhalb von zwei Jahren um das Zehnfache. Auch die Märkte wurden geschlossen, eine Maßnahme, die ganz offensichtlich nicht nur die reichen Bauern traf. Innerhalb weniger Wochen war mit diesen Maßnahmen die Kampfpause zwischen dem Regime und der Bauernschaft, die seit 1922/23 so recht und schlecht gehalten hatte, beendet. Die Beschlagnahmungen und repressiven Maßnahmen bewirkten jedoch lediglich eine Verschärfung der Krise; für den Augenblick erreichten die Behörden mit

Gewalt einen Steuerertrag, der knapp unter dem von 1927 lag; doch im folgenden Jahr reagierten die Bauern wie in den Zeiten des Kriegskommunismus mit einer Reduzierung der Aussaat.[189]

Die »Steuerertragskrise« des Winters 1927/28 war entscheidend für alle weiteren Ereignisse; Stalin zog daraus nämlich eine ganze Reihe von Schlüssen für weitere notwendige Maßnahmen: die Errichtung von »Festungen des Sozialismus« auf dem Lande – riesigen Kolchosen und Sowchosen –, die Kollektivierung der Landwirtschaft, um die Agrarproduktion und die Produzenten direkt, ohne den Umweg über die Marktgesetze, kontrollieren zu können, und die endgültge Beseitigung der Kulaken, die »als Klasse zu liquidieren« waren.

1928 beendete das Regime auch die Kampfpause mit einer anderen gesellschaftlichen Gruppe: den *spetzys*. Dies waren »bürgerliche Spezialisten«, die aus der Intelligenzija des alten Regimes hervorgegangen waren und Ende der zwanziger Jahre noch den allergrößten Teil der Führungsstellen in den Betrieben und in der Verwaltung besetzten. In der Plenumssitzung des Zentralkomitees vom April 1928 wurde die Entdeckung eines »industrielle Sabotage« betreibenden Unternehmens bekanntgegeben. Es handelte sich um einen zum Donugol-Trust gehörenden Betrieb in der Schachty-Region, einem Steinkohlerevier im Donezbecken, der »bürgerliche Spezialisten« beschäftigte und Beziehungen zur westlichen Finanzwelt unterhielt. Wenige Wochen später mußten sich 53 Angeklagte, meistens Ingenieure und Betriebsdirektoren, im ersten öffentlichen Politprozeß seit dem Prozeß gegen die Sozialrevolutionäre von 1922 verantworten. Elf der Angeklagten wurden zum Tode verurteilt und fünf hingerichtet. Dieser beispielgebende Prozeß, über den in der Presse ausführlich berichtet wurde, veranschaulichte einen der wichtigsten Mythen des Regimes: den des »in ausländischen Diensten stehenden Saboteurs«. Er wird in Zukunft dazu dienen, engagierte Mitarbeiter und Spitzel der GPU zu mobilisieren, alle wirtschaftlichen Schwächen zu »erklären«, aber auch die »Dienstverpflichtung« der Führungskräfte zu rechtfertigen, die für die später unter dem Namen *scharaschki* berühmt gewordenen neuen »Bausonderabteilungen der GPU« gebraucht wurden. Tausende von wegen Sabotage verurteilten Ingenieuren und Technikern saßen so ihre Strafe auf den Baustellen und in den Betrieben des ersten Fünfjahresplans ab. In den Monaten nach dem Schachty-Prozeß sorgte die Wirtschaftsabteilung der GPU besonders in der Ukraine für Dutzende von ähnlichen Fällen. Allein im Metallindustriekomplex Jugostal von Dnjepropetrowsk wurden im Mai 1928 112 Führungskräfte verhaftet.[190]

Die Führungskräfte der Industrie waren nicht die einzigen Opfer der weit um sich greifenden Anti-Spezialisten-Operation von 1928. Bei den unzähligen Säuberungskampagnen der Universitäten wurden zahlreiche Professoren und Studenten »sozial fremder« Herkunft vom Unterricht ausgeschlossen. Eine neue »rote und proletarische Intelligenzija« sollte gefördert werden.

Die verschärften Repressionen und die wirtschaftlichen Schwierigkeiten der letzten NEP-Jahre, die durch eine Zunahme der Arbeitslosigkeit und der Kriminalität geprägt waren, trieben die Zahl der strafrechtlichen Verurteilungen steil nach oben: 578 000 im Jahre 1926, 709 000 für 1927, 909 000 für 1928 und 1 178 000 für 1929.[191] Um die Flut auf die Gefängnisse, die 1928 lediglich Platz für 150 000 Häftlinge hatten, einzudämmen, traf die Regierung zwei wichtige Entscheidungen: Die erste schlug sich im Dekret vom 26. März 1928 nieder und sah vor, die kürzeren Gefängnisstrafen für die leichteren Delikte durch unbezahlte, der Umerziehung dienende Arbeit »in Betrieben, auf Baustellen oder in der Waldwirtschaft« zu ersetzen. Die zweite führte zum Dekret vom 27. Juni 1929 und hatte für die Zukunft weitreichende Konsequenzen. Sie sah nämlich vor, alle Häftlinge, die zu mehr als drei Jahren Freiheitsentzug verurteilt waren, in Arbeitslager zu bringen, deren Ziel es war, »die natürlichen Schätze der östlichen und nördlichen Landesteile gewinnbringend zu bewirtschaften«. Diese Idee lag schon seit mehreren Jahren in der Luft. Die GPU hatte mit einem großangelegten Programm zur Produktion von Holz für den Export begonnen und deshalb schon wiederholt bei der dem Volkskommissariat des Inneren unterstehenden obersten Gefängnisdirektion, welche die gewöhnlichen Gefängnisse verwaltete, zusätzliche Arbeitskräfte angefordert. Die »GPU-eigenen« Häftlinge der Sonderlager des Solowki-Archipels – 1928 waren es 38 000 – konnten das vorgesehene Programm nämlich nicht realisieren.[192]

Die Vorbereitung des ersten Fünfjahresplans brachte die Fragen nach der Verteilung der Arbeitskräfte und der Bewirtschaftung der unwirtlichen, aber an Bodenschätzen reichen Regionen auf die Tagesordnung. In dieser Hinsicht konnte sich die bis jetzt nicht genutzte Arbeitskraft der Häftlinge, wenn sie geschickt eingesetzt würde, zu einem wahren Kapital entwickeln, über dessen Kontrolle und Verwaltung man zu Gewinn, Macht und Einfluß kommen konnte. Die maßgeblichen Leute der GPU, besonders Menschinski und sein Mitarbeiter Jagoda wußten sehr wohl, worum es ging. Mit Stalins Unterstützung hatten sie bereits im Sommer 1929 einen ehrgeizigen »Siedlungsplan« für die Narym-Region erarbeitet, ein 350 000 km^2 großes Gebiet in der westsibirischen Taiga. Für diesen Plan forderten sie mit Vehemenz die sofortige Umsetzung des Dekrets vom 27. Juli 1929. In diesem Kontext reifte die Idee der »Entkulakisierung«, d. h. der Massendeportation aller sogenannten reichen Bauern, der Kulaken, die sich – wie man in offiziellen Kreisen glaubte – der Kollektivierung doch nur entschieden widersetzen würden.[193]

Trotzdem brauchten Stalin und seine Anhänger ein ganzes Jahr, um die Widerstände auszuräumen, die sich selbst innerhalb der Parteiführung gegen seine Politik formierten, eine Politik der Zwangskollektivierung, der Entkulakisierung und der verstärkt vorangetriebenen Industrialisierung; drei nicht voneinander zu trennende Programmpunkte, die auf eine brutale Umwandlung der Wirtschaft und Gesellschaft zielten. Grundlagen des Programms waren die Unterbindung der Marktmechanismen, die Enteignung des Bauernlandes und die Bewirtschaftung der natürlichen Schätze der unwirtlichen Gegenden des Landes, weshalb Millionen von Verbannten, Entkulakisierten und anderen Opfern dieser »zweiten Revolution« zur Zwangsarbeit eingezogen werden sollten.

Die sogenannte »rechte« Opposition – hauptsächlich durch Rykow und Bucharin vertreten – war der Meinung, daß die Kollektivierung nur zu einer »militärisch-feudalistischen« Ausnutzung der Bauern, zu Bürgerkrieg, Terror, Chaos und Hungersnot führen würde; im April 1929 war ihr Widerstand gebrochen. Während des Sommers 1929 waren die »Rechten« täglich Angriffen einer ungewöhnlich starken Pressekampagne ausgesetzt gewesen. Man beschuldigte sie der »Zusammenarbeit mit kapitalistischen Gruppen« und der »Komplizenschaft mit den Trotzkisten«. Völlig diskreditiert, übten sie im November 1929 in der Plenumsversammlung des Zentralkomitees öffentliche Selbstkritik.

Während die Anhänger und Gegner der NEP heftig über die Frage stritten, ob diese Politik aufzugeben sei oder nicht, geriet das Land in eine immer tiefere wirtschaftliche Krise. Die Erntezahlen von 1928/29 waren katastrophal. Trotz des systematischen Rückgriffs auf eine ganze Reihe von erzieherischen Maßnahmen für die gesamte Bauernschaft – hohe Geld- und Gefängnisstrafen für diejenigen, die sich weigerten, ihre Produkte dem Staat zu verkaufen – brachte die Steuereinzugskampagne vom Winter 1928/29 erheblich weniger Getreide ein als im Vorjahr und sorgte für ein äußerst gespanntes Klima auf dem Lande. Die GPU registrierte für die Zeit vom Januar 1928 bis Dezember 1929, d.h. vor der Zwangskollektivierung, auf dem Lande mehr als 1300 Krawalle und »Massenkundgebungen«, bei denen Zehntausende von Bauern verhaftet wurden. Und noch eine für das Klima im Lande sehr aufschlußreiche Zahl: 1929 wurden mehr als 3200 sowjetische Beamte Opfer von »terroristischen Gewaltakten«. Im Februar 1929 kamen in den Städten wieder die Lebensmittelkarten auf; sie waren seit dem Beginn der NEP verschwunden gewesen. Nachdem die Behörden einen Großteil der kleinen Läden und der Verkaufsstellen der Handwerksbetriebe als »kapitalistische« Unternehmen geschlossen hatten, war in den Städten eine allgemeine Warenknappheit aufgekommen.

Für Stalin war die kritische Situation der Landwirtschaft eine Folge der Machenschaften der Kulaken und anderer feindlicher Kräfte, welche »die Unterminierung des sowjetischen Regimes« vorbereiteten. Worum es ging, war klar: die »bäuerlichen Kapitalisten« oder die Kolchosen! Im Juni 1929 verkündete die Regierung den Beginn einer neuen politischen Phase, die der »Massenkollektivierung«. Die Ziele des ersten Fünfjahresplans, der im April vom XVI. Parteitag verabschiedet worden war, wurden erweitert. Ursprünglich sah der Plan für die nächsten fünf Jahre die Kollektivierung von fünf Millionen Kleinbetrieben vor, das entsprach in etwa einem Fünftel der Wirtschaftsfläche. Im Juni kündigte man an, daß man allein im Jahre 1930 acht Millionen Kleinbetriebe kollektivieren wolle; im September war die Rede von 13 Millionen! Im Sommer 1929 mobilisierten die Behörden zur Unterstützung der lokalen Parteifunktionäre und der GPU-Vertreter Zehntausende von Kommunisten, Gewerkschaftern, Mitgliedern der kommunistischen Jugendverbände (der Komsomols), Arbeitern und Studenten und schickte sie auf die Dörfer. Der Druck auf die Bauern wurde stärker, und die lokalen Parteiverbände versuchten sich gegenseitig mit Kollektivierungsrekorden zu übertreffen. Am 31. Oktober 1929 rief die *Prawda* zur »totalen Kollektivierung« auf, der Bewegung sollten keine Grenzen mehr gesetzt werden. Eine Woche später veröffentlichte Stalin zum Gedenken an den zwölften Jahrestag der Revolution seinen berühmten Artikel »Die große Wende«, der auf einer völligen Fehleinschätzung beruhte. Denn ihm zufolge hatte sich »der Durchschnittsbauer von sich aus den Kolchosen zugewandt«. Die Zeit der NEP war vorbei.

7
Zwangskollektivierung und Entkulakisierung

Wie die heute zugänglichen Archive bestätigen, war die Zwangskollektivierung des Agrarlandes ein regelrechter Krieg des Sowjetstaates gegen eine ganze Nation von kleinen Betrieben. Mehr als zwei Millionen Bauern wurden deportiert, darunter 1,8 Millionen zwischen 1930 und 1931. Sechs Millionen verhungerten und Hunderttausende starben während der Deportation. Diese Zahlen lassen ahnen, was für eine menschliche Tragödie dieser »Großangriff« auf die Bauernschaft gewesen ist. Der Krieg war mit dem Winter 1929/30 keineswegs zu Ende, sondern dauerte mindestens bis in die Mitte der dreißiger Jahre. Sein Höhepunkt war die furchtbare Hungersnot von 1932/33, welche die Behörden mit Absicht verursacht hatten, um den Widerstand der Bauern zu brechen. Mit der Gewalt gegen die Bauern sammelte man Erfahrung mit Methoden, die später gegen andere soziale Gruppen eingesetzt wurden. In dieser Hinsicht steht die Gewalt für eine entscheidende Entwicklungsphase des stalinistischen Terrors.

In seinem Bericht für das Plenum des Zentralkomitees vom November 1929 hatte Wjatscheslaw Molotow erklärt: »Die Frage nach den einzelnen Etappen der Kollektivierung stellt sich nicht im Rahmen des Planes. [...] Es bleiben uns noch November, Dezember, Januar, Februar und März, das sind viereinhalb Monate, in denen wir, wenn die Imperialisten uns nicht direkt angreifen, auf dem Gebiet der Wirtschaft und der Kollektivierung einen entscheidenden Durchbruch schaffen müssen.« Das Plenum stimmte dieser Flucht nach vorn zu. Eine Kommission erarbeitete einen neuen Kollektivierungszeitplan, der nach mehreren Erweiterungen am 5. Januar 1930 öffentlich verkündet wurde. Die Kollektivierung im nördlichen Kaukasus und in den unteren und mittleren Wolga-Gebieten sollte bereits im Herbst 1930 abgeschlossen sein; die der anderen Getreideanbaugebiete ein Jahr später.[194]

Am 27. Dezember 1929 hatte Stalin schon den Übergang »von der Begrenzung der ausbeuterischen Tendenzen der Kulaken zur Liquidierung der Kulaken als Klasse« angekündigt. Eine von Molotow geleitete Kommission des Politbüros wurde beauftragt, die praktischen Maßnahmen dieser Liquidierung zu erarbeiten. Die Kulaken wurden in drei Kategorien eingeteilt: Die der ersten Kategorie waren »in konterrevolutionäre Aktivitäten verwikkelt«. Sie sollten verhaftet und in die Arbeitslager der GPU gebracht oder – bei Widerstand – hingerichtet werden. Ihre Angehörigen sollten deportiert und der Besitz beschlagnahmt werden. Die Kulaken der zweiten Kategorie zeigten der Definition nach »eine weniger starke Opposition, sind aber dennoch fürchterliche Ausbeuter und neigen deshalb natürlich dazu, die Konterrevolution zu unterstützen«. Sie sollten verhaftet und mitsamt ihren Familien in entlegene Gebiete des Landes deportiert werden. Die Kulaken der dritten Kategorie galten als »loyal gegenüber dem Regime«. Sie waren am Rand der Distrikte, in denen sie lebten, anzusiedeln, »außerhalb der kollektivierten Zonen, auf Feldern, die eine Bodenverbeserung benötigen«. Das Dekret legte fest, daß »die Zahl der innerhalb von vier Monaten zu liquidierenden Kulaken-Betriebe [...] – gemessen an der Gesamtzahl aller Betriebe – zwischen 3 und 5% liegt«. Diese Zahl sollte als Richtlinie für die Operationen der Entkulakisierung dienen.[195]

Die Operationen wurden in jedem Distrikt von einer Troika, bestehend aus dem ersten Sekretär des Parteikomitees, dem Vorsitzenden des Exekutivkomitees der Sowjets und dem lokalen Vertreter der GPU, koordiniert und von Kommissionen und Brigaden der Entkulakisierung vor Ort durchgeführt. Die Liste der Kulaken der ersten Kategorie, die nach dem vom Politbüro festgelegten »Richtplan« 60000 Familienvorstände umfaßte, war allein Sache der politischen Polizei. Die anderen Listen wurden vor Ort erstellt, unter Berücksichtigung der von den »Aktivisten« des Dorfes stammenden »Hinweise«. Wer waren diese Aktivisten? Sergo Ordschonikidse, einer von den engsten Mitarbeitern Stalins, beschrieb sie folgendermaßen: »Da es im Dorf kaum engagierte Parteianhänger gab, hat man einen *jungen Kommunisten* hingesetzt und ihm zwei oder drei arme Bauern zur Seite gestellt. Dieser *aktiv* (Aktivistengruppe) hatte alle Angelegenheiten des Dorfes zu regeln: Kollektivierung und Entkulakisierung.«[196] Die Anweisungen waren klar: möglichst viele Betriebe kollektivieren und die als Kulaken abgestempelten Widerspenstigen festnehmen.

Solche Praktiken luden natürlich zu Mißbräuchen und zu privaten Rechnungsbegleichungen regelrecht ein. Wie sollte man den Kulaken definieren? Den Kulaken der zweiten oder den der dritten Kategorie? Im Januar und Februar 1930 konnte man die für einen Kulaken-Betrieb gültigen Kriterien, die von diversen Ideologen und Wirtschaftsexperten der Partei nach vielen Diskussionen in den Jahren zuvor sorgfältig erarbeitet worden waren, nicht mehr anwenden. Während des letzten Jahres waren nämlich die Betriebe der Kulaken durch die immer drückendere Steuerlast stark verarmt. Weil die äußeren Zeichen des Reichtums fehlten, mußten die Kommissionen auf meist alte und unvollständige Steuerlisten, die vom Dorfsowjet aufbewahrt worden waren, auf Informationen der GPU oder auf die Denunziationen der Nachbarn, die hierin eine willkommene Möglichkeit zur Plünderung fremden Besitzes sahen, zurückgreifen. Anstatt den Besitz genau und detailliert aufzulisten und dann an den unveräußerlichen Fonds der Kolchose weiterzuleiten, wie es offiziell angeordnet war, handelten die Brigaden der Entkulakisierung nämlich nach dem Motto: »Essen wir und trinken wir! Alles gehört uns.« Hier nun ein Bericht der GPU aus der Provinz Smolensk: »Die Entkulakisierer nahmen den reichen Bauern ihre Winterkleider und warme Unterwäsche und als erstes ihre Schuhe. Sie ließen den Kulaken in der Unterhose stehen und nahmen alles, auch die alten Schuhe aus Gummi, die Frauenkleider, den Tee für 50 Kopeken, Schürhaken, Krüge ... Die Brigaden konfiszierten alles, auch die kleinen Kissen, auf denen die Kinder ihren Kopf liegen hatten. Sie holten die Kascha[197] vom Herd und schütteten sie über die zerbrochenen Ikonen.«[198] Die Anwesen der entkulakisierten Bauern wurden oft einfach geplündert oder für einen lächerlichen Preis versteigert; Holzhütten wurden für 60 Kopeken von den Mitgliedern der Entkulakisierungsbrigaden gekauft, Kühe für 15 Kopeken, d.h. zu Preisen, die zwischen einem Hundertstel und einem Tausendstel des realen Wertes lagen! Die Plünderungsmöglichkeiten waren unbegrenzt, und oft diente die Entkulakisierung auch als Vorwand, mit einem Gegner abzurechnen.

Unter solchen Umständen ist es nicht verwunderlich, daß in manchen Distrikten 80 bis 90% der entkulakisierten Bauern *seredniaki*, Bauern der mittleren Schicht, gewesen sind. Den für die Anzahl der Kulaken vorgegebenen »Richtwert« der lokalen Behörden mußte man schon erreichen, wenn nicht gar übertreffen! Es wurden Bauern verhaftet und deportiert, weil sie im Sommer Korn auf dem Markt verkauft oder in den Jahren 1925 oder 1926 zwei Monate lang einen Arbeiter beschäftigt hatten, oder weil sie zwei Samoware besassen oder im September 1929 ein Schwein geschlachtet hatten, »in der Absicht es zu essen und es so im Blick auf die sozialistischen Beschlagnahmungen zu unterschlagen«. Der eine Bauer wurde verhaftet, weil er angeblich »Geschäfte gemacht«, in Wahrheit jedoch nur seine eigenen Erzeugnisse verkauft hatte. Der andere wurde deportiert, weil sein Onkel angeblich ein zaristischer Offizier gewesen war. Wieder ein anderer wurde wegen seiner eifrigen Kirchenbesuche als Kulak abgestempelt. Aber meistens wurde man bereits als Kulak eingestuft, wenn man sich öffentlich gegen die Kollektivierung geäußert hatte. Die Verwirrung in den Brigaden grenzte manchmal ans Absurde. So wurde – um nur ein Beispiel zu nennen – in einer ukrainischen Ortschaft ein *seredniak*, der Mitglied einer Entkulakisierungsbrigade war, von Vertretern einer am anderen Ortsende operierenden Entkulakisierungsbrigade als Kulak verhaftet!

Trotzdem: nach einer ersten Phase, die manche zur Begleichung alter Rechnungen oder einfach zum Plündern nutzten, schloß sich die Dorfgemeinschaft wieder gegen die »Entkulakisierer« und »Kollektivierer« zusammen. Im Januar 1930 registrierte die GPU 402 Revolten und »Massenkundgebungen« der Bauern gegen die Kollektivierung und Entkulakisierung. Im Februar waren es 1048 und im März 6528.[199]

Dieser massive und unerwartete Widerstand der Bauern zwang die Regierung, für den Augenblick ihre Pläne zu ändern. Am 2. März 1930 veröffentlichten alle sowjetischen Zeitungen Stalins berühmten Artikel »Der Rausch des Erfolgs«, in dem er »die zahlreichen Verletzungen des Freiwilligkeitsprinzips der Bauern bei ihrer Mitgliedschaft in den Kolchosen« verurteilte und die lokalen Funktionäre mit ihrer »Erfolgssucht« für alle Auswüchse im Zusammenhang mit der Kollektivierung und Entkulakisierung verantwortlich machte. Die Auswirkungen des Artikels waren sofort zu spüren: allein im März verließen mehr als fünf Millionen Bauern die Kolchosen. Es kam zu einem unendlichen Chaos, denn die ehemaligen Besitzer holten sich oft mit Gewalt ihre Geräte und ihr Vieh zurück. Den ganzen März hindurch erreichten die zentralen Behörden Berichte von der GPU über Massenerhebungen in der westlichen Ukraine, im zentralen Teil des Schwarzerdegebiets, im nördlichen Kaukasus und in Kasachstan. Insgesamt zählte die GPU in diesem kritischen Monat mehr als 6500 »Massenkundgebungen«, von denen mehr als 800 »mit Waffengewalt niedergeschlagen« werden mußten. Bei diesen Vorfällen sind mehr als 1500 Beamte umgebracht, verletzt oder verprügelt worden. Über die Zahl der Opfer unter den Aufständischen ist nichts bekannt, sie dürfte bei mehreren tausend liegen.[200]

Anfang April mußte sich die Regierung zu neuen Konzessionen durchringen. Sie schickte mehrere Rundbriefe an die lokalen Behörden, in denen für die Kollektivierung ein langsameres Tempo angeordnet wurde. Außerdem räumte sie ein, daß eine »regelrechte Welle von Bauernkriegen« und die »physische Vernichtung jedes zweiten Lokalbeamten der sowjetischen Macht« drohen. Im April ging die Zahl der Bauernaufstände und -kundgebungen zurück, war jedoch mit 1992 von der GPU registrierten Fällen immer noch beträchtlich. Im Sommer sank sie schließlich rapide: 886 Revolten im Juni, 618 im Juli und 256 im August. Insgesamt haben im Jahre 1930 rund 2,5 Millionen Bauern an etwa 14 000 Revolten, Unruhen und Massenkundgebungen gegen das Regime teilgenommen. Die am stärksten betroffenen Gegenden waren die Schwarzerdegebiete, der nördliche Kaukasus und die Ukraine, insbesondere die westliche Ukraine, wo ganze Distrikte, vor allem an den Grenzen zu Polen und Rumänien, sich der Kontrolle des Regimes entzogen hatten.[201]

Eine Besonderheit bei diesen Bewegungen war die Schlüsselrolle der Frauen: in der Hoffnung, daß sie nicht allzu harte Repressionen erleiden würden, wurden sie als Erste in den Kampf geschickt.[202] Mit den Demonstrationen der Bäuerinnen gegen die Schließung der Kirchen oder die das Überleben ihrer Kinder bedrohende Kollektivierung der Milchkühe wurden vor allem die Behörden angegriffen. Es kam aber auch zu blutigen Auseinandersetzungen zwischen Einheiten der GPU und mit Gabeln und Äxten bewaffneten Bauerngruppen. Hunderte von Sowjetgebäuden wurden geplündert, die Bauernkomitees übernahmen für einige Stunden oder Tage die Verwaltung der Stadt und erstellten eine völlig ungeordnete Liste mit ihren Forderungen: Rückgabe der beschlagnahmten Geräte und Tiere, Auflösung der Kolchose, Wiedereinführung der Handelsfreiheit, Wiederöffnung der Kirche, Rückgabe des Kulakenbesitzes an die Kulaken, Rückkehr der deportierten Bauern, Abschaffung der bolschewistischen Macht und … die Wiederherstellung der »unabhängigen Ukraine«.[203]

Auch wenn es den Bauern vor allem im März und April gelungen war, die Pläne der Regierung für eine schnellere Kollektivierung zu durchkreuzen, dauerten ihre Erfolge doch nicht lang. Im Gegensatz zu den Aufständen von 1920/21 schafften sie es nicht, eine geeignete Organisation auf die Beine zu stellen, Anführer zu finden und sich wenigstens auf regionaler Ebene zu einem Bund zusammenzuschließen. Es fehlte ihnen an Zeit, denn die Regierung reagierte schnell, an Führungskräften, denn der Bürgerkrieg hatte die Reihen stark gelichtet, an Waffen, denn in den zwanziger Jahren waren diese nach und nach alle konfisziert worden. Und so zogen sich die Bauernrevolten gefährlich in die Länge.

Die Repressalien waren furchtbar. Allein in den Grenzdistrikten der westlichen Ukraine führte die »Säuberung von konterrevolutionären Elementen« Ende März 1930 zu mehr als 15 000 Festnahmen. Außerdem wurden in den 40 Tagen vom 1. Februar bis 15. März in der Ukraine weitere 26 000 Menschen von der GPU verhaftet, 650 von ihnen wurden hingerichtet. Laut Angaben der GPU wurden im Jahre 1930 allein von den sondergerichtlichen Instanzen der politischen Polizei 20 200 Menschen zum Tode verurteilt.[204]

Während die Repression gegen die »konterrevolutionären Elemente« weiterging, kam die GPU der Anordnung Nr. 44/21 von Jagoda nach und verhaftete 60 000 Kulaken der ersten Kategorie. Nach den täglich bei Jagoda eingegangenen Berichten zu schließen, gingen die Operationen gut voran: Der erste Bericht vom 6. Februar meldet 15 985 Verhaftungen. Bis zum 9. Februar waren – wie die GPU selbst formulierte – 25 245 Menschen »aus dem Verkehr gezogen«. Der »Geheimbericht« *(spetzswodka)* vom 15. Februar machte genaue Angaben: »Bei den Liquidierungen – die aus dem Verkehr gezogenen Einzelpersonen und die Massenoperationen zusammengenommen – kommen wir auf eine Gesamtzahl von 64 589; bei den Vorbereitungsmaßnahmen 52 166 Liquidierungen (Einzelpersonen), bei den Massenoperationen 12 423.« In wenigen Tagen war das »Plansoll« von 60 000 Kulaken der ersten Kategorie überschritten worden.[205]

In Wahrheit waren es nicht nur die Kulaken, die »aus dem Verkehr gezogen« wurden. Lokale Vertreter der GPU hatten die Gelegenheit genutzt, ihre Distrikte von »in sozialer Hinsicht fremden Elementen« zu »reinigen«. Darunter verstand man »Polizisten des alten Regimes«, »weiße Offiziere«, »Geistliche«, »Nonnen«, »Bauern mit Handwerksbetrieben«, ehemalige »Händler«, »Mitglieder der dörflichen Intelligenzija« und »andere«. Am Schluß des Berichtes vom 15. Februar 1930, der die verschiedenen Kategorien derjenigen auflistete, die im Zusammenhang mit der Liquidierung der Kulaken erster Klasse verhaftet wurden, schrieb Jagoda:

»Leningrad und die Gegenden im Nordosten haben unsere Anweisungen nicht verstanden oder nicht verstehen wollen; *Wir müssen sie dazu zwingen.* Im Augenblick säubern wir die Gebiete nicht von Popen, Händlern und ›anderen‹. Wenn sie von ›anderen‹ reden, heißt es, daß sie nicht wissen, *wen sie verhaften*. Wir werden noch beliebig viel Zeit haben, um uns die Popen und Händler vom Halse zu schaffen. Heute gilt es, das Ziel genau zu treffen, d. h. die *Kulaken* und die konterrevolutionären Kulaken.«[206] Wie viele von denen, die im Zusammenhang mit der »Liquidierung der Kulaken der ersten Kategorie« verhaftet worden sind, wurden wohl hingerichtet? Bis jetzt gibt es dazu keine Informationen.

Die Kulaken der »ersten Kategorie« machten sicherlich einen Großteil der ersten Häftlingsgruppen aus, die in die Arbeitslager deportiert worden sind. Schon im Sommer 1930 hatte die GPU ein riesiges Netz von Lagern aufgebaut. Der ursprüngliche Gefängniskomplex auf den Solowki-Inseln dehnte sich weiterhin an der Weißmeer-Küste aus, von Karelien bis in die Gegend von Archangelsk. Mehr als 40 000 Häftlinge bauten die Straße von Kem nach Uchta und übernahmen den größten Teil der Holzproduktion; der Export des Holzes wurde über den Hafen von Archangelsk abgewickelt. Die etwa 40 000 Gefangenen des nördlichen Lagerverbandes wurden beim Bau der über 300 Kilometer langen Eisenbahnlinie zwischen Ust, Sysolsk und Pinjug und der 290 Kilometer langen Straße zwischen Ust, Sysolsk und Uchta eingesetzt. Die 15 000 Häftlinge des fernöstlichen Lagerverbandes stellten ausschließlich die Arbeitskräfte für den Bau der Eisenbahnlinie nach Bogutschatschinsk. Ein vierter Lagerverband, der von Witschera, lieferte mit seinen ungefähr 25 000 Lagerinsassen die Arbeitskräfte für den Bau des großen Chemiekombinats von Beresniki im Ural-Gebiet. Und schließlich noch die 24 000 Häftlinge des sibirischen Lagerverbandes, die am Bau der Eisenbahnlinie Tomsk-Jenisseisk und des Hüttenkombinats von Kusnetsk beteiligt waren.[207]

Innerhalb von anderthalb Jahren, von Ende 1928 bis zum Sommer 1930, stieg die Zahl der in den Lagern der GPU ausgebeuteten Strafarbeiter von 40 000 auf 140 000, das entspricht einer Zunahme um das 3,5fache. Der erfolgreiche Einsatz der Zwangsarbeiter spornte die Regierung zu neuen Großprojekten an. Im Juni 1930 beschloß die Regierung den Bau eines 240 Kilometer langen Kanals zwischen der Ostsee und dem Weißen Meer, der zum großen Teil durch Granitgestein zu graben war. Wegen der fehlenden technischen Mittel und Maschinen benötigte man für dieses Pharaonenprojekt mindestens 120 000 Zwangsarbeiter, die an Werkzeug lediglich Spitzhacken, Schaufeln und Schubkarren zur Verfügung hatten. Doch im Sommer 1930 waren Zwangsarbeiter – obwohl die Entkulakisierung voll im Gange war – nach wie vor Mangelware!

Die Massen der Entkulakisierten waren nämlich so groß – mehr als 700 000 Ende 1930 und mehr als 1 800 000 Ende 1931[208] –, daß man mit den erforderlichen »Aufstockungen des Personals nicht nachkam«. Die Deportationsoperationen der meisten Kulaken der sogenannten »zweiten« und »dritten« Kategorie liefen völlig improvisiert und chaotisch ab und führten zur völlig neuen Form der »Deportationsaussetzung«, einer Deportation mit anschließender Aussetzung der Deportierten. Die wirtschaftliche Rentabilität für die Behörden war gleich null. Dabei war die Bewirtschaftung der unwirtlichen, aber an natürlichen Ressourcen reichen Landesregionen eines der Hauptziele der Entkulakisierung.[209]

Bereits Anfang Februar begann man mit den Deportationen der Kulaken der zweiten Kategorie. Laut einem vom Politbüro bewilligten Plan sollten in einer ersten Phase bis Ende April 60 000 Familien deportiert werden. Der Norden sollte 45 000 und der Ural 15 000 Familien aufnehmen. Doch am 16. Februar erhielt Eiche, der erste Sekretär des regionalen Parteikomitees von Westsibirien, folgendes Telegramm von Stalin: »Es kann nicht akzeptiert werden, daß Sibirien und Kasachstan angeblich keine Deportierten aufnehmen können. Sibirien muß bis Ende April unbedingt 15 000 Familien aufnehmen.« In seinem Antwortschreiben nach Moskau schickte Eiche einen ungefähren »Kostenvoranschlag« über die »Ansiedlung« des geplanten Kontingents von Deportierten, der bei 40 Millionen Rubel lag. Er hat diese Summe nie erhalten![210]

Deshalb fehlte bei den Deportationsoperationen jegliche Koordination zwischen den verschiedenen Gliedern der Kette. Die verhafteten Bauern wurden wochenlang in notdürftig hergerichteten Räumen – Kasernen, öffentlichen Gebäuden, Bahnhöfen – zusammengepfercht. Vielen von ihnen gelang die Flucht. Die GPU hatte für die erste Phase 240 Züge mit je 53 Waggons vorgesehen. Nach den von der GPU festgelegten Normen bestand jeder Zug aus 44 Güterwagen für jeweils vierzig Deportierte, acht Wagen für den Transport von Werkzeugen, Proviant und den wenigen Habseligkeiten der Deportierten, die auf 480 Kilo pro Familie beschränkt waren, sowie einem Wagen für die Wächter. Diese Züge kamen jedoch nur vereinzelt an, wie der heftige Briefwechsel zwischen der GPU und dem Volkskommissariat für das Transportwesen verrät. In den großen Rangierbahnhöfen von Wologda, Kotlas, Rostow, Swerdlowsk und Omsk blieben die Züge mit ihrer Menschenladung wochenlang stehen. Bei diesen ausgedehnten Aufenthalten waren diese Züge mit den Geächteten, unter denen sich zahlreiche Frauen, Kinder und ältere Leute befanden, von der einheimischen Bevölkerung natürlich nicht zu übersehen. Davon zeugen die vielen Gemeinschaftsbriefe, die unterschrieben vom »Kollektiv der Arbeiter und Angestellten von Wologda« oder »von den Bahnarbeitern aus Kotlas« nach Moskau geschickt wurden und in denen das »Massaker an den Unschuldigen« angeprangert wurde.[211]

In den bei hochwinterlichen Temperaturen auf Nebengleisen stehenden Zügen warteten die Deportierten darauf, einem neuen »Siedlungsort« zugewiesen zu werden. Über die Sterblichkeitsrate der bei Kälte, mangelnder Hygiene und Seuchen ausharrenden Menschen gibt es für die Jahre 1930/31 nur wenige Zahlen.

Wenn ein Zug am Zielbahnhof ankam, wurden die arbeitsfähigen Männer oft von ihren Familien getrennt. Die Familien wurden provisorisch in schnell zurechtgezimmerten Barackenlagern untergebracht, und die Männer in bewachten Kolonnen zu den »Siedlungsorten« gebracht, die nach den offiziellen Anweisungen »abseits von den Verkehrswegen« zu liegen hatten. Die endlose Reise setzte sich also noch Hunderte von Kilometern fort, mit oder ohne Familie, im Winter mit Schlitten, im Sommer im Karren oder zu Fuß. Den äußeren Umständen nach glich diese letzte Reiseetappe der »Kulaken der zweiten Kategorie« oft der Deportation der »Kulaken der dritten Kategorie«, die »innerhalb ihrer Region« in Gebiete umgesiedelt wurden, deren Boden einer Verbesserung bedurfte – Gebiete, die sich in Sibirien oder am Ural über mehrere Hunderttausend Quadratkilometer erstreckten. Wie die Behörden des westsibirischen Distrikts Tomsk am 7. März 1930 berichteten, »sind die ersten Kontingente von Kulaken der dritten Kategorie mangels Pferden, Schlitten und Geschirr zu Fuß angekommen. [...] Die den Kontingenten zugeteilten Pferde sind generell ungeeignet für Strecken über 300 oder noch mehr Kilometer, weil bei der Aufstellung der Kolonnen alle guten Pferde der zu Deportierenden durch Schindmähren ersetzt wurden. [...] Unter diesen Umständen kommt das Mitführen von Gepäck oder Proviant für zwei Monate, worauf die Kulaken Anspruch haben, nicht in Frage. Es fragt sich, was aus den Kindern und Alten werden soll, die 50% der Kolonne ausmachen.[212]

In einem anderen, ähnlich lautenden Bericht des Zentralexekutivkomitees von Westsibirien werden die Anweisungen der GPU, 4902 Kulaken der dritten Kategorie aus zwei Distrikten der Provinz Nowossibirsk wegzubringen, für sinnlos und nicht durchführbar erklärt: »Für den 370 Kilometer langen Transport auf den schlechten Straßen wären allein für die 8560 Tonnen Getreide und Viehfutter, auf welche die zu Deportierenden für ihre ›Reise und Ansiedlung‹ theoretisch Anspruch haben, 28909 Pferde und 7227 Wächter (ein Wächter für vier Pferde) nötig.« Der Bericht kam zu der Schlußfolgerung, daß »die Durchführung einer solchen Operation die Frühlingsaussaat gefährden würde, denn die erschöpften Pferde bräuchten eine lange Erholungspause. [...] Deshalb ist die Proviantmenge, die die zu Deportierenden mitführen dürfen, unbedingt zu verringern.«[213]

Die Deportierten mußten sich also ohne Proviant und Werkzeug ansiedeln. Auch eine Unterkunft wurde ihnen meistens nicht gestellt. In einem Bericht vom September 1930 aus der Gegend von Archangelsk wird zugegeben, daß von den 1641 für die Deportierten »vorgesehenen« Wohnungen lediglich sieben gebaut worden waren! Die Deportierten ließen sich auf einem Flecken Land mitten in der Steppe oder Taiga nieder. Die Glücklichen, die einige Werkzeuge mitnehmen konnten, versuchten, sich ein kleines Obdach zu bauen, meistens die traditionelle *zemlianka*, ein einfaches mit Ästen zugedecktes Erdloch. In manchen Fällen, wenn die Deportierten sich zu Tausenden in der Nähe einer Großbaustelle oder geplanten Industrieanlage niederzulassen hatten, wurden sie in schlichten Barackenanlagen untergebracht, immer mehrere hundert in einer Baracke mit drei Betten übereinander.

Wie viele von den 1803392 Menschen, die nach offiziellen Angaben im Rahmen der »Entkulakisierung« von 1930/31 deportiert worden waren, sind in den ersten Monaten ihres »neuen Lebens« verhungert oder erfroren? Im Archiv von Nowossibirsk wurde ein ergreifendes Dokument vom Mai 1933 aufbewahrt: Es ist ein an Stalin gerichteter Bericht eines Schulungsleiters des Parteikomitees von Narym in Westsibirien über das Schicksal von mehr als 6000 Menschen, die in zwei Zügen von Moskau und St. Petersburg nach Sibirien gebracht worden waren. Obwohl das Dokument aus einer späteren Zeit stammt und eine andere Kategorie von Deportierten betrifft, nämlich nicht die Bauern, sondern »deklassierte Elemente«, die ab Ende 1932 aus der neuen »sozialistischen Stadt« verjagt worden sind, schildert das Dokument eine Situation, die sicherlich keine Ausnahme war und mit dem Ausdruck »Deportationsaussetzung« sicherlich treffend bezeichnet ist.

Hier folgen einige Auschnitte aus diesem schrecklichen Zeugnis:

»Am 29. und 30. April 1933 wurden uns zwei Züge mit deklassierten Elementen aus Moskau und Leningrad geschickt. Nach der Ankunft in Tomsk wurden diese Elemente mit Schleppkähnen auf die beim Zusammenfluß von Ob und Nasina liegende Insel Nasino gebracht, der erste Zug am 18., der zweite am 26. Mai. Mit dem ersten Zug kamen 5070 und mit dem zweiten 1044 Personen, insgesamt also 6114. Die Transportbedingungen waren grauenhaft: die Nahrung war schlecht und unzureichend, nicht genügend Luft und Platz und die Schwächsten wurden regelrecht schikaniert. [...] Folge: Eine Sterblichkeitsrate von 35 bis 40 Menschen pro Tag. Doch diese Lebensbedingungen waren noch der reinste Luxus, gemessen an dem, was die Deportierten auf der Insel Nasino erwartete (von dort sollten sie gruppenweise die Nasina hinauf zum Endziel, den Siedlungssektoren, gebracht werden). Auf der Insel Nasino gibt es keinerlei Zivilisation und nicht die geringste Wohnmöglichkeit. [...] kein Werkzeug, kein Saatgut, keine Nahrung ... Das neue Leben begann. Am 19. Mai, einen Tag nach der Ankunft des ersten Zuges, fing es an zu schneien, und es kam Wind auf. Ausgehungert, abgemagert, ohne Dach und Werkzeug [...] befanden sich die Deportierten in einer ausweglosen Situation. Sie konnten nur Feuer anmachen und versuchen, sich vor der Kälte zu schützen. Die ersten Menschen starben. [...] Am ersten Tag wurden 295 Leichen begraben. [...] Erst am vierten oder fünften Tag nach der Ankunft der Deportierten auf der Insel, schickten die Behörden per Schiff ein bißchen Mehl, ein paar hundert Gramm pro Person. Die Leute rannten mit ihrer mageren Portion an den Strand und versuchten, das wenige Mehl in ihren Pelzmützen, Hosen oder Jacken mit Wasser anzurühren. Doch die meisten der Deportierten versuchten das Mehl so zu essen, wie sie es bekommen hatten, und erstickten vielfach dabei. Während des ganzen Aufenthalts auf der Insel bekamen die Deportierten lediglich ein bißchen Mehl. Die Findigsten bemühten sich, Pfannkuchen zu backen, aber es gab nicht ein einziges Gefäß [...] Bald kam es zu Fällen von Kannibalismus. [...]

Ende Juni begann man, die Deportierten in die sogenannten Siedlungsdörfer zu bringen. Die Zielorte lagen ungefähr 200 Kilometer von der Insel entfernt, immer den Fluß Nasina hinauf, mitten in der Taiga. Das Dorf? Unberührte Natur weit und breit, das war alles. Man schaffte es jedoch, einen primitiven Ofen zu errichten, und konnte darauf eine Art Brot backen. Aber sonst änderte sich nicht viel im Vergleich zum Leben auf der Insel Nasino: Die gleiche Eintönigkeit, das gleiche Feuer, das gleiche Elend. Alle paar Tage wurde diese Art Brot verteilt, das war der einzige Unterschied. Die Menschen starben weiter. Nur ein Beispiel: Von 78 Personen, die auf der Insel nach dem 5. Siedlungssektor eingeschifft wurden, kamen 12 lebend an. Bald gaben die Behörden zu, daß diese Gegend nicht zu kolonisieren ist, und alle Überlebenden des Kontingents wurden mit dem Schiff den Fluß hinunter zurückgeschickt. Die Fluchtversuche häuften sich. [...] An den neuen Siedlungsorten fingen die überlebenden Deportierten, die endlich Werkzeuge bekommen hatten, ab Mitte Juli damit an, halb in den Boden eingegrabene Schutzhütten zu bauen. [...] Es gab immer noch Fälle von Kannibalismus. Doch langsam normalisierte sich das Leben wieder: Die Leute fingen wieder an zu arbeiten: Aber der körperliche Verschleiß war so hoch, daß die Leute trotz einer Tagesration von 750 bis 1000 Gramm Brot weiterhin krank wurden und starben. Und sie aßen weiterhin Moos, Gras, Blätter usw. Die Bilanz des Ganzen: Von den 6100 Personen, die in Tomsk gestartet waren (und denen man noch 500 bis 700 Personen hinzufügen muß, die von anderswoher in diese Gegend geschickt worden waren), waren am 20. August nur noch etwa 2200 Personen am Leben.«[214]

Wie viele Nasino-Tragödien hat es wohl gegeben? Wie viele vergleichbare Fälle von Deportationsaussetzungen? Ein paar Zahlen lassen ahnen, wie groß die Verluste waren. Vom Februar 1930 bis zum Dezember 1931 wurden etwas mehr als 1 800 000 Entkulakisierte deportiert. Als am 1. Januar 1932 die Behörden eine erste Zählung durchführten, wurden nur 1 317 022 Personen registriert.[215] Der Verlust liegt bei einer halben Million, d. h. etwa 30 % der Deportierten. Die Zahl derer, denen die Flucht gelang, war sicherlich hoch.[216] 1932 war das Schicksal der »Kontingenten« zum ersten Mal Gegenstand einer von der GPU durchgeführten systematischen Studie. Seit dem Sommer 1931 trug die GPU die alleinige Verantwortung für die Deportierten, die nun als »Sonderkolonisten« bezeichnet wurden, und zwar vom ersten bis zum letzten Augenblick: von der Deportation bis zur Verwaltung der »Siedlungsdörfer«. Nach dieser Studie gab es mehr als 210 000 Flüchtlinge und an die 90 000 Tote. 1933, im Jahr der großen Hungersnot, meldeten die Behörden 151 601 Todesfälle unter den 1 142 022 Sonderkolonisten, die am 1. Januar 1933 registriert worden waren. 1932 lag die Sterblichkeitsrate bei ungefähr 6,8% und 1933 bei 13,3%. Für die Jahre 1930/31 gibt es nur Zahlen für einzelne Gruppen, doch auch die sagen schon recht viel aus: 1930 lag die Sterblichkeitsrate bei den Deportierten in Kasachstan bei 1,3%, bei den Deportierten in Westsibirien bei 0,8%. Die Säuglingssterblichkeit schwankte zwischen 8 und 12% je nach Monat, in Magnitogorsk wurde mit 15% der Höchstwert gemessen. Vom 1. Juni 1931 bis 1. Juni 1932 wird für die Gegend von Narym in Westsibirien die Sterblichkeitsrate bei den Deportierten mit 11,7% angegeben. Allgemein gesehen ist es jedoch sehr unwahrscheinlich, daß die Sterblichkeitsrate für 1930/31 niedriger ist als die für 1932. Sie lag sicherlich bei 10% oder sogar darüber. Man kann also davon ausgehen, daß innerhalb von drei Jahren 300000 Deportierte während der Deportation starben.[217]

Für die zentralen Behörden, die sich um die Rentabilität der Arbeit der »Sonderumsiedler« oder »Arbeitskolonisten« – wie sie seit 1932 hießen – sorgten, war die »Deportationsaussetzung« nur ein Notbehelf. Pusitski, einer von den für die Arbeitskolonisten zuständigen GPU-Chefs, machte dafür »die kriminelle Fahrlässigkeit und politische Kurzsichtigkeit der lokalen Entscheidungsträger, welche die Idee der Kolonisierung durch die ehemaligen Kulaken nicht begriffen haben«, verantwortlich.[218]

Um »dieser unerträglichen Verschwendung der Arbeitskraft der Deportierten« ein Ende zu setzen, wurde im März 1931 eine direkt dem Politbüro zugeordnete Sonderkommission eingerichtet. Die Schlüsselrolle in dieser von Andrejew geleiteten Kommission übernahm Jagoda. Die Kommission setzte sich als Hauptziel »die rationelle und effektive Verwaltung der Arbeitskolonisten«. Die ersten Untersuchungen dieser Kommission ergaben in der Tat, daß die Arbeitsleistung der Deportierten gleich null war. Von den 300000 im Ural angesiedelten Arbeitskolonisten waren im April 1931 nur 8% mit dem »Holzsägen oder anderen produktiven Arbeiten« beschäftigt. Die übrigen arbeitsfähigen Männer »bauten sich Wohnungen [...] und sorgten für ihr Überleben«. In einem weiteren Dokument gibt man zu, daß die ganzen Operationen im Zusammenhang mit der Entkulakisierung für den Staat ein Defizit waren. 1930 lag der Durchschnittswert des beschlagnahmten Besitzes eines Kulakenbetriebs bei 564 Rubeln, eine lächerliche Summe (etwa 15 Monatsgehälter eines Arbeiters), die sehr viel über den angeblichen »Reichtum« der Kulaken aussagt. Die Unkosten für die Deportation der Kulaken lagen bei mehr als 1000 Rubel pro Familie.[219]

Unter einer Rationalisierung der Verwaltung der Arbeitskolonisten verstand die Andrejew-Kommission vor allem eine Restrukturierung der für die Deportierten zuständigen Dienststellen. Im Sommer 1931 erhielt die GPU das Verwaltungsmonopol für die »Sondersiedlungen«, die bisher den lokalen Behörden unterstanden hatten. Man errichtete ein ganzes Netz von *komandaturen*, sozusagen eine exterritoriale Parallelverwaltung, mit deren Hilfe die GPU die vollständige Kontrolle über riesige Gebiete besaß, denn der allergrößte Teil der dort lebenden Bevölkerung bestand nun größtenteils aus diesen Sondersiedlern. Diese waren einem strengen internen Reglement unterworfen. Wohnort und Arbeitsplatz waren fest vorgeschrieben. Die Arbeitskolonisten waren entweder einem Staatsbetrieb oder einer »Landwirtschafts- oder Handwerksgenossenschaft mit Sonderstatus, die dem Ortskommandanten der OGPU unterstand«, zugewiesen oder sie wurden im Straßenbau oder bei Rodungsarbeiten eingesetzt. Auch bei den Arbeitsnormen und Gehältern galt ein Sonderstatus. Im Vergleich zu den freien Arbeitern lagen die Arbeitsnormen um 30 bis 50% höher. Und wenn Gehälter bezahlt wurden, ging ein Anteil von 15 bis 25% direkt an die GPU-Verwaltung.

Wie die Dokumente der Andrejew-Kommission bestätigen, waren die Verwaltungsausgaben für die Lagerhäftlinge neunmal so hoch wie die für die Arbeitskolonisten; die 203 000 Sondersiedler in Westsibirien beispielsweise waren auf 83 *komandaturen* verteilt und wurden nur von 971 Leuten überwacht.[220] Ziel der GPU war es, gegen eine Kommissionsgebühr, die einem bestimmten Prozentsatz des Arbeitslohnes entsprach, und eine vertraglich festgelegte Pauschale *ihre* Arbeitskräfte einer Reihe von Großkombinaten zur Verfügung zu stellen. Diese Großkombinate bewirtschafteten die natürlichen Ressourcen der nördlichen und östlichen Landesteile: Urallesprom (Waldwirtschaft), Uralugol und Wostugol (Kohle), Wostokstal (Stahlhütte), Tswetmetzoloto (keine eisenhaltigen Erze), Kusnetzstroi (Metallindustrie) usw.

Grundsätzlich kümmerte sich der Betrieb um Unterkunft, Verpflegung und Schulbildung der Deportierten. Selbst die GPU-Funktionäre gaben zu, daß die Betriebe diese Arbeitskräfte mit ihrem ambivalenten Status – halb frei, halb inhaftiert – gerne als kostenloses Personal betrachteten. Oft sahen die Arbeitskolonisten keine Kopeke von ihrem Lohn, denn das, was sie verdienten, war im allgemeinen weniger als das, was von der Verwaltung für den Bau der Barackenlager, die Werkzeuge, den Pflichtbeitrag für die Gewerkschaften, die Staatsanleihe usw. einbehalten wurde.

Wie Ausgestoßene zählten sie zur untersten Verpflegungskategorie und waren deshalb oft dem Hunger, aber auch jeder Art von Erniedrigung und Mißbrauch ausgesetzt. Im folgenden eine Liste aus den Verwaltungsberichten mit den schlimmsten Fällen von Mißbrauch: Es wurden nicht realisierbare Arbeitsnormen festgesetzt, der Lohn wurde einbehalten, die Deportierten wurden gezüchtigt oder mitten im Winter in behelfsmäßige Zellen ohne jegliche Heizung eingesperrt, die deportierten Frauen wurden »von den GPU-Kommandanten gegen Ware verschachert« oder als Mädchen »für alles« den kleinen Chefs der Gegend kostenlos zur Verfügung gestellt. In einem Bericht der GPU von 1933 wird folgende Bemerkung eines Direktors, der im Ural einem Forstbetrieb mit Arbeitskolonisten vorstand, zitiert und kritisiert: »Man könnte euch alle umlegen, die GPU würde uns in jedem Fall eine neue Ladung mit 100 000 Leuten wie euch schicken!« Der Ausspruch spricht für die Einstellung, die viele Betriebsdirektoren gegenüber diesen beliebig ausbeutbaren Arbeitskräften hatten.

Allein an der Produktivität gemessen, wurde das Wirtschaften mit den Arbeitskolonisten allmählich rationeller. Bereits 1932 wurden die unwirtlichsten »Siedlungszonen« oder »Kolonisierungsgebiete« zugunsten von Großbaustellen, Bergwerken und Industriezentren aufgegeben. In manchen Sektoren war der Anteil der Deportierten, die in den gleichen Betrieben und auf den gleichen Baustellen arbeiteten wie die freien Arbeiter und in angrenzenden Barackenlagern lebten, beträchtlich hoch, manchmal sogar vorherrschend. In den Bergwerken von Kusbass stellten Ende 1933 mehr als 41 000 Arbeitskolonisten 47 % der gesamten Belegschaft. Im September 1932 lebten in Magnitogorsk 42 462 Deportierte, das waren zwei Drittel der Bevölkerung.[221] In vier besonderen Siedlungszonen waren ihnen Unterkünfte zugewiesen, zwei bis sechs Kilometer von der Hauptbaustelle entfernt. Sie arbeiteten jedoch in den gleichen Abteilungen wie ihre freien Arbeitskollegen, weshalb sich die Grenzen zwischen den einzelnen Gruppen allmählich auflösten. Aus Sachzwängen – oder anders formuliert: aus wirtschaftlichen Gründen – kehrten die zuvor Entkulakisierten nunmehr als Arbeitskolonisten wieder in die Gesellschaft zurück, in eine Gesellschaft, in der soziale Beziehungen ohnehin gestört waren und keiner wußte, wer als nächster ausgestoßen wird.

8
Die Große Hungersnot

Zu den »weißen Flecken« der sowjetischen Geschichte zählte lange Zeit die große Hungersnot von 1932/33, die nach heute allgemein anerkannten Quellen mehr als sechs Millionen Opfer forderte.[222] Diese Katastrophe ist jedoch nicht vergleichbar mit den anderen Hungersnöten, die das zaristische Rußland in regelmäßigen Abständen heimsuchten. Denn sie war eine direkte Folge des neuen »militär-feudalistischen« Wirtschaftssystems der Bauernschaft – so der Ausdruck des bolschewistischen Funktionärs und Stalingegners Nikolai Bucharin –, das während der Zwangkollektivierung aufgebaut worden war, und verdeutlichte auf tragische Weise den ungeheuren sozialen Rückschritt, der mit dem Angriff der sowjetischen Macht auf die Bauern Ende der zwanziger Jahre einherging.

Im Gegensatz zur Hungersnot von 1921/22, welche die sowjetischen Behörden nicht zuletzt durch ihre Appelle an die internationalen Hilfsorganisationen zugegeben hatten, war die von 1932/33 vom Regime immer geleugnet, und die wenigen Stimmen, die im Ausland die Aufmerksamkeit auf diese Tragödie lenkten, mit starker Propaganda übertönt worden. Aufgebauschte »Berichte« haben dabei noch beträchtlich geholfen, so etwa der des französischen Abgeordneten Édouard Herriot, des Führers der Radikalen, der im Sommer 1933 auf einer Reise in der Ukraine von den vielen Gemüsegärten der Kolchosen schwärmte, alle »wunderbar bewässert und gepflegt«, und von den »wirklich bewundernswerten Ernten«. Daraus folgerte er mit unumstößlicher Überzeugung: »Ich habe die Ukraine durchquert und kann nur bestätigen, daß ich sie wie einen Garten mit vollem Ertrag erlebt habe.«[223] Diese Verblendung ist zum einen auf die gigantische Inszenierung der GPU zurückzuführen, die für die ausländischen Gäste eine Reiseroute voller Musterkolchosen und vorbildlicher Kindergärten ausgearbeitet hatte. Für diese Verblendung gab es aber auch politische Gründe: besonders die damalige französische Regierung war mit Blick auf das mit der Machtübernahme Adolf Hitlers bedrohlicher gewordene Deutschland darauf bedacht, den sich abzeichnenden Annäherungsprozeß mit der Sowjetunion nicht zu stören.

Trotzdem hatten vor allem in Deutschland und Italien eine ganze Reihe maßgeblicher Politiker erstaunlich genaue Kenntnisse von der Hungersnot der Jahre 1932 und 1933. Die kürzlich von dem italienischen Historiker Andrea Graziosi[224] entdeckten und veröffentlichten Berichte der in Charkow,

Odessa und Novorossisk diensttuenden italienischen Diplomaten beweisen, daß Mussolini, der diese Texte sorgfältig las, über die Situation genau im Bilde war, auch wenn er es für seine antikommunistische Propaganda nicht ausnützte. Im Gegenteil, im Sommer 1933 kam es zunächst zum Abschluß eines italienisch-sowjetischen Handelsvertrags, dem später noch ein Freundschafts- und Nichtangriffspakt folgte. Geleugnet oder der Staatsräson geopfert, setzte sich die Wahrheit über die große Hungersnot, obwohl sie in einigen auflagenschwachen Publikationen von im Ausland sitzenden ukrainischen Organisationen zur Sprache gekommen war, erst ab der zweiten Hälfte der achtziger Jahre allmählich durch, als Folge einer Reihe von veröffentlichten Arbeiten und Forschungsberichten sowohl von westlichen Historikern als auch von Forschern der ehemaligen Sowjetunion.

Die große Hungersnot von 1932/33 ist sicherlich nur mit Blick auf das seit der Zwangskollektivierung veränderte Verhältnis zwischen dem Sowjetstaat und der Bauernschaft zu verstehen. In den kollektivierten Gegenden war die Rolle der Kolchosen strategischer Art. Sie sollten dem Staat feste Agrarlieferungen garantieren. Dadurch kam es zu immer größeren Beschneidungen des »kollektiven« Ernteertrags. In jedem Herbst führte die Steuereinzugskampagne zu einem regelrechten Machtkampf zwischen dem Staat und einer Bauernschaft, die verzweifelt versuchte, einen Teil der Ernte für sich zu behalten. Es ging um Entscheidendes: für den Staat um die Einnahmen, für den Bauern ums Überleben. Je fruchtbarer eine Gegend war, desto mehr mußte sie abgeben. 1930 zog der Staat in der Ukraine 30% des Ernteertrags ein, in den reichen Ebenen des Kubangebiets und im nördlichen Kaukasus 38% und in Kasachstan 33%. 1931 war die Ernte deutlich schlechter ausgefallen, trotzdem kletterten die Anteile in denselben Gebieten auf 41,5%, 47% und 39,5%. Steuererhebungen in diesen Ausmaßen mußten zwangsläufig den Produktionskreislauf stören. Zum Vergleich: In den Zeiten der NEP brachten die Bauern lediglich 15 bis 20% ihrer Ernte in den Handel, 12 bis 15% wurden als Saatgut zurückgelegt, und 25 bis 30% bekam das Vieh. Der Rest war für den eigenen Verbrauch bestimmt. Zwischen den Bauern, die jedes Mittel versuchten, um einen Teil der Ernte behalten zu können, und den lokalen Behörden, die gezwungen waren, den immer irrealistischeren Steuerplan um jeden Preis einzuhalten – 1932 lag der Steuerplan 32% über dem von 1931 – war der Konflikt unausweichlich.[225]

1932 lief die Steuereinzugskampagne nur langsam an. Sobald die neue Ernte gedroschen wurde, versuchten die Kolchosebauern einen Teil der Ernte zu verstecken oder bei Nacht zu »stehlen«. Es bildete sich eine regelrechte »Front des passiven Widerstandes«, unterstützt durch das stillschweigende und gegenseitige Einvernehmen zwischen dem Kolchosebauern und dem Brigadeführer, zwischen dem Brigadeführer und dem Steuerbeamten, zwischen dem Steuerbeamten und dem Kolchoseleiter, der selbst Bauer war und erst kurz zuvor befördert worden war, zwischen dem Leiter und dem Parteisekretär des Ortsverbandes. Um »das Korn zu holen«, mußten die Zentralbehörden neue »Stoßbrigaden« schicken, die in den Städten aus Komsomol-Mitgliedern und Kommunisten zusammengestellt wurden.

Im folgenden ein Bericht über das regelrechte Kriegsklima auf dem Lande. Er stammt von einem Schulungsleiter des Zentralexekutivkomitees, der in ein Distrikt des Getreideanbaugebiets an der unteren Wolga geschickt wurde, und ist an dessen Vorgesetzte gerichtet:

»Jederman führt Verhaftungen und Untersuchungen durch: die Mitglieder des Dorfsowjets, alle möglichen Abgesandten, die Mitglieder der Stoßbrigaden und irgendwelche übereifrigen Komsomols. In diesem Jahr haben 12% der Bauern dieses Distrikts vor dem Gericht gestanden, ohne Berücksichtigung der deportierten Kulaken, der zu Geldstrafen verurteilten Bauern usw. Nach den Schätzungen des ehemaligen Generalstaatsanwalts dieses Distrikts waren im letzten Jahr 15% der erwachsenen Bevölkerung in irgendeiner Form Opfer von Repressionen. Wenn man außerdem bedenkt, daß im letzten Monat an die 800 Bauern aus den Kolchosen ausgeschlossen wurden, bekommt man eine Ahnung von den Ausmaßen der Repression in diesem Distrikt. [...] Abgesehen von den Fällen, in denen eine Repression der Massen wirklich gerechtfertigt ist, muß man sagen, daß die Wirksamkeit der repressiven Maßnahmen ständig abnimmt, denn sobald sie ein gewisses Maß überschreiten, sind sie schwer umzusetzen. [...] Alle Gefängnisse sind brechend voll. Im Gefängnis von Balachewo sitzen schon fünfmal so viele Leute, wie ursprünglich für das Gefängnis vorgesehen, und in Elan sitzen 610 Leute in dem kleinen Distriktgefängnis. Im Laufe des letzten Monats hat das Gefängnis von Balachewo 78 Verurteilte an Elan ›abgegeben‹, 48 von ihnen waren noch keine zehn Jahre alt; 21 wurden sofort freigelassen. [...] Um mit dieser wunderbaren Methode, der einzigen, die man hier kennt, – der Methode der Gewalt – zu einem Ende zu kommen, noch ein paar kurze Worte zu den Einzelbauern, bei denen man alles tut, um sie vom Säen und Bepflanzen abzuhalten.

Folgendes Beispiel zeigt deutlich, wie sehr die Einzelbauern terrorisiert werden: In Mortsy hat ein Einzelbauer, der den Plan zu 100% erfüllt hatte, den Genossen Fomitschew, den Vorsitzenden des Exekutivkomitees dieses Distrikts, aufgesucht und ihn darum gebeten, für seine Deportierung in den Norden zu sorgen, denn wie dem auch sei, so erklärte er, ›unter diesen Bedingungen kann man nicht leben‹. Ebenso bezeichnend ist die von 16 Einzelbauern des Dorfsowjets von Alexandrow unterzeichnete Petition, in welcher sie darum bitten, daß man sie aus ihrer Region wegdeportiert! [...] Kurz: Die einzige Form der ›Arbeit der Massen‹ ist der ›Sturm‹: Man ›stürmt‹ auf das Saatgut los, auf die Banken, auf die Zuchtbetriebe, auf die Arbeit usw. Nichts geschieht hier ohne ›Sturm‹. [...] Nachts wird belagert, von 9 oder 10 Uhr abends bis in das Morgengrauen.

> Und der ›Sturm‹ läuft dann folgendermaßen ab: die ›Stoßbrigade‹ tagt in einer Holzhütte und läßt der Reihe nach alle Personen kommen, die irgendeine Verpflichtung oder irgendeinen Plan nicht erfüllt haben und ›überredet‹ sie mit verschiedenen Mitteln, ihre Verpflichtungen einzuhalten. Man ›belagert‹ jeden, der auf der Liste steht, und dann beginnt alles wieder von vorne, die ganze Nacht.«[226]

Eine entscheidende Waffe aus dem Arsenal der Strafmaßnahmen, die stärkste im Krieg zwischen dem Regime und der Bauernschaft, war das am 7. August 1932 verabschiedete berühmt-berüchtigte Gesetz, das für »jeden Diebstahl oder jede Verschwendung sozialistischen Eigentums« eine zehnjährige Lagerhaft oder die Todesstrafe vorsah. Im Volksmund lief dieses Gesetz unter dem Namen »Ährengesetz«, denn die meisten der nach diesem Gesetz Verurteilten hatten einige Weizen- oder Roggenähren auf den Feldern der Kolchosebauern gestohlen. Vom August 1932 bis Dezember 1933 wurden mehr als 125 000 Menschen nach diesem Gesetz verurteilt, davon 5400 zum Tode.[227]

Trotz dieser drakonischen Maßnahmen kam nicht genügend Korn herein. Mitte Oktober 1932 war der Steuereinzugsplan für die wichtigsten Getreideanbaugebiete des Landes erst zu 15 bis 20% erfüllt. Deshalb beschloß das Politbüro am 22. Oktober 1932, zur »Beschleunigung des Steuereinzugs« zwei außerordentliche Kommissionen in die Ukraine und den nördlichen Kaukasus zu schicken; die eine stand unter der Leitung von Wjatscheslaw Molotow, die andere unter der von Lasar Kaganowitsch.[228] Am 2. November kam die Kommission von Lasar Kaganowitsch, zu der auch Genrich Jagoda zählte, nach Rostow am Don. Sofort wurde eine Versammlung aller Distriktparteisekretäre des nördlichen Kaukasus einberufen, die folgende Entscheidung traf: »Wegen des äußerst kläglichen Scheiterns des Getreideeinzugsplans sind die Ortsgruppen der Partei gezwungen, mit der von den konterrevolutionären Kulakengruppen organisierten Sabotage aufzuräumen und den Widerstand der die Sabotage anführenden Dorfkommunisten und Kolchoseleiter zu brechen.« Für einige Distrikte, die »auf der schwarzen Liste« stehen (so der offizielle Ausdruck!), wurden folgende Maßnahmen beschlossen: Einzug aller Ladenartikel, völliger Handelsstopp, sofortige Fälligkeit aller laufenden Kredite, zusätzliche Besteuerung, Festnahme aller »Saboteure«, aller »fremden Elemente« und »Konterrevolutionäre« in einem Schnellverfahren unter der Leitung der GPU. Falls die Sabotage fortgesetzt wird, ist die ganze Bevölkerung zu deportieren.

Allein im November 1932, dem ersten Monat des »Kampfes gegen die Sabotage«, wurden 5000 Dorfkommunisten, die man gegenüber der »Sabotage« der Steuereinzugskampagne »in krimineller Weise nachsichtig« fand, und 15 000 Kolchosebauern im nördlichen Kaukasus festgenommen. Die Region war wegen ihrer Getreideproduktion von größter Bedeutung. Im Dezember begann man mit den Massendeportationen. Betroffen waren nicht mehr allein die Kulaken, sondern ganze Dörfer, besonders die der Stanitsy-Kosaken, die schon 1920 ähnliche Maßnahmen erlebt hatten.[229] Die Zahl der Sondersiedler stieg schnell an: Für 1932 meldete die Gulag-Verwaltung die Ankunft von 71 236 Deportierten, und für 1933 wurde ein Zustrom von 268 091 neuen Sondersiedlern registriert.[230]

In der Ukraine traf die Kommission Molotow ähnliche Maßnahmen: Auch hier wurden die Distrikte, die den Steuerplan nicht erfüllt hatten, mit all den zuvor beschriebenen Konsequenzen auf die schwarze Liste gesetzt: Säuberung der Ortsgruppen der Partei und Massenverhaftungen, und zwar nicht nur bei den Kolchosebauern, sondern auch bei den Leitern der Kolchosen, die im Verdacht standen, »die Produktion geschmälert« zu haben. Bald wurden diese Maßnahmen auf andere Getreideanbaugebiete ausgedehnt.

Konnte der Staat mit diesen Maßnahmen den Krieg gegen die Bauern gewinnen? Die Antwort, die uns der italienische Konsul von Novorossisk in seinem mit sehr viel Weitblick geschriebenen Bericht gibt, ist nein:

»Der schwerbewaffnete, mächtige Sowjetapparat sieht sich nämlich außerstande, in einer oder mehreren ordnungsgemäßen Schlachten den Sieg davonzutragen; der Feind tritt nicht in seiner Masse in Erscheinung, sondern in einer zerstreuten Form, und so erschöpft man sich in endlosen kleinen Gefechten: hier wurde ein Feld nicht gejätet, und da einige Doppelzentner Weizen versteckt. Von den Traktoren ganz zu schweigen: der eine ist nicht einsatzfähig, ein zweiter wurde mutwillig zerstört, ein dritter wird nicht bei der Arbeit eingesetzt, sondern fährt irgendwo herum … Und schließlich kommt heraus, daß eine Lagerhalle geplündert wurde, daß die Buchhaltung im kleinen oder im großen schlecht geführt oder gefälscht wurde, daß die Kolchoseleiter aus Angst oder in böser Absicht in ihren Berichten nicht die Wahrheit gesagt haben … Und so fort, ohne Ende und immer wieder von Neuem in diesem riesigen Gebiet! […]. Die Suche nach dem Feind ist von Haus zu Haus durchzuführen, von Dorf zu Dorf. In einem durchlöcherten Eimer Wasser zu transportieren, käme auf das Gleiche hinaus!«[231]

Deshalb gab es für den Sieg über »den Feind« nur eine Lösung: ihn auszuhungern.

Die ersten Berichte über die Gefahr einer »kritischen Versorgungslage« für den Winter 1932/33 erreichten Moskau bereits im Sommer 1932. Im August 1932 meldete Molotow dem Politbüro, daß »selbst in den Distrikten, in denen die Ernte ausgezeichnet gewesen war, in der Tat eine Hungersnot drohe«. Trotzdem schlug er vor, am Steuereinzugsplan um jeden Preis festzuhalten. Im selben August informierte Issajew, der Vorsitzende des Rates der Volkskommissare von Kasachstan, Stalin über das Ausmaß der Hungersnot in dieser Republik, wo die mit der Kollektivierung erzwungene Seßhaftigkeit die traditionelle Nomadenwirtschaft völlig aus dem Gleis gebracht habe. Selbst überzeugte Stalinisten wie Stanislas Kossior, Erster Parteisekretär der Ukraine, oder Michail Chatajewitsch, Erster Parteisekretär der Region

Dnjepropetrowsk, forderten Stalin und Molotow auf, den Steuereinzugsplan zu reduzieren. »Damit in Zukunft die Produktion entsprechend dem Bedarf des proletarischen Staates wachsen kann«, schrieb Chatajewitsch im November 1932 an Molotow, »müssen wir die Mindestbedürfnisse der Kolchosebauern berücksichtigen, denn ohne sie wird es niemanden mehr geben, der sät und für die Produktion garantiert.«

»Ihr Standpunkt ist völlig unkorrekt und unbolschewistisch«, antwortete Molotow. »Wir, die Bolschewiki, können die Bedürfnisse des Staates – Bedürfnisse, die durch die Entscheidungen der Partei genau festgelegt sind, – nicht an die zehnte, ja nicht einmal an die zweite Stelle setzen.«[232]

Wenige Tage später schickte das Politbüro den Lokalbehörden ein Rundschreiben mit dem Befehl, allen Kolchosen, die ihren Plan noch nicht erfüllt haben, sofort »das ganze Korn, das sie besitzen, auch das, was angeblich für die Saat reserviert ist«, abzunehmen!

Unter Drohungen, ja sogar Folter, wurden die Landwirte gezwungen, ihre gesamten mageren Vorräte abzuliefern und hatten weder die Mittel noch die Möglichkeit, sich irgend etwas zu kaufen. So waren Millionen von Bauern aus den reichsten Agrargebieten der Sowjetunion dem Hunger ausgesetzt und hatten keine andere Möglichkeit, als in die Städte zu ziehen. Deshalb führte die Regierung am 27. Dezember 1932 den Inlandspaß und die Zwangsregistrierung für alle Stadtbewohner ein. Die Absicht war, die Landflucht zu begrenzen, »das soziale Schmarotzertum auszumerzen« und »die kulakische Unterwanderung der Städte zu bekämpfen«. Im Blick auf die Massenflucht der um ihr Überleben kämpfenden Bauern gab die Regierung am 22. Januar 1933 ein Rundschreiben heraus, das für Millionen Hungernde den sicheren Tod bedeutete. Das von Stalin und Molotow unterzeichnete Schreiben befahl den Lokalbehörden und insbesondere der GPU, »die Massenabwanderung der ukrainischen und nordkaukasischen Bauern in die Städte« zu verbieten. »Die konterrevolutionären Elemente sind zu verhaften, und die übrigen Flüchtlinge in ihre Wohnorte zurückzubringen.« Das Rundschreiben hatte folgende Erklärung für die Lage: »Das Zentralkomitee und die Regierung haben Beweise dafür, daß die Massenflucht der Bauern von den Gegnern der Sowjetmacht, den Konterrevolutionären und den polnischen Agenten, organisiert worden ist. Ihr Ziel ist eine Propaganda gegen das Kolchosesystem im besondern und die Sowjetmacht im allgemeinen.«[233]

In allen von der Hungersnot betroffenen Gebieten wurde der Verkauf von Bahnfahrkarten sofort eingestellt; von den Sondereinheiten der GPU errichtete Kontrollsperren sollten die Bauern daran hindern, ihre Distrikte zu verlassen. Anfang März 1933 meldete ein Bericht der politischen Polizei, daß im Rahmen der Operationen gegen die Abwanderung der Bauern in die Städte innerhalb eines Monats 219 460 Personen aufgegriffen worden seien. 186 588 von ihnen seien »in ihre Heimatregion zurückgebracht«, die anderen festgenommen und verurteilt worden. Aber über den Zustand der aus den Städten Vertriebenen schweigt der Bericht.

Hierzu ein Augenzeugenbericht des italienischen Konsuls von Charkow, das mitten in den von der Hungersnot betroffenen Regionen liegt:

»Seit einer Woche wurde ein Dienst organisiert, um die ausgesetzten Kinder einzusammeln. Denn neben den Bauern, die in die Städte strömen, weil sie auf dem Lande keine Möglichkeit mehr zum Überleben haben, gibt es auch Kinder, die hierhergebracht und dann von den Eltern, die zum Sterben in ihre Dörfer zurückkehren, in der Hoffnung ausgesetzt werden, daß irgend jemand in der Stadt sich ihrer Nachkommenschaft annimmt. Seit einer Woche hat man *dvorniki* (Conciergen) organisiert, die in weißen Blusen durch die Stadt patrouillieren und die Kinder zum nächstgelegenen Polizeiposten bringen. [...] Gegen Mitternacht bringt man sie in Lastwagen zum Güterbahnhof von Severo Donetz. Auch die in den Bahnhöfen und Zügen aufgelesenen Kinder und die tagsüber in der Stadt aufgegriffenen Bauernfamilien und älteren Einzelpersonen werden dort zusammengetrieben. Das Sanitätspersonal ist mit der »Selektion« beauftragt. Diejenigen, die noch nicht aufgedunsen sind und eine Chance zum Überleben haben, kommen in die Barackenlager von Holodnaja Gora, wo ein Volk von 8000 Seelen, meistens Kinder, auf den Strohlagern der Lagerhallen mit dem Tode kämpft. [...] Die Aufgedunsenen werden mit Güterzügen aufs Land hinausgefahren und 50 bis 60 Kilometer hinter der Stadt ausgesetzt, wo sie sterben, ohne daß man sie sieht. [...] Sofort nach der Ankunft an den Stellen, an denen entladen wird, werden große Gruben ausgehoben, und die Toten aus den Waggons herausgeholt.«[234]

Auf dem Lande erreichte die Sterblichkeitsrate im Frühjahr 1933 ihren Höhepunkt. Zum Hunger kam der Typhus; in Ortschaften, in denen ursprünglich mehrere Tausend Menschen lebten, zählte man nur ein paar Dutzend Überlebende. In den Berichten der GPU werden Fälle von Kannibalismus erwähnt. Auch die in Charkow sitzenden italienischen Diplomaten schreiben davon:

»Jede Nacht werden in Charkow 250 Leichen eingesammelt, Verhungerte oder Typhustote. Wie man feststellte, hatten viele von ihnen keine Leber mehr: Sie schien durch einen großen Schnitt in das Fleisch herausgerissen worden zu sein. Die Polizei stieß schließlich auf einige mysteriöse »Amputierer«, die zugaben, mit diesem Fleisch die Füllung der *pirojki* (kleine Pasteten) zubereitet zu haben. Die *pirojki* hatten sie anschließend auf dem Markt verkauft.«[235]

Im April 1933 machte der Schriftsteller Michail Scholochow in einer Ortschaft des Kubangebiets Station. Von dort schrieb er zwei Briefe an Stalin, in denen er in allen Einzelheiten berichtete, wie die lokalen Behörden unter Anwendung von Foltermethoden den Kolchosebauern ihre Vorräte abgepreßt und sie so dem Hunger ausgesetzt haben. Er forderte den Ersten Parteisekretär auf, eine Hilfssendung mit Lebensmitteln zu organisieren. In seiner Antwort an den Schriftsteller macht Stalin aus seiner Position keinen Hehl: die Bauern würden lediglich dafür bestraft, daß sie »gestreikt und sabotiert« haben, daß sie »einen Zermürbungskrieg gegen die Sowjetmacht, einen Kampf auf Leben und Tod geführt« haben.[236] 1933 verhungerten Millionen von Bauern, doch die Regierung setzte ihre Exportpolitik fort: Im gleichen Jahr wurden 18 Millionen Doppelzentner Weizen »für den Bedarf der Industrie« an das Ausland geliefert.

An Hand der Einwohnerverzeichnisse und der Unterlagen aus den beiden Volkszählungen von 1937 und 1939, die bis vor wenigen Jahren nicht zugänglich waren, kann man das Ausmaß der Hungersnot von 1933 ungefähr abschätzen. Geographisch umfaßte die »Hungerzone« die gesamte Ukraine, einen Teil des Schwarzerdegebiets, die fruchtbaren Ebenen des Dons, des Kubans und des nördlichen Kaukasus und einen Großteil von Kasachstan. Mehr als 40 Millionen Menschen hatten unter der Hungersnot oder der unzureichenden Versorgungslage zu leiden. In den am stärksten betroffenen Gegenden, wie etwa den Agrargebieten um Charkow, lag die Sterblichkeitsrate zwischen Januar und Juni 1933 um das Zehnfache über dem Durchschnitt: im Juni 1933 100 000 Todesfälle in der Region Charkow, im Vergleich zu 9000 im Juni 1932. Hinzukommt, daß zahlreiche Todesfälle nicht registriert worden sind. Die ländlichen Gegenden waren natürlich stärker betroffen als die Städte, doch auch letztere blieben nicht verschont. Charkow verlor innerhalb eines Jahres mehr als 120 000 Einwohner, Krasnodar 40 000 und Stawropol 20 000.

Auch außerhalb der »Hungerzone« waren die Verluste in der Bevölkerung, die zum Teil auf die unzureichende Versorgungslage zurückzuführen sind, nicht zu unterschätzen. In den Agrargebieten der Region Moskau stieg die Sterblichkeitsrate zwischen Januar und Juni 1933 um 50%. In der Stadt Iwanowo, die 1932 Schauplatz mehrerer Hungeraufstände war, stieg die Sterblichkeitsrate in der ersten Hälfte von 1933 um 35%. 1933 kam es im gesamten Land zu einem Übermaß von mehr als sechs Millionen Toten. Da der allergrößte Teil dieses Übermaßes auf die Hungersnot zurückzuführen ist, kann man mit Recht davon ausgehen, daß diese Tragödie ungefähr sechs Millionen Opfer gekostet hat. Die ukrainische Bauernschaft zahlte mit vier Millionen Toten den höchsten Preis. In Kasachstan eine Million Tote; dort waren vor allem die Nomaden betroffen, die man mit der Kollektivierung ihres ganzen Viehbestands beraubt und zur Seßhaftigkeit gezwungen hatte. Im nördlichen Kaukasus und in den Schwarzerdegebieten, eine Million Tote ...[237]

Auszug aus dem Brief von Michail Scholochow, Autor des Romans *Der stille Don,* vom 4. April 1933 an Stalin

Genosse Stalin!
Der Distrikt Weschenski hat, wie viele andere Distrikte im nördlichen Kaukasus, den Lieferplan für das Getreide nicht wegen irgendeiner »Kulakensabotage«, sondern wegen der schlechten Lokalpolitik der Partei nicht erfüllt …

Im letzten Dezember hat das Regionalkomitee der Partei zur »Beschleunigung« des Steuereinzugs den Genossen Owtschinnikow als »Bevollmächtigten« geschickt. Dieser hat folgende Maßnahmen getroffen. 1. Beschlagnahmung des gesamten verfügbaren Getreides, einschließlich des »Vorschusses«, den die Kolchoseleitung den Kolchosebauern zum Aussäen der nächsten Ernte gegeben hatte. 2. Aufteilung der von jeder Kolchose dem Staat noch geschuldeten Lieferung auf die einzelnen Familien. Was haben diese Maßnahmen bewirkt? Als man mit den Beschlagnahmungen anfing, versteckten sich die Bauern und vergruben das Korn. Und nun ein Wort zu den Zahlen, die diese Beschlagnahmungen erzielten. »Gefundenes« Getreide: 5930 Doppelzentner … Und hier einige Methoden, mit denen man zu jenen 593 Tonnen kam, die teilweise seit 1918 vergraben waren.

Die Kältemethode … Man zieht den Kolchosebauer aus und setzt ihn splitternackt in einer Scheune »der Kälte« aus. Oft setzte man die Kolchosebauern in ganzen Brigaden »der Kälte« aus.

Die Hitzemethode. Man übergießt die Füße und die Rockzipfel der Kolchosebäuerinnen mit Kerosin und zündet beides an. Dann löscht man alles wieder und beginnt von vorne …

In der Kolchose Napolowski zwang ein gewisser Plotkin, »Bevollmächtigter« des Distriktkomitees, die verhörten Kolchosebauern, sich auf einen glühendheißen Ofen zu legen, und sperrte sie hinterher zum »Abkühlen« nackt in eine Scheune …

In der Kolchose Lebjatschenski stellte man die Kolchosebauern an einer Mauer auf und simulierte eine Hinrichtung …

Ich könnte die Liste mit Beispielen solcher Art endlos fortsetzen. Es sind keine einzelnen Fehlgriffe, sondern gängige Methoden beim Einzug des Korns …

Wenn Ihnen mein Brief der Aufmerksamkeit des Zentralkomitees wert scheint, so schickt wahre Kommunisten hierher, die den Mut haben, alle diejenigen, die dem Aufbau der Kolchosen in diesem Distrikt einen tödlichen Schlag versetzt haben, zu entlarven … Sie sind unsere einzige Hoffnung.

Ihr Michail Scholochow

(Archiv des Präsidenten der Russischen Föderation 45/1/827/7–22)

Und Stalins Antwort an M. Scholochow vom 6. Mai 1933

Lieber Genosse Scholochow,
ich habe Ihre beiden Briefe erhalten. Die Hilfe, um die Sie gebeten haben, wird gewährt. Ich habe den Genossen Schkiriatow geschickt, um die Angelegenheiten, von denen Sie sprechen, aufzuklären. Ich bitte Sie, ihm dabei zu helfen. Aber das ist noch nicht alles, was ich Ihnen sagen will, Genosse Scholochow. Ihre beiden Briefe zeichnen nämlich ein Bild, das ich als nicht objektiv bezeichnen möchte, und dazu will ich Ihnen ein paar Worte schreiben.

Ich habe mich für Ihre Briefe bedankt. Sie decken eine leichte Erkrankung unseres Apparates auf und zeigen, daß einige unserer Parteifunktionäre zwar der Sache dienen d.h. unsere Feinde entwaffnen wollen, dabei aber unsere Freunde angreifen und sogar regelrecht sadistisch werden können. Aber das bedeutet nicht, daß ich IN ALLEM mit Ihnen einverstanden bin. Sie sehen einen Aspekt der Dinge, und den sehen Sie durchaus richtig. Aber es ist nur ein Aspekt der Dinge. Damit man sich in der Politik nicht irrt – denn bei Ihren Briefen handelt es sich nicht um Literatur, sondern um reine Politik –, muß man auch den anderen Aspekt der Realität sehen können. Und der andere Aspekt ist die Tatsache, daß die geschätzten Bauern Ihres Distrikts – und nicht nur diese – gestreikt und sabotiert haben und auch bereit waren, die Arbeiter und die Rote Armee ohne Brot zu lassen! Die Tatsache, daß es eine stillschweigende und offensichtlich friedliche Sabotage (ohne Blutvergießen) war – ändert nichts an der grundsätzlichen Angelegenheit, nämlich daß Ihre geschätzten Bauern einen Zermürbungskrieg gegen die Sowjetmacht geführt haben. Einen Kampf auf Leben und Tod, lieber Genosse Scholochow!

Selbstverständlich können diese Besonderheiten die Übertretungen, die sich unsere Funktionäre Ihrer Schilderung nach erlaubt haben, nicht rechtfertigen. Und die Verantwortlichen werden für ihr Verhalten zur Rechenschaft gezogen werden. Aber es liegt klar auf der Hand, daß unsere geschätzten Bauern keine Unschuldslämmer sind, wie man beim Lesen Ihrer Briefe glauben könnte.

Also, halten Sie sich gut. Ich drücke Ihnen die Hand. Ihr J. Stalin.

(Archiv des Präsidenten der Russischen Föderation 3/61/549/194)

Fünf Jahre vor dem Großen Terror, der in erster Linie die Intelligenzija der Wirtschaft und der Partei treffen wird, wirkt die große Hungersnot von 1932/33 wie die entscheidende Phase beim Aufbau eines Repressionssystems, das den augenblicklichen Gegebenheiten entsprechend versuchsweise gegen die eine oder andere soziale Gruppe zum Einsatz kommt. In dem 1929 von der Staatspartei eröffneten zweiten Akt des Krieges gegen die Bauern stellt die große Hungersnot den Höhepunkt dar. Mit ihrem Spektrum an Gewaltverbrechen, Foltermethoden und Morden an ganzen Völkerschaften bedeutet sie einen schweren Rückschritt, sowohl in politischer als auch in sozialer Hinsicht. Die Zahl der lokalen Tyrannen und Despoten, die zu allem bereit sind, um den Bauern die letzten Vorräte abzupressen, vervielfacht sich, Barbarei macht sich breit. Die gewaltsamen Ausschreitungen werden zur gängigen Praxis, Epidemien und Kannibalismus treten wieder auf, und ausgesetzte Kinder und Briganten gehören zu den alltäglichen Bildern. Man richtet »Todesbaracken« ein, und die Bauern erleben eine neue Form von Knechtschaft unter der Knute der Staatspartei. Der Schriftsteller Sergo Ordschonikidse bewies sehr viel Weitblick, als er im Januar 1934 an Sergej Kirow schrieb: »Unsere Führungskräfte haben die Situation von 1932/33 ausgehalten und überstanden, sie sind gehärtet wie Stahl. Ich denke mit ihnen wird man einen Staat bauen können, wie ihn die Geschichte noch nicht gesehen hat.«

Manche ukrainische Publizisten und Historiker sehen heute in dieser Hungersnot »einen Völkermord an den Ukrainern«.[238] Ist diese Sichtweise berechtigt? Die ukrainische Bauernschaft war ohne Zweifel das Hauptopfer der Hungersnot von 1932/33. Diesem »Angriff« gingen bereits 1929 mehrere Offensiven gegen die ukrainische Intelligenzija voraus, der man »nationalistische Sonderwege« vorwarf. Ab 1932 richteten sich diese Angriffe auch gegen einen Teil der ukrainischen Kommunisten. Mit gutem Recht kann man mit Andrej Sacharow von »Stalins Ukrainophobie« sprechen. Gerechterweise ist jedoch darauf hinzuweisen, daß Kasachstan und die Kosakengebiete am Kuban und Don – wenn man die Größenverhältnisse berücksichtigt – genauso stark von der Hungersnot betroffen waren. In Kasachstan hatten die Zwangskollektivierung und die mit Gewalt durchgesetzte Seßhaftigkeit bereits 1930 bei den Nomaden zu katastrophalen Folgen geführt: innerhalb von zwei Jahren gingen 80% des Viehbestandes verloren. Ihres Besitzes enteignet und der Hungersnot ausgesetzt, wanderten zwei Millionen Kasachen aus, ungefähr eine halbe Million nach Zentralasien und etwa anderthalb Millionen nach China.

In vielen Regionen wie der Ukraine, den Kosakenländern oder sogar einigen Distrikten des Schwarzerdegebiets war die Hungersnot sicherlich die letzte Episode der in den Jahren 1918/22 begonnenen Auseinandersetzung zwischen dem bolschewistischen Staat und der Bauernschaft. Die Gebiete des erbitterten Widerstandes gegen die Beschlagnahmungen von 1918/21 sind auffallend identisch mit denen gegen die Zwangskollektivierung von 1929/30 und der Hungersnot. Von den 14000 Aufständen und Bauernrevolten, welche die GPU für 1930 registriert hat, fanden 85% in den von der Hungersnot von 1932/33 »bestraften« Gebieten statt. Es waren die reichsten und ergiebigsten Agrarregionen, diejenigen, die dem Staat am meisten zu geben und bei dem unter dem Begriff Zwangskollektivierung eingeführten Zwangsabgabesystem für die Agrarprodukte am meisten zu verlieren hatten, die von der Hungersnot von 1932/33 am stärksten betroffen waren.

Moskau 1936: Stalin, zwischen *(von links nach rechts)* Chruschtschow, der sich bei der Unterdrückung der Ukraine hervortat, Schdanow, der nach dem Krieg die Kampagne gegen das »Weltbürgertum« startete, Kaganowitsch, Kommissar für die Eisenbahnen, Woroschilow, Kommissar für die Verteidigung, Molotow, Stalins wichtigster Stellvertreter, der 1986 starb, Kalinin und Marschall Tuchatschewski, der 1937 liquidiert wurde. *In der zweiten Reihe:* Malenkow (2.), Bulganin (5.) und Jelena Stassowa (8.), die die Politik des *Wojd* (des Chefs) in der Komintern vertrat.

© Russisches Archiv für Photographie, Krasnogorsk

Felix Dserschinski, der Gründer der Tscheka und bis zu seinem Tod 1926 Chef der GPU, drückte dem Regime seinen Stempel auf.

© D. R.

Berija gibt – bei einem scheindemokratischen Verfahren – seine Stimme ab. Nach Menschinski, Jagoda und Jeschow saß er der politischen Polizei vor und hatte maßgeblichen Anteil an der Unterdrückung – bis zu seiner Eliminierung 1953 durch seine Rivalen Chruschtschow, Malenkow, Molotow.

© Lapi-Viollet

Mit dem Bürgerkrieg ebnen die Bolschewiki den Weg für beispiellose Gewaltakte. In Orcha wird 1918 ein polnischer Offizier von Soldaten der entstehenden Roten Armee aufgehängt und gepfählt. © L'Illustration/Sygma

Kiew (1919): Nach dem Rückzug der Roten Armee werden im Haus Nr. 5 der Sadowaja Leichen von Opfern der Tscheka exhumiert, wo das »Instrument des bolschewistischen Terrors« eines seiner Zentren unterhielt. © Musée d'histoire contemporaine – BDIC

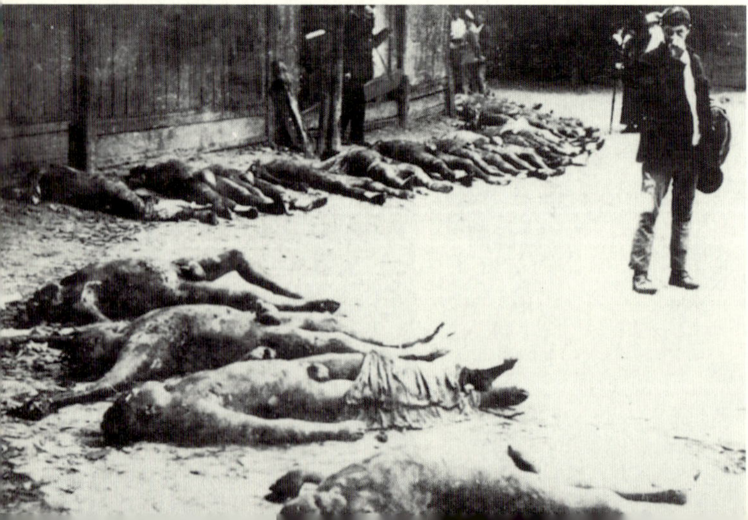

Versammlung zur Säuberung der Partei: Die »Tschistka«, zunächst ein Instrument zur ideologischen Kontrolle der Aktivisten, dienen bald als Forum für Denunziationen, die jeden an der Arbeitsstätte treffen können. Auf die erzwungene Selbstkritik folgt Tage oder Wochen später meistens die Verhaftung. © Roger-Viollet

»Rußland wand sich in Qual und Weh. / Unter Fußtritten ließ man uns sterben / Im Gefangenen-Transport-Lkw«, schreibt zur damaligen Zeit die Dichterin Anna Achmatowa, deren Sohn im Gefängnis sitzt (*Requiem*). Diese »schwarzen Raben«, wie die Moskowiter sie nennen, transportierten die Gefangenen aus der Lubjanka in die Gefängnisse Lefortowo oder Butyrka, oft getarnt als Lieferwagen für Bäckereien. © Roger-Viollet

Im Schachti-Prozeß (Donbass) von 1928 taucht erstmals eine neue Kategorie von Regimefeinden auf: die der »Experten«, die als »Saboteure« angeklagt werden, als Stalin seinen ersten Fünfjahresplan lanciert. Es geht darum, die Industriekader auf die Prinzipien seiner »Zweiten Revolution« einzuschwören. *Stehend rechts:* Der Ankläger Nikolai Krylenko, 1938 ebenfalls liquidiert.

© Roger-Viollet

Moskau. Die Lubjanka (um 1925): In den Kellergeschossen richtet die GPU, die Nachfolgerin der Tscheka, Regimegegner mit Genickschuß hin. Der Bau wird zum Symbol für die Grausamkeit und Willkür der kommunistischen Herrschaft.

© D.R.

9

»In sozialer Hinsicht fremde Elemente« und Repressionszyklen

Auch wenn die Bauernschaft für das von Stalin bewußt vorangetriebene Projekt der radikalen Gesellschaftsumwandlung den höchsten Preis zahlte, gab es auch andere soziale Gruppen, die als »der neuen sozialistischen Gesellschaft in sozialer Hinsicht fremd« galten und unter verschiedenen Vorzeichen aus der Gesellschaft ausgestoßen, ihrer Bürgerrechte beraubt, vom Arbeitsplatz und aus der Wohnung gejagt, auf der sozialen Leiter zurückgestuft und ins Exil geschickt wurden: die »bürgerlichen Spezialisten«, die »Ehemaligen«, die Mitglieder des geistlichen Standes, die Freiberufler, die kleinen privaten Unternehmer, Händler und Handwerker waren vorwiegend die Opfer der Anfang der dreißiger Jahre gestarteten »antikapitalistischen Revolution«. Aber auch die »kleinen Leute« in den Städten, die nicht in die kanonische Kategorie von »Proletariat – Arbeiter – Erbauer des Sozialismus« paßten, litten unter den repressiven Maßnahmen, die im Sinne der Ideologie darauf ausgerichtet waren, eine als widerspenstig beurteilte Gesellschaft auf den Weg des Fortschritts zu bringen.

Der berüchtigte Schachty-Prozeß bedeutete eindeutig das Ende der seit 1921 währenden Kampfpause zwischen dem Regime und den »Spezialisten«. Kurz vor der Aufstellung des ersten Fünfjahresplans war die politische Botschaft dieses Prozesses klar: Skepsis, Unentschlossenheit und Gleichgültigkeit gegenüber der politischen Arbeit der Partei konnte nur zu »Sabotage« führen. Bereits der Zweifel war Verrat. Das *spetzeedstvo* (wörtlich: Quertreiberei des Spezialisten) war in der bolschewistischen Mentalität tief verankert, und das politische Signal des Schachty-Prozesses wurde von der Basis sehr wohl verstanden. Die *spetzy* werden in Zukunft zu Sündenböcken, sowohl für die wirtschaftlichen Mißerfolge als auch für die Frustrationen wegen des radikal gesunkenen Lebensstandards. Schon Ende 1928 waren Tausende der in der Industrie arbeitenden »bürgerlichen« Führungskräfte und Ingenieure entlassen worden. Man hatte ihnen die Lebensmittelkarten abgenommen, schloß sie von der medizinischen Versorgung aus und jagte sie zum Teil auch aus ihren Wohnungen. Ende 1929 wurden Tausende von Beamten des Gosplan (Oberster Wirtschaftsrat) und der Volkskommissariate für die Bereiche Finanzen, Handel und Landwirtschaft wegen angeblicher »Tendenzen nach rechts«, »Sabotage« oder Zugehörigkeit zu einer

»in sozialer Hinsicht fremden Klasse« entlassen. 80% der oberen Beamten des Volkskommissariats für die Finanzen hatten tatsächlich schon unter dem Zaren gedient.[239]

Im Sommer 1930 nahmen die Säuberungskampagnen in der Verwaltung zu. In der Absicht, mit den »Rechten« und vor allem mit Rykow, der immer noch Regierungschef war, endlich Schluß zu machen, entschloß sich Stalin, deren Verbindungen zu den »Sabotage-Spezialisten« ans Licht zu bringen. Im August/September 1930 nahm die GPU verstärkt renommierte Spezialisten fest, die auf wichtigen Stellen des Gosplan, der Staatsbank und der Volkskommissariate der Bereiche Finanzen, Handel und Landwirtschaft saßen. Zu den Verhafteten zählten der dem Konjunkturinstitut des Volkskommissariats der Finanzen vorstehende Professor Kondratjew, der Erfinder der berühmten »Kondratjew-Zyklen« und stellvertretende Minister des Versorgungswesens während der provisorischen Regierung von 1917, die Professoren Makarow und Tschajanow, die wichtige Stellen im Volkskommissariat für die Landwirtschaft besetzt hatten, Professor Sadyrin, Direktionsmitglied der Staatsbank der UdSSR, Professor Ramzyn, Groman, einer der bekanntesten Wirtschaftsstatistiker des Gosplan, und weitere hevorragende Spezialisten.[240]

Von Stalin, der sich um die Angelegenheiten der »bürgerlichen Spezialisten« ganz besonders kümmerte, genauestens informiert, hatte die GPU Akten vorbereitet, die ein Netz von miteinander in Verbindung stehenden antisowjetischen Organisationen aufdecken sollten. Bei einer gewissen »Bauernpartei der Arbeit« mit dem Vorsitzenden Kondratjew und einer gewissen »Industriepartei« mit dem Vorsitzenden Ramzin liefen die Fäden angeblich zusammen. Die Untersuchungsbeauftragten konnten bei mehreren Verhafteten »Geständnisse« erzwingen, in denen diese ihre Kontakte zur »rechten« Szene um Rykow, Bucharin und Syrtsow und ihre Beteiligung an angeblichen Verschwörungen zugaben, die Lenin beseitigen und mit Hilfe antisowjetischer Emigrantenorganisationen und ausländischer Geheimdienste das sowjetische Regime stürzen wollten. Doch die GPU ging noch weiter und preßte zwei Ausbildern der Militärischen Akademie ein Geständnis ab, wonach auch unter der Leitung von Michail Tuchatschewski, dem Generalstabschef der Roten Armee, eine Verschwörung vorbereitet wurde. Wie aus einem Brief an Sergo Ordschonikidse hervorgeht, scheute sich Stalin jedoch vor einer Verhaftung Tuchatschewskis und beschränkte sich lieber auf andere Zielscheiben, die »Sabotage-Spezialisten«.[241]

An dieser Episode zeigt sich bereits deutlich, wie sehr die Abteilung, die diese Affären der angeblichen »Terroristengruppen«, in die natürlich auch die nicht auf der stalinistischen Linie liegenden Kommunisten verwickelt waren, zu arrangieren hatten, bereits im Jahre 1930 eingespielt war. Doch für den Augenblick konnte und wollte Stalin nicht weiter gehen. Alle Provokationen und Taktiken dieser Periode verfolgten alles in allem recht bescheidene Ziele: die letzten Gegner der stalinistischen Linie innerhalb der Partei sollten entmutigt, und die Unentschlossenen und Zögernden eingeschüchtert werden.

Am 22. September 1930 veröffentlichte die *Prawda* die »Geständnisse« der 48 Beamten aus den Volkskommissariaten des Handels und der Finanzen. Sie bekannten sich schuldig und übernahmen die Verantwortung für »die Versorgungsschwierigkeiten im Land und das Verschwinden der Silbermünzen«. Einige Tage zuvor hatte Stalin in einem Brief an Molotow seine Anweisungen für diese Affäre gegeben: »Wir müssen: a) den Apparat des Volkskommissariats der Finanzen und der Staatsbank radikal säubern, ungeachtet des Geschreis der fragwürdigen Kommunisten vom Typ Piatakow-Brjuchanow; b) unbedingt 20 oder 30 von den Saboteuren, die diese beiden Apparate infiltriert haben, erschiessen. [...] c) die Operationen der GPU, die das Einsammeln der sich noch im Umlauf befindlichen Silbermünzen zum Ziel haben, auf dem gesamten Gebiet der UdSSR fortsetzen.« Die 48 Spezialisten wurden am 25. September 1930 erschossen.[242]

In den folgenden Monaten wurden mehrere Prozesse der gleichen Art aufgezogen. Zum Teil fanden sie unter Ausschluß der Öffentlichkeit statt, wie etwa der Prozeß gegen die »Spezialisten des Obersten Wirtschaftsrates« oder gegen die »Bauernpartei der Arbeit«. Andere wiederum waren öffentlich, wie etwa jener gegen die »Industriepartei«, in welchem acht von den Angeklagten zugaben, von den ausländischen Botschaften angestiftet, ein großes Netz von 2000 Spezialisten auf die Beine gestellt zu haben mit dem Ziel, die Wirtschaft zu untergraben. Diese Prozesse unterstützten den Mythos der Sabotage, der zusammen mit dem der Verschwörung das Kernstück von Stalins ideologischer Montage ausmachte.

Innerhalb von vier Jahren, von 1928 bis 1931, wurden 138000 Beamte aus dem öffentlichen Dienst entfernt. 23000 von ihnen wurden in die Kategorie I (»Feinde der Sowjetmacht« eingestuft) und verloren ihre Bürgerrechte.[243] In den Betrieben, in denen es wegen Produktionsüberlastung vermehrt zu Unfällen, unbrauchbaren Produkten und defekten Maschinen kam, nahm die Jagd auf die Spezialisten noch größere Ausmaße an. Vom Januar 1930 bis Juni 1931 wurden im Donezgebiet 48% der Ingenieure entlassen oder verhaftet; allein im Transportwesen wurden in der ersten Jahreshälfte von 1931 4500 »Sabotage-Spezialisten entlarvt«. Bei einer Produktivität und Arbeitsdisziplin, die beide stark nachgelassen hatten, und den nicht realisierbaren Zielen, die in unbändigem Eifer und ungeachtet aller wirtschaftlichen Zwänge in Angriff genommen worden waren, hatte die Jagd auf die Spezialisten den betrieblichen Ablauf der Unternehmen auf Dauer gestört.

Angesichts der Schwere der Krise beschloß die Parteiführung einige »Verbesserungen«. Am 10. Juli 1931 traf das Politbüro eine Reihe von Maßnahmen zur Begrenzung der Willkür, der die *spetzy* seit 1928 ausgesetzt waren: sofortige Freilassung mehrerer Tausend Ingenieure und Techniker, »besonders aus dem Bereich der Metall- und Kohleindustrie«, Aufhebung sämtlicher Zulassungsbeschränkungen für deren Kinder an den Universitäten und Hochschulen, Verbot für die GPU, einen Spezialisten ohne vorherige Zustimmung des zuständigen Volkskommissariats festzunehmen. Allein der Wortlaut dieser Maßnahmen läßt ahnen, wie schwer die Diskriminierungen und Repressionen waren, denen seit dem Schachty-Prozeß Zehntausende von Ingenieuren, Agrarwissenschaftlern, Technikern und Verwaltungsfachleuten aus allen Bereichen ausgesetzt waren.[244]

Zu den sozialen Gruppen, die von der »neuen sozialistischen Gesellschaft« geächtet wurden, zählten auch die Mitglieder des geistlichen Standes. In den Jahren 1929/30 kam es zur zweiten großen Offensive des Sowjetstaates gegen die Kirche; die erste hatte in den Jahren 1918/22 stattgefunden. Trotz des Widerspruchs, mit dem einige Prälaten auf die Loyalitätserklärung reagierten, die der Metropolit Sergej als Nachfolger des Patriarchen Tichon gegenüber der Sowjetmacht formulierte, war die orthodoxe Kirche in der Gesellschaft nach wie vor stark präsent. Von den 54692 Kirchen, die im Jahre 1914 von den Gläubigen genutzt wurden, waren Anfang 1929 noch ungefähr 39000 für den Gottesdienst geöffnet.[245] Jemeljan Jaroslawski, der Vorsitzende des 1925 gegründeten Gottlosenverbandes gab zu, daß weniger als zehn Millionen von den 130 Millionen Einwohnern, die das Land zählte, mit der Religion »gebrochen hatten«.

Die antireligiöse Offensive von 1929/30 entwickelte sich in zwei Etappen: In der ersten – Frühjahr und Sommer 1929 – wurden die antireligiösen Bestimmungen aus den Jahren 1918/22 wiedereingeführt und verschärft. Mit einem wichtigen Dekret vom 8. April 1929 wurde die Kontrolle der Lokalbehörden über das kirchliche Gemeindeleben verstärkt und den Aktivitäten der religiösen Gemeinschaften neue Beschränkungen auferlegt. In Zukunft fiel jede Aktivität, die »über die Befriedigung der religiösen Bedürfnisse hinausgeht«, unter das Verdikt des Gesetzes, ganz besonders unter das des Paragraphen 10 des gefürchteten Artikels 58 des Strafgesetzbuches, der jeden, der »die religiösen Vorurteile der Massen [...] zur Schwächung des Staates mißbraucht«, unter Strafe stellte, vom »Freiheitsentzug nicht unter drei Jahren bis hin zur Todesstrafe«. Am 26. August 1929 führte die Regierung die fünftägige Arbeitswoche ein: fünf Arbeitstage, gefolgt von einem Ruhetag. Damit war der Sonntag als allgemeiner Ruhetag für die Gesamtbevölkerung abgeschafft. Diese Maßnahme sollte »den Kampf zur Ausmerzung der Religion erleichtern«.[246]

Diese verschiedenen Dekrete waren nur das Vorspiel für direktere Aktionen, der zweiten Etappe der antireligiösen Offensive. Im Oktober 1929 wurde die Beschlagnahmung der Glocken angeordnet: »Das Glockengeläute verstößt gegen das Recht auf Ruhe der breiten atheistischen Massen in der Stadt und auf dem Lande.« Die Geistlichen wurden den Kulaken gleichgesetzt, d.h. es wurden ihnen hohe Steuern auferlegt – die Besteuerung der Popen stieg zwischen 1928 und 1930 um das Zehnfache –, und die Bürgerrechte entzogen: Das bedeutete keine Lebensmittelkarten und keine medizinische Versorgung. Oft wurden sie verhaftet, ins Exil geschickt oder deportiert. 1930 wurden mehr als 13 000 Geistliche »entkulakisiert«, doch die Zahlen sind unvollständig. In vielen Dörfern und kleineren Städten begann die Kollektivierung symbolisch mit der Schließung der Kirchen und der Entkulakisierung des Popen. Es ist bezeichnend, daß an die 14% der im Jahre 1930 registrierten Bauernerhebungen und -aufstände die Schließung der Kirche und die Beschlagnahmung der Glocken zum Hauptanlaß hatten.[247] Im Winter 1929/30 erreichte die antireligiöse Kampagne ihren Höhepunkt. Am 1. März 1930 waren 6715 Kirchen geschlossen oder zerstört. Sicherlich als Reaktion auf Stalins berühmten Artikel »Der Rausch des Erfolgs« vom 2. März 1930 verurteilte das Zentralkomitee in einer offiziellen Mitteilung zynisch »die untragbaren Entgleisungen im Kampf gegen die religiösen Vorurteile, insbesondere die amtliche Schließung der Kirchen ohne Zustimmung der Einwohner«. Die formelle Verurteilung hatte jedoch auf das Schicksal der deportierten Geistlichen keinen Einfluß.

In den Folgejahren lösten die gegen die Geistlichen und religiösen Gemeinschaften gerichteten täglichen Verwaltungsschikanen die großen Offensiven gegen die Kirche ab. In großzügiger Interpretation der 68 Artikel des Dekrets vom 8. April 1929 gingen die lokalen Behörden weit über ihre Vorrechte im bezug auf die Kirchenschließung hinaus und führten den Guerillakrieg mit den unterschiedlichsten Gründen weiter: »Baufälligkeit« oder »unhygienischer Zustand« des Gebäudes, »fehlende Versicherung«, Rückstand bei der Bezahlung der Steuern oder der anderen unzähligen Gebühren, die den Mitgliedern der religiösen Gemeinschaften auferlegt waren. Ohne Bürgerrecht und Amtsbefugnis hatten die Geistlichen keine Möglichkeit, sich ihren Lebensunterhalt durch Lohnarbeit zu verdienen. Als »parasitäre Elemente mit einem nicht durch regelmäßigen Lohn festgelegten Einkommen« wurden sie recht willkürlich besteuert, und so hatten viele Geistliche gar keine andere Wahl: als »umherziehende Popen« lebten sie im Untergrund, am Rande der Gesellschaft. Aus Opposition gegen die vom Metropoliten Sergej propagierte Loyalität gegenüber der Sowjetmacht bildeten sich vor allem in den Provinzen Woronesch und Tambow schismatische Bewegungen.

Die Anhänger des Woronescher Bischofs Alexej Bui, der 1929 wegen seiner ablehnenden Haltung gegenüber jeder Form des Kompromisses zwischen Staat und Kirche verhaftet worden war, organisierten sich in einer unabhängigen Kirche, der »Wahren Orthodoxen Kirche«, mit ihrer eigenen Geistlichkeit, die nicht mit dem Segen der sergejischen Patriarchenkirche geweiht war und in der Regel »umherzog«. Die Mitglieder dieser »Wüstenkirche« ohne eigene Gebetshäuser versammelten sich an den unterschiedlichsten Orten zum Gebet: in Privatwohnungen, Einsiedeleien, Grotten.[248] Die »wahren orthodoxen Christen« – wie sie sich selbst nannten – wurden besonders stark verfolgt. Sie wurden zu Tausenden verhaftet und als Sondersiedler deportiert oder in die Lager geschickt. Was die eigentliche orthodoxe

Kirche angeht, so nahm die Zahl ihrer Kultstätten und Geistlichen unter dem ständigen Druck der Behörden deutlich ab, auch wenn – wie aus der später für ungültig erklärten Volkszählung von 1937 hervorgeht – sich 70% der Erwachsenen immer noch als gläubig bezeichneten. Am 1. April 1936 gab es in der UdSSR nur noch 15835 orthodoxe Kirchen, die noch als Gotteshaus genutzt wurden (28% des Bestandes vor der Revolution), 4830 Moscheen (32% des Bestandes vor der Revolution) und einige Dutzend katholische und protestantische Kirchen. Die Zahl der ordnungsgemäß registrierten Geistlichen betrug 17857, 1914 waren es noch 112629 gewesen und 1928 immerhin noch 70000. Der geistliche Stand war – um eine offizielle Formulierung zu gebrauchen – nur noch »der letzte Rest der sterbenden Klassen«.[249]

Die Kulaken, die *spetzy* und die Geistlichen waren nicht die einzigen Opfer der »antikapitalistischen Revolution« der frühen dreißiger Jahre. Im Januar 1930 starteten die Behörden eine Großkampagne zur Ausschaltung der »privaten Unternehmer«, eine Operation, die vor allem gegen die Händler, Handwerker und Freiberuflichen gerichtet war. Sie betraf insgesamt etwa anderthalb Millionen Berufstätige, durch die in den Zeiten der NEP der private Wirtschaftssektor in einem alles in allem recht bescheidenen Rahmen vertreten war. Diese privaten Unternehmer, deren durchschnittliches Betriebskapital den Betrag von 1000 Rubel nicht überstieg und die zu 98% nicht einen einzigen Angestellten beschäftigten, waren durch eine verzehnfachte Besteuerung und die Beschlagnahmung ihres Besitzes schnell ausgeschaltet. Als »deklassierte«, »untätige« oder »fremde Elemente« verloren sie die Bürgerrechte ebenso wie die recht uneinheitliche Gruppe der »Ehemaligen« und anderen »Mitglieder der besitzenden Klassen und des zaristischen Apparates«. Ein Dekret vom 12. Dezember 1930 zählte mehr als 30 verschiedene Kategorien von *lischentsy* auf – von Leuten, denen das Bürgerrecht entzogen wurde: »ehemalige Gutsbesitzer«, »ehemalige Händler«, »ehemalige Adlige«, »ehemalige Polizisten«, »Beamte, die unter dem Zaren gearbeitet haben«, »ehemalige Kulaken«, »ehemalige Pächter oder Eigentümer von privaten Unternehmen«, »ehemalige Offiziere der Weißen Armee«, Geistliche, Mönche und Nonnen, »ehemalige Mitglieder der politischen Parteien« usw. 1932 machten die *lischentsy* 4% der Wählerschaft aus und kamen mit ihren Angehörigen auf etwa sieben Millionen Menschen. Die Diskriminierungen, denen sie ausgesetzt waren, beschränkten sich natürlich nicht auf den Entzug des Wahlrechts. In den Jahren 1929/32 verlor man mit dem Bürgerrecht auch den Anspruch auf eine Wohnung, auf medizinische Versorgung und die Lebensmittelkarten. 1933/34 verschärften sich die Maßnahmen noch mehr: Über die Einführung des Passes kam es selbst zu Verbannungen, denn man wollte die Städte von ihren »deklassierten Elementen« säubern.[250]

Durch die Zwangskollektivierung der Landwirtschaft, die später durch eine verstärkte Industrialisierung abgelöst wurde, waren die sozialen Strukturen und die herkömmliche Lebensweise auf dem Lande von Grund auf zerstört. Die Bauern strömten in Massen in die Städte. Aus dem ursprünglich von der Landwirtschaft geprägten Rußland wurde ein Land umherziehender Vagabunden, *Rusbrodschaschaja*. Die Zahl der Bauern, die zwischen 1928 und 1932 die sowjetischen Städte auf der Flucht vor der Kollektivierung und Entkulakisierung überfluteten, wird auf 12 Millionen geschätzt. Allein die Regionen Moskau und Leningrad nahmen mehr als dreieinhalb Millionen Zugewanderte auf, darunter viele unternehmungslustige Bauern, die lieber – notfalls als »Selbstentkulakisierte« – ihre Dörfer verlassen als in eine Kolchose eintreten wollten. 1930/31 kamen diese anspruchslosen Arbeitskräfte bei den unzähligen Baustellen unter. Ab 1932 wuchs bei den Behörden jedoch die Sorge über den unkontrollierten Massenzustrom, welcher der Stadt – dem Machtzentrum und Schaufenster der neuen sozialistischen Ordnung – eben diesen »städtischen« Charakter nahm und das seit 1929 sorgfältig ausgearbeitete Versorgungssystem, das Anfang 1930 noch 26 Millionen und Ende 1932 bereits ungefähr 40 Millionen »Berechtigte« zählte, gefährdete. Aus den Industriebetrieben wurden riesige »Nomadenlager«. Waren diese Neuzugewanderten nicht der Grund für die vielen »negativen Erscheinungen«, die für die Behörden die Produktion »auf Dauer« störten: ständiges Fehlen, Schwinden der Arbeitsdisziplin, Rowdytum, Fehlproduktion und die Zunahme von Alkoholismus und Kriminalität?[251]

Zur Bekämpfung dieser *stichia* – ein Ausdruck, der sowohl für die Elemente der Natur als auch für die Anarchie und die fehlende Ordnung steht – griffen die Behörden im November/Dezember 1932 zu etlichen Maßnahmen, mit denen man einerseits Strafen von bisher nicht gekannter Härte in die Arbeitswelt einführte und andererseits die Städte von ihren »in sozialer Hinsicht fremden Elementen« zu säubern versuchte. Das Gesetz vom 15. November 1932 sah für das Fehlen am Arbeitsplatz schwere Strafen vor: sofortige Entlassung, Einzug der Lebensmittelkarten und Rausschmiß der Zuwiderhandelnden aus ihrer Unterkunft. Das klare Ziel dieser Maßnahmen war die Entlarvung der »Pseudo-Arbeiter«. Mit dem Dekret vom 4. Dezember 1932 waren nur noch die Betriebe zuständig für die Verteilung der neuen Lebensmittelkarten. Mit dieser Änderung sollten die »Karteileichen« und »Parasiten«, die sich unkorrekterweise in die weniger sorgfältig geführten städtischen Versorgungslisten eingeschrieben hatten, ausgeschaltet werden.

Doch die Krönung des Ganzen kam am 27. Dezember 1932 mit der Einführung des Inlandpasses. Die damit verfolgten Absichten waren im Vorwort des Dekrets genau beschrieben: Ausmerzung des »sozialen Schmarotzertums«, Schutz der Städte und Märkte vor der »Unterwanderung« durch die Kulaken und deren Aktivitäten, Begrenzung der Landflucht und Aufrechterhaltung der Stadtgesellschaft in ihrer reinen Form. Alle erwachsenen, d. h. über 16 Jahre alten Stadtbewohner, die im Besitz ihrer Bürgerrechte waren, sowie alle Bahnarbeiter, alle Festangestellten des Baugewerbes und alle Agrararbeiter der Staatsgüter bekamen von den Polizeibehörden einen Paß ausgestellt. Dieser Paß war jedoch nur gültig mit einem offiziellen Stempel, der die legale Adresse (*propiska*) des Städters bestätigte. Die Propiska war die unumgängliche Voraussetzung für den Status des Städters, dessen Vorteile die Lebensmittelkarte, die Sozialversicherung und das Recht auf eine Unterkunft waren. Die Städte waren in zwei Kategorien eingeteilt: in »offene« und »geschlossene«. Die »geschlossenen« Städte – in der ersten Zeit waren dies Moskau, Leningrad, Kiew, Odessa, Minsk, Charkow, Rostow am Don und Wladiwostok – besaßen mit ihrer besseren Versorgung einen privilegierten Status. Dort war ein fester Wohnsitz nur über eine familiäre Verbindung, über Heirat oder über eine Arbeitsstelle, mit der ein Anspruch auf die *propiska* verbunden war, zu bekommen. In den »offenen« Städten war eine *propiska* leichter zu erhalten.

Mit diesem Inlandspaß, dessen Einführung sich über das ganze Jahr 1933 hinzog – 27 Millionen Pässe wurden ausgestellt, konnten die Behörden die Städte besser von unerwünschten Elementen säubern. Am 5. Januar 1933 begann man in Moskau: Bereits in der ersten Woche wurden in 20 großen Industriebetrieben der Hauptstadt die Pässe eingeführt, und dabei 3450 »ehemalige Weiße Garden, Kulaken oder andere kriminelle Elemente« entdeckt. Insgesamt wurde in den geschlossenen Städten 385 000 Personen die Ausstellung eines Passes verwehrt. Sie mußten innerhalb von zehn Tagen ihren Wohnort verlassen und durften sich in keiner anderen Stadt niederlassen, auch nicht in einer »offenen«. Wie der Chef der Paßabteilung des NKWD in seinem Bericht vom 13. August 1934 zugab, »kommen zu den 385 000 Ausgewiesenen noch diejenigen hinzu, die – als die Einführung des Passes bekannt wurde – aus freien Stücken die Städte verließen, wohlwissend, daß man ihnen keinen Paß ausstellen würde. Die Stadt Magnitogorsk beispielsweise haben 35 000 Menschen verlassen. [...] Die Moskauer Bevölkerung nahm während der ersten beiden Monate der Operation um 60 000 Menschen ab. In Leningrad verschwanden innerhalb eines Monats 54 000 Leute.« In den offenen Städten konnten während der Operation 420 000 Leute ausgewiesen werden.[252]

Auf die Polizeikontrollen und Razzien folgte die Ausweisung von Hunderttausenden von Personen ohne Papiere. Im Dezember 1933 gab Genrich Jagoda seinen Dienststellen die Anweisung, die Bahnhöfe und Märkte der »geschlossenen« Städte wöchentlich zu »säubern«. In den ersten acht Monaten des Jahres 1934 wurden allein in den »geschlossenen« Städten mehr als 630 000 Personen wegen des Verstoßes gegen das Paßgesetz festgenommen. 65 661 von ihnen wurden ohne gerichtliches Verfahren inhaftiert und später in der Regel als »deklassierte Elemente« mit dem Status eines Sondersiedlers deportiert. Weitere 3596 wurden vor Gericht gestellt und 175 627 ohne den Status eines Sondersiedlers verbannt; der Rest kam mit einer einfachen Geldstrafe davon.[253]

Zu den außerordentlichsten Operationen kam es im Laufe des Jahres 1933: vom 28. Juni bis 3. Juli wurden 5470 Moskauer Zigeuner verhaftet und in sibirische »Arbeitsdörfer« deportiert;[254] vom 8. bis 12. Juli wurden in Kiew 4750 »deklassierte Elemente« verhaftet und deportiert; im April, Juni und Juli 1933 wurden drei Kontingente von »deklassierten Elementen« aus Moskau und Leningrad zusammengetrieben und deportiert[255], insgesamt über 18 000 Menschen. Das erste Kontingent fand sich auf der Insel Nasino wieder, wo innerhalb eines Monats zwei Drittel der Deportierten umkamen.

Um was für Leute es sich bei manchen dieser angeblich »deklassierten Elemente« handelte, geht aus dem bereits zitierten Bericht des Schulungsleiters der Partei von Narym hervor:

> »Ich könnte noch viele Beispiele von völlig ungerechtfertigten Deportationen anführen. Leider sind alle diese Leute, die mir als Arbeiter und Parteimitglieder sehr nahestanden, tot, denn sie waren auf diese Umstände am allerwenigsten vorbereitet: Nowotschilow, Wladimir, aus Moskau, dreifach ausgezeichneter Chauffeur bei der Firma *Kompressor* in Moskau. Frau und Kind in Moskau. Wollte mit seiner Frau ins Kino gehen. Während sie sich fertigmachte, ging er ohne Papiere hinunter, um Zigaretten zu holen und wurde auf der Straße verhaftet; Winogradowa, Kolchosebäuerin. War auf dem Weg zu ihrem Bruder, dem Milizchef des achten Sektors, in Moskau. Als sie aus dem Zug stieg, wurde sie in einem der Bahnhöfe der Stadt verhaftet und deportiert. Woikin, Nikolai Wassiljewitsch, Komsomolmitglied seit 1929. Dreifach ausgezeichneter Arbeiter der Fabrik *Der rote Textilarbeiter* in Serpuchow. War am Sonntag auf dem Weg zu einem Fußballspiel und hatte vergessen, seine Papiere mitzunehmen. Verhaftet und deportiert. – Matwejew, I.M. Bauarbeiter auf der Baustelle der Brotfabrik Nr. 9. Hatte einen Paß für Saisonarbeiter, der bis zum Dezember 1933 gültig war. Gab an, daß bisher niemand auch nur einen Blick auf seine Papiere hat werfen wollen …«[256]

Die Säuberung der Städte von 1933 war in der Verwaltung und in den Betrieben von zahlreichen Einzeloperationen begleitet, hinter denen die gleiche Geisteshaltung stand. Im Bereich der Eisenbahn, einem besonders wichtigen Sektor, der von Andrejew und später von Kaganowitsch mit eiserner Hand geführt wurde, waren im Frühjahr 1933 8 % des Bahnpersonals, d. h. 20 000 Menschen entlassen worden. Den Ablauf einer solchen Operation schildert uns ein Ausschnitt aus einem Bericht des Chefs der GPU-Abteilung Transport. Er stammt vom 5. Januar 1933 und hat »die Eliminierung der konterrevolutionären und antisowjetischen Elemente bei der Eisenbahn« zum Thema:

»Die Säuberungsoperationen der Transportabteilung der GPU in der achten Region brachten folgende Ergebnisse. Vorletzte Säuberungsaktion: 700 Personen verhaftet und vor das Gericht gestellt, 325 davon waren Paketräuber, 221 Hooligans (kleine Ganoven) und kriminelle Elemente, 27 Banditen und 127 konterrevolutionäre Elemente. 73 von den Paketräubern gehörten zu organisierten Banden und wurden sofort an die Wand gestellt. Bei der letzten Säuberungsoperation [...] wurden ungefähr 200 Personen verhaftet. Es handelte sich hauptsächlich um kulakische Elemente. Außerdem wurden 300 zweifelhafte Personen über den Verwaltungsweg entlassen. Insgesamt sind also 1270 Personen innerhalb der letzten vier Monate auf die eine oder andere Weise aus dem Eisenbahnnetz gejagt worden. Die Säuberungen gehen weiter.«[257]

Im Frühjahr 1934 ergriff die Regierung eine Reihe von repressiven Maßnahmen gegen die zahlreichen jungen Stadtstreicher und kleinen Ganoven, die sich seit der Entkukalisierung, der Hungersnot und der allgemeinen Verrohung innerhalb der Gesellschaft vermehrt in den Städten eingefunden hatten. Am 7. April 1935 erließ das Politbüro ein Dekret, das vorsah, »Jugendliche ab zwölf Jahren, denen Einbrüche, Gewaltverbrechen, Körperverletzungen, mutwillige Beschädigungen oder ein Mord nachzuweisen sind, vor Gericht zu stellen, wo ihnen alle vom Gesetz vorgeschriebenen Strafen auferlegt werden«. Wenige Tage später erging an die Staatsanwaltschaft die geheime Regierungsanweisung, daß zu den Jugendstrafen auch »die schwerste Maßnahme zur sozialen Verteidigung zählt«, d. h. die Todesstrafe. Damit waren die alten Bestimmungen des Strafrechts, nach denen die Todesstrafe für Minderjährige verboten war, außer Kraft gesetzt.[258] Gleichzeitig wurde der NKWD mit der Reorganisation der »Anlaufstellen und Verteilerzentralen für die Minderjährigen« beauftragt, bisher war dafür das Volkskommissariat des Inneren zuständig gewesen. Außerdem sollte der NKWD ein Netz von »Arbeitskolonien« für Minderjährige einrichten.

Doch die Jugendkriminalität und das Vagabundentum nahmen weiterhin zu. Die Maßnahmen zeigten wenig Wirkung. Im folgenden ein Bericht über »die Ausmerzung des Vagabundentums bei Jugendlichen in der Zeit vom 1. Juli 1935 bis 1. Oktober 1937«:

»Trotz der Reorganisation der Dienststellen hat sich die Lage kaum gebessert. [...] Seit Februar 1937 wurde eine starke Zunahme von Vagabunden aus den ländlichen Gebieten beobachtet. Sie kommen vor allem aus Gegenden, die von der Mißernte von 1936 betroffen sind. [...] Die massenhafte Abwanderung der Landkinder, deren Familien unter vorübergehenden materiellen Schwierigkeiten leiden, erkärt sich nicht nur durch den schlecht organisierten Hilfsfonds der Kolchosen, sondern auch durch die kriminellen Praktiken vieler Kolchoseleiter, welche die jungen Bettler und Vagabunden loswerden wollen und ihnen deshalb »Vagabunden- und Bettelscheine« ausstellen und sie zum nächstbesten Bahnhof und in die allernächsten Städte schicken. [...] Auch die Bahnverwaltung und die Bahnmiliz nehmen die minderjährigen Vagabunden nicht fest und leiten sie an die Anlaufstellen und Verteilerzentren des NKWD weiter, wie sie es eigentlich tun sollten, sondern beschränken sich darauf, die Jugendlichen mit Gewalt in die weiterfahrenden Züge zu setzen, ›um ihren Sektor zu säubern‹ […], und so finden sich die Vagabunden in den großen Städten wieder.«[259]

Ein paar Zahlen geben eine Idee von den Ausmaßen des Phänomens: Allein im Jahre 1936 wurden mehr als 125 000 herumstreunende Jugendliche durch die »Anlaufstellen« des NKWD geschleust. Mehr als 155 000 Jugendliche landeten zwischen 1935 und 1939 in den Arbeitskolonien des NKWD, und 92 000 junge Menschen zwischen zwölf und 16 Jahren wurden zwischen 1936 und 1939 vor Gericht gestellt. Am 1. April 1939 waren mehr als 10 000 Jugendliche im Gulag-Lagersystem inhaftiert.[260]

Während der ersten Hälfte der dreißiger Jahre waren die Repressionen der Staatspartei gegenüber der Gesellschaft unterschiedlich stark. Es gab Phasen gewalttätiger Auseinandersetzungen, die mit terroristischen Maßnahmen und massiven Säuberungsaktionen einhergingen, aber auch Phasen der Ruhe, die wieder ein gewisses Gleichgewicht herstellten und dem Chaos, das eine ständige Auseinandersetzung und unkontrollierte Entgleisungen bedeutet hätte, Einhalt geboten.

Das Frühjahr 1933 war sicherlich der Höhepunkt des ersten großen Terrorzyklus, der 1929 mit den ersten Entkulakisierungen begonnen hatte. Damals standen die Behörden vor völlig neuen Problemen. Zunächst einmal: Wie konnte man in den von der Hungersnot heimgesuchten Gebieten dafür sorgen, daß die Feldarbeiten für die nächste Ernte weiterliefen? »Wenn wir nicht den Mindestbedarf der Kolchosebauern berücksichtigen«, hatte im Herbst 1932 ein maßgeblicher Parteifunktionär aus der Provinz gewarnt, »wird es niemanden mehr geben, der sät und für die Ernte garantiert.«

Und außerdem: Was sollte man mit den Hunderttausenden von Angeklagten machen? Die Gefängnisse platzten aus allen Nähten und das Lagersystem konnte sie nicht sinnvoll einsetzen. »Welchen Eindruck muß die Bevölkerung von unseren extrem repressiven Gesetzen haben«, fragte sich im März 1933 ein anderer Lokalpolitiker der Partei, »wenn man doch weiß, daß Hunderte von Kolchosebauern, die zu zwei und mehr Jahren Gefängnis verurteilt worden sind, weil sie die Aussaat sabotiert haben, auf Anweisung der Staatsanwaltschaft bereits nach einem Monat wieder freigelassen werden?«

An den Lösungen, mit denen die Behörden im Sommer 1933 diesen beiden Problemkreisen zu begegnen suchten, werden zwei unterschiedliche Grundhaltungen sichtbar, die in ihrer Mischung oder gegenseitigen Ablösung ein labiles Gleichgewicht bilden und so die Zeit vom Sommer 1933 bis zum Ausbruch des großen Terrors im Herbst 1936 prägen.

Auf die Frage, wie in den von der Hungersnot heimgesuchten Gebieten die Feldarbeiten für die nächste Ernte zu garantieren sind, antworteten die Behörden auf die schnellste und direkteste Weise: Sie organisierten großangelegte Razzien in den Städten und brachten die festgenommenen Stadtbewohner kurzerhand auf die Felder.

»Die Mobilisierung der städtischen Einsatzkräfte hat ungeheure Ausmaße angenommen«, schrieb am 20. Juli 1933 der italienische Konsul aus Charkow. »Diese Woche wurden täglich mindestens 20000 Personen auf das Land geschickt. […] Vorgestern wurde der Basar umstellt und alle arbeitsfähigen Leute – Männer, Frauen und Jugendliche beiderlei Geschlechts – festgenommen, unter GPU-Bewachung zum Bahnhof geführt und auf die Felder gebracht.«[261]

Bei dem massiven Einfall der Städter kam es natürlich zu Spannungen mit den ausgehungerten Dorfbewohnern. Die Bauern zündeten die Baracken an, in denen die »Mobilisierten« zusammengepfercht worden waren, und die Städter ihrerseits wurden von den Behörden streng bewacht, damit sich keiner von ihnen in die »von Kannibalen bewohnten« Dörfer wagte. Trotzdem: Außergewöhnlich günstige Wetterbedingungen, die Mobilisierung aller in der Stadt verfügbaren Arbeitskräfte und der Instinkt der in ihren Dörfern eingesperrten Überlebenden, die nur die Wahl hatten, das Land, das ihnen nicht mehr gehörte, zu bestellen oder zu sterben, führten im Herbst 1933 in den von der Hungersnot der vorangegangenen Monate betroffenen Gebieten zu einer ansehnlichen Ernte.

Das Problem der überfüllten Gefängnisse lösten die Behörden pragmatisch: Mehrere hunderttausend Personen wurden freigelassen. Ein vertraulicher Rundbrief des Zentralkomitees vom 8. Mai 1933 gab zu, daß es notwendig sei, »die von allen möglichen Leuten durchgeführten […] Verhaftungen zu regeln«, die »Haftanstalten zu leeren« und »die Zahl der Gefangenen – mit Ausnahme der Lagerhäftlinge – innerhalb von zwei Monaten von 800000 auf 400000 zu reduzieren«.[262] Während der sich ungefähr ein Jahr hinziehenden »Leerungsoperation« wurden etwa 320000 Gefangene freigelassen.

1934 kam es in der Repressionspolitik zu einer gewissen Beruhigung. Dies geht aus dem starken Rückgang der Verurteilungen in GPU-Angelegenheiten hervor: Sie fielen von 240000 (1933) auf 79000 (1934).[263] Die politische Polizei wurde neu organisiert. Mit dem Dekret vom 10. Juli 1934 wurde die GPU dem neu strukturierten, nun innerhalb der gesamten UdSSR vereinheitlichten Volkskommissariat des Inneren unterstellt. Sie ging dem Anschein nach in anderen, weniger gefürchteten Abteilungen auf, in der Arbeiter- und Bauernmiliz oder in den Grenzschutztruppen beispielsweise. Die »neue« politische Polizei trug dasselbe Kürzel wie das Volkskommissariat des Inneren – Narodnyi Kommissariat Wnutrennych Diel oder einfach NKWD – und verlor einen Teil ihrer Justizkompetenz: laut Verordnung waren die Unterlagen »an die zuständigen juristischen Organe weiterzuleiten«. Ohne Zustimmung der zentralen politischen Behörden durften keine Hinrichtungen mehr angeordnet werden. Auch ein Einspruchsverfahren war erarbeitet worden: Jedes Todesurteil mußte von einer Kommission des Politbüros bestätigt werden.

Diese Bestimmungen sollten »die sozialistische Gesetzlichkeit stärken«, hatten jedoch nur eine recht begrenzte Wirkung. Die Kontrolle der Haftbefehle durch die Staatsanwaltschaft blieb ohne Konsequenzen, denn der Generalstaatsanwalt Wyschinski ließ den Repressionsorganen vollen Handlungsspielraum. Bereits im September 1934 verstieß das Politbüro selbst gegen das von ihm für Todesstrafen eingeführte Zustimmungsverfahren, indem es die Verantwortlichen bestimmter Regionen bei Todesurteilen, die lokale Angelegenheiten betrafen, von der Meldepflicht gegenüber Moskau enthob. Die Ruhephase war von kurzer Dauer.

Am 1. Dezember 1934 wurde Sergej Kirow, Mitglied des Politbüros und Erster Sekretär der Leningrader Parteiorganisation, von Leonid Nikolajew ermordet. Dem jungen, fanatischen Kommunisten war es gelungen, bewaffnet in das Smolny-Institut, den Sitz der Leningrader Parteiführung, einzudringen. Dieser Mordanschlag löste einen neuen Repressionszyklus aus.

Jahrzehntelang war die Ansicht, daß Stalin direkt an dem Attentat auf seinen stärksten politischen »Rivalen« beteiligt war, weit verbreitet, besonders nach den »Enthüllungen«, die Nikita Chruschtschow in der Nacht vom 24. auf den 25. Februar 1956 auf dem XX. Parteitag der KPdSU in seinem »Geheimbericht« vor den Sowjetdelegierten darlegte. Diese Hypothese ist in letzter Zeit stark angezweifelt worden, besonders in der sich auf völlig neue archivalische Quellen stützenden Arbeit von Alla Kirilina.[264] Sicher ist jedoch, daß Stalin den Mord an Kirow für seine politischen Ziele weidlich ausgenutzt hat. Das Attentat brachte nämlich das Bild der Verschwörung – das zentrale Leitbild der stalinistischen Rhetorik – klar zum Ausdruck und half, eine spannungsgeladene Krisenatmosphäre zu schaffen. Außerdem konnte der Mord zu jeder Zeit als handgreiflicher Beweis – der einzige in Wirklichkeit – für die Existenz einer breiten, Land, Regierung und Sozialismus bedrohenden Verschwörung herangezogen werden und diente auf Dauer als hervorragende Erklärung für die Schwächen des Systems: wenn die Dinge schlecht liefen und das Leben schwierig war anstatt »lustig und glücklich« – um einen Ausspruch Stalins zu zitieren –, dann war es »die Schuld von Kirows Mördern«.

Nur wenige Stunden nach Bekanntwerden des Attentats, verfaßte Stalin ein Dekret, das auch als »Gesetz vom 1. Dezember« bezeichnet wird. Eine außerordentliche Maßnahme, die auf Stalins persönliche Entscheidung zurückging und erst zwei Tage später vom Politbüro bestätigt wurde. Sie sah vor, das Ermittlungsverfahren bei terroristischen Angelegenheiten auf zehn Tage zu verkürzen, die Urteile in Abwesenheit der Angeklagten zu fällen und die Todesurteile sofort zu vollstrecken. Das Gesetz markierte im Vergleich zu den in den vorausgegangenen Monaten erarbeiteten Verfahren eine radikale Wende und diente in Zukunft als ideales Instrument für die Durchführung des Großen Terrors.[265]

In den folgenden Wochen wurden eine ganze Reihe ehemaliger Stalin-Gegner aus der Partei wegen terroristischer Aktivitäten unter Anklage gestellt. Am 22. Dezember 1934 verkündete die Presse, daß das »schändliche

Verbrechen« das Werk einer »terroristischen Untergrundgruppe« gewesen sei, der neben Nikolajew 13 von Reue geplagte, ehemalige »Sinowjewisten« angehörten, die von einem angeblichen »Leningrad-Zentrum« angeführt worden seien. Der Prozeß gegen die Mitglieder dieser Gruppe fand am 28. und 29. Dezember unter Ausschluß der Öffentlichkeit statt. Sie wurden alle zum Tode verurteilt und sofort hingerichtet. Am 9. Januar 1935 wurde der Prozeß gegen das imaginäre »konterrevolutionäre sinowjewistische Leningrad-Zentrum« eröffnet. In ihn waren 77 Personen verwickelt, darunter zahlreiche herausragende Parteigrößen, die sich in der Vergangenheit gegen die stalinistische Linie gestellt hatten und nun zu Gefängnisstrafen verurteilt wurden. Mit der Entdeckung des Leningrad-Zentrums konnte auch ein »Moskau-Zentrum« ausgehoben werden, das angeblich aus 19 Mitgliedern bestand, darunter Sinowjew und Kamenew persönlich. Sie wurden der »ideologischen Komplizenschaft« mit Kirows Mördern angeklagt und am 16. Januar 1935 verurteilt. Sinowjew und Kamenew gaben zu, daß »die frühere Aktivität der Opposition unter den gegebenen Umständen der Entartung dieser Verbrecher Vorschub leisten mußte«. In unzähligen öffentlichen Auftritten beteuerten die beiden Oppositionellen ihre Reue und sagten sich von ihrer Vergangenheit los. Das Eingeständnis dieser seltsamen »ideologischen Komplizenschaft« machte die beiden ehemaligen Parteioberen zu prädestinierten Sühneopfern einer zukünftigen Prozeßfarce. Doch bis dahin hatten die beiden eine fünf- bzw. zehnjährige Gefängnisstrafe abzusitzen. Insgesamt wurden in den beiden Monaten vom Dezember 1934 bis Februar 1935 6500 Personen nach den neuen Verfahren verurteilt, die durch das Gesetz vom 1. Dezember über den Terrorismus vorbereitet worden waren.[266]

Einen Tag nach der Verurteilung Sinowjews und Kamenews richtete das Zentralkomitee an alle Organisationen der Partei ein geheimes Rundschreiben mit dem Titel »Lehren aus den Ereignissen im Zusammenhang mit dem schändlichen Mord am Genossen Kirow«. Der Text bestätigte die Existenz einer Verschwörung unter der Anführung »der beiden sinowjewistischen Zentren […] der Tarnorganisation einer weißgardistischen Gruppierung« und erinnerte daran, daß die Geschichte der Partei ein ständiger Kampf gegen »sich gegen die Partei stellende Gruppen« ist und bleiben wird: Trotzkisten, »demokratische Zentralisten«, »rechte Abweichler«, »recht-linke Mißgeburten« usw. Jeder, der sich irgendwann einmal gegen die stalinistische Führung ausgesprochen hatte, war also suspekt. Die Jagd auf ehemalige Oppositionelle nahm zu. Ende Januar 1935 wurden 988 ehemalige Anhänger Sinowjews aus Leningrad nach Sibirien und Jakutien verbannt. Das Zentralkomitee verlangte von allen lokalen Parteiorganisationen Listen von Kommunisten, die in den Jahren 1926/28 wegen ihrer Zugehörigkeit zum »trotzkistischen oder trotzkistisch-sinowjewistischen Block« aus der Partei ausgeschlossen worden waren. Bei den Verhaftungen orientierte man sich an diesen Listen. Ende Mai 1935 ließ Stalin den lokalen Parteiinstanzen einen weiteren Brief des Zentralkomitees zukommen, in dem eine genaue

Überprüfung des Parteiausweises eines jeden Kommunisten gefordert wurde.

Nach offizieller Version war Kirows Mörder mit einem »gefälschten« Parteiausweis ins Smolny-Institut eingedrungen. »Die ungeheure politische Bedeutung« dieser Ausweisüberprüfungskampagne lag also klar auf der Hand. Sie dauerte über sechs Monate und wurde mit aktiver Beteiligung des Apparates der politischen Polizei durchgeführt. Der NKWD lieferte den Parteiinstanzen Unterlagen von den »zweifelhaften« Kommunisten, und die Parteiorganisationen wiederum teilten dem NKWD ihre Informationen über die Leute mit, die während dieser »Überprüfungskampagne« von der Partei ausgeschlossen wurden. Durch die Kampagne wurden 9% der Mitglieder aus der Partei ausgestoßen, das waren etwa 250 000 Personen.[267] Nach den unvollständigen Daten, die Nikolai Jeschow, Chef der für die parteilichen Führungskräfte zuständigen Zentralabteilung und verantwortlicher Leiter der Operation, Ende Dezember 1935 dem Plenum des Zentralkomitees vorlegte, wurden 15 218 aus der Partei ausgeschlossene »Feinde« während der Kampagne verhaftet. Doch die Säuberung war laut Jeschow sehr unglücklich verlaufen: bei »zahlreichen bürokratisierten Elementen in den Apparaten« fehlte es am guten Willen, die Grenzen zur Sabotage seien fast erreicht gewesen, weshalb die Kampagne auch dreimal so lange gedauert hätte, wie ursprünglich vorgesehen. Trotz der Appelle der Zentralbehörden, die Trotzkisten und Sinowjewisten zu entlarven, gehörten nur 3% der Ausgeschlossenen zu diesen Kategorien. Die lokalen Parteioberen hatten häufig Vorbehalte, »mit den Organen des NKWD Kontakt aufzunehmen und der Parteizentrale eine Liste mit den Namen der Leute zu geben, die nach einer reinen Verwaltungsentscheidung unverzüglich zu verbannen waren«. Kurz: Nach Jeschow zeigte die Ausweisüberprüfungskampagne deutlich, wie sehr die zentralen Parteibehörden durch die »solidarische Rückendeckung« der lokalen Parteiapparate in ihrer Kontrolle über das, was wirklich im Lande geschieht, behindert wurden.[268] Dies war eine entscheidende Lehre, an die sich Stalin noch erinnern wird.

Die Terrorwelle im Anschluß an den Mord an Kirow riß nicht nur ehemalige Oppositionelle aus den Reihen der Partei mit sich fort. Unter dem Vorwand, daß »terroristische Weißgardisten« die Westgrenze der UdSSR überschritten hätten, beschloß das Politbüro am 27. Dezember 1934 die Deportation von 2000 in den Grenzdistrikten der Ukraine ansässigen »antisowjetischen Familien«. Am 15. März 1935 kam es zu analogen Maßnahmen: »alle unsicheren Elemente aus den Grenzdistrikten der Leningrader Region und der Autonomen Republik Karelien« wurden nach Kasachstan und Westsibirien deportiert. Es handelte sich hauptsächlich um Finnen; sie sind die ersten Opfer von ethnischen Deportationen, die während des Krieges ihren Höhepunkt erreichen werden. Ungefähr 10 000 Personen werden auf Grund ihrer Volkszugehörigkeit deportiert. Im Frühjahr 1936 folgte eine zweite große Deportationswelle, bei der die Nationalität das entscheidende

Kriterium war: über 15000 deutsche und polnische Familien aus der Ukraine – ungefähr 50000 Menschen – wurden in die Region Karaganda oder nach Kasachstan deportiert und dort in Kolchosen angesiedelt.[269]

Wie aus der Zahl der Verurteilungen in NKWD-Angelegenheiten hervorgeht – 267000 im Jahre 1935 und 274000 im Jahre 1936[270] –, begann in diesen beiden Jahren ein neuer Repressionszyklus. Nur wenige Befriedungsmaßnahmen wurden in dieser Zeit beschlossen: Abschaffung der *lischentsy*-Kategorie, Aufhebung aller Urteile, durch die Haftstrafen von weniger als fünf Jahren über die Kolchosebauern verhängt wurden, vorzeitige Freilassung von 37000 Menschen, die nach dem Gesetz vom 7. August 1932 verurteilt worden waren, Wiederherstellung der Bürgerrechte für die deportierten Sondersiedler, Aufhebung des Zulassungsverbots für Deportiertenkinder an den Universitäten und Hochschulen. Doch die Maßnahmen waren voller Widersprüche. Hatten die Kulaken, denen nach fünfjähriger Deportation die Bürgerrechte wieder zuerkannt wurden, wirklich das Recht, den ihnen aufgezwungenen Wohnort zu verlassen? Denn kaum waren sie wieder im Besitz ihrer Bürgerrechte, da kehrten die ersten bereits wieder in ihre Dörfer zurück, was eine Reihe von unlösbaren Problemen mit sich brachte. Konnte man sie in die Kolchose eintreten lassen? Wo sollte man sie unterbringen? Ihr Besitz und ihr Haus waren beschlagnahmt. Die Logik der Repression erlaubte nur Pausen: ein Weg zurück war nicht möglich.

Mit der Entscheidung der Regierung, die stachanowistische Bewegung für ihre Zwecke einzuspannen, nahmen die Spannungen zwischen dem Regime und der Gesellschaft weiterhin zu. Der Bergmann Alexej Stachanow hatte dank einer hervorragenden Mannschaftsorganisation die Normen für den Kohleabbau vervierzehnfacht. Eine große Produktionskampagne sollte gestartet werden. Im November 1935, kaum zwei Monate nach dem berühmten Stachanow-Rekord, fand in Moskau eine Konferenz mit vorkämpferischen Arbeitern statt. Bei dieser Gelegenheit unterstrich Stalin den »überaus revolutionären« Charakter »einer Bewegung, die sich vom Konservativismus der Ingenieure, Techniker und Betriebsdirektoren befreit hat«. Unter den damaligen Bedingungen in der sowjetischen Industrie bedeutete eine nach Tagen, Wochen und stachanowistischen Dekaden ausgerichtete Organisation eine dauerhafte Produktionsstörung; die Ausrüstung wurde schlechter, und die Arbeitsunfälle häuften sich. Auf die Rekorde folgte eine Zeit mit starkem Produktionsrückgang. In Anlehnung an den *spetzeedstvo* der Jahre 1928/31 machten die Behörden natürlich die von angeblichen Saboteuren unterwanderten Führungskräfte, Ingenieure und Spezialisten für die wirtschaftlichen Schwierigkeiten verantwortlich. Eine unvorsichtige Äußerung gegen die Stachanowisten, Unterbrechungen des Produktionsrhythmus oder eine technische Panne galten bereits als konterrevolutionäre Aktionen. In der ersten Hälfte des Jahres 1936 wurden mehr als 14000 Führungskräfte aus der Industrie wegen Sabotage verhaftet. Stalin nutzte die stachanowistische Kampagne für eine noch stärkere Durchsetzung seiner repressiven Politik und startete eine neue, in ihren Ausmaßen bisher einmalige Terrorwelle, die als »Großer Terror« in die Geschichte eingegangen ist.

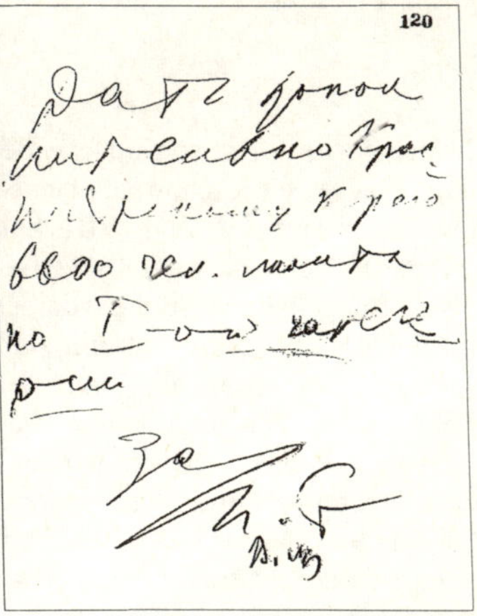

Einer der zahlreichen Hinrichtungsbefehle, die Stalin unterzeichnet hat. Zur Zeit des Großen Terrors sind sie an der Tagesordnung: Der abgebildete Befehl betrifft 6600 Personen. Im Jahrhundert vor dem kommunistischen Staatsstreich 1917 sind unter der zaristischen Herrschaft weniger politische Gegner gehenkt worden.
© Sammlung W. Bukowski

10

Der Große Terror (1936–1938)

Es wurde viel geschrieben über den »Großen Terror«. Die sowjetische Bevölkerung nannte ihn auch die *Jeschowschina*, »die Zeit Jeschows«. In jenen beiden Jahren, in denen Nikolai Jeschow an der Spitze des NKWD stand (vom September 1936 bis zum November 1938), erlebte die sowjetische Bevölkerung nämlich eine Repression von bisher ungekannter Stärke, von der alle Schichten betroffen waren: Vom Mitglied des Politbüros bis hin zum einfachen Bürger, der auf der Straße verhaftet wurde, um die Quote der »auszumerzenden konterrevolutionären Elemente« zu erfüllen. Jahrzehntelang war über die Tragödie des Großen Terrors kein Wort verloren worden. Im Westen waren von dieser Periode lange Zeit nur die drei aufsehenerregenden Moskauer Schauprozesse vom August 1936, Januar 1937 und März 1938 beachtet worden, in denen Lenins namhafteste Mitstreiter (Sinowjew, Kamenew, Krestinski, Rykow, Piatakow, Radek, Bucharin und andere) sich zu den schlimmsten Untaten bekannten: sie sollen »terroristische Zentren trotzko-sinowjewistischer oder trotzko-rechter« Richtung mit dem Ziel organisiert haben, die Sowjetregierung zu stürzen und ihre politischen Führer zu ermorden, den Kapitalismus wiederherzustellen, Sabotageakte durchzuführen, die militärische Macht der UdSSR zu unterminieren, die Sowjetunion aufzuteilen und zum Nutzen der ausländischen Staaten einzelne Teile aus ihrem Verband herauszulösen: die Ukraine, Weißrußland, Georgien, Armenien, den sowjetischen Fernen Osten …

Die Moskauer Prozesse waren ein aufsehenerregendes Ereignis, ein Medienspektakel, das die Aufmerksamkeit der eigens dafür aus dem Ausland herbeigerufenen Beobachter auf sich ziehen mußte und vor allem ablenken sollte von den Geschehnissen hinter den Kulissen und auf den Nebenschauplätzen: der massiven Repression aller sozialen Schichten. Für die ausländischen Beobachter, die schon die Entkulakisierung, die Hungersnot und die Errichtung des Lagersystems stillschweigend übergangen hatten, waren die Jahre 1936/38 nur der letzte Akt eines schon mehr als zehn Jahre währenden politischen Machtkampfes zwischen Stalin und seinen wichtigsten Rivalen, das Ende einer Auseinandersetzung zwischen der »stalinistischen Bürokratie« und der »alten leninistischen Garde«, die ihrem revolutionären Engagement treu geblieben war.

In Anspielung auf die wichtigsten Themen von Trotzkis 1936 erschienenem Werk *Die verratene Revolution* war am 27. Juli 1936 im Leitartikel der großen französischen Tageszeitung *Le Temps* folgendes zu lesen:

»Die russische Revolution steht an ihrem Wendepunkt. Monsieur Stalin ist sich der Sinnlosigkeit der reinen marxistischen Ideologie und des Mythos von der universellen Revolution bewußt geworden. Er ist gewiß ein guter Sozialist, aber vor allem ein Patriot, der wohl weiß, was für eine Gefahr diese Ideologie und dieser Mythos für sein Land bedeuten. Sein Traum ist wahrscheinlich der aufgeklärte Despotismus, der väterlich bevormundende Staat, weit entfernt vom Kapitalismus, aber auch von den Schimären des Kommunismus.«

In der Zeitung *L'Echo de Paris* findet sich am 30. Januar 1937 die gleiche Idee, allerdings in einer bildhafteren und weniger respektvollen Sprache:

»Ohne es zu wollen, gesellt sich der Georgier mit der flachen Stirn zu Iwan dem Schrecklichen, zu Peter dem Großen, und zu Katharina der Großen. Die anderen, die er massakrieren ließ, sind die ihrem diabolischen Glauben treu gebliebenen Revolutionäre, die von einer unaufhörlichen Zerstörungswut gepackten Neurotiker.«[271]

Erst mit dem »geheimen Bericht« Chruschtschows vom 25. Februar 1956 auf dem XX. Parteitag der KPdSU lüftet sich endlich der Schleier über dem »Unrecht, das in den Jahren 1936/38 unter Mißachtung der sozialistischen Gesetzlichkeit zahlreichen Parteimitgliedern aus der Führungsriege und dem Kader zugefügt worden ist«. In den folgenden Jahren wurden einige der ehemaligen Führungskräfte, vor allem aus dem militärischen Bereich, rehabilitiert. Über die »gewöhnlichen« Opfer verlor man jedoch weiterhin nicht ein einziges Wort. Auch wenn Chruschtschow im Oktober 1961 auf dem XXII. Parteitag der KPdSU öffentlich zugab, daß »die Massenrepression [...] einfache und ehrbare Sowjetbürger getroffen hat«, bewahrte er dennoch Stillschweigen über das Ausmaß dieser Repressionen, für die er wie viele andere Parteiobere seiner Generation direkt verantwortlich gewesen war.

Dennoch konnte Ende der sechziger Jahre ein Historiker wie Robert Conquest mittels Zeugenberichten von in den Westen übergesiedelten Sowjetbürgern und Veröffentlichungen von emigrierten und nicht emigrierten Sowjetbürgern aus der Zeit des »Chruschtschowschen Tauwetters« den groben Verlauf des Großen Terrors rekonstruieren, allerdings zuweilen mit ziemlich gewagten Schlußfolgerungen in bezug auf die Mechanismen der Entscheidungsfindung und einer beträchtlichen Aufbauschung der Opferzahlen.[272]

Die Arbeit von Robert Conquest löste eine breite Diskussion aus, vor allem über die Frage nach dem Zentralisierungsgrad des Terrors, nach den Rollen von Stalin und Jeschow und nach der Höhe der Opferzahl. Einige Historiker der amerikanischen Revisionistenschule wehrten sich beispielsweise gegen die Ansicht, daß Stalin den Ablauf der Ereignisse von 1936 bis 1938 schon im voraus genau geplant habe. Sie waren vielmehr der Meinung, daß die Spannungen zwischen den zentralen Parteibehörden und den lokalen Apparaten erst mit der Zeit stark zunahmen und die größtenteils unkontrollierte Repression zu etlichen »Entgleisungen« führte. Das ungewöhnlich starke Ausmaß der Repressionen von 1936/38 erklärten sie sich dadurch, daß die lokalen Parteiapparate den ihnen drohenden Terror auf zahlreiche »Sündenböcke« abwälzten und so gegenüber dem Parteizentrum in Moskau ihre Wachsamkeit und Unnachgiebigkeit im Kampf gegen die allgegenwärtigen »Feinde« unter Beweis stellen wollten.[273]

Weiterer Streitpunkt: die Zahl der Opfer. Für Conquest und seine Schüler führte der Große Terror zu mindestens sechs Millionen Verhaftungen, drei Millionen Hinrichtungen und zwei Millionen Toten in den Lagern. Die Historiker der revisionnistischen Schule halten diese Zahlen für stark übertrieben.

Mit der – zumindest partiellen – Öffnung der sowjetischen Archive können wir für den Großen Terror eine neue Bilanz aufstellen. Es geht hier nicht darum, auf wenigen Seiten zum wiederholten Mal die außerordentlich komplexe und tragische Geschichte der beiden blutigsten Jahre des sowjetischen Regimes nachzuzeichnen, sondern um den Versuch, die meistdiskutierten Fragen der letzten Jahre – vor allem die nach dem Zentralisierungsgrad des Terrors und nach den Kategorien und der Anzahl der Opfer – neu zu beleuchten.

Was den Zentralisierungsgrad des Terrors angeht, bestätigen die heute zugänglichen Unterlagen des Politbüros[274], daß die Massenrepression sehr wohl das Ergebnis einer von der höchsten Parteiinstanz, dem Politbüro, und insbesondere von Stalin getroffenen Entscheidung gewesen ist. Die Organisation und der Verlauf der blutigsten von den großen repressiven Operationen – die sich vom August 1937 bis Mai 1938 hinziehende »Liquidierung der ehemaligen Kulaken, der Verbrecher und der anderen antisowjetischen Elemente«[275] – sagen sehr viel aus über die Rolle, welche die Parteizentrale einerseits und die lokalen Parteibehörden andererseits in dieser Repression spielten, aber auch über die folgerichtige Logik einer Operation, bei der man zumindest am Anfang überzeugt war, daß sie das Problem, das in den vorangegangenen Jahren nicht gelöst werden konnte, nun endgültig regeln würde.

Seit 1935/36 stand die Frage nach dem weiteren Verbleib der deportierten Kulaken auf der Tagesordnung. Obwohl es ihnen wiederholt verboten worden war, den ihnen zugewiesenen Aufenthaltsort zu verlassen, mischten sich die »Sondersiedler« mehr und mehr unter die Masse der freien Arbeiter. In einem Bericht vom August 1936 schrieb Rudolf Berman, der Chef der Gulag-Lager: »Viele Sondersiedler, die schon seit langem in gemischten Mannschaften mit den freien Arbeitern zusammenarbeiten, haben das nachsichtige Überwachungssystem genutzt und ihren Wohnort verlassen. Es ist immer schwieriger, sie aufzufinden. Sie haben sich nämlich spezialisiert, weshalb die Betriebsverwaltung Wert darauf legt, sie zu behalten. Manchmal ist es ihnen sogar gelungen, einen Paß zu bekommen, und sie haben sich mit den freien Arbeitskollegen verheiratet, besitzen oft ein Haus …«[276]

Zahlreiche Sondersiedler, denen eine Unterkunft in den Industriegebieten zugewiesen worden war, versuchten, sich unter die einheimische Arbeiterklasse zu mischen. Doch es gab auch andere, die noch wesentlich weiter flohen. Viele von diesen Flüchtlingen schlossen sich den Banden der gesellschaftlichen Außenseiter und der kleinen Ganoven an, die in den Randgebieten der Stadt immer mehr zunahmen. Bei den im Herbst 1936 in einigen *komandaturen* durchgeführten Untersuchungen zeigte sich eine für die Behörden »untragbare« Situation: in der Region Archangelsk beispielsweise waren von den auf dem Papier gemeldeten 89 700 Sondersiedlern nur noch 37 000 anwesend!

Die Angst vor dem Kulaken als einem »die Betriebe unterwandernden Saboteur« oder als einem »in den Städten herumstreunenden Banditen« erklärt, warum diese »Kategorie« bei den Anfang Juli 1937 von Stalin beschlossenen repressiven Großoperationen als erste zu den auserwählten Opfern zählte.

Am 2. Juli 1937 schickte das Politbüro den Lokalbehörden ein Telegramm mit dem Befehl, »alle Kulaken und Verbrecher sofort zu verhaften [...] und die feindseligsten unter ihnen zu erschießen. Doch zuvor ist ihre Angelegenheit durch eine Troika [eine dreiköpfige Kommission bestehend aus dem Ersten Sekretär der regionalen Parteiorganisation, einem Staatsanwalt und dem Chef der regionalen NKWD-Gruppe] zu untersuchen. Die weniger aktiven, aber deswegen nicht weniger regimefeindlichen Elemente sind zu deportieren [...]. Das Zentralkomitee geht davon aus, daß ihm in den nächsten fünf Tagen die Zusammensetzung der Troiki und die Anzahl der zu erschießenden und der zu deportierenden Personen gemeldet wird.«

In den folgenden Wochen erhielt das Zentralkomitee von den Lokalbehörden »ungefähre Zahlenangaben«. Auf ihrer Basis bereitete Jeschow den auf den 30. Juli 1937 datierten Operationsbefehl Nr. 00447 vor und legte ihn noch am gleichen Tag dem Politbüro zur Unterzeichnung vor. Im Rahmen dieser Operation sollten 259 450 Personen verhaftet und 72 950 erschossen werden.[277] Die Zahlen sind unvollständig, denn eine ganze Reihe von Regionen, die ihre »Schätzungen« offensichtlich noch nicht den Moskauer Behörden hatten zukommen lassen, fehlten auf der Liste. Wie bei der Entkulakisierung wurden für jede Region die Quoten der beiden Kategorien festgelegt (1. Kategorie: zu erschießen, 2. Kategorie: zu deportieren).

Es fällt auf, daß die Elemente, auf welche die Operation zielte, ein wesentlich breiteres politisches Spektrum darstellen als die ursprünglich angegebenen Kategorien: neben den »ehemaligen Kulaken« und den »kriminellen Elementen« sprach der Befehl auch von den »in sozialer Hinsicht gefährlichen Elementen«, den »Mitgliedern der antisowjetischen Parteien«, den ehemaligen »Beamten des Zaren«, den »Weißen Garden« usw. Diese »Bezeichnungen« gab man natürlich jedem beliebigen Suspekten, egal, ob er zur Partei, zur Intelligenzija oder zu den »kleinen Leuten« zählte. Und was die Liste der Suspekten betrifft, so hatten die zuständigen Dienststellen der GPU und später des NKWD genügend Zeit gehabt, sie anzulegen, auf dem laufenden zu halten und mit den Jahren zu ergänzen.

Der Operationsbefehl vom 30. Juli 1937 gab den lokalen Parteiführern das Recht, in Moskau zusätzliche Listen von Personen anzufordern, die aus dem Weg zu räumen waren. Die Familien der zu Lagerhaft oder zum Tode Verurteilten konnten ebenfalls verhaftet werden, wurden aber »bei der Quotenüberprüfung nicht berücksichtigt«.

Bereits Ende August gingen beim Politbüro zahlreiche Anträge für eine Erhöhung der Quoten ein. Vom 28. August bis 15. Dezember 1937 wurde eine ganze Reihe von diesen erweiterten Quotenvorschlägen genehmigt: Weitere 22 500 Menschen sollten hingerichtet und noch einmal 16 800 in ein Lager gebracht werden. Am 31. Januar 1938 wurden diese Quoten auf Vorschlag des NKWD um weitere 57 200 Personen aufgestockt, 48 000 von ihnen sollten hingerichtet werden. Die gesamten Operationen sollten am 15. März 1938 abgeschlossen sein. Doch die Lokalbehörden, die seit einem Jahr mehrmals »gesäubert« und neu besetzt worden waren, hielten es für ratsam, ein weiteres Mal ihren Diensteifer unter Beweis zu stellen, und so genehmigte das Politbüro vom 1. Februar bis 29. August 1938 zusätzliche Kontingente mit weiteren 90 000 Menschen, die aus dem Wege geräumt werden sollten.

So zog sich die Operation, die ursprünglich vier Monate dauern sollte, über ein Jahr hin und traf mindestens 200 000 Personen mehr als ursprünglich vorgesehen.[278] Jeder, der im Verdacht einer »schlechten« sozialen Herkunft stand, war ein potentielles Opfer. Ebenfalls gefährdet waren diejenigen, die in der Nähe der Grenze wohnten oder auf irgendeine Weise Kontakt mit dem Ausland gehabt hatten, sei es als ehemalige Kriegsgefangene oder über eine wenn auch noch so entfernte Verwandtschaft. Auch Amateurfunker, Briefmarkensammler und Esperantisten mußten ständig damit rechnen, sich wegen Spionage verantworten zu müssen. Vom 6. August bis zum 21. Dezember 1937 starteten das Politbüro mit seinem Helfershelfer – dem NKWD – mindestens zehn Operationen, die derjenigen, die durch den Operationsbefehl Nr. 00447 ausgelöst wurde, durchaus vergleichbar waren. Ziel dieser Operationen war es, alle Volksgruppen, bei denen der Verdacht auf »Spionage« oder »Diversion« nahelag, zu »liquidieren«: Deutsche, Polen, Japaner, Rumänen, Finnen, Litauer, Esten, Letten, Griechen und Türken. Während dieser »Anti-Spionage«-Operationen wurden innerhalb von 15 Monaten – vom August 1937 bis November 1938 – mehrere hunderttausend Menschen verhaftet.

Weitere Operationen, über die wir heute Informationen besitzen, wenn auch nur sehr lückenhafte, denn die Archive des ehemaligen KGB und des russischen Präsidenten, wo die wichtigsten Geheimdokumente aufbewahrt werden, sind den Forschern nicht zugänglich:

- Die Operation vom 20. Juli 1937 zur »Liquidierung des in den Betrieben der Nationalen Verteidigung arbeitenden deutschen Kontingentes«.
- Die am 19. September 1937 gestartete Operation zur »Unterbindung der Terror-, Sabotage- und Spionage-Aktivitäten des japanischen Repatriierten-Netzes von Charbin«.

- Die am 4. August 1937 gestartete Operation zur »Auflösung der rechtsgerichteten militaristisch-japanischen Kosakenorganisation«; im Rahmen dieser Operation waren vom September bis Dezember 1937 mehr als 19 000 Menschen liquidiert worden.
- Die durch den NKWD-Operationsbefehl Nr. 00486 vom 15. August 1937 in die Wege geleitete Operation zur »Liquidierung der Familien der verhafteten Volksfeinde«.

Diese kurze und höchst unvollständige Aufzählung einiger weniger von den vielen Operationen, die vom Politbüro beschlossen und vom NKWD durchgeführt wurden, reicht aus, um die zentrale Steuerung dieser Massenrepressionen der Jahre 1937/38 deutlich zu machen. Wie bei allen großen repressiven Aktionen, die auf Befehl der Parteizentrale von den ortsansässigen Beamten durchgeführt wurden, kam es natürlich auch bei diesen Operationen zu Entgleisungen und Exzessen. Nach dem Großen Terror gab es jedoch nur eine einzige Untersuchungskommission, die an den Ort des Geschehens – nämlich nach Turkmenistan – geschickt wurde, um sich dort mit den Exzessen der Jeschowschina auseinanderzusetzen: In dieser kleinen Republik mit ihren 1 300 000 Einwohnern (7 % der Sowjetbevölkerung) waren zwischen August 1937 und September 1938 13 259 Menschen von den Troiki des NKWD verurteilt worden, und zwar einzig und allein im Rahmen der Operation zur »Liquidierung der ehemaligen Kulaken, der Verbrecher und der anderen antisowjetischen Elemente«. 4037 von ihnen waren erschossen worden. Die von Moskau festgesetzte Quote betrug 6277 für die Gesamtzahl der Verurteilungen und 3225 für die Hinrichtungen.[279] Man kann davon ausgehen, daß es in den anderen Gegenden des Landes zu ähnlichen Exzessen und Ausschreitungen gekommen ist. Waren sie doch durch das Quotenprinzip bereits vorgegeben: ein Prinzip mit seinen von der Zentrale ausgearbeiteten Direktiven und dem nach jahrelanger Manipulation zum bürokratischen Reflex gewordenen Streben der Lokalbehörden, den Wünschen der Vorgesetzten und den Anweisungen aus Moskau zuvorzukommen.

Eine weitere Dokumentenserie bestätigt die zentrale Steuerung dieser von Stalin und dem Politbüro angeordneten und genehmigten Massenmorde. Es handelt sich um die von der Justizkommission des Politbüros ausgearbeiteten Listen der zu verurteilenden Personen. Die Srafen dieser auf der Liste stehenden Personen, die sich vor dem Militärkollegium des Obersten Gerichtshofes, vor den Militärgerichten oder vor der Sonderkonferenz des NKWD zu veantworten hatten, waren von der Justizkommission des Politbüros bereits im voraus festgelegt worden. Diese Kommission, zu der auch Jeschow gehörte, legte Stalin und den Mitgliedern des Politbüros mindestens 383 Listen mit mehr als 44 000 Namen von Funktionären und Führungskräften der Partei, Armee und Wirtschaft zur Unterschrift vor. Über 39 000 von ihnen wurden zum Tode verurteilt. 362 Listen sind von Stalin unterschrieben, 373 von Molotow, 195 von Woroschilow, 191 von Kaganowitsch, 177 von Schdanow und 62 von Mikojan.[280]

Jeder von diesen Parteiführern ging auf Reisen, um vor Ort persönlich die Säuberungen der lokalen Parteigruppen durchzuführen: Kaganowitsch wurde ins Donezgebiet und in die Regionen von Tscheljabinsk, Jaroslawl, Iwanowo, und Smolensk geschickt. Schdanow fuhr – nachdem er Leningrad, *seine eigene* Region, gesäubert hatte – nach Orenburg, Baschkirien und in die tatarischen Gebiete. Andrejew begab sich in den nördlichen Kaukasus, nach Usbekistan und Tadschikistan, Mikojan nach Armenien und Chruschtschow in die Ukraine.

Auch wenn die Anweisungen im Zusammenhang mit den Massenrepressionen als Entscheidungen des gesamten Politbüros genehmigt wurden, sieht es nach Durchsicht der Dokumente der heute zugänglichen Archive eher danach aus, daß Stalin persönlich Urheber und Initiator der meisten repressiven Maßnahmen gewesen ist. Um nur ein Beispiel zu nennen: Als sich Michail Korotschenko, der Sekretär des regionalen Parteikomitees von Westsibirien, am 27. August 1937 um 17 Uhr mit dem Sekretariat des Zentralkomitees wegen eines Prozesses gegen Agrarwissenschaftler, die »der Sabotage beschuldigt« wurden, in Verbindung setzte, telegraphierte Stalin selbst um 17.10 Uhr folgenden Text: »Ich rate Ihnen, die Saboteure aus dem Distrikt Andrejews zum Tode zu verurteilen und die Nachricht von ihrer Hinrichtung in der Presse zu veröffentlichen.«[281]

Alle heute einsehbaren Dokumente (Protokolle des Politbüros, Stalins Zeitplan und die Liste der von Stalin im Kreml empfangenen Besucher) zeigen, daß Stalin Jeschows Aktivitäten streng kontrollierte und genaue Anweisungen gab. Er korrigierte die wichtigsten Anweisungen des NKWD, regelte das Ermittlungsverfahren der großen politischen Prozesse und legte selbst den Prozeßverlauf fest. Als wegen einer »militärischen Verschwörung« gegen Marschall Tuchatschewski und andere Befehlshaber der Roten Armee ermittelt wurde, ist Jeschow täglich von Stalin empfangen worden.[282] Während der gesamten Jeschowschina gab Stalin die Kontrolle über das politische Geschehen nicht aus der Hand. Auf ihn geht die Entscheidung zurück, Jeschow zum Volkskommissar des Inneren zu berufen. Von Sotschi aus schickte er dem Politbüro folgendes berühmte Telegramm: »Genosse Jeschow ist unbedingt und sofort zum Volkskommissar des Inneren zu ernennen. Jagoda zeigte sich nicht der Aufgabe gewachsen, den trotzkistisch-sinowjewistischen Block zu entlarven. Die GPU ist in dieser Angelegenheit vier Jahre im Rückstand.« Auch die Entscheidung, »den Exzessen des NKWD ein Ende zu setzen«, geht auf Stalin zurück. Am 17. November 1938 setzte ein Dekret des Zentralkomitees einen (vorläufigen) Schlußpunkt unter »die umfangreichen Verhaftungs- und Deportationsoperationen«. Eine Woche später mußte Jeschow als Volkskommissar des Inneren zurücktreten. Sein Nachfolger wurde Berija. Der Große Terror endete, wie er begonnen hatte: mit einem Befehl Stalins.

Kann man hinsichtlich der Zahl und der Kategorien der Jeschowschina-Opfer eine dokumentierte Bilanz erstellen?

Wir verfügen heute über streng vertrauliche Dokumente, die von Nikita Chruschtschow und den maßgeblichen Parteioberen während der Entstalinisierung angelegt worden sind. Dabei handelt es sich vor allem um eine umfangreiche Studie über »die Repressionen während der Zeit des Personenkults«, die von einer im Anschluß an den XXII. Parteitag der KPdSU ins Leben gerufenen Kommission unter der Leitung von Nikolai Schwernik erarbeitet wurde.[283] Die Forscher können diese Daten mit verschiedenen anderen – heute einsehbaren – statistischen Quellen der Gulag-Lagerverwaltung, des Volkskommissariats der Justiz und der Staatsanwaltschaft vergleichen.

Danach sind allein in den Jahren 1937 und 1938 1 575 000 Menschen vom NKWD verhaftet worden; 1 345 000 (d. h. 85,4 %) sind im Laufe dieser beiden Jahre verurteilt worden; 681 692 (d. h. 51 % der 1937/38 Verurteilten) sind hingerichtet worden.

Die Verhafteten wurden nach unterschiedlichen Verfahren verurteilt. Die Fälle der politischen, wirtschaftlichen und militärischen »Führungskräfte« und der Mitglieder der Intelligenzija – der bekanntesten und eindeutigsten Kategorie – kamen vor die Militärgerichte und die »Sonderkonferenzen des NKWD«. In Anbetracht des Ausmaßes der Operationen setzte die Regierung Ende Juli 1937 auf regionaler Ebene »Troiki« ein. Diese bestanden aus dem Staatsanwalt und den beiden Regionalchefs des NKWD und der Polizeidirektion. Die Troiki arbeiteten im Schnellstverfahren, denn sie orientierten sich an den im voraus von der Parteizentrale festgesetzten Quoten. Eine »Reaktivierung« der Liste mit den bereits von den Dienststellen registrierten Namen genügte. Das Verfahren war auf seine einfachste Form reduziert. Die Troiki überflogen täglich mehrere hundert Einzelakten; dies bestätigt das erst kürzlich veröffentlichte *Martyrologium von Leningrad*, eine Jahresliste, in der – Monat für Monat – alle Leningrader, die aufgrund des Artikel 58 des Strafgesetzbuchs verhaftet und zum Tode verurteilt worden sind, aufgelistet werden. Zwischen der Verhaftung und dem Todesurteil lagen in der Regel nur wenige Tage, manchmal auch wenige Wochen. Das Urteil war unwiderruflich und wurde innerhalb weniger Tage vollstreckt. Sowohl bei den speziellen Operationen zur »Liquidierung der Spione und Saboteure«, als auch bei den allgemeinen Großoperationen repressiven Charakters – wie etwa jene zur »Liquidierung der Kulaken ...«, die am 30. Juli 1937 ihren Anfang nahm, oder die am 12. September 1937 gestartete Operation zur »Liquidierung der kriminellen Elemente« oder die zur »Liquidierung der Angehörigen der Volksfeinde« –, hing die Möglichkeit, allein aus dem Grund verhaftet zu werden, damit die Quote erfüllt wurde, von einer Reihe von Zufällen ab.[284] »Geographische Zufälle« (wer in Grenznähe wohnte, war besonders gefährdet), persönliche Beziehungen – ganz gleich welcher Art – zum Ausland, fremdländische Herkunft oder gleichlautender Name. War die Liste mit den registrierten Personen nicht lang genug, mußten die Behörden etwas »arrangieren«, um »die Normen erfüllen« zu können. Um nur ein Beispiel zu nennen: Weil in der Kategorie der »Saboteure«

die Quote noch nicht erreicht war, nahm der turkmenische NKWD einen Betriebsbrand zum Anlaß, alle im Betrieb anwesenden Leute zu verhaften und sie zu zwingen, »Komplizen« zu nennen.[285] Der von oben geplante Terror mit seinen willkürlich festgelegten Kategorien politischer Feinde sorgte von sich aus schon für Entgleisungen, die über das Gewaltpotential der an der Basis agierenden repressiven Apparate sehr viel aussagen.

Anhand der Daten wird unter anderem deutlich, daß die kommunistischen Führungskräfte nur einen kleinen Teil der 681 692 Hingerichteten ausmachen. Trotzdem erheben die Zahlen keinen Anspruch auf Vollständigkeit. Die in diesen beiden Jahren durchgeführten Deportationen sind in ihnen nicht enthalten (es fehlen beispielsweise die 172 000 Koreaner, die zwischen Mai und Oktober 1937 aus dem sowjetischen Fernen Osten nach Kasachstan und Usbekistan deportiert wurden). Auch die Verhafteten, die während des Gefängnisaufenthalts oder auf dem Transport in die Lager an den Folgen der Folter starben, sind in diesen Zahlen nicht enthalten, ebensowenig die Häftlinge, die in diesen beiden Jahren in den Lagern ihr Leben ließen (ungefähr 25 000 im Jahre 1937 und mehr als 90 000 im Jahre 1938).[286] Auch wenn die Zahlen im Vergleich zu denen, die sich aus den Berichten der Überlebenden ergeben, niedriger ausfallen, zeigen sie doch das erschreckende Ausmaß dieser gegen eine ganze Gesellschaft gerichteten Massenmorde, bei denen Hunderttausende ihr Leben verloren.

Kann man heute zu den Kategorien, aus denen die Opfer der Massenmorde kommen, genauere Angaben machen? Hinsichtlich der Gulag-Häftlinge der späten dreißiger Jahre besitzen wir einige Statistikwerte, auf die wir später zurückkommen. Diese Zahlen beziehen sich jedoch auf alle Lagerhäftlinge, nicht nur auf jene, die während des Großen Terrors verhaftet worden sind, und sind deshalb für eine Studie über die zu Lagerhaft verurteilten Opfer der *Jeschowschina* nur bedingt heranzuziehen. Grundsätzlich läßt sich aber ein bedeutender Zuwachs an akademisch gebildeten Häftlingen feststellen (zwischen 1936 und 1939 ein Zuwachs von über 70%). Dies bestätigt, daß der Terror der späten dreißiger Jahre sich besonders gegen die gebildete Elite richtete, ganz gleich, ob sie der Partei angehörte oder nicht.

Die Repressionen gegen den Parteikader waren die ersten, die (seit dem XX. Parteitag) öffentlich angeprangert wurden und zählen deshalb zu den bekanntesten Aspekten des Großen Terrors. In seinem »Geheimbericht« ließ sich Chruschtschow ausführlich über diese Seite der Repression aus. Sie traf fünf Mitglieder des Politbüros, alles treue Stalinanhänger (Postyschew, Rudzutak, Eiche, Kossior und Tschubar), außerdem 98 der 139 Mitglieder des Zentralkomitees und 1108 von 1966 Delegierten des XVII. Parteitages (1934). Auch die Komsomolführung war betroffen: 72 der 93 Mitglieder des Zentralkomitees wurden verhaftet, ebenso 319 von den 385 Regionalsekretären und 2210 von den 2750 Distriktsekretären. Die regionalen und lokalen Partei- und Komsomolapparate wurden völlig erneuert, denn die Parteizentrale hatte den Verdacht, daß die in jedem Falle »korrekten« Entscheidungen aus Moskau sabotiert und die wirksamen Kontrollen der Zentralbehörden über die Geschehnisse im Lande behindert werden. In Leningrad, einer von vorneherein verdächtigen Stadt, wo Sinowjew die Partei geführt hatte und Kirow ermordet worden war, verhafteten Schdanow und Zakowski, der Chef der regionalen NKWD-Abteilung, über 90% der Parteikader. Aber auch das ist nur ein kleiner Teil von all den Leningradern, die von der Repression der Jahre 1936/39 betroffen waren.[287] Zur gründlicheren Säuberung wurden von der Parteizentrale Sonderbeauftragte mit den NKWD-Truppen in die Provinzen geschickt, um – wie die *Prawda* bildhaft formulierte – »die trotzko-faschistischen Wanzennester auszuräuchern und zu zerstören«.

Bestimmte Regionen, über die es nur ungenaue Statistikwerte gibt, wurden ganz besonders »gesäubert«: hier ist – einmal mehr – vor allem die Ukraine zu nennen. Allein im Jahre 1938, nach der Ernennung Chruschtschows zum Vorsitzenden der ukrainischen KP, wurden mehr als 106 000 Menschen in der Ukraine verhaftet (und größtenteils hingerichtet). Von den 200 Mitgliedern des Zentralkomitees der ukrainischen KP haben lediglich drei überlebt. In allen regionalen und lokalen Parteiinstanzen wiederholte sich das gleiche Spiel. Es kam zu Dutzenden von Schauprozessen gegen kommunistische Parteiführer.

Im Gegensatz zu den Prozessen, die unter Ausschluß der Öffentlichkeit stattfanden, oder den Geheimsitzungen der Troiki, in denen das Schicksal eines Angeklagten in wenigen Minuten geregelt wurde, hatten die Schauprozesse eine stark populistische Komponente und dienten wichtigen Propagandazwecken. Man hoffte mit ihnen, das Bündnis zwischen den »kleinen Leuten, den einfachen Parteimitgliedern und Garanten der gerechten Lösung« und dem Parteiführer zu stärken, und zwar über die Denunzierung der lokalen Parteifunktionäre, dieser »neuen Herren mit ihrer ewig selbstgerechten Art [...], die durch ihre unmenschliche Haltung künstlich ein ganzes Heer von Unzufriedenen und Verärgerten schaffen und so den Trotzkisten zu einer Reservearmee verhelfen« (aus einer Stalinrede vom 3. März 1937). Den großen Moskauer Prozessen vergleichbar, jedoch auf Distriktebene reduziert, waren diese Schauprozesse, von deren Sitzungen in der Lokalpresse ausführlich berichtet wurde, eine wunderbare Gelegenheit für ideologische und populistische Manipulationen. Die Schauprozesse entlarvten die Verschwörung, ein wichtiges Thema dieser Ideologie, erfüllten eine karnevalistische Ventilfunktion (die Mächtigen werden zu den Bösen und die »einfachen Leute« zu den Garanten der gerechten Lösung) und dienten so – um Annie Kriegel zu zitieren – als »idealer Mechanismus der sozialen Prophylaxe«.

Die Repressionen gegen die lokalen Parteifunktionäre waren natürlich nur die Spitze des Eisbergs. Betrachten wir zum Beispiel Orenburg: Für diese Provinz gibt es einen detaillierten Bericht der regionalen NKWD-Abteilung »über die operationellen Maßnahmen zur Liquidierung der trotzkistischen und bucharinischen Geheimorganisationen sowie der anderen konterrevolutionären Gruppen in der Zeit vom 1. April bis zum 18. September 1937«, also vor der Ankunft Schdanows, der die Säuberungen beschleunigen »sollte«.[288]

In dieser Provinz kam es innerhalb von fünf Monaten zu folgenden Verhaftungen:

- 420 »Trotzkisten«, alles führende Kräfte aus der Politik und Wirtschaft.
- 120 »Rechtsabweichler«, alles maßgebliche lokale Parteifunktionäre.

Alle diese 540 Verhafteten kamen aus dem Parteikader und stellten 45% der örtlichen Nomenklatura. Schdanow ließ während seiner Orenburg-Mission weitere 598 Parteifunktionäre verhaften und hinrichten. Bereits im Herbst 1937 war in dieser Provinz – wie anderswo auch – die gesamte politische und wirtschaftliche Führung eliminiert und durch eine neue Generation – die Generation der vom ersten Fünfjahresplan »Begünstigten« – ersetzt worden: Breschnew, Kossygin, Ustinow und Gromyko, kurz: das Politbüro der siebziger Jahre.

Neben diesen 1000 verhafteten Parteifunktionären machten zahlreiche Menschen ohne einen besonderen Titel, einfache Parteimitglieder, ehemalige Kommunisten (und deshalb ganz besonders gefährdete Kandidaten) oder einfache, schon seit Jahren registrierte Bürger den Großteil der Opfer des Großen Terrors aus.

Werfen wir noch einmal einen Blick in den NKWD-Bericht aus Orenburg:

- »etwas mehr als 2000 Mitglieder der rechtsgerichteten militaristisch-japanischen Kosakenorganisation« (von denen etwa 1500 hingerichtet wurden)
- »über 1500 zaristische Offiziere und Beamte, die 1935 von Leningrad nach Orenburg verbannt worden waren« (es handelte sich um »in sozialer Hinsicht fremde Elemente«, die nach dem Anschlag auf Kirow in verschiedene Landesteile verbannt worden waren)
- »ungefähr 250 Personen, die im Zusammenhang mit der Polen-Affäre verhaftet worden sind«
- »ungefähr 95 Personen, die im Zusammenhang mit der Affäre um die Elemente aus Charbin verhaftet worden sind«
- »3290 Personen im Zusammenhang mit der Liquidierungsoperation gegen die ehemaligen Kulaken«
- »1399 Personen [...] während der Liquidierungsoperation gegen die kriminellen Elemente ...«

Zählt man noch die 30 Komsomolmitglieder und die 50 Kadetten der örtlichen Militärschule dazu, kommt man auf über 7500 Menschen, die vom NKWD innerhalb von fünf Monaten in dieser Provinz verhaftet worden sind, und zwar wohlgemerkt vor der Ausweitung, welche die Repression durch Andrej Schdanows Mission erfuhr. So spektakulär die Verhaftung von 90% der örtlichen Nomenklatura auch war, im Vergleich zur Gesamtzahl der von der Repression betroffenen Personen war es nur ein geringer Prozentsatz. Die Verhafteten wurden fast alle in eine von den Kategorien eingeteilt, gegen die in eigens darauf abgestimmten und vom Politbüro und insbesondere von Stalin genehmigten Operationen vorgegangen wurde.

Bestimmte Kategorien von Führungskräften und höheren Beamten wurden besonders stark dezimiert: die Diplomaten und Mitarbeiter des Volkskommissariat des Äußeren, die sich natürlich wegen Spionage zu verantworten hatten, aber auch die Beamten der Wirtschaftsministerien und die Beriebsdirektoren, die man der »Sabotage« verdächtigte. Zu den hochrangigen Diplomaten, die verhaftet – und meistens auch hingerichtet – wurden, zählten Krestinski, Sokolnikow, Bogomolow, Jurenjew, Ostrowski und Antonow-Owsejenko, die Moskau – in der gleichen Reihenfolge – in Berlin, London, Peking, Tokio, Bukarest und Madrid vertreten hatten.[289]

In manchen Ministerien wurden mit wenigen Ausnahmen alle Beamten Opfer der Repression. In dem dubiosen Volkskommissariat für Maschinen und Werkzeuge wurde die gesamte Besetzung ausgewechselt; bis auf zwei Ausnahmen wurden auch alle Direktoren der von dieser Branche abhängigen Betriebe und quasi sämtliche Ingenieure und Techniker verhaftet. In den anderen Industriebereichen war es ähnlich, besonders im Flugzeug- und Schiffsbau, in der Metallindustrie und im Transportwesen, Bereiche, für die nur fragmentarische Studien vorliegen. Nach dem großen Terror gab Kaganowitsch im März 1939 auf dem XVIII. Parteitag zu, daß »in den Jahren 1937 und 1938 das leitende Personal der Schwerindustrie vollkommen ausgewechselt worden ist und statt der entlarvten Saboteure Tausende von neuen Leuten in die Führungspositionen berufen worden sind. In manchen Branchen waren mehrere Schichten von Saboteuren und Spionen zu entlassen [...]. Jetzt haben wir Führungskräfte, die jeden Befehl, den ihnen Genosse Stalin aufträgt, akzeptieren werden.«

Zu den parteilichen Führungskräften, die von der Jeschowschina am härtesten betroffen waren, zählten die Vorsitzenden der ausländischen kommunistischen Parteien und die leitenden Mitarbeiter der Kommunistischen Internationalen, die im Moskauer Hotel Lux untergebracht war.[290] Von der Deutschen Kommunistischen Partei wurden verhaftet: Heinz Neumann, Hermann Remmele, Fritz Schulte und Hermann Schubert, alles ehemalige Mitglieder des Politbüros; außerdem Leo Flieg, Sekretär des Zentralkomitees, Heinrich Süsskind und Werner Hirsch, zwei Chefredakteure der Zeitung *Rote Fahne*, und Hugo Eberlein, Delegierter der deutschen Partei bei der Gründungskonferenz der Kommunistischen Internationalen. Im Februar 1940, einige Monate nach dem Abschluß des Hitler-Stalin-Paktes, wurden 570 in Moskau inhaftierte deutsche Kommunisten auf der Grenzbrücke von Brest-Litowsk der Gestapo übergeben.

Die überwiegende Mehrheit der Opfer des Großen Terrors waren einfache Bürger. Im folgenden Auszüge aus einer »gewöhnlichen« Akte aus dem Jahre 1938.

Akte Nr. 24260

1. Name: Sidorow.
2. Vorname: Wassili Klementowitsch.
3. Geburtsort und -datum: Setschewo, Region Moskau, 1893.
4. Adresse: Setschewo, Distrikt Kolomenskij, Region Moskau.
5. Beruf: Angestellter der Genossenschaft.
6. Gewerkschaftszugehörigkeit: Gewerkschaft der Genossenschaftsangestellten.
7. Vermögen zur Zeit der Verhaftung (detaillierte Beschreibung): 1 Holzhaus mit Blechdach, 8 m auf 8 m, 1 teilweise überdachter Hof von 20 m auf 7 m, 1 Kuh, 4 Schafe, 2 Schweine, Geflügel.
8. Vermögen im Jahre 1929: dasselbe, außerdem noch 1 Pferd.
9. Vermögen im Jahre 1917: ein Holzhaus, 8 m auf 8 m; 1 teilweise überdachter Hof von 30 m auf 20 m; 2 Scheunen, 2 Schuppen, 2 Pferde, 2 Kühe, 7 Schafe.
10. Gesellschaftliche Stellung zur Zeit der Verhaftung: Angestellter.
11. Militärdienst in der zaristischen Armee: von 1915 bis 1916 Infanterist der 2. Klasse im 6. IR von Turkestan.
12. Militärdienst in der Weißen Armee: keiner.
13. Militärdienst in der Roten Armee: keiner.
14. Soziale Herkunft: ich betrachte mich als Sohn eines mittleren Bauern.
15. Politische Vergangenheit: parteilos.
16. Nationalität, Bürgerrecht: Russe, Bürger der UdSSR.
17. Zugehörigkeit zur KPR: nein.
18. Schulbildung: Grundschule.
19. Augenblickliches Dienstverhältnis: Reservist.
20. Vorstrafen: keine.
21. Gesundheitszustand: Leistenbruch.
22. Familienstand: verheiratet. Ehefrau: Anastasia Fedorowna, 43 Jahre alt, Kolchosebäuerin; Tochter: Nina, 24 Jahre alt.

Verhaftet am 13. Februar 1938 durch die Distriktleitung des NKWD.

2. Auszug aus dem Protokoll des Verhörs

Frage: Geben Sie uns Auskunft über Ihre soziale Herkunft, Ihre gesellschaftliche Stellung und Ihr Vermögen vor und nach 1917.

Antwort: Ich stamme aus einer Kaufmannsfamilie. Bis 1904 ungefähr besaß mein Vater ein kleines Geschäft in der Solotorojskaja-Straße in Moskau, wo er – nach seinen eigenen Aussagen – ohne irgendeinen Angestellten den Laden geführt hat. Nach 1904 mußte mein Vater das Geschäft aufgeben, denn er kam gegen die Konkurrenz der großen Geschäfte nicht an. Er kehrte aufs

Land zurück und pachtete in Setschewo sechs Hektar Ackerland und zwei Hektar Wiesen. Er hatte einen Knecht, einen gewissen Gorjatschew, der bis 1916 über lange Jahre mit meinem Vater gearbeitet hat. Nach 1917 haben wir unseren Betrieb behalten, aber die Pferde verloren. Bis 1925 habe ich mit meinem Vater gearbeitet, und nach seinem Tod haben mein Bruder und ich uns den Betrieb geteilt.

Ich bekenne mich in keinem Punkt schuldig.

3. Auszug aus der Anklageschrift

[…] Sidorow ist der Sowjetmacht im allgemeinen und der Partei im besonderen nicht gut gesonnen und betrieb systematisch eine antisowjetische Propaganda. Seine Worte waren: »Stalin und seine Bande wollen die Macht nicht hergeben, Stalin hat eine Menge Leute umgebracht, aber verschwinden will er nicht. Die Bolschewiki bleiben an der Macht und verhaften die anständigen Leute, aber selbst darüber kann man ja nicht reden, sonst wird man für 25 Jahre in ein Lager gesteckt.«

Der angeklagte Sidorow bekennt sich nicht schuldig, wurde aber durch mehrere Zeugenaussagen entlarvt. Die Angelegenheit wurde zur Entscheidung an eine Troika weitergeleitet.

Unterzeichnet von: Salachajew, Unterleutnant der Miliz des Distrikts Kolomenskoje.

Genehmigt von: Galkin, Leutnant des Staatssicherheitsdienstes, Leiter der staatsicherheitsdienstlichen Abteilung des Distrikts Kolomenskoje.

4. Auszug aus dem Urteilsbericht der Troika vom 16. Juli 1938

[…] Angelegenheit Sidorow, W. K. Ehemaliger Kaufmann, führte mit seinem Vater ein Geschäft. Wird der konterrevolutionären Propaganda bei den Kolchosebauern in Verbindung mit defätistischen Reden, Drohungen gegen die Kommunisten und kritischen Äußerungen gegenüber der Partei- und Regierungspolitik angeklagt.

Urteil: Sidorow Wassili Klementowitsch ist zu ERSCHIESSEN und sein Besitz einzuziehen.

Das Urteil wurde am 3. August 1938 vollstreckt.

Am 24. Januar 1989 postum rehabilitiert.

(Quelle: *Volia* 1994 Nr. 2/3, S. 45 f.)

Auch die ungarischen Kommunisten spürten die Säuberungswut. Bela Kun, der die ungarische Revolution von 1919 angeführt hatte, wurde verhaftet und hingerichtet, ebenso zwölf weitere Volkskommissare der kommunistischen Regierung von Budapest, die nur kurze Zeit bestanden hatte und schließlich nach Moskau geflüchtet war. Gleichfalls verhaftet wurden an die 200 italienische Kommunisten (darunter Paolo Robotti, der Schwager Togliattis) und etwa 100 jugoslawische Kommunisten (darunter Gorkic, der Generalsekretär der Partei, und Wlada Copic, Organisationssekretär und Leiter der internationalen Brigaden, sowie drei Viertel der Mitglieder des Zentralkomitees).

Doch den höchsten Preis zahlten die Polen. Die polnischen Kommunisten befanden sich in einer besonderen Situation: Die polnische KP war eine Abspaltung der Sozialdemokratischen Partei der Königreiche Polen und Litauen, die 1906 als autonome Gruppe innerhalb der Sozialdemokratischen Arbeiterpartei Rußlands zugelassen worden war. Zwischen der russischen und der polnischen Partei, die vor 1917 unter anderem auch von Felix Dserschinski geführt worden war, bestand eine recht enge Beziehung. Viele polnische Sozialdemokraten hatten in der bolschewistischen Partei Karriere gemacht: Dserschinski, Menschinski, Unschlicht (alles maßgebliche Leute der GPU), Radek ... um nur die bekanntesten zu nennen.

1937/38 wurde die polnische KP vollkommen liquidiert. Die zwölf polnischen Mitglieder des sich in der UdSSR befindenden Zentralkomitees wurden hingerichtet, ebenso alle polnischen Repräsentanten der Instanzen der Kommunistischen Internationale. Am 28. November 1937 unterzeichnete Stalin ein Dokument, das die »Säuberung« der polnischen KP vorsah. Im allgemeinen bestimmte Stalin, wenn er eine Partei hatte säubern lassen, eine neue Führungsmannschaft, die aus einer der Oppositionsgruppen hervorging, die sich während der Säuberung hervorgetan hatten und alle untereinander rivalisierten. Bei der polnischen KP wurden jedoch alle oppositionellen Splittergruppen beschuldigt, »den Anweisungen des konterrevolutionären polnischen Geheimdienstes Folge zu leisten«. Am 16. August 1938 stimmte das Exekutivkomitee der Kommunistischen Internationalen für die Auflösung der Polnischen Kommunistischen Partei. Wie Manuilski erklärte, »haben die Agenten des polnischen Faschismus dafür gesorgt, daß alle Schlüsselpositionen der Polnischen Kommunistischen Partei mit ihren Leuten besetzt sind«.

Der sowjetische Kader der Kommunistischen Internationalen war natürlich das nächste Säuberungsopfer: Er war »mißbraucht« worden und hatte es an »Wachsamkeit« fehlen lassen. Sozusagen die gesamten sowjetischen Führungskräfte der Internationalen, d.h. mehrere hundert Menschen, wurden liquidiert (darunter auch Knorin, Mitglied des Exekutivkomitees, Mirow-Abramow, Leiter der für die Kommunikation mit dem Ausland verantwortlichen Abteilung, und Alichanow, Leiter der für die Führungskräfte zuständigen Abteilung.) Nur wenige Stalin völlig hörige Funktionäre wie Manuilski oder Kuusinen überlebten die Säuberung der Internationalen.

Eine weitere Kategorie, die in den Jahren 1937/38 schwer zu leiden hatte und über die genaue Zahlen vorliegen, waren die Angehörigen des Militärs.[291] Am 11. Juni 1937 teilte die Presse mit, daß ein Militärgericht in geheimer Sitzung folgende Personen wegen Verrat und Spionage zum Tode verurteilt hat: Marschall Tuchatschewski, Vizekommissar der Verteidigung, auf den im wesentlichen die Modernisierung der Roten Armee zurückgeht und der seit dem Polenfeldzug von 1920 mehrere Auseinandersetzungen mit Stalin und Woroschilow gehabt hatte, sowie sieben Generäle der Armee, nämlich Jakir (militärischer Befehlshaber der Region Kiew), Uborewitsch (militärischer Befehlshaber der Region Weißrußlands), Eideman, Kork, Putna, Feldman und Primakow. In den folgenden zehn Tagen waren 980 höhere Offiziere verhaftet worden, darunter 21 Kommandierende Generäle und 37 Divisionsgeneräle. Tuchatschewski und seine »Komplizen« wurden der militärischen Verschwörung beschuldigt. Die Affäre war monatelang sorgfältig vorbereitet worden. Die wichtigsten Beschuldigten waren im Mai 1937 verhaftet und »handfesten« Verhören unterzogen worden (bei einer 20 Jahre später durchgeführten Untersuchung zur Rehabilitierung Tuchatschewskis wiesen mehrere Seiten der schriftlichen Erklärung des Marschalls Blutspuren auf). Jeschow selbst übernahm die Leitung der Verhöre. Erst kurz vor ihrer Verurteilung wurden die Angeklagten geständig. Stalin persönlich überwachte das gesamte Ermittlungsverfahren. Am 15. Mai hatte er *über* den sowjetischen Botschafter in Prag eine vom Geheimdienst der Nazis zusammengestellte, gefälschte Akte erhalten. Es handelte sich um einen fingierten Briefwechsel zwischen Tuchatschewski und Mitgliedern des deutschen Oberkommandos. Selbst die deutschen Dienststellen waren vom NKWD manipuliert worden …

Innerhalb von zwei Jahren waren der Säuberung der Roten Armee zum Opfer gefallen:

- 3 von 5 Marschällen (Tuchatschewski, Jegorow und Blücher. Die beiden letzteren waren im Februar bzw. Oktober 1938 eliminiert worden)
- 13 von 15 Armeegenerälen
- 8 von 9 Admirälen
- 50 von 57 Kommandierenden Generälen
- 154 von 186 Divisionsgenerälen
- 16 von 16 der Armee zugeordneten Kommissaren
- 25 von 28 dem Armeekorps zugeordneten Kommissaren

Zwischen Mai 1937 und September 1938 wurden 35 020 Offiziere verhaftet oder aus der Armee entlassen. Wie viele von ihnen hingerichtet wurden, ist immer noch nicht bekannt. Ungefähr 11 000 (darunter die Generäle Rokossowski und Gorbatow) wurden zwischen 1939 und 1941 wieder in den Armeedienst übernommen. Aber auch nach dem September 1938 kam es zu Säuberungsaktionen, so daß die Gesamtzahl der während des großen Terrors verhafteten militärischen Führungskräfte nach den seriösesten Schätzungen bei ungefähr 30 000 liegt. Insgesamt zählte die Armee 178 000 Führungskräfte.[292] Die vor allem auf höherer Ebene durchgeführte »Säuberung« der Roten Armee machte sich 1940 während des Winterkriegs gegen Finnland und nach dem Angriff Hitlers bemerkbar und zählte für die Rote Armee zu den größten Problemen.

Trotz der Hitlerschen Bedrohung, die andere bolschewistische Parteifunktionäre wie Bucharin oder Litwinow, der bis zum April 1939 Volkskommissar des Äußeren war, wesentlich ernster nahmen, schreckte Stalin nicht davor zurück, einen Großteil der besten rotarmistischen Offiziere zu opfern. An deren Stelle setzte er eine völlig neue Armeeführung, welche die kontroversen Episoden während des Bürgerkriegs, in die Stalin als »Militärchef« verwickelt war, nicht miterlebt hatte und deshalb bei den militärischen und politischen Entscheidungen, die Stalin Ende der dreißiger Jahre vor allem hinsichtlich einer Annäherung an das Nazi-Deutschland traf, im Gegensatz zu Männern wie Marschall Tuchatschewski keinen Widerspruch anmeldete.

Auch die Intelligenzija war eine soziale Schicht, die zu den Opfern des Großen Terrors zählte und über die es relativ viel Informationsmaterial gibt.[293] Seitdem die russische Intelligenzija Mitte des 19. Jahrhunderts als anerkannte soziale Gruppe in Erscheinung trat, stand sie im Zentrum des Widerstandskampfes gegen Despotismus und geistige Bevormundung. Es entsprach also einer zwingenden Logik, wenn die Säuberung die Intelligenzija ganz besonders hart traf. Es war die Weiterführung einer Entwicklung, die bereits während der ersten, vergleichsweise gemäßigten Repressionswellen von 1922 und 1928/31 begonnen hatte. In einer Pressekampagne vom März/April 1937 wurden die »abweichenden Tendenzen« der Wirtschaft, Geschichtsforschung und Literaturwissenschaft angeprangert. In Wirklichkeit war damit der gesamte wissenschaftliche und künstlerische Bereich gemeint, mit den vorgeschobenen politischen Gründen und Doktrinen wurden nämlich oft nur Rivalitäten und Ambitionen kaschiert. So wurden bei den Historikern alle Schüler des 1932 verstorbenen Pokrowski verhaftet. Da man bei den Professoren davon ausging, daß sie über ihre öffentlichen Vorlesungen auch in Zukunft ein breites Studentenpublikum beeinflussen konnten, waren sie gefährdet. Auch jede noch so beiläufige Bemerkung konnte von eifrigen Spitzeln weitergegeben werden. Der Bestand von Universitäten, Instituten und Akademien wurde reduziert, besonders in Weißrußland (wo 87 der 105 Akademiemitglieder als »polnische Spione« verhaftet wurden) und in der Ukraine. Dort hatte bereits 1933 eine erste Säuberung von »bürgerlichen Nationalisten« stattgefunden: Mehrere tausend ukrainische Intellektuelle wurden verhaftet, weil sie »die ukrainische Akademie der Wissenschaften, das Schewtschenko-Institut, die Agrarakademie, das ukrainische Institut für Marxismus-Leninismus sowie die Volkskommissariate der Erziehung, Landwirtschaft und Justiz in Schlupfwinkel für die bürgerlichen und konterrevolutionären Nationalisten verwandelt haben« (aus einer Rede von Postsyschew vom 22. Juni 1933). Die große Säuberung von 1937/38 beendete folglich eine Operation, die vier Jahre zuvor begonnen hatte.

Über die – wenn auch zum Teil recht lockere – Verbindung des wissenschaftlichen Bereichs mit der Politik und Ideologie waren auch die Wirtschaft und das Verteidigungswesen betroffen. Größen der Luft- und Raumfahrtindustrie wie Tupolew (der Konstrukteur der bekannten Flugzeugtypen) oder Korolew (auf den das erste sowjetische Raumfahrtprogramm zurückgeht) wurden verhaftet und in eines von diesen Forschungszentren des NKWD gebracht, wie sie Solschenizyn in seinem Roman *Der erste Kreis der Hölle* beschrieben hat. Auch nahezu alle Astronomen (27 von 29) des großen Pulkowo-Observatoriums wurden verhaftet, sowie fast alle Statistiker der Zentraldirektion des nationalen Wirtschaftsinstituts: sie hatten im Januar 1937 eine Volkszählung durchgeführt, die »wegen schwerer Mißachtung der elementaren Grundlagen der Statistik und der Regierungsanweisungen« annulliert wurde. Auch zahlreiche Linguisten, welche die offiziell von Stalin gutgeheißene Theorie des marxistischen »Linguisten« Marr angegriffen hatten, und mehrere hundert Biologen, die sich gegen den Scharlatanismus des »offiziellen Biologen« Lyssenko gestellt hatten, wurden festgenommen. Zu den bekanntesten Opfern zählten Professor Lewit, der Leiter des medizinisch-genetischen Instituts, Tulaikow, der Leiter des Instituts für Getreideforschung, der Botaniker Janata und Wawilow, der Vorsitzende der Lenin-Akademie für Agrarwissenschaften, er wurde am 6. August 1940 verhaftet und starb am 26. Januar 1943 im Gefängnis.

Die *Jeschowschina* forderte einen hohen Tribut unter Schriftstellern, Publizisten, Journalisten und Theaterleuten. Man warf ihnen vor, »fremde« oder »feindliche« Standpunkte zu verteidigen und sich von den Normen des »sozialistischen Realismus« zu entfernen. Ungefähr 2000 Mitglieder des Schriftstellerverbands wurden verhaftet, in ein Lager deportiert oder hingerichtet. Zu den bekanntesten Opfern zählten die Schriftsteller Boris Pilnjak, Juri Olescha, Panteleimon Romanow und der am 27. Januar 1940 erschossene Isaak Babel (*Erzählungen aus Odessa* und *Die Reiterarmee*), außerdem die Poeten Nikolai Kljuew, Nikolai Sabolotski, Ossip Mandelstam (er starb am 26. Dezember 1938 in einem sibirischen Durchgangslager), Gurgen Maari und Tizian Tabidse. Unter den Verhafteten waren auch Musiker (der Komponist Scheljajew und der Dirigent Mikoladse) und Theaterleute, der große Regisseur Wsewolod Meyerhold beispielsweise. Anfang 1938 war das »der sowjetischen Kunst fremde« Meyerhold-Theater geschlossen worden. Und nachdem W. Meyerhold eine öffentliche Selbstkritik abgelehnt hatte, wurde er im Juni 1939 verhaftet, gefoltert und am 2. Februar 1940 hingerichtet.

Ebenfalls in diesen Jahren versuchten die Behörden, »die letzten Reste der Geistlichkeit endgültig zu liquidieren«, um eine damals gängige Redensart zu zitieren. Bei der annullierten Volkszählung vom Januar 1937 hatte eine breite Mehrheit der Bevölkerung – etwa 70% – trotz gehörigen Drucks von Seiten des Staates die Frage »Sind Sie gläubig?« bejaht. Folglich beschloß die Sowjetregierung einen dritten und letzten Angriff gegen die Kirche. Im April 1937 schrieb Malenkow an Stalin, daß er die Gesetzgebung, welche die Religionsausübung regelt, für überholt halte und deshalb die Aufhebung des Dekrets vom 8. April 1929 vorschlage. »Das Dekret«, so erklärte er, »schuf die gesetzliche Grundlage, auf der die Aktivsten der Geistlichen und Sektenmitglieder eine verzweigte Organisation von 600 000 der Sowjetmacht feindlich gegenüberstehenden Leuten aufbauen konnten. Es ist an der Zeit«, folgerte er, »mit den religiösen Organisationen und der kirchlichen Hierarchie Schluß zu machen.«[294] Tausende von Priestern und nahezu alle Bischöfe fanden sich in den Lagern wieder, und dieses Mal wurde ein großer Teil von ihnen hingerichtet. Von den 20 000 Kirchen und Moscheen, die 1936 noch für religiöse Zwecke genutzt worden waren, standen 1941 nicht einmal mehr 1000 für den Gottesdienst offen. Die Zahl der amtlich registrierten Geistlichen wurde Anfang 1941 mit 5665 angegeben (davon saßen mehr als die Hälfte in baltischen, polnischen, ukrainischen und moldawischen Gebieten, die erst zwischen 1939 und 1941 eingegliedert worden waren). 1936 waren es noch mehr als 24 000 Geistliche gewesen.[295]

Der Große Terror war eine politische Operation, die von den höchsten Parteiinstanzen initiiert und durchgeführt wurde; die höchsten Parteiinstanzen, das bedeutete Stalin, der damals seine Kollegen vom Politbüro vollkommen beherrschte. Die beiden Hauptziele wurden erreicht.

Das erste Ziel war eine diensteifrige zivile und militärische Bürokratie, getragen von jungen, im stalinistischen Geist der dreißiger Jahre erzogenen Führungskräften, die – wie Kaganowitsch es auf dem XVIII. Parteikongreß formuliert hatte – »jeden Befehl, den ihnen Genosse Stalin aufträgt, akzeptieren werden«. Bis dahin hatten die verschiedenen Verwaltungsdienste – eine heterogene Mischung aus im alten Regime ausgebildeten »bürgerlichen Spezialisten« und oft wenig kompetenten, während des Bürgerkriegs im Schnellverfahren eingearbeiteten bolschewistischen Funktionären – versucht, ihr Fachwissen und ihre verwaltungsspezifischen Denkweisen oder ganz einfach nur ihre Unabhängigkeit und Verbindungsnetze zu bewahren, ohne sich blind dem ideologischen Machtwillen oder den Befehlen der Pateizentrale zu beugen. Die Schwierigkeiten im Zusammenhang mit der »Parteiausweisüberprüfungskampagne«, die bei den kommunistischen Lokalfunktionären auf passiven Widerstand stieß, sowie die Weigerung der meisten Statistiker, die Ergebnisse der Volksbefragung vom Januar 1937 zu »beschönigen« und mit Stalins Wünschen in Einklang zu bringen, waren zwei einleuchtende Beispiele, an denen die stalinistische Führungsriege klar erkennen konnte, über was für eine Verwaltung sie für ihre Regierungsgeschäfte im Land verfügte. Es lag klar auf der Hand, daß ein bedeutender Teil dieses Verwaltungsapparates – egal, ob es sich dabei um Kommunisten handelte oder nicht – keineswegs bereit war, jedem beliebigen Befehl der Parteizentrale zu folgen. Es war für Stalin also dringend notwendig, diesen Teil durch »tüchtigere«, d. h. folgsamere Leute zu ersetzen.

Das zweite Ziel des Großen Terrors war die endgültige Eliminierung aller »in sozialer Hinsicht gefährlichen Elemente«, ein recht weit gefaßter Begriff. Nach dem Strafgesetzbuch war jeder als »in sozialer Hinsicht gefährlich« einzustufen, der »eine für die Gesellschaft gefährliche Tat begangen hat, oder der durch seine Verbindungen zu einem kriminellen Milieu oder durch seine früheren Aktivitäten eine Gefahr darstellt«. Dies wurde so ausgelegt, daß die ganzen Kohorten der »Ehemaligen«, die ja schon des öfteren Opfer repressiver Maßnahmen gewesen waren, als »in sozialer Hinsicht gefährlich« galten: die ehemaligen Kulaken, die ehemaligen Verbrecher, die ehemaligen Beamten des Zaren, die ehemaligen Parteimitglieder der Menschewiki, der Sozialrevolutionäre usw. Alle Ehemaligen wurden während des Großen Terrors eliminiert, entsprechend der stalinistischen Theorie, die in der Plenumssitzung des Zentralkomitees vom Februar/März 1937 ganz besonders deutlich erklärt wurde: »Je weiter man auf dem Weg zum Sozialismus vorankommt, desto erbitterter wird der Kampf der Überreste der sterbenden Klassen.«

In seiner Rede vor dem Plenum des Zentralkomitees (Februar/März 1937) betonte Stalin mit sehr viel Nachdruck, daß die UdSSR, das einzige Land, »das den Sozialismus aufgebaut hat«, von feindlichen Mächten eingeschlossen sei. Die angrenzenden Mächte – Finnland, die Baltenländer, Polen, Rumänien, die Türkei und Japan – würden mit französischer und britischer Hilfe »Armeen von Saboteuren und Spionen« in die UdSSR schicken, um den Aufbau des Sozialismus zu stören. Die Grenzen der UdSSR, des einzigartigen und geheiligten Staates, seien als Frontlinien gegen einen allgegenwärtigen, äußeren Feind »heilig«. Unter diesem Aspekt ist es nicht verwunderlich, wenn die Jagd auf Spione, d. h. auf alle diejenigen, die einen – wenn auch noch so oberflächlichen – Kontakt mit der »anderen Welt« gehabt haben, und die Eliminierung der potentiellen oder angeblichen »fünften Kolonne« im Zentrum des Großen Terrors stehen.

Über die wichtigsten Kategorien der Opfer – Führungskräfte und Spezialisten, in sozialer Hinsicht gefährliche Elemente (die »Ehemaligen«) und Spione – begreift man die wesentlichen Funktionen dieses Paroxysmus des Tötens, dem innerhalb von zwei Jahren 700 000 Menschen zum Opfer fielen.

11
Die Welt der Lager

Die Repression gegen die Gesellschaft erreichte in den dreißiger Jahren ein bisher nicht gekanntes Ausmaß. Folglich erfuhr das System der Konzentrationslager eine beträchtliche Ausweitung. Über das heute zugängliche Archiv der Gulag-Lager läßt sich die Entwicklung, die dieses Lagersystem in jenen Jahren erfuhr, genau nachvollziehen: seine verschiedenen Umgestaltungen, der Zustrom und die Anzahl der Häftlinge, seine wirtschaftlichen Funktionen, die Aufteilung der Häftlinge nach der Kategorie der Verurteilung, nach Geschlecht, Alter, Nationalität oder Bildungsniveau.[296] Doch einige Dunkelzonen bleiben. Zwar hat die Gulag-Bürokratie ihre Zöglinge, d. h. diejenigen, die am Ziel angekommen sind, tadellos erfaßt, aber über diejenigen, die nie am Ziel angekommen sind, weiß man statistisch gesehen nahezu nichts. Selbst wenn ihr Kreuzweg von der Verhaftung bis zum Urteilsspruch bekannt ist, kann niemand darüber Auskunft geben, ob sie im Gefängnis oder auf dem unendlichen Weg in die Lager gestorben sind.

Schon Mitte der dreißiger Jahre arbeiteten ungefähr 140 000 Häftlinge in den Lagern der GPU. Die Riesenbaustelle des Ostsee-Weißmeer-Kanals, auf der allein schon 120 000 arbeitswillige Kräfte gebraucht wurden, beschleunigte die Verlegung von Zehntausenden von Häftlingen von den Gefängnissen in die Lager, zumal die Verurteilungen weiterhin stark zunahmen: 1929 wurden 56 000 Menschen wegen Tatbeständen, für welche die GPU zuständig war, verurteilt, ein Jahr später waren es bereits 208 000 (im Vergleich dazu die Zahlen der Verurteilungen wegen Tatbeständen, die nicht in den Zuständigkeitsbereich der GPU fielen: 1929 – 1 178 000 und 1931 – 1 238 000).[297] Anfang 1932 mühten sich mehr als 300 000 Gefangene auf den Großbaustellen der GPU ab, wo die Sterblichkeitsrate – wie z. B. am Ostsee-Weißmeer-Kanal – 10 % erreichen konnte.

Im Juli 1934, als die GPU in den NKWD umgewandelt wurde, übernahm der Gulag, die wichtigste Lagerverwaltung, 780 kleine Strafkolonien, die bisher dem Volkskommissariat der Justiz unterstanden und als schlecht geführt und wenig produktiv galten. Davon waren ungefähr 212 000 Gefangene betroffen. Für eine bessere Produktivität sollte das Lager in einen spezialisierten Großbetrieb umgewandelt werden, so wie man es im ganzen Lande gemacht hatte. Riesige Lagerkomplexe, von denen jeder Zehntausende von Häftlingen umfaßte, spielten von jetzt an eine zentrale Rolle in der Wirtschaft der stalinistischen UdSSR. Ab dem 1. Januar 1935 unterstanden dem nun vereinheitlichten Gulag-System mehr als 965 000 Häftlinge, 725 000 waren den »Arbeitslagern« zugeordnet, und 240 000 den »Arbeitskolonien«, dies waren kleinere Einheiten, in denen die »in sozialer Hinsicht weniger gefährlichen« Elemente, die in der Regel Haftstrafen von weniger als drei Jahren zu verbüßen hatten, untergebracht waren.[298]

Zu diesem Zeitpunkt war das Gulag-System für die nächsten zwei Jahrzehnte in groben Zügen vorgezeichnet. Die Lagergruppe der Solowki-Inseln mit ihren ungefähr 45 000 Häftlingen hatte ihre »fliegenden Lager«, die überall dort errichtet wurden, wo gerade Holz geschlagen wurde, gleichzeitig über Karelien, die Weißmeerküsten und die Wologda-Region ausgestreut. Im großen Lagerkomplex von Swirlag waren etwa 43 000 Häftlinge zusammengefaßt, die den Ballungsraum Leningrad mit Brennholz zu versorgen hatten. Die 35 000 Gefangenen des Temnikowo-Lagerkomplexes hatten die gleiche Aufgabe für den Ballungsraum Moskau.

Vom Verkehrsknotenpunkt Kotlas aus schob sich eine »Nord-Ost-Strekke« mit ihren Schienen, Holzschlagplätzen und Bergwerken nach West-Wym, Uchta, Petschora und Workuta vor. Im Straßenbau, in den Kohlebergwerken und Ölfeldern des Uchtpetschlag-Lagerverbands, ganz oben im Norden, waren 51 000 Gefangene eingesetzt. Ein anderer Zweig startete in Richtung nördlicher Ural zu den Chemiekombinaten von Solikamsk und Beresniki, und im Südosten stellte der westsibirische Lagerverband mit seinen 63 000 Häftlingen die kostenlosen Arbeitskräfte für das große Steinkohlenkombinat Kusbassugol.

Weiter unten im Süden, in der Karaganda-Region von Kasachstan, versuchten die 30 000 Gefangenen der zum Lagerverband Steplag zusammengefaßten Agrar-Lager eine neue Bewirtschaftungsform für die Steppen. Dort waren die Lagerregeln anscheinend weniger streng als im Dmitlag (196 000 Häftlinge), der größten Baustelle Mitte der dreißiger Jahre: Nach der Fertigstellung des Ostsee-Weißmeer-Kanals im Jahre 1933 hatte man Stalins zweites großes Kanalprojekt in Angriff genommen, den Wolga-Moskau-Kanal.

Eine weitere pharaonische Großbaustelle war die BAM (Baikolo-Amurskaja Magistral, die Baikal-Amur-Magistrale), eine Bahnlinie, durch welche die Transsibirische Eisenbahn vom Baikal-See bis zum Fluß Amur einen zweiten Schienenstrang bekam. Anfang 1935 arbeiteten ungefähr 150 000 Gefangene des in etwa 30 »Divisionen« aufgeteilten Bamlag-Lagerverbandes am ersten Abschnitt dieser Bahnstrecke. 1939 war der Bamlag mit seinen 260 000 Häftlingen der größte sowjetische Konzentrationslagerverband.

Und schließlich der Sewwostlag (»die Lager des Nordostens«), in dem seit 1932 für Dalstroi, ein besonders wichtiges Kombinat, gearbeitet wurde. Denn dort wurde das für den Export bestimmte Gold abgebaut, für das man im Westen die für die Industrialisierung notwendigen Anlagen kaufen konnte. Die Goldminen befanden sich in Kolyma, einer besonders unwirtlichen Gegend. Das Kolyma-Gebiet – nur über das Meer zu erreichen und deshalb völlig isoliert – sollte in der Zukunft zu einem allgemeinen Symbol für den Gulag werden. Magadan, der Hauptort und das Eingangstor für die Verbannten, wurde von den Häftlingen selbst erbaut, ebenso seine »Chaussee«, die Lebensader, die nichts als Lager miteinander verband, Lager, deren besonders unmenschliche Lebensbedingungen in den Novellen von Warlam Schalamow meisterhaft beschrieben worden sind. Von 1932 bis 1939 stieg die innerhalb eines Jahres von den Häftlingen in Kolyma abgebaute Goldmenge von 276 Kilo auf 48 Tonnen, die in jenem Jahr 35% der sowjetischen Produktion ausmachten. Die Lager von Kolyma waren 1939 auf 138 000 Gefangene angewachsen.[299]

Im Juni 1935 startete die Regierung mit dem Bau eines Nickelgroßkombinats im nördlich des Polarkreises gelegenen Norilsk ein neues Großprojekt, das nur mit Strafarbeitern durchzuführen war. Der Konzentrationslagerverband von Norilsk zählte zu den Hochzeiten des Gulags Anfang der fünfziger Jahre etwa 70 000 Häftlinge. Die produktive Funktion des der sogenannten »Umerziehung« dienenden Arbeitslagers spiegelte sich in der internen Struktur des Gulags deutlich wider. Die zentralen Direktionen waren nicht nach geographischen Gesichtspunkten oder nach Funktionen untergliedert, sondern nach wirtschaftlichen Gesichtspunkten: Eine Direktion war für den Bau von Wasserkraftwerken zuständig, eine andere für den Eisenbahnbau, eine dritte für den Brücken- und Straßenbau usw. Die Direktionen der Straflager verhandelten mit den Industrieministerien über den Häftling oder Sondersiedler wie über eine Ware. Er war der Gegenstand der ausgehandelten Verträge.[300]

In der zweiten Hälfte der dreißiger Jahre verdoppelte sich die Zahl der Gulag-Häftlinge: Anfang 1935 waren es 965 000 Lagerinsassen, Anfang 1941 bereits 1 930 000. Allein während des Jahres 1937 kamen 700 000 neue Häftlinge hinzu.[301] Der starke Zustrom beeinträchtigte die Produktion so sehr, daß sie um 13% hinter der von 1936 zurückblieb. Nachdem sie 1938 stagnierte, ergriff Lawrenti Berija, der neue Volkskommissar des Inneren, wirksame Maßnahmen zur »Rationalisierung« der Häftlingsarbeit. In einem Schreiben an das Politbüro vom 10. April 1939 erläuterte Berija sein »Programm zur Umgestaltung des Gulag«. Bei seinem Vorgänger Nikolai Jeschow, erklärte er im wesentlichen, habe die »Jagd auf den Feind« auf Kosten einer »gesunden Wirtschaftsführung« den Vorrang gehabt. Mit 1400 Kalorien sei die Tagesration der Häftlinge für Leute berechnet gewesen, die »im Gefängnis sitzen«.[302] Deshalb sei die Zahl der arbeitsfähigen Gefangenen im Laufe der letzten Jahre geschrumpft; am 1. März 1939 waren 250 000 Häftlinge arbeitsunfähig, und allein im Jahre 1938 waren 8% der Lagerinsassen gestorben. In der Hoffnung, den dem NKWD auferlegten Produktionsplan erfüllen zu können, schlug Berija vor, die Tagesration zu erhöhen, keine der in Aussicht gestellten Freilassungen zu genehmigen, alle Drückeberger und andere »Produktionsstörer« exemplarisch zu bestrafen und die Arbeitszeit auf elf Stunden pro Tag auszudehnen, bei drei Ruhetagen pro Monat, um »die körperlichen Kräfte der Gefangenen rationell und möglichst effektiv auszunutzen«.

Wie sich aus den Dokumenten des Gulag-Archivs ergibt, kam es – entgegen einer weitverbreiteten Meinung – zu einem recht häufigen Häftlingsaustausch, denn jedes Jahr wurden 20–35% der Lagerinsassen ausgewechselt. Dies erklärt sich daraus, daß eine relativ hohe Zahl der Gefangenen – 1940 waren es 57% der Lagerhäftlinge – Haftstrafen von weniger als fünf Jahren zu verbüßen hatten. Die Lagerverwaltung und Sonderrechtssprechung schreckten in ihrer Willkür jedoch besonders bei den 1937/38 verhafteten politischen Gefangenen nicht davor zurück, zehn Jahre später die gerade abgelaufenen Haftstrafen zu verlängern. Beim Eintritt ins Lager bestand aber in der Regel durchaus die Aussicht auf eine Rückfahrkarte. Für die Zeit nach dem Lager waren allerdings eine ganze Reihe von »Zusatzstrafen« vorgesehen: die Verbannung oder die Zwangszuweisung eines Aufenthaltsortes beispielsweise.

Entgegen einer anderen landläufigen Meinung bestanden die Lager des Gulag nicht hauptsächlich aus politischen Gefangenen, die wegen »konterrevolutionärer Aktivitäten« nach einem der 14 Paragraphen des berüchtigten Artikel 58 des Strafgesetzbuchs verurteilt worden waren. Der Anteil der politischen Gefangenen schwankte in den Gulag-Lagern je nach Jahr zwischen einem Drittel und einem Viertel. Aber auch bei den anderen handelte es sich nicht um gewöhnliche Strafgefangene. Sie befanden sich im Lager, weil sie gegen eines der unzähligen Gesetze verstoßen hatten, durch die fast jeder Bereich mit Repressionen belegt war: »Vergeudung sozialistischen Eigentums«, »Verstoß gegen das Gesetz über die Inlandpässe«, »Rowdytum«, »Spekulation«, »Verlassen des Arbeitsplatzes«, »Sabotage« oder »die Nichterfüllung der Mindestzahl an Arbeitstagen« in den Kolchosen. Die meisten Lagerinsassen des Gulag waren weder politische noch gewöhnliche Strafgefangene, sondern »gewöhnliche« Bürger, Opfer der allgemeinen Sanktionierungen in der Arbeitswelt und – in zunehmendem Maße auch – im gesellschaftlichen Bereich. Dies war das Ergebnis der ein Jahrzehnt währenden Repression, mit welcher die Staatspartei immer weiteren Kreisen der Gesellschaft begegnete.[303]

Wohlwissend, daß die verschiedenen Aspekte dieser Repression auf recht unterschiedlichen Ebenen liegen, wollen wir an dieser Stelle versuchen, eine provisorische Bilanz zu ziehen.

- Sechs Millionen Tote als Folge der Hungersnot von 1932/33, einer Katastrophe, die vor allem auf die Politik der Zwangskollektivierung und auf die unmäßigen Steuern, über die der Staat die Kolchosen ihrer Ernteerträge beraubte, zurückzuführen ist;
- 720 000 Hinrichtungen – davon 680 000 allein in den Jahren 1937/38 –, denen Prozeßfarcen der Sondergerichte der GPU-NKWD vorausgingen;
- 300 000 belegte Todesfälle in den Lagern zwischen 1934 und 1940; mit Berücksichtigung der Jahre 1930/33, für die es keine genauen Zahlenan-

gaben gibt, wahrscheinlich 400 000 Todesfälle für das gesamte Jahrzehnt. Nicht berücksichtigt ist die unkontrollierbare Zahl derer, die nach ihrer Verhaftung, aber vor ihrer Registrierung als »Neuankömmling« durch die Lagerverwaltung gestorben sind.

- ungefähr 600 000 belegte Todesfälle bei den Deportierten, »Umgesiedelten« oder Sondersiedlern;
- ungefähr 2 200 000 Deportierte, Umgesiedelte oder Sondersiedler;
- insgesamt sieben Millionen Inhaftierte in den Lagern und Kolonien des Gulag für die Jahre 1934 bis 1941. Für die Jahre 1930 bis 1933 liegen keine genauen Zahlenangaben vor.

Am 1. Januar 1940 befanden sich in den 53 Einheiten der »Arbeitslager zur Umerziehung« und in den 425 »Arbeitskolonien zur Umerziehung« 1 670 000 Häftlinge. Ein Jahr später waren es 1 930 000. In den Gefängnissen warteten etwa 200 000 Menschen auf ihre Verurteilung oder auf den Abtransport in ein Lager. Die 1800 *komandaturen* des NKWD verwalteten über 1 200 000 Sondersiedler.[304] Diese Zahlen wurden im Vergleich zu manchen Schätzungen, die bis vor kurzem von Historikern oder Zeugen präsentiert wurden, stark nach unten korrigiert. Denn oft wird der Zustrom an Lagerhäftlingen mit der Anzahl der zu einem bestimmten Zeitpunkt in einem Lager anwesenden Gefangenen verwechselt. Auch die korrigierten Zahlen vermitteln jedoch das Ausmaß einer Repression, die während der dreißiger Jahre die unterschiedlichsten Schichten der sowjetischen Gesellschaft getroffen hat.

Von Ende 1939 bis Sommer 1941 verzeichnete man in den Lagern, Kolonien und Sondersiedlungen des Gulag-Systems erneut einen Zustrom von Verurteilten. Dies war auf die Sowjetisierung neuer Gebiete und auf die beispiellose Kriminalisierung sozialer Verhaltensweisen – besonders in der Arbeitswelt – zurückzuführen.

Am 24. August 1939 vernahm die Welt mit Erstaunen, daß die stalinistische UdSSR und Hitler-Deutschland am Vortag einen Nichtangriffspakt unterzeichnet haben. Die Nachricht schlug bei den direkt betroffenen Staaten wie eine Bombe ein. Die öffentliche Meinung war auf diese offensichtlich völlige Umkehrung der Bündnissysteme nicht vorbereitet, und nur wenige Köpfe begriffen damals, was zwei Regimes mit einer so gegensätzlichen Ideologie verbinden konnte.

Am 21. August 1939 hatte die sowjetische Regierung die Verhandlungen mit der seit dem 11. August in Moskau weilenden englisch-französischen Gesandtschaft vertagt. Ziel dieser Verhandlungen war ein Abkommen, in dem sich alle drei Vertragsparteien für den Fall eines deutschen Angriffs gegen einen von ihnen gegenseitig zum Beistand verpflichtet hätten. Seit Beginn des Jahres 1939 war die sowjetische Diplomatie unter der Führung von Wjatscheslaw Molotow immer mehr von dem Gedanken eines Abkommens mit Frankreich und Großbritannien abgekommen. Sie fürchtete ein zweites Münchener Abkommen auf Kosten Polens, das für die Deutschen im Osten freies Feld bedeutet hätte. Während sich die Verhandlungen zwischen der Sowjetunion einerseits und Frankreich und Großbritannien andererseits wegen unlösbarer Probleme in die Länge zogen – wie, beispielsweise, würde die Rote Armee im Falle eines deutschen Angriffs auf Frankreich Polen durchqueren, um Deutschland angreifen zu können? – kam es in verschiedenen Bereichen zwischen sowjetischen und deutschen Vertretern zu einer Annäherung. Am 14. August erbot sich der deutsche Außenminister Ribbentrop, nach Moskau zu reisen, um mit der Sowjetregierung ein umfassendes politisches Abkommen zu schließen. Bereits am folgenden Tag willigte Stalin ein.

Am 19. August unterzeichneten die deutsche und die sowjetische Seite ein für die UdSSR recht vorteilhaft erscheinendes Handelsabkommen, über das seit Ende 1938 verhandelt worden war. Noch am gleichen Abend akzeptierte die Sowjetregierung Ribbentrops Vorschlag, zur Unterzeichnung des von der sowjetischen Seite bereits ausgearbeiteten und unverzüglich nach Berlin übermittelten Nichtangriffspaktes nach Moskau zu kommen. Der mit »außergewöhnlichen Vollmachten« ausgestattete deutsche Minister kam am Nachmittag des 23. an. In der darauffolgenden Nacht wurde der Nichtangriffspakt unterzeichnet und am 24. allgemein bekanntgegeben. Er sollte für zehn Jahre gelten und trat sofort in Kraft. Der wichtigste Teil des Vertrags, der die Einflußzonen und Annexionen der beiden Länder in Osteuropa festlegte, blieb natürlich geheim. Bis 1989 leugneten die sowjetischen Machthaber allen Anschein zum Trotz die Existenz dieses »Geheimprotokolls«, mit dem die beiden unterzeichnenden Mächte ein wahres »Verbrechen gegen den Frieden« begangen haben. In diesem Vertrag wurde Litauen der deutschen Interessenssphäre zugesprochen. Estland, Lettland, Finnland und Bessarabien gehörten zur sowjetischen Sphäre. Nach einer bewaffneten Intervention von deutscher und sowjetischer Seite gegen Polen sollte die UdSSR auf jeden Fall die 1920 im Vertrag von Riga an Polen abgetretenen ukrainischen und weißrussischen Gebiete wieder zurückerhalten, außerdem einen Teil des »nach historischen und ethnischen Gesichtspunkten polnischen« Gebietes in den Provinzen Lublin und Warschau. Die Frage, ob ein polnischer Reststaat bestehen bleiben sollte, ließ man offen.

Acht Tage nach Unterzeichnung des Paktes wurde Polen von den Nazitruppen überfallen. Eine Woche später, am 9. September, ließ die Sowjetregierung angesichts des Zusammenbruchs des polnischen Widerstands und auf Drängen der Deutschen in Berlin wissen, daß sie innerhalb kurzer Zeit die ihr aufgrund des Geheimprotokolls vom 23. August zustehenden Gebiete zu besetzen beabsichtige. Am 17. September marschierte die Rote Armee unter dem Vorwand, den durch den »Zerfall des polnischen Staates« bedrohten »ukrainischen und weißrussischen Blutsbrüdern helfen« zu wollen, in Polen ein. Die sowjetische Intervention stieß zu einem Zeitpunkt, als die polnische Armee fast völlig vernichtet war, auf wenig Widerstand. 230 000 Kriegsgefangene, darunter 15 000 Offiziere, wurden von der Roten Armee festgenommen.[305]

Die für einen kurzen Augenblick von deutscher und sowjetischer Seite in Erwägung gezogene Idee eines polnischen Pufferstaates war schnell wieder aufgegeben worden. Dies machte die Festlegung der Grenze zwischen Deutschland und der UdSSR schwieriger. Am 22. September war in Warschau die Weichsel als Grenze ins Auge gefaßt worden, doch als Ribbentrop am 28. September nach Moskau kam, wurde die Grenze weiter nach Osten bis zum Bug verschoben. Als Gegenleistung für dieses sowjetische »Zugeständnis« war die deutsche Seite bereit, Litauen zur sowjetischen Interessenssphäre zu rechnen. Durch die Aufteilung Polens konnte die UdSSR ein beträchtliches Gebiet von 180 000 km² annektieren, in dem 12 Millionen Menschen lebten: Ukrainer, Weißrussen und Polen. Nach einer vorgetäuschten Volksbefragung wurde das annektierte Gebiet am 1. und 2. November aufgeteilt und den Sowjetrepubliken Ukraine und Weißrußland zugesprochen.

Zu diesem Zeitpunkt war die »Säuberung« des annektierten Gebietes durch den NKWD schon weit fortgeschritten. Die ersten Opfer waren die Polen. Scharenweise wurden sie als »feindliche Elemente« festgenommen und deportiert. Am gefährdetsten waren die Grundbesitzer, die Industriellen, die Kaufleute, die Beamten, die Polizisten und die »Militärsiedler« (*osadnicy wojskowi*), die von der polnischen Regierung als Gegenleistung für ihre militärischen Dienste im sowjetisch-polnischen Krieg von 1920 ein Stück Land in den Grenzregionen erhalten hatten. Nach der Statistik der für die Sondersiedler zuständigen Gulag-Abteilung wurden zwischen Februar 1940 und Juni 1941 381 000 polnische Zivilisten aus den von der UdSSR im September 1939 annektierten Gebieten als Sondersiedler nach Sibirien, Kasachstan, in die Region von Archangelsk oder in andere ferne Gegenden der Sowjetunion deportiert.[306] Die von den polnischen Historikern vorgelegten Zahlen sind wesentlich höher, nach ihnen bewegt sich die Anzahl der Deportierten in einer Größenordnung von einer Million.[307] Leider gibt es zu den zwischen September 1939 und Januar 1940 durchgeführten Verhaftungen und Deportierungen von Zivilisten keine genauen Daten.

Für die folgenden Monate werden in den Dokumenten der heute zugänglichen Archive drei große »Deportationsrazzien« erwähnt, und zwar für den 9./10. Februar, den 12./13. April und den 28./29. Juni 1940.[308]

Für die Hin- und Rückfahrt zwischen der polnischen Grenze und Sibirien, Kasachstan oder dem hohen Norden brauchte ein Zug zwei Monate. Nur 82 000 der 230 000 polnischen Kriegsgefangenen überlebten die Zeit bis zum Sommer 1941. Auch bei den polnischen Sondersiedlern waren die Verluste hoch. Als die Sowjetregierung im August 1941 nach einem Abkommen mit der polnischen Exilregierung eine »Amnestie« für die seit November 1939 deportierten Polen erließ, waren nur noch 243 100 Sondersiedler ausfindig zu machen. Allein zwischen Februar 1940 und Juni 1941 waren aber mindestens 381 000 Polen deportiert worden. Insgesamt kamen 388 000 polnische Kriegsgefangene, internierte Flüchtlinge und deportierte Zivilisten in den Genuß der Amnestie. Mehrere hunderttausend waren jedoch in den beiden vorangehenden Jahren spurlos verschwunden. Viele von ihnen waren unter dem Vorwand, daß sie »erbitterte und entschiedene Gegner der Sowjetmacht« seien, hingerichtet worden.

Zu ihnen zählen vor allem die 25 700 Offiziere und polnischen Zivilisten, die – wie Berija in seinem Brief vom 5. März 1940 an Stalin vorgeschlagen hatte – erschossen wurden. Im Wald von Katyn wurde im April 1943 ein Teil der Massengräber mit den Leichen der zu Tode Gemarterten von den Deutschen entdeckt. In mehreren Massengräbern lagen die sterblichen Überreste von 4000 polnischen Soldaten. Die sowjetischen Behörden hatten lange versucht, das Massaker den Deutschen anzulasten. Erst 1992, während eines Warschau-Besuchs von Boris Jelzin, gab die russische Seite offiziell zu, daß Stalin und die Mitglieder des Politbüros für die 1940 durchgeführte Eliminierung der polnischen Elite die direkte Verantwortung trugen.

Kurz nach der Annexion der ursprünglich zu Polen gehörenden Gebiete rief die Sowjetregierung – ganz im Sinne des mit Hitlerdeutschland geschlossenen Abkommens – die Regierungschefs aus Estland, Lettland und Litauen nach Moskau und zwang ihnen »Verträge des gegenseitigen Beistands« auf, in denen diese Länder der UdSSR militärische Stützpunkte »genehmigten«. Wenig später ließen sich 25 000 sowjetische Soldaten in Estland, 30 000 in Lettland und 20 000 in Litauen nieder. Die Stärke dieser sowjetischen Truppen ging schon weit über die der Armeen der offiziell noch unabhängigen Baltenländer hinaus. Die Einrichtung sowjetischer Militärstützpunkte im Oktober 1939 bedeutete das Ende der Unabhängigkeit der baltischen Staaten. Bereits am 11. Oktober gab Berija den Befehl, »alle antisowjetischen und antisozialen Elemente« dieser Länder »auszumerzen«. Von diesem Zeitpunkt an nahm die sowjetische Militärpolizei verstärkt Offiziere, Beamte und Intellektuelle fest, die im Hinblick auf die weiteren Ziele der UdSSR als wenig »sicher« galten.

Brief von L.Berija, Volkskommissar des Inneren, an Stalin, 5. März 1940, streng geheim

An den Genossen Stalin

Eine große Zahl von ehemaligen Offizieren der polnischen Armee, von ehemaligen Beamten der polnischen Polizei und des polnischen Geheimdienstes, von Mitgliedern der konterrevolutionären Nationalistenparteien und von vorschriftsmäßig entlarvten konterrevolutionären Oppositionsgruppen, von Überläufern und anderen erklärten Feinden der Sowjetmacht, alle voller Haß gegen das Sowjetsystem, ist zur Zeit in Kriegsgefangenenlagern des NKWD der UdSSR und in Gefängnissen der westlichen Ukraine und des westlichen Weißrußlands inhaftiert.

Die gefangenen Offiziere der Armee und der Polizei versuchen innerhalb des Lagers ihre konterrevolutionären Aktivitäten fortzusetzen und verbreiten eine antisowjetische Stimmung. Jeder von ihnen wartet nur auf seine Befreiung, um aktiv am Kampf gegen die Sowjetmacht teilzunehmen.

Die NKWD-Organe der westlichen Ukraine und des westlichen Weißrußlands haben nicht wenige Gruppen konterrevolutionärer Rebellen ausfindig gemacht. Die ehemaligen Offiziere der polnischen Armee und der polnischen Polizei spielen eine führende Rolle in diesen Gruppen.

Von den ehemaligen Überläufern und denen, welche die Staatsgrenzen verletzt haben, wurden einige als Mitglieder dieser konterrevolutionären Spionage- und Widerstandsgruppen identifiziert.

14736 ehemalige Offiziere, Beamte, Grundbesitzer, Polizisten, Gendarmen, Gefängniswärter, Siedler aus den Grenzregionen (*osadniki*) und Geheimdienstagenten (von denen 97% Polen sind) sind in den Kriegsgefangenenlagern interniert. Unter ihnen befinden sich weder einfache Soldaten, noch Unteroffiziere.

Es wurden gezählt:

Generäle, Obersten und Oberstleutnants	295
Majore und Hauptmänner	2080
Leutnants, Unterleutnants und Offiziersanwärter	6049
Offiziere und Unteroffiziere der Polizei, Grenzwache und Gendarmerie	1030
Polizeiagenten, Gendarmen, Gefängniswärter und Geheimdienstagenten	5138
Beamte, Grundbesitzer, Priester und Siedler aus den Grenzregionen	144

Außerdem sind 18632 Personen (davon 10685 Polen) in den Gefängnissen der westlichen Ukraine und des westlichen Weißrußlands inhaftiert.

Es wurden gezählt:

Ehemalige Offiziere	1207
Ehemalige Agenten des Geheimdienstes, der Polizei und der Gendarmerie	5141
Spione und Saboteure	347
Ehemalige Grundbesitzer, Fabrikanten und Funktionäre	465
Mitglieder verschiedener konterrevolutionärer Widerstandsgruppen und diverse Elemente	5345
Überläufer	6127

In Anbetracht der Tatsache, daß alle diese Personen erbitterte und unverbesserliche Feinde der Sowjetmacht sind, hält der NKWD der UdSSR es für angebracht:

1. daß man den NKWD der UdSSR beauftragt, vor den Sondergerichten folgende Personen zu verurteilen:

a) 14700 ehemalige Offiziere, Beamte, Grundbesitzer, Polizei- und Geheimdienstagenten, Gendarmen, Siedler aus den Grenzregionen, Grenzwachsoldaten, Gefängniswärter, die alle in den Kriegsgefangenenlagern interniert sind;

b) und 11 000 Mitglieder diverser konterrevolutionärer Spionage- und Sabotagegruppen, ehemalige Grundbesitzer, Fabrikanten, ehemalige Offiziere der polnischen Armee, Beamte und Überläufer, die alle verhaftet und in den Gefängnissen der westlichen Ukraine und des westlichen Weißrußlands inhaftiert sind. ES IST DIE HÖCHSTSTRAFE ZU VERHÄNGEN: TOD DURCH ERSCHIESSEN.

2. Die Sichtung der Akten geschieht ohne Anhörung der Gefangenen und ohne Anklageschrift. Die Untersuchungsergebnisse und der Urteilsspruch werden folgendermaßen mitgeteilt:

a) für die in den Kriegsgefangenenlagern Internierten durch Zertifikate der für die Angelegenheiten der Kriegsgefangenen zuständigen Verwaltungsabteilung des NKWD der UdSSR;

b) für die übrigen Verhafteten durch Zertifikate des NKWD der ukrainischen SSR und des NKWD der weißrussischen SSR.

3. Ein dreiköpfiges Personal – bestehend aus den Genossen Merkulow, Kobulow und Baschtalow – wird die Akten sichten und die Urteile fällen.

Der Volkskommissar des Inneren der UdSSR, L. Berija

Im Juni 1940 nach der siegreichen Blitzoffensive der deutschen Truppen gegen Frankreich beschloß die Sowjetregierung, alle Punkte des Geheimprotokolls vom 23. August 1939 in die Tat umzusetzen. Wegen angeblicher »Provokationen gegen die sowjetischen Garnisonen« stellte sie am 14. Juni den baltischen Regierungschefs ein Ultimatum, in dem sie aufgefordert wurden, eine Regierung zu bilden, welche »die ehrliche Einhaltung des Beistandsvertrags garantieren und die Gegner dieses Vertrags ausschalten kann«. In den darauffolgenden Tagen wurden die baltischen Staaten von mehreren hunderttausend sowjetischen Soldaten besetzt. Mit dem Auftrag, die drei Republiken zu sowjetisieren, schickte Stalin seine Vertreter in die baltischen Hauptstädte: Staatsanwalt Wyschinski nach Riga, Schdanow nach Talinn und Dekanosow, den Leiter der politischen Polizei und stellvertretenden Außenminister, nach Kaunas. Die Parlamente und lokalen Institutionen wurden aufgelöst und die meisten Mitglieder verhaftet. Allein die Kommunistische Partei durfte für die »Wahlen« am 14. und 15. Juni 1940 Kandidaten aufstellen.

In den Wochen, die diesem Täuschungsmanöver vorausgingen, nahm der NKWD unter der Leitung von General Serow zwischen 15 000 und 20 000 »feindliche Elemente« fest. Anfang Juli wurden allein in Lettland 1480 Oppositionelle standrechtlich erschossen. Die aus den Wahlen hervorgegangenen Parlamente baten um die Aufnahme ihrer Länder in die UdSSR. Selbstverständlich gab der Oberste Sowjet Anfang August diesem Begehren statt und rief drei neue Sozialistische Sowjetrepubliken aus. Am 8. August schrieb die *Prawda*: »Von heute an schickt die Sonne der großen stalinistischen Verfassung ihre wohltuenden Strahlen über neue Länder und neue Völker.« Am gleichen Tag begann für die Balten eine Zeit der Verhaftungen, Deportierungen und Hinrichtungen.

In den Archiven wurden detaillierte Berichte über den Ablauf einer in der Nacht vom 13. auf den 14. Juni 1941 durchgeführten Großoperation aufbewahrt: Unter der Leitung von Generel Serow wurden in den Baltenländern, in Moldawien, in Weißrußland und in der westlichen Ukraine in sozialer Hinsicht feindliche Elemente festgenommen und deportiert. Die Planungen zu dieser Operation hatten wenige Wochen zuvor begonnen, als Berija am 16. Mai 1941 Stalin sein letztes Projekt zur »Säuberung der vor kurzem in die UdSSR integrierten Gebiete von antisowjetischen, in sozialer Hinsicht fremden und kriminellen Elementen« zukommen ließ. Insgesamt sollten im Juni 1941 85716 Menschen deportiert werden, darunter 25711 Balten. In seinem Bericht vom 17. Juli 1941 stellte Merkulow, die Nummer zwei des NKWD, eine Bilanz über den baltischen Teil der Operation auf. In der Nacht vom 13. auf den 14. Juni 1941 sind 11038 Familienangehörige der »bürgerlichen Nationalisten«, 3240 Familienangehörige der ehemaligen Gendarmen und Polizisten, 7124 Familienangehörige der ehemaligen Grundbesitzer, Industriellen und Beamten, 1649 Familienangehörige der ehemaligen Offiziere und schließlich 2907 »Diverse« deportiert worden. Aus dem Dokument geht klar hervor, daß die Familienoberhäupter schon vorher verhaftet und – wahrscheinlich – hingerichtet worden sind. Die Operation vom 13. Juli zielte nämlich nur auf die »Angehörigen«, die als »in sozialer Hinsicht fremd« beurteilt worden waren.[309]

Jede Familie durfte 100 Kilogramm Gepäck mitnehmen, darin war auch der Proviant für einen Monat enthalten, denn der NKWD kümmerte sich während des Transports nicht um die Verpflegung. Die meisten Züge erreichten erst Ende Juli 1941 ihr Ziel, in der Regel einen Ort in der Provinz Nowossibirsk oder in Kasachstan. Für diejenigen, die in die Region von Altai verschleppt wurden, dauerte der Transport bis Mitte September! Wie viele der Deportierten starben während der sechs bis zwölf Wochen, in denen sie zu je 50 Personen in einem Güterwaggon zusammengepfercht mit all den Habseligkeiten und Lebensmitteln, die sie in der Nacht ihrer Verhaftung mitnehmen konnten, unterwegs waren? Für die Nacht vom 27. auf den 28. Juni 1941 plante Berija eine weitere großangelegte Operation. Aus der Wahl dieses Datums läßt sich schließen, daß die politische Führung des Sowjetstaates nicht im geringsten mit dem deutschen Überfall vom 22. Juni gerechnet hatte. Durch das Unternehmen Barbarossa verschoben sich die weiteren »Säuberungen« des NKWD in den baltischen Staaten um einige Jahre.

Wenige Tage nach der Besetzung der baltischen Staaten stellte die Sowjetregierung eine ultimative Forderung an Rumänien, das unverzüglich Bessarabien an die UdSSR »zurückgeben« sollte. Das Gebiet hatte zum

Zarenreich gehört und war im deutsch-sowjetischen Geheimprotokoll vom 23. August 1939 der sowjetischen Interessenssphäre zugesprochen worden. Außerdem wurde die Übergabe der nördlichen Bukowina an die UdSSR gefordert, ein Gebiet, das nie zum Zarenreich gehört hatte. Von den Deutschen fallengelassen, fügten sich die Rumänen den sowjetischen Gebietsansprüchen. Die Bukowina und ein Teil Bessarabiens wurden der Ukraine angegliedert. Das übrige Bessarabien wurde am 2. August 1940 zur Sozialistischen Sowjetrepublik Moldawien erklärt. Noch am gleichen Tag unterzeichnete Berijas Stellvertreter Kobulow einen Deportationsbefehl für 31 699 »antisowjetische Elemente« aus der SSR Moldawien und für weitere 12 191 »antisowjetische Elemente« aus den in die Ukrainische SSR eingegliederten rumänischen Gebieten. Innerhalb weniger Monate waren diese »Elemente« nach einem wohlerprobten Verfahren vorschriftsmäßig registriert worden. Einen Tag zuvor, am 1. August 1940, hatte Molotow dem Obersten Sowjet stolz eine Tafel mit den Errungenschaften durch das deutsch-sowjetische Bündnis präsentiert: innerhalb eines Jahres waren 23 Millionen Menschen in die Sowjetunion eingegliedert worden.

Doch das Jahr 1940 war noch in anderer Hinsicht bemerkenswert: die Zahl der Gulag-Häftlinge, der Deportierten, der in den sowjetischen Gefängnissen eingekerkerten Menschen und der strafrechtlichen Verurteilungen erreichte ihren Höchstwert. Am 1. Januar 1941 zählten die Gulag-Lager 1 930 000 Insassen, d. h. innerhalb eines Jahres waren 270 000 neue Häftlinge aufgenommen worden; mehr als 500 000 Menschen waren aus den »sowjetisierten« Gebieten deportiert worden und kamen zu den 1 200 000 Sondersiedlern, die Ende 1939 registriert worden waren, hinzu. In den sowjetischen Gefängnissen, die theoretisch Platz für 234 000 Gefangene boten, saßen 462 000 Inhaftierte.[310] Und schließlich die Gesamtzahl der strafrechtlichen Verurteilungen, für die in diesem Jahr ein außerordentlicher Zuwachs zu verzeichnen ist, denn innerhalb eines Jahres stieg sie von 700 000 auf etwa 2 300 000 an.[311]

Dieser außerordentliche Zuwachs ist das Ergebnis einer beispiellosen Sanktionierung des gesellschaftlichen Bereichs. In der Arbeitswelt wird das Jahr 1940 immer mit dem Dekret vom 26. Juni in Verbindung gebracht werden: Es führte den 8-Stunden-Tag und die 7-Tage-Woche ein und verbot dem Arbeiter, »den Betrieb auf eigene Initiative hin zu verlassen«. Jedes ungerechtfertigte Fehlen und jede Verspätung, die mehr als 20 Minuten ausmachte, war von nun an mit einer Strafe belegt. Die Verstöße wurden mit sechsmonatigen »Umerziehungsarbeiten« ohne Freiheitsentzug oder mit der Einbehaltung von 25 % des Lohnes geahndet, konnten in schlimmen Fällen aber auch zu einer zwei- bis viermonatigen Haftstrafe führen.

Ein anderes Dekret vom 10. August 1940 sah für »Rowdytum«, Fehlproduktionen und kleinere Diebstähle am Arbeitsplatz ein- bis dreijährige Lagerstrafen vor. Das neue Gesetz konnte jeden Arbeiter der sowjetischen Industrie treffen.

Diese bis 1956 gültigen Dekrete stehen für eine neue Etappe in der Sanktionierung der Arbeitswelt. In den ersten sechs Monaten ihrer Gültigkeit führten sie zu anderthalb Millionen Verurteilungen, davon in 400 000 Fällen zu Haftstrafen. Daraus erklärt sich das starke Anwachsen der Gefängnisinsassen ab dem Sommer 1940. Die Zahl der zu Lagerstrafen verurteilten Hooligans stieg von 108 000 im Jahre 1939 auf 200 000 im Jahre 1940.[312]

Der Große Terror endete also mit einer neuen Offensive – der ersten seit 1932 – gegen die kleinen Leute, die sich der Disziplin in den Betrieben und Kolchosen nicht unterwerfen wollten. Folgt man den Berichten der NKWD-Spitzel, so kam bei vielen Arbeitern in ihrer Reaktion auf die Dekrete vom Sommer 1940 ihre »ungesunde Einstellung« zum Vorschein, besonders in den ersten Wochen nach dem deutschen Einmarsch. Sie forderten offen »die Eliminierung der Juden und Kommunisten« und führten »provokative Reden«. Die folgenden Worte eines Moskauer Arbeiters wurden dem NKWD übermittelt: »Wenn Hitler unsere Städte erobert, wird er überall folgende Mitteilung anschlagen lassen: Bei mir werden Arbeiter, die 21 Minuten zu spät zur Arbeit kommen, nicht vor Gericht gestellt, wie das eure Regierung tut.«[313] Wie aus einem Bericht des Militär-Generalstaatsanwalts »über Verbrechen und Delikte bei der Bahn zwischen dem 22. Juni und 1. September 1941 hervorgeht«, wurden solche Redensarten strengstens bestraft. In diesem Bericht werden 2524 Verurteilungen (davon 204 Hinrichtungen) aufgeführt, die in mindestens 412 Fällen wegen »konterrevolutionärer Redensarten« ausgesprochen wurden. 110 Bahnarbeiter wurden für ein solches Verbrechen hingerichtet.[314]

Eine vor kurzem veröffentlichte Dokumentensammlung über die »Stimmung« in Moskau während der ersten Kriegsmonate betont die Verunsicherung, die im Sommer 1941 bei den »kleinen Leuten« angesichts des deutschen Vormarsches herrschte.[315] Die Moskauer ließen sich offensichtlich in drei Gruppen einteilen – die »Patrioten«, ein »Sumpf«, in dem die wildesten Gerüchte kursierten und die »Defätisten«, die den deutschen Sieg über die »Juden und Bolschewiken« – beide integriert und verhaßt – wünschten. Als im Oktober 1941 die Fabriken demontiert und in den Osten des Landes verlegt wurden, kam es in den Textilbetrieben von Iwanowo zu »antisowjetischen Unruhen«.[316] Die defätistischen Redensarten mancher Arbeiter waren bezeichnend für die Verzweiflung, die sich bei einem Teil der Arbeiterschaft breitgemacht hatte. Denn seit 1940 hatten die Arbeiter unter immer härteren Maßnahmen zu leiden.

Doch schließlich hat die Barbarei der Nazis, die dem zur Ausrottung oder – besser gesagt – zur Sklaverei verurteilten sowjetischen Untermenschen keinen Ausweg bot, die kleinen Leute in einem Überschwang patriotischer Gefühle mit dem Regime versöhnt. Geschickt wußte Stalin die russischen, nationalen und patriotischen Werte in die Waagschale zu werfen. In seiner berühmten Rundfunkrede vom 3. Juli 1941 an die Nation griff er den alten Appell, der seit Jahrhunderten die nationale Gemeinschaft zusammengehalten hatte, wieder auf: »Brüder und Schwestern, unserem Land droht eine große Gefahr!« Der Hinweis auf »die große russische Nation mit Plechanow, Lenin, Puschkin, Tolstoi, Tschaikowsky, Tschechow, Lermontow, Suworow und Kutosow« sollte den »heiligen Krieg«, den »Großen Vaterländischen Krieg« unterstützen. Als er am 7. November 1941 die Parade der an die Front ziehenden Freiwilligenbataillone abhielt, beschwor er die Soldaten, im Kampf »dem glorreichen Beispiel unserer Ahnen Alexander Nevski und Dimitri Donskoi« zu folgen. Der erste hat Rußland im 13. Jahrhundert vor dem Deutschen Ritterorden gerettet und der zweite beendete ein Jahrhundert später die tatarische Gewaltherrschaft.

12

Die Kehrseite eines Sieges

Zu den zahlreichen »weißen Flecken« der sowjetischen Geschichte zählte lange Zeit das Kapitel der Deportationen während des »Großen Vaterländischen Krieges«. Es waren Deportationen von ganzen Völkern, die der »Sabotage, Spionage und Kollaboration« mit der Besatzungsarmee der Nazis verdächtigt worden waren. Erst seit dem Ende der fünfziger Jahre gibt man von offizieller Seite her zu, daß es bei der Anklage wegen »kollektiver Kollaboration« zu Exzessen und Verallgemeinerungen gekommen ist. Die sechziger Jahre brachten mehreren autonomen Republiken, die wegen ihrer Kollaboration mit der Besatzungsarmee von der Landkarte gestrichen worden waren, ihre erneute rechtliche Anerkennung. Doch erst 1972 bekamen die Angehörigen dieser deportierten Völker theoretisch das Recht »auf eine freie Wahl des Wohnsitzes«. Und die Tataren der Halbinsel Krim sind sogar erst seit 1989 völlig »rehabilitiert«. Die allmähliche Aufhebung der gegen die »bestraften Völker« gerichteten Sanktionen war bis zur Mitte der sechziger Jahre ein großes Geheimnis, und die vor 1964 erlassenen Dekrete wurden nie veröffentlicht. Erst mit der »Erklärung des Obersten Sowjets« vom 14. November 1989 bekannte sich der Sowjetstaat endlich zur »kriminellen Illegalität der barbarischen Akte des stalinistischen Regimes gegenüber den in Massen deportierten Völkern«.

Die Deutschen waren die erste Volksgruppe, die wenige Wochen nach Hitlers Überfall auf die UdSSR als geschlossene Gemeinschaft deportiert worden ist. Nach der Volkszählung von 1939 lebten in der UdSSR 1427000 Deutsche. Die meisten von ihnen waren Nachkommen der deutschen Siedler, die sich – einem Ruf der selbst aus Hessen stammenden Katharina der Großen folgend – in den menschenleeren Weiten des russischen Südens niedergelassen hatten. 1924 gründete die sowjetische Regierung die autonome Republik der Wolgadeutschen. Die etwa 370000 »Wolgadeutschen« machten jedoch nur ein Viertel der sowohl auf Rußland (auf die Regionen Saratow, Stalingrad, Woronesch, Moskau, Leningrad usw.) als auch auf die Ukraine (390000 Personen), auf den nördlichen Kaukasus (auf die Regionen Krasnodar, Ordschonikidse und Stawropol) und sogar auf Georgien und die Halbinsel Krim verteilten deutschstämmigen Bevölkerung aus. Am 28. August 1941 verabschiedete das Präsidium des Obersten Sowjets ein Dekret, nachdem die gesamte deutsche Bevölkerung der autonomen Wolgarepublik und der Gebiete um Saratow und Stalingrad nach

Kasachstan und Sibirien zu deportieren war. Der Text stellt die Entscheidung als humanitäre Präventivmaßnahme dar.

Ausschnitte aus dem Dekret des Präsidiums des Obersten Sowjets vom 28. August 1941 über die Kollektivdeportation der Deutschen

Laut glaubwürdigen Informationen von Seiten der militärischen Behörden befinden sich unter der deutschen Bevölkerung des Wolgagebiets Tausende und Zehntausende von Saboteuren und Spionen, die nur auf ein Signal aus Deutschland warten, um in den Gegenden der Wolgadeutschen Anschläge zu organisieren. Niemand hat die sowjetischen Behörden darauf aufmerksam gemacht, daß sich unter den Wolgadeutschen so viele Saboteure und Spione befinden. Die deutsche Bevölkerung an der Wolga versteckt also bei sich die Feinde des Volkes und der Sowjetmacht…

Falls es auf Deutschlands Befehl durch die deutschen Saboteure und Spione in der Republik der Wolgadeutschen oder in den angrenzenden Distrikten zu Sabotageakten kommt, fließt Blut, und die Sowjetregierung wäre gemäß Kriegsrecht zu Strafmaßnahmen gegen die gesamte deutsche Bevölkerung an der Wolga gezwungen. Um eine solch bedauerliche Situation und schwere Blutverluste zu vermeiden, hielt das Präsidium des Obersten Sowjets der UdSSR es für notwendig, die gesamte deutsche Bevölkerung des Wolgagebiets und der anderen Distrikte umzusiedeln und ihnen in den neuen Gebieten Land und eine staatliche Hilfe zur Besiedlung zuzuteilen.

Die über viel Land verfügenden Distrikte der Region Nowossibirsk oder Omsk, des Altaigebiets oder Kasachstans sowie der anderen angrenzenden Regionen sind die Zielgebiete der Umsiedlung.

Während die Rote Armee an allen Fronten zurückweichen mußte und täglich Zehntausende von Soldaten durch Tod oder Gefangennahme verlor, ließ Berija etwa 14 000 Mann der NKWD-Truppen für diese Operation freistellen. Leiter der Operation war General Iwan Serow, der stellvertretende Volkskommissar des Inneren, der sich schon bei der »Säuberung« der Baltenländer hervorgetan hatte. In Anbetracht der Umstände und des schweren Zusammenbruchs der Roten Armee wurde die Operation zügig durchgeführt. Vom 3. bis 20. September 1941 wurden 446 480 Deutsche in 230 Zügen mit durchschnittlich je 50 Waggons deportiert, d. h., auf einen Zug kamen ungefähr 2000 Menschen! Bei einer Durchschnittsgeschwindigkeit von wenigen Stundenkilometern brauchten die Züge zwischen vier und acht Wochen, um ihre Ziele in den südsibirischen Regionen von Omsk, Nowossibirsk und Barnaul oder in der ostsibirischen Region von Krasnojarsk zu erreichen. Wie schon bei den vorangegangenen Deportationen der Balten hatten die »Umsiedler« nach den offiziellen Vorschriften »eine bestimmte Frist [*sic*!], um sich mit Proviant für mindestens einen Monat einzudecken«!

Parallel zu dieser »Hauptoperation« kam es – sofern die militärische Lage es erlaubte – zu verschiedenen »Nebenoperationen«. Molotow, Malenkow und Schdanow unterbreiteten bereits am 29. August 1941 Stalin den Vorschlag, die Stadt Leningrad und die umliegende Region von 96 000 deutsch- und finnischstämmigen Bürgern zu »säubern«. Am 30. August erreichten die deutschen Truppen die Newa. Damit waren die Bahnlinien zwischen Leningrad und dem Rest des Landes unterbrochen. Die Gefahr einer Einkreisung der Stadt wurde täglich größer. Trotzdem ergriffen die zuständigen Behörden keinerlei Maßnahmen für eine Evakuierung der Leningrader Zivilbevölkerung, geschweige denn für das Anlegen irgendwelcher Lebensmittelvorräte. Gleichwohl verfaßte Berija noch am 30. August ein Rundschreiben, in dem die Deportierung von 132 000 Personen aus der Region Leningrad angeordnet wurde. 96 000 sollten mit der Bahn und 36 000 über den Schiffsweg deportiert werden. In der Zeit, die dem NKWD noch blieb, konnte er jedoch lediglich 11 000 Sowjetbürger deutscher Nationalität deportieren.

In den folgenden Wochen startete man auch in anderen Orten ähnliche Operationen: Aus Moskau wurden am 15. September 9640 Deutsche deportiert, aus Tula am 21. September 2700, aus Gorki am 14. September 3162, aus Rostow vom 10. bis 20. September 38 288, aus Saporoschje vom 25. September bis 10. Oktober 31 320, aus Krasnodar am 15. September 38 136 und aus Ordschonikidse am 20. September 77 570. Im Oktober 1941 wurden noch einmal mehr als 100 000 Deutsche aus Georgien, Armenien, Aserbeidschan, aus dem nördlichen Kaukasus und von der Halbinsel Krim deportiert. Eine Bilanz, die im Hinblick auf die Umsiedlung der Deutschen aufgestellt wurde, meldet für den 25. Dezember 1941 894 600 meist nach Kasachstan und Sibirien deportierte Personen. Berücksichtigt man noch die 1942 durchgeführten Deportationen der Deutschen, so kommt man auf eine Gesamtzahl von 1 209 430 Menschen, die innerhalb von einem Jahr – vom August 1941 bis zum Juni 1942 – deportiert worden sind. Zur Erinnerung: Nach der Volkszählung von 1939 gehörten 1 427 000 Menschen zur deutschen Bevölkerung der UdSSR.

So wurden 82% der über das ganze sowjetische Territorium zerstreuten Deutschen deportiert, zu einem Zeitpunkt, wo die katastrophale Situation des vor dem Zusammenbruch stehenden Landes den Einsatz der gesamten militärischen und polizeilichen Kräfte für den bewaffneten Kampf gegen den Feind erforderlich gemacht hätte. Stattdessen wurden Hunderttausende von unschuldigen Sowjetbürgern deportiert. Der Anteil der deportierten deutschstämmigen Sowjetbürger war in Wirklichkeit noch größer, denn bisher wurde nicht berücksichtigt, daß außerdem noch Zehntausende von deutschstämmigen Soldaten und Offizieren vom Dienst in der Roten Armee suspendiert und in die Strafbataillone der »Arbeitsarmee« nach Workuta, Kotlas, Kemerowo, und Tscheljabinsk versetzt worden waren. Allein in Tscheljabinsk arbeiteten mehr als 25 000 Deutsche am Bau des Hüttenkombinats. Dazu muß man wissen, daß die Arbeits- und Überlebensbedingungen in den Strafbataillonen der Arbeitsarmee kaum besser waren als in den Gulag-Lagern.

Wie viele von den Deportierten kamen schon während des Transports um? Es fehlt heute an einer Gesamtbilanz, und die vereinzelten Zahlen über diesen oder jenen Zug lassen sich bei den Wirren des Krieges und den apokalyptischen Gewaltverbrechen jener Tage nicht weiterverfolgen. Wie viele von den Zügen sind im Chaos des Herbstes 1941 auf der Strecke geblieben und nie am Ziel angekommen? Ende November sollten sich »nach Plan« 29 600 deutsche Deportierte in der Region Karaganda einfinden. Nach einer Zählung vom 1. Januar 1942 waren jedoch nur 8304 von ihnen angekommen. Für die Region Nowossibirsk sah der »Plan« 130 998 Deportierte vor, man zählte vor Ort jedoch nur 116 612. Wo waren die anderen geblieben? Waren sie unterwegs gestorben? Wurden sie woanders hingeschickt? Für das Altai-Gebiet waren 11 000 Deportierte »eingeplant« worden, es kam jedoch zu einem Ansturm von 94 799 Menschen! Wesentlich aussagekräftiger als diese nüchternen Zahlen sind die NKWD-Berichte über die Ansiedlung der Deportierten. Sie betonen alle einstimmig, wie wenig die Zielgebiete auf die Deportierten vorbereitet waren.

Die amtliche Schweigepflicht war bindend, und so wurden die lokalen Behörden erst im letzten Moment über die Ankunft mehrerer zehntausend Deportierter unterrichtet. Da keine Unterkunft vorbereitet war, wurden die Neuankömmlinge irgendwo untergebracht: in Baracken, in Ställen oder einfach unter freiem Himmel, und das, obwohl der Winter nahte. Die Mobilisierung hatte einen Großteil der männlichen Arbeitskräfte an die Front beordert. Doch die Behörden hatten in den vorangegangenen zehn Jahren gewisse Erfahrungen gesammelt, und so waren die deportierten Neuankömmlinge um einiges schneller »wirtschaftlich eingesetzt« als die im Jahre 1930 deportierten Kulaken, die man einfach mitten in der Taiga sich selbst überlassen hatte. Nach wenigen Monaten waren die meisten Deportierten wie die anderen Sondersiedler untergebracht, d. h. zu besonders harten Wohn- und Arbeitsbedingungen und bei einer mehr als dürftigen Verpflegung, und unterstanden einer NKWD-*komandatur*, einer Kolchose, einer Sowchose oder einem Industriebetrieb.[317]

Auf die Deportation der Deutschen folgte eine zweite Deportationswelle: Vom November 1943 bis Juni 1944 wurden sechs Volksgruppen unter dem Vorwand, »in großer Zahl mit der deutschen Besatzungsmacht kollaboriert zu haben«, nach Sibirien, Kasachstan, Usbekistan und Kirgisien deportiert: die Tschetschenen, Inguschen, Krimtataren, Karatschaier, Balkaren und Kalmücken. Auf diese Hauptdeportationswelle, von der etwa 900 000 Menschen betroffen waren, folgten vom Juli bis Dezember 1944 ähnliche Operationen mit dem Ziel, die Krim und den Kaukasus von weiteren als »zweifelhaft« eingestuften Nationalitäten zu »säubern«: von den Griechen, Bulgaren, Krimarmenier, den Turkmescheten, den Kurden und den Chemschinen aus dem Kaukasus.[318]

Durch die Sichtung der Dokumente in den seit kurzem zugänglichen Archiven ergaben sich keine neuen Hinweise auf die angebliche »Kollaboration« zwischen den Nazis und den kaukasischen Bergvölkern, den Kalmükken und den Krimtataren. Man kann diesbezüglich nur vereinzelte Vorfälle aufzählen, die auf der Krim, in Kalmückien, in Kabardino-Balkarien und bei den Karatschaiern auf begrenzte Kreise von Kollaborateuren hindeuten, doch eine von der Allgemeinheit getragene Kollaborationspolitik läßt sich daran nicht festmachen. Nach dem Abzug der Roten Armee aus Rostow am Don im Juli 1942 besetzen die Deutschen vom Sommmer 1942 bis zum Frühjahr 1943 den Kaukasus. In diese Zeit fallen die am meisten umstrittenen Kollaborationsepisoden. Unter Ausnutzung des politischen Freiraums zwischen dem Abzug der Sowjetarmee und der Ankunft der Nazis gründeten lokale Führungskräfte eine Reihe von »Nationalkomitees«: in Mikojan-Schachar (Autonome Region der Karatschaier-Tscherkessen), in Naltschik (Autonome Republik Karbadino-Balkarien) und in Elista (Autonome Republik der Kalmücken). Diese lokalen Komitees wurden von der deutschen Armee anerkannt und genossen für einige Monate eine religiöse, politische und wirtschaftliche Autonomie. Die positiven Erfahrungen im Kaukasus förderten in Berlin den »Moslem-Mythos«, und so bekamen die Krimtataren die Genehmigung für ein »moslemisches Zentralkomitee« in Simferopol.

Doch die Autonomie, welche die Kalmücken, Karatschaier und Balkaren für wenige Monate besaßen, wurde den Krimtataren von den Nazis verwehrt. Denn in Berlin befürchtete man ein Wiedererstarken der von der Sowjetmacht Anfang der zwanziger Jahre niedergeschlagenen panturanischen Bewegung. Als Gegenleistung für die stark eingeschränkte Autonomie, die ihnen gewährt wurde, stellten die lokalen Behörden Truppen zum Kampf gegen die dem Sowjetregime treu gebliebenen Partisanengruppen auf. Insgesamt einige tausend Mann, mit denen man nur Einheiten von geringer Stärke bilden konnte: sechs krimtatarische Bataillone und ein kalmückisches Reiterkorps.

Die Autonome Provinz Tschetschenien-Inguschien war nur zu einem geringen Teil von wenigen deutschen Kommandoeinheiten besetzt, und auch das nur für die zehn Wochen zwischen Anfang September und Mitte November 1942. Es besteht nicht der geringste Hinweis auf eine Kollaboration. Die Tschetschenen waren seit jeher ein aufständisches Volk und hatten schon vor ihrer Kapitulation im Jahre 1859 jahrzehntelang erfolgreich der russischen Kolonisierung getrotzt. Die Sowjetmacht hatte schon mehrere Strafexpeditionen gegen sie gestartet: 1925, um einen Teil der tschetschenischen Waffen zu beschlagnahmen, 1930–32 um den Widerstand der Tschetschenen und Inguschen gegen die Kollektivierung zu brechen. Im März/April 1930 und im April/Mai 1930 galten die Expeditionen dem Kampf gegen die »Banditen«, wobei die Sondertruppen des NKWD die Artillerie und die Luftwaffe um Unterstützung gebeten hatten. Eine schwere Auseinandersetzung also, welche die Zentralmacht und dieses eigenwillige Volk, das sich schon immer der Moskauer Bevormundung widersetzt hatte, voneinander trennte.

Zwischen November 1943 und Mai 1944 kam es zu fünf großen Massenverhaftungen mit anschließender Deportation. Im Gegensatz zu den ersten Kulaken-Deportationen liefen sie alle nach einem inzwischen gut eingeübten Verfahren ab, »mit einer beachtlichen operationellen Effizienz«, wie selbst Berija zugeben mußte. Die Phase der »logistischen Vorbereitung« war wochenlang mit viel Sorgfalt organisiert worden und wurde von Berija und seinen beiden Stellvertretern Iwan Serow und Bogdan Kobulow, die sich mit ihren gepanzerten Sonderzügen vor Ort eingefunden hatten, persönlich überwacht. Eine beachtliche Anzahl von Zügen mußte organisiert werden: 93 139 Kalmücken sollten innerhalb von vier Tagen, vom 27. bis zum 30. Dezember 1943, in 46 Zügen mit je 60 Waggons deportiert werden. Für die 521 247 Tschetschenen und Inguschen, die innerhalb von sechs Tagen, vom 23. bis 28. Februar 1944, deportiert werden sollten, waren 194 Züge mit je 65 Waggons geplant. Bei diesen außerordentlichen Operationen scheute der NKWD keinen Aufwand: Für das Zusammentreiben der Tschetschenen und Inguschen setzte der NKWD eine 119 000 Mann starke Sondertruppe ein, zu einem Zeitpunkt, wo der Krieg voll im Gange war!

Die Operationen waren auf die Stunde genau geplant: Man begann mit der Verhaftung der »eventuell gefährlichen Elemente«, die bei einer Bevölkerung, die – weil ein Großteil der Männer zum Kriegsdienst einberufen war – hauptsächlich aus Frauen, Kindern und alten Leuten bestand, zwischen 1 und 2 % der Deportierten ausmachten. Wenn man den nach Moskau geschickten »Operationsberichten« glauben darf, ging alles äußerst schnell vonstatten. Während der Deportation der Krimtataren (18. bis 20. Mai 1944) telegraphierten Kobulow und Serow, die für die Operation verantwortlich waren, bereits am ersten Abend folgende Nachricht an Berija: »Heute abend um 20 Uhr war der Transport von 90 000 Personen zu den Bahnhöfen abgeschlosssen. 17 Züge mit 48 400 Personen sind bereits zu ihren Bestimmungsorten unterwegs. 25 Züge werden im Augenblick beladen. Während der Operation kam es zu keinem Vorfall. Die Operation geht weiter.« Einen Tag später, am 19. Mai, wandte sich Berija an Stalin und teilte ihm mit, daß während des zweiten Tages 165 515 Personen an den Bahnhöfen zusammengetrieben worden seien. 136 412 Personen seien bereits in die Züge verladen worden und zu dem »in den Anweisungen festgelegten Bestimmungsort« unterwegs. Am dritten Tag, dem 20. Mai, meldeten Serow und Kobulow in einem erneuten telegraphischen Schreiben an Berija, daß die Operation um 16 Uhr 30 beendet worden sei. 63 Züge mit insgesamt 173 287 Personen seien bereits unterwegs. Die letzten vier Züge mit weiteren 6727 Personen würden noch am gleichen Abend starten.[319]

Beim Lesen der Verwaltungsberichte des NKWD bekommt man den Eindruck, als seien die Deportationen von Hunderttausenden von Menschen nichts weiter als eine reine Formalität. Jede Operation war »erfolgreicher«, »effizienter« und noch »kostengünstiger« als die vorhergehende. Nach der Deportation der Tschetschenen, Inguschen und Balkaren verfaßte ein

NKWD-Beamter namens Milstein einen langen Bericht über »die Waggons, Holzbretter, Eimer und Schaufeln, die bei den letzten Operationen im Vergleich zu den vorangegangenen eingespart worden sind«.

»Nach den Erfahrungen, die wir beim Transport der Karatschaier und Kalmücken gemacht haben«, so schrieb er, »können wir gewisse Vorkehrungen treffen, um den Bedarf an Zügen und die Zahl der Fahrten zu reduzieren. Wir haben in jedem Güterwaggon 45 Personen untergebracht, früher waren es 40. Und da wir sie mit ihrem Gepäck untergebracht haben, konnten wir eine beachtliche Zahl an Waggons einsparen, das bedeutet Holzbretter in einer Länge von 37 548 Metern, 11 834 Eimer und 3400 Pfannen.«[320]

Soweit die bürokratische Vision einer vom NKWD-Standpunkt aus recht erfolgreichen Operation. Doch wie grauenhaft war die Wirklichkeit, die sich hinter dieser Vision verbirgt? Im folgenden einige Ende der siebziger Jahre aufgezeichneten Berichte von Tataren, welche die Reise überlebt hatten: »Die Reise bis zum Bahnhof von Serabulak (Region Samarkand) dauerte 24 Tage. Von dort aus brachte man uns zur Kolchose *Prawda.* Wir mußten Fuhrwerke reparieren. [...] Wir arbeiteten und hatten Hunger. Viele von uns waren ziemlich wackelig auf den Beinen. 30 Familien aus unserem Dorf waren deportiert worden. Aus fünf Familien gab es ein oder zwei Überlebende. Alle anderen waren verhungert oder einer Krankheit erlegen.« Ein anderer Überlebender erzählte: »In den hermetisch abgeschlossenen Waggons starben die Leute wie die Fliegen an Hunger oder Luftmangel: Man gab uns weder etwas zu essen noch zu trinken. Die Bevölkerung in den Dörfern, durch die wir fuhren, war gegen uns aufgehetzt worden; man hatte ihnen gesagt, daß man Vaterlandsverräter transportiere, und so prasselte ein Regen von Steinen gegen die Waggontüren. Als man mitten im kasachischen Steppengebiet die Türen öffnete, gab man uns aus den Heeresbeständen zu essen, aber nichts zu trinken. Wir bekamen den Befehl, die Toten neben die Gleise zu werfen, und ohne sie bestattet zu haben, fuhren wir weiter.«[321]

Die Deportierten, die »am Ziel« in Kasachstan, Kirgisien, Usbekistan oder Sibirien ankamen, wurden Kolchosen oder Industriebetrieben zugeteilt. Die Unterkunftssuche, die Arbeit und das Überleben waren ein täglicher Kampf, wie aus den Berichten der lokalen NKWD-Behörden an die Moskauer Zentrale hervorgeht. Die Berichte werden in den zum Thema »Sondersiedlungen« angelegten, umfangreichen Archivbeständen des NKWD aufbewahrt. Im September 1944 wurde beispielsweise aus Kirgisien berichtet, daß von den 31 000 in letzter Zeit deportierten Familien nur 5000 eine Unterkunft gefunden hätten, wobei der Begriff »Unterkunft« noch ziemlich weit gefaßt war: Bei einer aufmerksamen Lektüre des Textes ergibt sich nämlich, daß die lokalen Behörden des Distriktes Kameninski 900 Familien in 18 Sowchose-Wohnungen untergebracht hatten, d. h., auf eine Wohnung kamen 50 Familien! Das bedeutete, daß die aus dem Kaukasus deportierten Familien, die oft sehr kinderreich waren, abwechselnd in den Wohnungen oder unter freiem Himmel schliefen, und das bei herannahendem Winter.

In einem Brief an Mikojan gab Berija im November 1944 – d. h. etwa ein Jahr nach der Deportation der Kalmücken – zu, daß diese »unter extrem schwierigen Bedingungen und sanitären Umständen leben; die meisten besitzen keine Kleider, keine Unterwäsche und keine Schuhe«.[322] Zwei Jahre später meldeten zwei Verantwortliche vom NKWD, daß »30% der arbeitsfähigen Kalmücken wegen fehlender Schuhe nicht arbeiten. Es macht sich bemerkbar, daß die Deportierten in keiner Weise auf das harte Klima und die ungewohnten Lebensbedingungen vorbereitet sind, und die fehlenden Sprachkenntnisse sorgen für zusätzliche Schwierigkeiten.« Ausgehungert und aus ihrer gewohnten Umgebung herausgerissen, wurden die Deportierten Kolchosebetrieben zugewiesen, die nicht einmal für den Lebensunterhalt ihres Stammpersonals aufkommen konnten, oder man stellte sie in den Industriebetrieben an Arbeitsplätze, für die sie nicht ausgebildet waren, und deshalb im allgemeinen eine klägliche Figur abgaben. »Die Situation der nach Sibirien deportierten Kalmücken ist tragisch«, schrieb D.P. Pjurwejew, der ehemalige Präsident der Autonomen Republik Kalmückien, an Stalin. »Sie haben ihren Viehbestand verloren und kamen völlig verarmt in Sibirien an. […] Sie sind auf ihre neue Existenz in der landwirtschaftlichen Produktion wenig vorbereitet. […] Die in den Kolchosen untergebrachten Kalmükken erhalten keinerlei Verpflegung, denn die Kolchosebauern haben selbst nichts. Und diejenigen, die man den Industriebetrieben zugewiesen hat, finden sich in ihrem neuen Leben als Arbeiter nicht zurecht und verfügen deshalb nicht über das notwendige Geld für eine geregelte Verpflegung.«[323] Im Klartext: Die als Nomaden aufgewachsenen Kalmücken waren an den Maschinen überfordert, und so schluckten die Geldstrafen ihren gesamten mageren Lohn.

Einige wenige Zahlen geben eine Vorstellung von den hohen Verlusten unter den Deportierten: Im Januar 1946 registrierte die für die Sondersiedlungen zuständige Verwaltung 70 360 Kalmücken, zwei Jahre zuvor waren 92 000 deportiert worden. Am 1. Juli 1944 waren in Usbekistan 35 750 Tataren-Familien mit 151 424 Personen gemeldet; sechs Monate später gab es zwar 818 Familien mehr, aber 16 000 Personen weniger! Von den 608 749 aus dem Kaukasus Deportierten waren am 1. Oktober 1948 146 892 tot, d. h. ungefähr jeder vierte. An Neugeborenen wurden in der gleichen Zeit jedoch nur 28 120 gezählt. Von den 228 392 Deportierten, die ursprünglich auf der Halbinsel Krim zu Hause waren, waren nach vier Jahren 44 887 tot, und auch hier wurden für die gleiche Zeit nur 6564 Neugeborene registriert.[324] Wenn man bedenkt, daß 40 bis 50% der Deportierten unter 16 Jahre alt waren, wird die hohe Sterblichkeitsrate noch augenscheinlicher. Nur ein verschwindend kleiner Teil der Sterbefälle war auf einen »natürlichen Tod« zurückzuführen. Was für eine Zukunft erwartete die jungen Menschen, die überlebten? Von den 89 000 nach Kasachstan deportierten Kindern im schulpflichtigen Alter waren 1948 – vier Jahre nach ihrer Deportation – weniger als 12 000 eingeschult. Es war übrigens offiziell vorgeschrieben, die

Kinder der »Sonderumsiedler« ausschließlich in russischer Sprache zu unterrichten.

Es gab noch andere Völker, die während des Krieges von Kollektivdeportationen betroffen waren. Am 29. Mai 1944, wenige Tage nach dem Abschluß der Deportation der Krimtataren, schrieb Berija an Stalin: »Der NKWD hält es für vernünftig [*sic*!], alle Bulgaren, Griechen und Armenier von der Krim zu vertreiben.« Den Bulgaren warf man vor, während der deutschen Besetzung aktiv bei der Herstellung von Brot und anderen Lebensmitteln für die deutsche Armee mitgeholfen zu haben und »bei der Suche nach Soldaten der Roten Armee und Partisanen mit den deutschen Militärbehörden zusammengearbeitet zu haben«. Die Griechen hatten »nach Ankunft der Besetzer kleine Industriebetriebe gegründet, und die deutschen Behörden haben ihnen beim Handel, Warenverkehr usw. geholfen«. Die Armenier wurden beschuldigt, in Simferopol eine Organisation von Kollaborateuren mit dem Namen »Dromedar« gegründet zu haben. Vorsitzender dieser Organisation war angeblich der armenische General Dro, der »sich außerdem um religiöse und politische Fragen kümmerte und einen Kleinhandel und eine Industrie aufbauen wollte«. Nach Berija soll diese Organisation außerdem »Gelder für den militärischen Bedarf der Deutschen und die Errichtung einer armenischen Legion gesammelt haben«.[325]

Vier Tage später, am 2. Juni 1944, unterzeichnete Stalin ein Dekret des Staatskomitees der Verteidigung und gab damit den Befehl, »die Ausweisung der Krimtataren durch die Ausweisung von 37000 Bulgaren, Griechen und Armeniern, den Komplizen der Deutschen, zu vervollständigen«. Wie bei den anderen Deportationen wurden auch diesmal für jedes Zielgebiet willkürlich Quoten festgelegt: die Provinz Gurjew in Kasachstan sollte 7000 Deportierte aufnehmen, die Provinz Swerdlow 10000, die Provinz Molotow im Uralgebiet ebenfalls 10000, die Provinz Kemerowo 6000 und Baschkirien 4000. Nach dem Wortlaut der Berichte wurde die Operation am 27. und 28. Juni 1944 »mit Erfolg durchgeführt«. An diesen zwei Tagen waren 41854 Personen deportiert worden, »111% des Plansolls«, wie betont wurde.

Nachdem die Krim von Deutschen, Tataren, Bulgaren, Griechen und Armeniern »gesäubert« war, beschloß der NKWD die »Reinigung« der kaukasischen Grenzgebiete. Die großangelegten Operationen, die der NKWD – besessen von der Vorstellung, die Grenzregionen mit besonderen Sanktionen bedenken zu müssen, – für den Kaukasus plante, waren nur die logische Fortführung der »Anti-Spionage«-Operationen der Jahre 1937/38, allerdings in einer wesentlich systematischeren Form. Am 21. Juli 1944 unterzeichnete Stalin ein weiteres Dekret des Staatskomitees der Verteidigung: Es sah die Deportation von 86000 Turkmescheten, Kurden und Chemschinen der georgischen Grenzregionen vor. Weil die Region, in denen diese Völker des ehemaligen osmanischen Reiches seit Jahrhunderten lebten, recht gebirgig war und ein Teil der Bevölkerung in seinem Nomadendasein die Gewohnheit hatte, die sowjetisch-türkische Grenze nach Belieben zu passieren, dauerten die Vorbereitungen zu dieser Massenverhaftung mit anschließender Deportation besonders lange. Die Operation dauerte zehn Tage, vom 15. bis zum 25. November 1944, und beschäftigte 14 000 Mann der NKWD-Sondertruppen. 900 Studebaker-Lastwagen waren im Einsatz. Sie stammten aus amerikanischen Lieferungen, denn über das amerikanische Mietdarlehensgesetz hatten die USA den meisten Alliierten Kriegsmaterial geliefert.[326]

In einem Bericht an Stalin vom 28. November brüstete sich Berija, 91 095 Personen innerhalb von zehn Tagen »unter besonders schwierigen Bedingungen« umgesiedelt zu haben. Wie Berija erklärte, waren alle Deportierten – 49% von ihnen waren unter 16 Jahre alt – potentielle türkische Spione: »Ein großer Teil der Bevölkerung hat familiäre Bindungen zu den Bewohnern der türkischen Grenzbezirke. Sie schmuggelten, zeigten eine starke Tendenz zur Emigration und versorgten den türkischen Geheimdienst und die an der Grenze operierenden Schmugglerbanden mit Nachwuchs.« Nach der Statistik der für die Sondersiedlungen zuständigen Gulag-Abteilung wurden bei dieser Operation 94 955 Menschen nach Kasachstan und Kirgisien deportiert. Zwischen November 1944 und Juli 1948 starben 19 450 der deportierten Mescheten, Kurden und Chemschinen, das sind etwa 21% der Zwangsumgesiedelten. Auch bei den anderen vom Regime bestraften Nationalitäten liegt die Sterblichkeitsrate der Deportierten in den ersten vier Jahren nach der Deportation zwischen 20 und 25%.[327]

Der Zustrom von Hunderttausenden von Menschen, die aufgrund ihrer Volkszugehörigkeit deportiert worden waren, sorgte während des Krieges für eine Erneuerung und starke Ausweitung des Sondersiedler-Kontingents, das von ungefähr 1 200 000 auf über 2 500 000 anstieg. Die Zahl der Entkulakisierten, die vor dem Krieg den größten Teil der Sondersiedler stellten, ging von etwa 936 000 (Juli 1941) auf 622 000 (Mai 1945) zurück. Zehntausende der entkulakisierten Männer mußten nämlich in den Krieg ziehen, lediglich die Vorsteher der deportierten Familien waren vom Kriegsdienst befreit. Die Frauen und Kinder der Einberufenen bekamen wieder den Status freier Bürger und wurden von der Liste der Sondersiedler gestrichen. Aber unter den Bedingungen des Krieges hatten sie kaum eine Möglichkeit, den ihnen zugewiesenen Wohnort zu verlassen, zumal ihr ganzer Besitz und das eigene Haus beschlagnahmt worden waren.[328]

Wahrscheinlich waren die Überlebensbedingungen für die Gulag-Häftlinge nie so katastrophal wie während der Jahre 1941 bis 1944. Von Hunger und Epidemien geplagt, auf engstem Raum zusammengepfercht und bis zum Äußersten ausgenutzt, das war das Los eines jeden *zek* (Häftling), wenn er die immer höheren Arbeitsnormen, die Denunzierungen durch die zahlreichen Spitzel, welche die »konterrevolutionären Häftlingsorganisationen« aufdecken sollten, die Verurteilungen und die standrechtlichen Hinrichtungen überlebte.

Der deutsche Vorstoß während der ersten Kriegsmonate zwang den NKWD, einen Großteil seiner Gefängnisse, Arbeitskolonien und Lager zu evakuieren, denn sonst wäre die Gefahr, daß sie in die Hände des Feindes fallen, groß gewesen. Zwischen Juli und Dezember 1941 wurden 210 Kolonien, 135 Gefängnisse und 27 Lager, d. h. insgesamt rund 750 000 Häftlinge, nach Osten verlegt. Nassedkin, der Gulag-Direktor, behauptete in seiner Bilanz über »die Gulag-Aktivitäten während des Großen Vaterländischen Krieges«, daß »die Evakuierung der Lager im allgemeinen in organisierter Form vor sich ging«. Trotzdem fügte er hinzu: »Weil es an Transportmitteln fehlte, wurden die meisten Häftlinge zu Fuß evakuiert, und zwar über Entfernungen von oft mehr als 1000 Kilometern.«[329] Man kann sich vorstellen, in was für einem Zustand die Häftlinge am Ziel ankamen. Wenn keine Zeit blieb, die Lager zu evakuieren – was in den ersten Kriegswochen öfters vorkam –, wurden die Häftlinge kurzerhand an die Wand gestellt. Dies war vor allem in der westlichen Ukraine der Fall, wo der NKWD Ende Juni 1941 in Lemberg 10 000 Häftlinge massakrierte, im Gefängnis von Lutsk 1200, in Stanyslawiw 1500, in Dubno 500 usw. In den Regionen Lemberg, Schitomir und Winnitsa entdeckten die Deutschen bei ihrer Ankunft Dutzende von Massengräbern. Die Sonderkommandos der Nazis nahmen diese »jüdisch-bolschewistischen Greueltaten« zum Vorwand, sofort Zehntausende von Juden zu erschießen.

Alle Berichte der Gulag-Verwaltung aus den Jahren 1941 bis 1944 geben zu, daß sich die Lebensbedingungen in den Lagern während des Krieges deutlich verschlechtert haben.[330] Der in den überfüllten Lagern jedem Häftling zustehende Lebensraum sank von 1,5 auf 0,7 m^2. Das bedeutete im Klartext, daß die Häftlinge abwechselnd auf den Brettern schliefen, die Bettgestelle waren jetzt ein Luxus, der den Schwerstarbeitern vorbehalten war. Der Kaloriengehalt der Nahrung sank 1942 auf 65 % des Vorkriegswertes. Die Häftlinge waren dem Hunger preisgegeben und Typhus umd Cholera hielten wieder Einzug in die Lager. Nach den offiziellen Zahlen starben 1942 19 000 Häftlinge. Mit 101 000 registrierten Sterbefällen allein in den Arbeitslagern (ohne Kolonien) näherte sich die Sterblichkeitsrate 1941 der 8%-Marke. 1942 verzeichnete die Verwaltung der Gulag-Lager 249 000 Sterbefälle, dies entspricht einer Sterblichkeitsrate von 18 %. Das Jahr 1943 liegt mit seinen 167 000 Sterbefällen bei 17 %.[331] Berücksichtigt man noch die Sterbefälle in den Gefängnissen und Arbeitskolonien sowie die Hinrichtungen, so kommt man für die Jahre 1941 bis 1943 im Gulag auf 600 000 Tote. Was die Überlebenden betrifft, so war ihr Zustand erbärmlich. Nach den Zahlen der Verwaltung waren Ende 1942 lediglich 19% zu »schwerer« Körperarbeit fähig, 17 % zu »mittelschwerer« Körperarbeit, und 64 % konnten entweder nur »leichte« Körperarbeiten ausführen oder waren arbeitsunfähig.

Bericht des stellvertretenden Leiters der Gulag-Einsatztruppe vom 2. November 1941 über den Zustand der Siblag-Lager

Nach den Berichten der NKWD-Einsatztruppe der Region Nowossibirsk hat in den Bezirken Achlursk, Kusnetsk und Nowossibirsk der Siblag-Lager die Sterblichkeit der Häftlinge erheblich zugenommen…

Der Grund für diese hohe Sterblichkeit, die mit einer starken Ausdehnung von Krankheiten einhergeht, liegt ohne Zweifel in der allgemeinen Abmagerung, die auf den Nahrungsmangel bei schwerer körperlicher Arbeit zurückzuführen ist und mit Pellagra und einer Schwächung der Herztätigkeit einhergeht.

Der Verzug in der medizinischen Versorgung und die schwere körperliche Arbeit bei verlängerter Arbeitszeit und fehlender Zusatznahrung sind sicherlich weitere Gründe für die verstärkte Anfälligkeit und höhere Sterblichkeit…

Besonders bei den Häftlingen, die von verschiedenen Verteilerzentren aus in die Lager gebracht werden, ist eine extreme Abmagerung, ein verstärkter Krankheitsbefall und eine hohe Sterblichkeit zu beobachten. Bei den 539 Häftlingen beispielsweise, die am 8. Oktober 1941 vom Verteilerzentrum Nowossibirsk aus in den Bezirk Marinskoje gebracht wurden, waren mehr als 30% auf Grund einer Pellagra extrem mager und voller Läuse. Mit den Deportierten kamen außerdem sechs Leichen mit.[332] In der Nacht vom 8. zum 9. Oktober starben weitere fünf Personen dieses Transports. In einem weiteren Transport vom gleichen Verteilerzentrum, der am 20. September in Marinskoje angekommen war, waren 100% der Häftlinge voller Läuse und ein Großteil von ihnen hatte keine Unterwäsche…

In letzter Zeit hat man in den Siblag-Lagern zahlreiche Sabotagefälle von Seiten des aus Häftlingen bestehenden medizinischen Personals beobachtet. So hat beispielsweise der nach Artikel 58–10[333] verurteilte Hilfssanitäter des Lagers Ahscher (Bezirk Taiginsk) eine Gruppe von vier Häftlingen organisiert, welche die Produktion sabotieren sollten.[334] In der Hoffnung, das Lager daran zu hindern, seine Produktionsnormen zu erfüllen, schickten die Mitglieder dieser Gruppe die Kranken zu den schwersten Arbeiten und versorgten sie nicht zur rechten Zeit.

Der stellvertretende Leiter der Gulag-Einsatztruppe, Hauptmann der Sicherheitskräfte, Kogenman.

Obwohl sich »die sanitären Umstände der Häftlinge deutlich verschlechtert« haben – um einen euphemistischen Ausdruck der Gulag-Verwaltung zu zitieren –, hinderte das die Behörden anscheinend nicht daran, die Gefangenen bis zur völligen Erschöpfung auszunehmen. »Von 1941 bis 1944«, schrieb der Direktor der Gulag-Lager in seinem Bericht, »stieg der Durchschnittswert eines Arbeitstages von 9,5 auf 21 Rubel.« Mehrere hunderttausend Häftlinge wurden in der Waffenindustrie eingesetzt, wo sie die einberufenen Arbeitskräfte ersetzten. Es wird sich zeigen, daß der Gulag in der

Kriegswirtschaft eine besonders wichtige Rolle spielte. Nach Schätzungen der Lagerverwaltung haben die Gefangenen in manchen Schlüsselbereichen der Waffen-, Metall- und Bergwerksindustrie etwa ein Viertel der Produktion übernommen.[335]

Trotz des »guten vaterländischen Verhaltens« (*sic*) der Häftlinge, von denen »95 % sich am sozialistischen Wettbewerb beteiligt hatten«, ließen die Repressionen – vor allem gegenüber den politischen Häftlingen – nicht nach. Am 22. Juni 1941 entschied das Zentralkomitee per Dekret, daß die »58er« – Gefangene, die nach dem sich gegen die »konterrevolutionären Verbrechen« richtenden Artikel 58 des Strafgesetzbuchs verurteilt worden sind, – nicht vor Kriegsende freizulassen sind, auch dann nicht, wenn sie ihre eigentliche Strafe verbüßt haben. Wegen ihrer »Zugehörigkeit zu einer trotzkistischen oder rechtsgerichteten Organisation« oder zu einer »konterrevolutionären Partei«, wegen »Spionage«, »Terrorismus« oder »Verrat« wurde ein Teil der politischen Gefangenen isoliert und in die unwirtlichsten Gegenden (Kolyma und Arktis) in Speziallager »mit strenger Zucht« verlegt. In diesen Lagern erreichte die jährliche Sterblichkeitsrate die 30 %-Marke. Ein Dekret vom 22. April 1943 schuf die Grundlagen für »Straflager mit strenger Zucht«, wahre Todeslager, in denen die Gefangenen unter Bedingungen ausgebeutet wurden, die ihnen wenig Überlebenschancen ließen: sie wurden beim Abbau von Gold, Kohle, Blei und Radium eingesetzt, wo sie zwölf Stunden pro Tag schwere Arbeit zu verrichten hatten.[336]

Innerhalb von drei Jahren, vom Juli 1941 bis Juli 1944, wurden mehr als 148 000 Häftlinge von Spezialgerichten in den Lagern zu neuen Strafen verurteilt. 10 858 von ihnen wurden hingerichtet: 208 wegen »Spionage«, 4307 wegen »terroristischer Sabotageakte« und 6016, weil sie »im Lager einen Aufstand oder eine Erhebung organisiert« hatten. Laut NKWD wurden während des Krieges in den Gulag-Lagern 603 »Häftlingsorganisationen« aufgedeckt.[337] Diese Zahl sollte in erster Linie die »Wachsamkeit« der ebenfalls in weiten Teilen erneuerten Lageraufsicht bestätigen, denn ein Teil der bisher in der Lagerbewachung eingesetzten Spezialtruppen war mit anderen Aufgaben – vor allem bei den Deportationen – bedacht worden. Tatsache ist jedoch auch, daß es während der Kriegsjahre zu den ersten Massenausbrüchen und großen Lagerrevolten gekommen ist.

Während des Krieges änderte sich nämlich die Zusammensetzung der Lagergefangenen erheblich. Mit einem Dekret vom 12. Juli 1941 wurden mehr als 577 000 Häftlinge, die – wie die Behörden selbst zugaben – »wegen unbedeutender Delikte wie unentschuldigtes Fehlen bei der Arbeit oder kleinere Diebstähle« verurteilt worden waren, freigelassen und in die Rote Armee eingezogen. Von den Häftlingen, deren Strafe während des Krieges ablief, wanderten 1 068 800 direkt vom Gulag an die Front.[338] Die schwächeren Häftlinge, die den harten Lagerbedingungen am wenigsten gewachsen waren, zählten zu den ungefähr 600 000 Menschen, die allein in den Jahren 1941 bis 1943 im Gulag starben. Während die zu leichteren Strafen Verurteilten in Massen die Lager und Kolonien verließen, blieben und überlebten von den politischen und gewöhnlichen Strafgefangenen nur die robustesten und zähesten. Der Anteil der nach Artikel 58 zu langen Haftstrafen (mehr als acht Jahre) Verurteilten nahm stark zu, er stieg von 27 auf 43% der Lagerinsassen. In den Jahren 1944/45 wurde diese Entwicklung noch deutlicher. Nach einer Periode mit rückläufiger Entwicklung schnellten in den letzten beiden Kriegsjahren die Häftlingszahlen der Gulag-Lager beträchtlich nach oben: die Zuwachsrate zwischen Januar 1944 und Januar 1946 betrug über 45%.[339]

Von der Sowjetunion des Jahres 1945 hat die Welt im allgemeinen nur die goldene Vorderseite der Medaille wahrgenommen: ein zwar verwüstetes, aber im Glanze seines Ruhmes triumphierendes Land. »1945 tritt in der UdSSR, dem siegreichen Großstaat, zur messianischen Verkündigung des neuen Menschen die materielle Kraft hinzu«, schrieb François Furet. Die sicherlich sorgfältig zugedeckte Kehrseite der Medaille sieht man nicht – man will sie nicht sehen. Wie das Gulag-Archiv klar beweist, stellt das Jahr des Sieges auch einen neuen Höhepunkt in der Geschichte des sowjetischen Straflagersystems dar. Der an der äußeren Front wiederhergestellte Friede ging im Inneren keineswegs mit einem Nachlassen oder einem Aussetzen der staatlichen Kontrolle über die von den vier Kriegsjahren stark mitgenommene Gesellschaft einher. Im Gegenteil:

1945 wurden die Schrauben bereits wieder stärker angezogen, und zwar sowohl in den Gebieten, die sich die Sowjetunion mit dem Vorrücken der Roten Armee in Richtung Westen wieder einverleibte, als auch bei den Millionen Sowjetbürgern, die sich eine Zeitlang »außerhalb des Systems« befunden hatten.

Die in den Jahren 1939/40 annektierten Gebiete – die Baltenländer, das westliche Weißrußland, Moldawien und die westliche Ukraine –, welche die meiste Zeit des Krieges außerhalb des Systems geblieben waren, erlebten nun die zweite Sowjetisierung nach der von 1939–41. Denn in der Zwischenzeit hatten sich dort nationale, gegen die Sowjetisierung gerichtete Bewegungen gebildet, die eine Kette des bewaffneten Widerstands, der Verfolgung und der Repression nach sich zogen. In der westlichen Ukraine und in den Baltenländern war der Widerstand gegen die Annektierung besonders stark.

Die erste Besetzung der westlichen Ukraine vom September 1939 bis Juni 1941 hatte die Bildung einer relativ starken bewaffneten Untergrundorganisation zur Folge: die OUN – Organisation der ukrainischen Nationalisten. Einige ihrer Mitglieder beteiligten sich zusätzlich in SS-Einheiten am Kampf gegen die Juden und Kommunisten. Roman Schuchowitsch, der Leiter der OUN, wurde Chef der Aufständischen Ukrainischen Armee (UPA), die nach ukrainischen Angaben im Herbst 1944 über 20000 Mann zählte. Am 31. März 1944 unterzeichnete Berija ein Dekret des Inhalts, daß alle

Angehörigen der Widerstandskämpfer aus den Reihen der OUN und der UPA zu verhaften und in die Region von Krasnojarsk zu deportieren seien. Dies führte vom Februar bis zum Oktober 1944 zur Deportation von 100 300 Zivilisten – Frauen, Kindern und alten Menschen. Die 37 000 Kämpfer, die in dieser Zeit gefaßt wurden, brachte man in die Gulag-Lager. Nach dem Tode von Mgr. Scheptitski, dem Metropoliten der griechisch-unierten Kirche der Ukraine, erzwangen die sowjetischen Behörden deren Zusammenschluß mit der russisch-orthodoxen Kirche.

Um den Widerstand gegen die Sowjetisierung im Keime zu ersticken, suchten die Agenten des NKWD die Schulen auf und erstellten an Hand von Schülerlisten und Zeugnissen aus den Vorkriegsjahren – aus einer Zeit also, als die westliche Ukraine zum »bürgerlichen« Polen gehörte – eine Liste von Personen auf, die aus prophylaktischen Gründen zu verhaften waren. An erster Stelle auf diesen Listen standen die Namen der begabtesten Schüler, denn man hielt sie für »potentielle Feinde der Sowjetmacht«. Nach einem Bericht von Kobulow, einem Stellvertreter Berijas, wurden im westlichen Weißrußland, einer Gegend, die wie die Westukraine als »von Feinden des Sowjetregimes durchsetzt« galt, zwischen September 1944 und März 1945 mehr als 100 000 »Deserteure« und »Kollaborateure« festgenommen. Nach einer recht lückenhaften Statistik kam es in der Zeit vom 1. Januar bis zum 15. März 1945 allein in Litauen zu 2257 »Säuberungsoperationen«.

Diese Operationen brachten über 6000 »Banditen« den Tod. Weitere 75 000 »Banditen, Fahnenflüchtige und Mitglieder nationalistischer Gruppen« wurden verhaftet. 1945 wurden mehr als 38 000 »Angehörige von in sozialer Hinsicht fremden Elementen, Banditen und Nationalisten« aus Litauen deportiert. Bezeichnenderweise verzeichnen die Gulag-Lager zwischen 1944 und 1946 einen spektakulären Zuwachs an ukrainischen und baltischen Häftlingen: Die Ukrainer nehmen um 140% zu, die Balten um 420%. Ende 1946 stellten die Ukrainer 23% der Lagerhäftlinge, die Balten 6%. Die beiden Prozentsätze liegen weit über dem Anteil dieser Nationalitäten an der sowjetischen Gesamtbevölkerung.

Das starke Wachstum der Gulag-Lager im Jahre 1945 ist auch auf den Zustrom von Hunderttausenden aus den »Kontroll- und Filtrationslagern« zurückzuführen. Diese Lager waren Ende 1941 parallel zu den Arbeitslagern eingerichtet worden. Sie sollten die sowjetischen Kriegsgefangenen aufnehmen, die vom Feind entlassen oder ihm entkommen waren und nun als potentielle Spione oder wegen ihres Aufenthalts außerhalb des Systems zumindest als »verseucht« galten. In diese Lager kamen auch alle wehrdiensttauglichen Männer aus den Gebieten, die vom Feind besetzt waren. Auch sie galten als verseucht, ebenso die *starosts* und die anderen Personen, die während der Besatzung eine – wenn auch noch so minimale – amtliche Funktion ausgeübt hatten. Nach offiziellen Angaben wurden zwischen Januar 1942 und Oktober 1944 mehr als 421 000 Menschen durch diese Kontroll- und Filtrationslager geschleust.[340]

Mit dem Vordringen der Roten Armee in Richtung Westen wurden Gebiete zurückerobert, die zwei oder drei Jahre lang von den Deutschen besetzt waren, und Millionen von sowjetischen Kriegsgefangenen und Zwangsarbeitern befreit. Die Frage nach den verschiedenen Repatriierungsmöglichkeiten dieser Sowjetbürger – Angehörge des Militärs und Zivilisten – bekam eine ungeheure Bedeutung. Im Oktober 1944 richtete die Sowjetregierung eine für die Repatriierungsangelegenheiten zuständige Abteilung ein und unterstellte sie General Golikow. In einem am 11. November 1944 in der Presse veröffentlichten Interview erklärte dieser General vor allem: »Die Sowjetmacht sorgt sich vor allem um das Schicksal seiner in die nationalsozialistische Sklaverei geratenen Kinder. Sie werden als Kinder des Vaterlandes ehrenvoll zu Hause empfangen werden. Die Sowjetregierung ist der Meinung, daß selbst jene Sowjetbürger, die vom nazistischen Terror bedroht gegen die Interessen der UdSSR gehandelt haben, wegen ihrer Taten nicht zur Rechenschaft gezogen werden, sofern sie nach der Rückkehr in ihr Vaterland bereit sind, ihre Bürgerpflicht ehrenhaft zu erfüllen.« Deklarationen dieser Art wurden gerne verbreitet und verfehlten ihr Ziel, die Alliierten zu täuschen, nicht. Wie anders wäre sonst der Eifer zu erklären, mit dem die Alliierten dem Vertragspunkt des Jalta-Abkommens nachkamen, der die Repatriierung aller sich »außerhalb der Grenzen ihres Vaterlandes« aufhaltenden Sowjetbürger betraf? Obwohl nach dem Abkommen lediglich diejenigen zwangsrepatriiert werden sollten, die eine deutsche Uniform oder mit dem Feind kollaboriert hatten, wurden alle Sowjetbürger, die »außerhalb der Grenzen« weilten, den mit ihrer Rückführung beauftragten NKWD-Agenten ausgeliefert.

Am 11. Mai 1945, drei Tage nach Kriegsende, befahl die Sowjetregierung die Errichtung von 100 weiteren Kontroll- und Filtrationslagern. Jedes dieser Lager sollte 10 000 Personen aufnehmen können. Die repatriierten sowjetischen Kriegsgefangenen mußten alle von der Organisation zur Spionageabwehr, der SMERSCH, »kontrolliert« werden. Die Zivilisten wurden von den dafür zuständigen NKWD-Dienststellen durchleuchtet. In neun Monaten, vom Mai 1945 bis zum Februar 1946, wurden 4 200 000 Sowjetbürger repatriiert: 1 545 000 ehemalige Kriegsgefangene – diejenigen, die von den fünf Millionen, welche die Nazis gefangengenommen hatten, überlebt haben – und 2 655 000 Zivilisten, Zwangsarbeiter oder Personen, die während der Kämpfe in den Westen geflüchtet waren. Nach dem obligatorischen Aufenthalt in einem Kontroll- und Filtrationslager wurden 57% der Repatriierten – meistens Frauen und Kinder – nach Hause entlassen; 19,1% wurden in die Armee eingezogen, oft in eines der Strafbataillone; 14,5% wurden – in der Regel für zwei Jahre – einem »Bataillon des Wiederaufbaus« zugewiesen; 8,6%, das waren etwa 360 000 Menschen, kamen in die Gulag-Lager, meistens wegen »Landesverrat«, was mit einer 10- bis 20-jährigen Lagerhaft bestraft wurde, oder sie wurden einer NKWD-*komandatur* unterstellt, wo sie den Status eines Sondersiedlers bekamen.[341]

Ein besonderes Schicksal war den *wlassowtsy* bestimmt. Dies waren sowjetische Soldaten, die sich dem sowjetischen General Andrej Wlassow angeschlossen hatten, einem Major der II. Armee, der im Juni 1942 in deutsche Gefangenschaft geraten war. Aus antistalinistischer Überzeugung akzeptierte General Wlassow in der Absicht, sein Land von der bolschewistischen Tyrannei zu befreien, die Zusammenarbeit mit den Nazis. Mit deutscher Zustimmung gründete Wlassow ein »nationalrussisches Komitee« und stellte zwei Divisionen einer »russischen Befreiungsarmee« auf. Nach der deutschen Niederlage wurden General Wlassow und seine Offiziere von den Alliierten an die Sowjetunion ausgeliefert und hingerichtet. Die Soldaten der Wlassow-Armee wurden nach einem Amnestiebeschluß vom November 1945 für sechs Jahre nach Sibirien, Kasachstan oder in den hohen Norden deportiert. Anfang 1946 standen 148 079 *wlassowtsy* auf der Liste der für die Zwangsumsiedler und Sondersiedler zuständigen Abteilung des Innenministeriums. Mehrere tausend *wlassowtsy* – in der Hauptsache Unteroffiziere – wurden wegen Landesverrats in die Gulag-Arbeitslager eingewiesen.[342]

Insgesamt hatten die »Sondersiedlungen«, die Lager und Kolonien des Gulag-Systems, die Kontroll- und Filtrationslager und die sowjetischen Gefängnisse niemals zuvor so viel Insassen gezählt wie in diesem Siegesjahr: mehr als fünfeinhalb Millionen Menschen der unterschiedlichsten Kategorien. Ein Rekord, der durch die Siegesfeiern und den »Stalingradeffekt« lange Zeit in den Hintergrund gedrängt worden ist. Das Ende des Zweiten Weltkrieges eröffnete nämlich eine etwa zehn Jahre dauernde Periode, in der das sowjetische Modell mehr denn je auf Millionen von Menschen in vielen Ländern eine besondere Faszination ausübte. Die Tatsache, daß die Sowjetunion für den Sieg über den Nazismus den höchsten Tribut an Menschenleben bezahlt hatte, verschleierte den eigentlichen Charakter der stalinistischen Diktatur und beseitigte das Mißtrauen, das man seinerzeit dem Regime gegenüber gehegt hatte. Die Moskauer Prozesse und der Hitler-Stalin-Pakt lagen offenbar schon in weiter Ferne.

13
Höhepunkt und Krise des Gulag-Systems

Kein Schauprozeß und keine Terrorwelle prägen die letzten Jahre des Stalinismus. Doch in der drückenden, konservativen Atmosphäre der Nachkriegszeit erreicht die Kriminalisierung der sozialen Verhaltensweisen ihren Höhepunkt. Die Hoffnung der vom Krieg schwer in Mitleidenschaft gezogenen Gesellschaft auf ein liberaleres Regime erfüllten sich nicht: »Das Volk hat zu sehr gelitten, die Vergangenheit konnte sich nicht wiederholen«, schrieb Ilja Ehrenburg am 9. Mai 1945 in seinen Memoiren. Und da er von innen her die Maschinerie und die Natur des Systems gut kannte, fügte er sogleich hinzu: »Ich bin dennoch voller Ratlosigkeit und Angst.« Eine Vorahnung, die sich bald als begründet erwies.

»Die Bevölkerung schwankt zwischen Hoffnungslosigkeit in Anbetracht der äußerst schwierigen materiellen Situation und der Hoffnung, daß ›sich etwas ändert‹«, kann man in mehreren Lageberichten lesen, welche die Schulungsleiter des Zentralkomitees von ihren Inspektionsreisen durch die Provinzen nach Moskau sandten. Nach diesen Berichten war die Lage im Lande nach wie vor »chaotisch«. Eine starke, spontane Wanderbewegung von Millionen von Arbeitern, die 1941/42 nach Osten evakuiert worden waren, störte die Wiederaufnahme der Produktion. Eine Streikwelle in Ausmaßen, wie sie das Regime bisher noch nicht erlebt hatte, lähmte die Metallindustrie des Uralgebiets. Das Elend war überall unbeschreiblich. Das Land zählte 25 Millionen Arbeitslose, und die tägliche Brotration für den Schwerarbeiter ging nicht über ein Pfund hinaus. Ende Oktober 1945 machten die Parteifunktionäre des Regionalkomitees von Nowossibirsk sogar den Vorschlag, bei den Jahresfeiern zur Oktoberrevolution die »Arbeiter« der Stadt nicht aufmarschieren zu lassen, denn »der Bevölkerung fehlt es an Kleidern und Schuhen«. Bei so viel Not und Elend kursierten viele Gerüchte, besonders solche, welche die »bevorstehende« Schließung der Kolchosen zum Thema hatten, denn ein weiteres Mal zeigten sie sich außerstande, die Bauern für die getane Arbeit zu entlohnen, und sei es auch nur mit ein paar wenigen Pud Korn.[343]

Am schlimmsten war die Situation nach wie vor an der »Agrarfront«. Zur Bestellung der kriegsverwüsteten Felder fehlte es an Maschinen und Arbeitskräften. Nach einer schweren Dürre war die Ernte im Herbst 1946 katastrophal. Ein weiteres Mal mußte die Regierung die von Stalin in seiner Rede vom 9. Februar 1946 in Aussicht gestellte Aufhebung der Rationierung verschieben. Die Regierung wollte die wirklichen Gründe für das landwirtschaftliche Fiasko nicht sehen, machte statt dessen »die an den individuell bewirtschafteten Feldern deutlich werdende Gewinnsucht« für die Probleme verantwortlich und beschloß, »die Verstöße gegen die Kolchosesatzung zu unterbinden« und »die feindlichen und fremden Elemente, die den Einzug der Steuern sabotieren, die Diebe und Verschwender der Ernte« zu verfolgen. Am 19. September 1946 wurde eine für die Kolchose-Angelegenheiten zuständige Kommission ins Leben gerufen. Sie sollte unter dem Vorsitz von Andrejew die während des Krieges von den Kolchosebauern »illegal beschlagnahmten« Felder wieder für die Allgemeinheit sicherstellen. Innerhalb von zwei Jahren konnte die Verwaltung etwa zwei Millionen Hektar Land zurückholen. Mit diesem Land hatten die Bauern nämlich in ihrem Kampf ums Überleben versucht, das kleine Stück Feld, das ihnen zur Eigenbewirtschaftung geblieben war, abzurunden.

Am 25. Oktober 1946 verabschiedete die Regierung ein Dekret »Über die Verteidigung des staatlichen Getreides«, das dem Justizministerium vorschrieb, alle Diebstahlsangelegenheiten innerhalb von zehn Tagen zu ermitteln und das außer Gebrauch gekommene Gesetz vom 7. August 1932 mit aller Strenge anzuwenden. Im November/Dezember 1946 wurden mehr als 53 300 Menschen – in der Mehrheit Kolchosebauern – meist wegen Diebstahl von Korn und Brot zu schweren Lagerstrafen verurteilt. Tausende von Kolchoseleitern wurden wegen »Sabotage der Steuereinzugskampagne« festgenommen. In diesen beiden Monaten stieg die Umsetzung des »Steuereinzugsplans« von 36 auf 77 %.[344] Doch der Preis war hoch. Hinter der euphemistischen Umschreibung »mit der Steuereinzugskampagne in Verzug« steckte oft eine bittere Realität: die Hungersnot.

Die Hungersnot vom Herbst/Winter 1946/47 traf besonders jene Regionen, die im Sommer 1946 von einer schweren Trockenheit heimgesucht worden waren: die Provinzen Kursk, Tambow, Woronesch, Orel und Rostow. Sie kostete mindestens 500 000 Opfer. Wie die Hungersnot von 1932 wurde auch die von 1946/47 totgeschwiegen. In den von der Trockenheit heimgesuchten Gebieten erreichte man einen Ernteertrag von kaum zweieinhalb Doppelzentner pro Hektar. Unter diesen Umständen mußte die strikte Weigerung, die steuerlichen Abgaben zu senken, zwangsläufig zur Hungersnot führen. Die ausgehungerten Kolchosebauern hatten oft gar keine andere Wahl, als hier und da einen kleinen Teil von den mageren Lagerbeständen auf die Seite zu schaffen. Die Zahl der Diebstähle stieg innerhalb eines Jahres um 44 %.[345]

Am 5. Juni 1947 veröffentlichte die Presse den Text zweier Dekrete, die tags zuvor von der Regierung beschlossen worden waren und dem Inhalt und Wortlaut nach dem berüchtigten Gesetz vom 7. August 1932 sehr nahekamen: jede »Mißachtung des Eigentums des Staates oder einer Kolchose« war mit einer Lagerhaft von 5 bis 25 Jahren zu bestrafen, je nachdem, ob der

Diebstahl allein oder in der Gruppe, zum ersten oder wiederholten Mal verübt worden war. Jeder, der von den Vorbereitungen zu einem Diebstahl oder vom Diebstahl selbst gewußt, dies aber nicht der Polizei gemeldet hatte, war mit einer zwei- bis dreijährigen Lagerhaft zu bestrafen. Ein vertrauliches Rundschreiben erinnerte die Gerichte daran, daß kleine Diebstähle am Arbeitsplatz, die bisher mit einer Freiheitsstrafe von höchstens einem Jahr bestraft worden waren, ab sofort unter die Dekrete vom 4. Juni 1947 fallen.

In der zweiten Jahreshälfte von 1947 wurden mehr als 380000 Personen – darunter 21000 Jugendliche unter 16 Jahren – nach diesem neuen »verbrecherischen Gesetz« bestraft. Wer ein paar Pud Roggen gestohlen hatte, wurde in der Regel für acht bis zehn Jahre in ein Lager gesteckt. Im folgenden ein Auszug aus einer Urteilsverkündung des Volksgerichtes des Distrikts Susdal (Provinz Wladimir) vom 10. Oktober 1947: »N.A. und B.S., zwei Minderjährige im Alter von 15 und 16 Jahren, sollten in der Nacht die zur Kolchose gehörenden Pferde bewachen, als man sie im Gemüsegarten der Kolchose beim Stehlen von drei Gurken erwischte. [...] N.A. und B.S. werden zu acht Jahren Haft in einer Arbeitskolonie gewöhnlicher Strenge verurteilt.«[346] Innerhalb von sechs Jahren waren 1300000 Menschen nach den Dekreten vom 4. Juni 1947 verurteilt worden, 75% davon zu mehr als fünf Haftjahren. 1951 betrug ihr Anteil an den gewöhnlichen Strafgefangenen der Gulag-Lager 53%, an der Gesamtzahl aller Gulag-Häftlinge (einschließlich der politischen Gefangenen) 40%.[347] Ende der vierziger Jahre führte die strikte Anwendung der Dekrete vom 4. Juni 1947 zu einer beträchtlichen Erhöhung der durchschnittlichen Haftzeit, die in den Urteilen der gewöhnlichen Gerichte festgesetzt wurde. Der Anteil der Strafen mit mehr als fünf Haftjahren stieg von 2% im Jahre 1940 auf 29% im Jahre 1949! Auf dem Höhepunkt des Stalinismus löste die gewöhnliche Repression der Volksgerichte die nicht der regulären Rechtssprechung unterworfene NKWD-Repression der dreißiger Jahre ab.[348]

Zu den Personen, die wegen Diebstahl verurteilt wurden, zählten viele Frauen, Kriegerwitwen, Familienmütter mit kleinen Kindern, die gar keine andere Wahl hatten, als zu betteln und zu stehlen. Ende 1948 zählten die Gulag-Lager mehr als 500000 weibliche Strafgefangene, das waren doppelt so viele wie 1945. In den zu den Frauenlagern gehörenden »Häusern der Neugeborenen« waren 22815 Kinder unter vier Jahren untergebracht. Anfang 1953 waren es über 35000.[349] Die Gulag-Lager waren auf dem besten Wege, sich in eine riesige Kinderkrippe zu verwandeln – Folge der im Jahre 1947 verabschiedeten ultrarepressiven Gesetzgebung. Deshalb war die Regierung im April 1949 gezwungen, eine Teilamnestie zu erlassen: an die 84200 Frauen und Kleinkinder wurden freigelassen. Doch der unvermindert hohe Zustrom von Zehntausenden von wegen kleinerer Diebstähle verurteilten Frauen sorgte bis zum Jahre 1953 für einen nach wie vor hohen Prozentsatz an Frauen in den Gulag-Lagern: zwischen 25 und 30% der Gefangenen.

Das Arsenal der Strafmaßnahmen erfuhr 1947/48 noch andere Ergänzungen, die im Hinblick auf das Klima der Epoche genauso aussagekräftig waren: ein Dekret vom 15. Februar 1947, das die Ehe zwischen Sowjetbürgern und Ausländern verbot; ein Dekret vom 9. Juni 1947 über »die Verantwortung bei der Verbreitung von Staatsgeheimnissen oder beim Verlust von Dokumenten mit Staatsgeheimnissen«. Am bekanntesten ist das Dekret vom 21. Februar 1948, nach dem »alle Spione, Trotzkisten, Saboteure, Rechtsgerichtete, Menschewiken, Sozialrevolutionäre, Anarchisten, Nationalisten, Weiße und andere antisowjetische Elemente nach Verbüßung ihrer Lagerstrafe in das Kolyma-Gebiet, die Provinzen Nowossibirsk oder Krasnojarsk [...] oder in ferne Gegenden von Kasachstan verbannt« werden mußten. Da die Strafvollzugsbehörden diese »antisowjetischen Elemente« lieber gut aufgehoben wissen wollten, wurde die Haft von Hunderttausenden von »58ern«, die 1937/38 verurteilt worden waren, ohne einen neuen Prozeß um weitere zehn Jahre verlängert.

Ebenfalls am 21. Februar 1948 verabschiedete das Präsidium des Obersten Sowjets ein weiteres Dekret, das die Deportation aller Personen aus der ukrainischen SSR vorsah, »die sich weigerten, in den Kolchosen die vorgeschriebene Mindestzahl an Arbeitstagen abzuleisten und ein Schmarotzerleben führten«. Am 2. Juni 1948 wurde diese Maßnahme auf das ganze Land ausgedehnt. In Anbetracht des desolaten Zustands der Kolchosen, die meistens nicht in der Lage waren, ihren Arbeitern für die geleisteten Arbeitstage auch nur einen kleinen Lohn zu garantieren, erfüllten viele Kolchosebauern nicht die von der Verwaltung vorgeschriebene Mindestzahl von Arbeitstagen pro Jahr. Millionen von ihnen konnten deshalb durch dieses neue Gesetz belangt werden. Da eine strikte Anwendung des »Dekretes über das Schmarotzertum« die Produktion noch mehr gestört hätte, hielten sich die lokalen Behörden nur bedingt an das neue Gesetz. Trotzdem wurden allein im Jahre 1948 mehr als 38 000 »Schmarotzer« deportiert und in eine NKWD-*komandatur* eingewiesen. Alle diese repressiven Maßnahmen drängten die – durch ein Dekret vom 26. Mai 1947 beschlossene – symbolische und nur vorübergehende Abschaffung der Todesstrafe in den Hintergrund. Am 12. Januar 1950 wurde die Todesstrafe wieder eingeführt, vor allem, um die Angeklagten der »Leningrad-Affäre« hinrichten zu können.[350]

Die Frage nach dem »Recht auf Rückkehr« der Deportierten und Sondersiedler hatte in den dreißiger Jahren oft zu einer inkohärenten und widersprüchlichen Politik geführt. Ende der vierziger Jahre wurde das Problem auf radikale Weise gelöst. Man beschloß, das alle in den Jahren 1941 bis 1945 deportierten Völker »auf Lebenszeit« in ihren neuen Siedlungsgebieten zu bleiben haben. Das Problem mit den inzwischen mündig gewordenen Kindern der Deportierten stellte sich also nicht mehr: sie und ihre Nachkommen sollten für immer Sondersiedler bleiben!

In den Jahren 1948 bis 1953 nahm die Zahl der Sondersiedler weiterhin zu. Vom Januar 1946 bis zum Januar 1953 stieg sie von 2 342 000 auf 2 753 000, die Folge von mehreren neuen Deportationswellen. Da man sich in Litauen immer noch der Zwangskollektivierung in der Landwirtschaft widersetzte, startete der NKWD am 22. und 23. Mai 1948 eine als »Operation Frühling« bezeichnete Massenverhaftung. Innerhalb von 48 Stunden waren 36 932 Menschen festgenommen und in 32 Zügen deportiert worden. In den Listen wurden sie alle als »Banditen, Nationalisten oder Angehörige von Personen dieser beiden Kategorien« geführt. Nach einer vier- bis fünfwöchigen Reise verteilte man sie auf verschiedene ostsibirische *komandaturen* und setzte sie in waldwirtschaftlichen Kombinaten ein, wo die Arbeit besonders hart war. »Die litauischen Familien, die im waldwirtschaftlichen Kombinat Igara (Bezirk Krasnojarsk) eingesetzt sind«, so kann man in einer NKWD-Mitteilung lesen, »sind in unbewohnbaren Unterkünften untergebracht: undichte Dächer, Fenster ohne Scheiben, keinerlei Möbel, nicht einmal Betten. Die Deportierten schlafen auf dem Boden auf einem Lager aus Moos und Heu. Das dichte Aufeinanderwohnen und die Mißachtung der Hygieneregeln führten bei den Sondersiedlern zu – manchmal tödlichen – Typhus- und Dysenteriefällen.« Allein im Jahre 1948 waren 50 000 Litauer als Sondersiedler deportiert und weitere 30 000 in die Gulag-Lager gebracht worden. Nach den Angaben des Innenministeriums waren außerdem 21 259 Litauer bei »Befriedungsoperationen« in dieser sich beharrlich gegen die Sowjetisierung und Kollektivierung wehrenden Republik getötet worden. Trotz verstärkter Repressionen der Behörden waren Ende 1948 in den Baltenländern weniger als 4 % der Felder kollektiviert.[351]

Anfang 1949 beschloß die Sowjetregierung, den Sowjetisierungsprozeß in den Baltenländern zu beschleunigen und »das Banditenwesen und den Nationalismus« in diesen wenige Jahre zuvor annektierten Republiken »endgültig auszurotten«. Am 12. Januar verabschiedete der Ministerrat ein Dekret »Über die Ausweisung aus den SSR Litauen, Lettland und Estland und Deportierung von Kulaken und ihren Angehörigen, von Familien der Banditen und Nationalisten, die sich in einer illegalen Situation befinden, von Familien der Banditen, die bei einer bewaffneten Auseinandersetzung getötet, verurteilt oder begnadigt worden sind und trotzdem ihre feindlichen Machenschaften weiter betreiben, sowie von Familien der Komplizen der Banditen.« Die Deportierungen fanden von März bis Mai 1949 statt: 95 000 Einwohner der Baltenländer wurden nach Sibirien deportiert. Nach einem auf den 18. Mai 1949 datierten Bericht Kruglows an Stalin zählten zu »den feindlichen und für die Sowjetordnung gefährlichen Elementen« 27 084 Jugendliche und Kinder unter 16 Jahren, 1785 Kleinkinder ohne Familie, 146 Invaliden und 2850 »gebrechliche Alte«![352] Im September 1951 wurden nach neuen Massenverhaftungen weitere 17 000 angebliche Kulaken aus den Baltenländern deportiert. Die Zahl der zwischen 1940 und 1953 deportierten Balten wird auf 200 000 geschätzt: an die 120 000 Litauer, 50 000 Letten und etwas mehr als 30 000 Esten.[353] Weitere 75 000 Balten waren 1953 in den Gulag-Lagern inhaftiert, 44 000 von ihnen in »Sonderlagern« für besonders eigensinnige politische Gefangene. Die Balten stellten ein Fünftel des Gefangenenkontingents dieser Lager. Insgesamt waren 10% der erwachsenen baltischen Bevölkerung entweder deportiert oder in Lagerhaft.

Auch die Moldawier, die ebenfalls in den Jahren zuvor mit Gewalt in die UdSSR einverleibt worden waren, wehrten sich gegen die Sowjetisierung und Kollektivierung. Ende 1949 beschlossen die Behörden eine großangelegte Massenverhaftung mit anschließender Deportierung der »feindlichen und in sozialer Hinsicht fremden Elemente«. Überwacht wurde die Operation von Leonid Iljitsch Breschnew, dem Ersten Sekretär der Moldawischen Kommunistischen Partei und späteren Generalsekretär der Kommunistischen Partei der UdSSR. In einem Bericht Kruglows an Stalin vom 17. Februar 1950 wird die Zahl der »auf ewig« als Sondersiedler deportierten Moldawier mit 94792 angegeben. Setzt man für die Zeit des Transports die gleiche Sterblichkeitsrate wie bei den anderen Deportierungen voraus, so kommt man auf eine Gesamtzahl von etwa 120000 deportierten Moldawiern, das entspricht 7% der moldawischen Bevölkerung. Von den anderen Operationen ähnlicher Art, die ebenfalls im Jahre 1949 stattfanden, seien noch die Deportationen vom Juni 1949 erwähnt, bei denen 57680 Griechen, Armenier und Türken der Schwarzmeerküste nach Kasachstan und in das Altai-Gebiet zwangsumgesiedelt wurden.[354]

Auch in der zweiten Hälfte der vierziger Jahre stellten die in der Ukraine gefaßten Mitglieder der OUN und UPA ein bedeutendes Kontingent der Sondersiedler. Zwischen Juli 1944 und Dezember 1949 starteten die sowjetischen Behörden sieben Aufrufe an die Aufständischen, die Waffen niederzulegen. Doch obwohl eine Amnestie in Aussicht gestellt worden war, führten die Aufrufe zu keinem nennenswerten Ergebnis. In den Jahren 1945 bis 1947 waren die ländlichen Gegenden der westlichen Ukraine, das »Hinterland«, weitgehend unter der Kontrolle der Aufständischen, die von einer sich vehement gegen die Kollektivierung wehrenden Bauernschaft unterstützt wurden. Die rebellischen Truppen operierten in den polnischen und tschechoslowakischen Grenzgebieten und wechselten von einem Land in das andere, wenn es darum galt, einen Verfolger abzuschütteln. Die Bedeutung dieser Bewegung läßt sich an der Tatsache ablesen, daß die Sowjetregierung im Mai 1947 gezwungen war, zur Koordinierung des Kampfes gegen die ukrainischen »Banden« mit Polen und der Tschechoslowakei ein Abkommen zu unterzeichnen. In der Folge dieses Abkommens ließ die polnische Regierung die ihr unterstehende ukrainische Bevölkerung in den nordwestlichen Landesteil von Polen deportieren. Auf diese Weise war der Rebellion die natürliche Basis genommen.[355]

Die Hungersnot von 1946/47, die Zehntausende von ostukrainischen Bauern zur Flucht in die weniger betroffene Westukraine zwang, lieferte der Rebellion noch für einige Zeit neuen Nachschub. Aus dem letzten Amnestieangebot des ukrainischen Innenministers vom 30. Dezember 1949 läßt sich schließen, daß die »aufständischen Banden« ihren Zulauf nicht nur aus der Bauernschaft hatten. Der Text erwähnt nämlich unter den Kategorien der Banditen »junge Leute, die aus den Fabriken, den Minen des Donezbeckens und den Industrieschulen geflohen sind«. Die Westukraine wurde erst Ende 1950 endgültig befriedet. Die Zwangskollektivierung der Landwirtschaft, die Zwangsumsiedlung ganzer Dörfer und die Deportierung und Verhaftung von etwa 300 000 Menschen gingen dieser Befriedung voraus. Nach den statistischen Zahlen des Innenministeriums wurden zwischen 1944 und 1952 etwa 172 000 »Mitglieder der OUN oder der UPA« – oft mit ihren Angehörigen – als Sondersiedler nach Kasachstan oder Sibirien deportiert.[356]

Bis zu Stalins Tod kam es noch zu einer Reihe von Deportierungen »diverser Kontingente« – so die Klassifizierung des Innenministeriums. In den Jahren 1951/52 wurden mehrere punktuelle Operationen kleineren Ausmaßes organisiert, bei denen 11 685 Mingrelier und 4707 Iraner aus Georgien, 4365 Zeugen Jehowas, 4431 Kulaken aus dem westlichen Weißrußland, 1445 Kulaken aus der westlichen Ukraine, 1415 Kulaken aus der Region Pskow, 995 Mitglieder der Sekte »Die wahren orthodoxen Christen«, 2795 *basmatschis* aus Tadschikistan und 591 »Vagabunden« deportiert wurden. Doch im Gegensatz zu den wegen ihrer Zugehörigkeit zu einem »bestraften« Volk Deportierten wurden diese diversen Kontingente nicht »auf Lebenszeit«, sondern für eine Zeitspanne zwischen zehn und 20 Jahren deportiert.

Aus den Forschungen in den erst seit kurzem wieder ans Licht geholten Gulag-Archivbeständen ergibt sich, daß es in den frühen fünfziger Jahren einerseits zu einem Höhepunkt des Gulag-Lagersystems kam – niemals zuvor gab es in den Arbeitslagern so viele Häftlinge und in den »Siedlungsdörfern« so viele Sondersiedler –, andererseits erlebte dieses System in jenen Jahren eine beispiellose Krise.

Zu Beginn des Jahres 1953 zählte das Gulagsystem 2 750 000 Häftlinge. Es gab drei verschiedene Typen von Lagern:

- ungefähr 500 »Arbeitskolonien«, die in jeder Region vertreten waren. Eine Kolonie umfaßte zwischen 1000 und 3000 Häftlingen, meistens gewöhnliche Strafgefangene (keine politischen Gefangenen), von denen die Hälfte zu Strafen unter fünf Jahren verurteilt war;
- ungefähr 60 »Arbeitslager«, große Gefängniskomplexe, die hauptsächlich im Norden und Osten lagen. Ein Komplex umfaßte mehrere zehntausend Häftlinge, gewöhnliche und politische, die mehrheitlich zu Haftstrafen über zehn Jahren verurteilt worden waren;
- ungefähr 15 »besondere Zuchtlager«, die aufgrund eines Geheimbefehls des Innenministeriums vom 7. Februar 1948 errichtet worden waren. In diesen Lagern waren ausschließlich als »besonders gefährlich« eingestufte politische Gefangene inhaftiert, insgesamt etwa 200 000 Personen.[357]

Diese riesenhafte Lagerwelt zählte 2 450 000 Häftlinge. Hinzu kamen weitere 2 750 000 Sondersiedler, die einer anderen Gulag-Abteilung unterstanden. Sowohl die Unterhaltung und Überwachung als auch die wirtschaftliche Rentabilität dieses Systems waren äußerst problematisch. Beunruhigt wegen der ständig sinkenden Produktivität der inhaftierten Arbeitskräfte, startete Kruglow, der Innenminister, 1951 eine breite Inspektionskampagne, die Auskunft über den Zustand der Gulaglager geben sollte. Die Ergebnisse der vor Ort eingesetzten Untersuchunskommissionen verrieten eine überaus gespannte Situation.

Dies betraf in erster Linie natürlich die »besonderen Zuchtlager«, wo die seit 1945 eintreffenden »Politischen« – an den Guerillakampf gewöhnte ukrainische und baltische »Nationalisten«, »fremde Elemente« der neu annektierten Gebiete, wirkliche und angebliche »Kollaborateure« und andere »Vaterlandsverräter« – wesentlich energischere Häftlinge waren als die »Volksfeinde« der dreißiger Jahre, die ehemaligen Führungskräfte der Partei, die überzeugt waren, daß ihre Inhaftierung auf einem fürchterlichen Irrtum beruht. Die Häftlinge dieser »Zuchtlager« waren ohne Aussicht auf eine vorzeitige Freilassung zu Haftstrafen von 20 bis 25 Jahren verurteilt und hatten nichts mehr zu verlieren. Durch ihre Abschiebung in die besonderen Zuchtlager war ihnen außerdem der tägliche Umgang mit den gewöhnlichen Strafgefangenen erspart. Denn es war – wie Alexander Solschenizyn betonte – hauptsächlich das Nebeneinander von gewöhnlichen und politischen Strafgefangenen gewesen, was das Aufkommen eines Solidaritätsgefühls unter den Gefangenen verhindert hatte. In den Sonderlagern, wo dieses Hindernis fehlte, entwickelte sich unverzüglich ein Herd des Widerstandes und der Revolte gegen das Regime. Die im Partisanenuntergrund gesponnenen Netze der Ukrainer und Balten taten sich in diesem Zusammenhang ganz besonders hervor. Es mehrten sich die Fälle von Arbeitsverweigerung, Hungerstreik, von Ausbrüchen ganzer Gruppen und Aufständen. Allein für die Jahre 1950–52 ergaben noch nicht abgeschlossene Untersuchungen 16 große Aufstände und Revolten, an denen jeweils Hunderte von Gefangenen beteiligt waren.[358]

»Kruglows Inspektionen« von 1951 machten auch in den »gewöhnlichen« Lagern eine Situationsverschlechterung aus. Sie äußerte sich in einem allgemeinen Disziplinverfall. Wegen »Arbeitsverweigerung« gingen 1951 eine Million Arbeitstage verloren. Die Kriminalität innerhalb der Lager und die Vorfälle zwischen den Häftlingen und dem Aufsichtspersonal nahmen zu, die Produktivität der Lagerarbeit sank rapide. Die Lagerverwaltung führte dies zum großen Teil auf die Auseinandersetzung zwischen rivalisierenden Häftlingsbanden zurück: Auf der einen Seite standen die »gesetzestreuen Diebe«, welche »die Regeln des Milieus« achteten und die Arbeit verweigerten, auf der anderen Seite die »Hündinnen«, die sich den Regeln des Lagers unterwarfen. Vermehrte Unruhen und Raufereien gingen auf Kosten der Arbeitsdisziplin und sorgten für »Unordnung«. Inzwischen starb man eher durch einen Messerstich als durch Hunger oder Krankheit. Auf der Konferenz der Gulag-Leitung, die im März 1952 in Moskau stattfand, gab man zu, daß »die Verwaltung, die bisher durchaus ihre Vorteile aus den Auseinandersetzungen zu ziehen wußte, im Augenblick die Kontrolle über die internen Prozesse verliert. […] In manchen Lagern sind einige Gruppen bereits dabei, die internen Angelegenheiten selbst in die Hand zu nehmen.« Im Kampf gegen diese Gruppen und Untergruppen war die Verwaltung zu einem ständigen Häftlingsaustausch innerhalb der verschiedenen Sektionen dieser immensen Gefängniskomplexe mit ihren 40 000 bis 60 000 Gefangenen gezwungen, das bedeutete ein permanentes Umorganisieren.[359]

Doch von den Banden mit ihrer beachtlichen Resonanz einmal abgesehen, weisen viele Inspektionsberichte aus den Jahren 1951/52 darauf hin, daß eine völlige Neuorganisation der Lager und der Produktion und eine beträchtliche Reduzierung der Häftlingszahlen notwendig seien.

In seinem Bericht vom Januar 1952 an General Dolgich, den Direktor der Gulag-Lager, empfahl Oberst Swerew, der verantwortliche Leiter des 69 000 Häftlinge umfassenden Gefängniskomplexes von Norilsk, folgende Maßnahmen:

1. Die Mitglieder der Häftlingsgruppen isolieren. »Da jedoch zahlreiche Häftlinge aktiv an der einen oder anderen Gruppe beteiligt sind«, erklärte Swerew, »können wir nur ihre Anführer isolieren.«
2. Die riesigen Produktionszonen abschaffen. Im Augenblick arbeiten dort ohne Bewachung Zehntausende von Häftlingen, die rivalisierenden Gruppen angehören.
3. Kleinere Produktionseinheiten schaffen, damit die Überwachung der Häftlinge besser gewährleistet ist.
4. Das Wachpersonal verstärken. »Doch solange der Personalbedarf nur zur Hälfte gedeckt ist, kann ein solcher Wachdienst nicht in der angemessenen Form organisiert werden«, fügte Swerew hinzu.
5. An den Produktionsstätten die Häftlinge von den freien Arbeitern trennen. »Doch in Anbetracht der technologischen Verflechtungen der verschiedenen Betriebe des Kombinats von Norilsk, der problematischen Wohnsituation und einer Produktion, die immer weiterlaufen muß, ist eine Trennung zwischen den Häftlingen und den freien Arbeitern nicht in zufriedenstellender Weise durchzuführen. […] Das Problem der Produktivität und des kohärenten Produktionsablaufs ist generell nur durch eine vorzeitige Freilassung von 15 000 Gefangenen, die dennoch gezwungen wären, am Ort zu bleiben, zu lösen.«[360]

Swerews letzter Vorschlag war unter den damaligen Umständen durchaus angebracht. Schon im Januar 1951 hatte Innenminister Kruglow von Berija die vorzeitige Freilassung von 6000 Häftlingen gefordert. Sie sollten als freie Arbeiter an der Großbaustelle des Stalingrader Wasserkraftwerkes eingesetzt werden, wo sich mit offensichtlich wenig Effizienz mehr als 25 000 Häftlinge abmühten. Besonders bei qualifizierten Arbeitern waren vorzeitige Freilassungen in den frühen fünfziger Jahren eine gängige Praxis. Unter diesen Umständen lag die Frage nach der wirtschaftlichen Rentabilität eines aufgeblähten Straflagersystems auf der Hand.

In Anbetracht einer explosionsartigen Vermehrung der Häftlinge, die jedoch weniger leicht zu führen waren als früher, und der problematischen Betreuung und Überwachung – in den Gulag-Lagern waren etwa 208 000 Personen angestellt – wurde es für den riesigen Verwaltungsapparat immer schwieriger, die *tufta* – die gefälschten Bilanzen – zu durchschauen und die von jeher schwierige Rentabilität zu gewährleisten. Zur Lösung dieses ewigen Problems boten sich der Verwaltung zwei Möglichkeiten: entweder die Arbeitskraft der Gefangenen ohne Rücksicht auf menschliche Verluste maximal auszunutzen, oder dafür zu sorgen, daß sie länger erhalten bleibt, um sie so rationeller zu nutzen. Bis 1948 hielt man es im großen und ganzen mit der ersten Variante. Ende der vierziger Jahre begriffen die Verantwortlichen jedoch, wie sehr es dem durch den Krieg ausgebluteten Land an Arbeitskräften mangelte, und so gingen die Strafvollzugsbehörden dazu über, die Häftlinge »ökonomischer« zu nutzen. Für eine Steigerung der Produktivität wurden Prämien und »Gehälter« eingeführt, und diejenigen, welche die Normen erfüllt hatten, erhielten größere Verpflegungsrationen. Die Sterblichkeitsrate sank auf 2 bis 3 %. Die Realitäten der Lagerwelt setzten dieser »Reform« jedoch sehr bald Grenzen.

Anfang der fünfziger Jahre waren die Produktionsanlagen etwa 20 Jahre alt. Neuere Investitionen hat es in der Regel keine gegeben. Die großen, mehrere zehntausend Häftlinge umfassenden Lagereinheiten waren in früheren Jahren im Hinblick auf eine extensive Nutzung der Arbeitskraft geschaffen worden und erwiesen sich nun als schwerfällige Strukturen, die trotz mehrerer Versuche in den Jahren 1949–52, sie in kleinere Produktionseinheiten zu spalten, nur schwer zu reformieren waren. Die wenigen hundert Rubel, die der Häftling als Jahreslohn bekam – ein freier Arbeiter verdiente das 15- bis 20fache –, konnten zu einem Zeitpunkt, wo immer mehr Gefangene die Arbeit verweigerten, sich in Banden organisierten und verstärkte Bewachung notwendig machten, kaum als Anreiz für eine bessere Produktivität der Arbeit dienen. Doch alles in allem – ob besser bezahlt oder stärker bewacht, stiegen die Kosten für den Gefangenen mehr und mehr, sowohl für den, der sich den Regeln der Lagerverwaltung unterwarf, als auch für den Widerspenstigen, der lieber dem »Gesetz des Milieus« gehorchte.

Die flüchtigen Informationen aus den Inspektionsberichten der Jahre 1951/52 weisen alle in die gleiche Richtung: Die Gulag-Lager sind ein immer schwieriger zu verwaltender Apparat geworden. Außerdem waren die letzten großen Bauprojekte der stalinistischen Ära, bei denen ganze Armeen von Strafarbeitern eingesetzt waren – die Wasserkraftwerke von Kuibyschew und Stalingrad sowie der Turkmenistan- und der Wolga-Don-Kanal

– so sehr in Verzug geraten, daß die Behörden zur Beschleunigung der Arbeiten gezwungen waren, unzählige freie Arbeiter zu engagieren oder die motiviertesten Gefangenen vorzeitig freizulassen.[361]

Die Amnestie, die Berija am 27. März 1953 – kaum drei Wochen nach Stalins Tod – für 1 200 000 Häftlinge beschließt, beleuchtet die Gulag-Krise unter einem anderen Aspekt. Bei Stalins Nachfolgekandidaten, die über die immensen Verwaltungsschwierigkeiten der überfüllten und immer weniger rentablen Gulag-Lager sehr wohl Bescheid wußten, waren neben den politischen vor allem wirtschaftliche Gründe für diese Teilamnestie ausschlaggebend. Dessenungeachtet hatte der alternde Stalin, der an einer immer rascher fortschreitenden Paranoia litt, eine neue Säuberungswelle – einen zweiten großen Terror – vorbereitet. In der drückenden, trüben Atmosphäre des ausgehenden Stalinismus häufen sich die Widersprüche …

14

Die letzte Verschwörung

Am 13. Januar 1953 verkündete die *Prawda* die Aufdeckung einer Verschwörung der »terroristischen Ärztegruppe«. Sie bestand aus neun, später fünfzehn angesehenen Ärzten, von denen mehr als die Hälfte Juden waren. Sie wurden beschuldigt, ihre hohen Ämter im Kreml genutzt zu haben, um das Leben von Andrej Schdanow, dem im August 1948 verstorbenen Politbüro-Mitglied, und das des 1950 verstorbenen Alexander Scherbakow »abgekürzt« zu haben. Außerdem sollen sie versucht haben, auf Befehl des Intelligence Service und der jüdischen Hilfsorganisation American Joint Distribution Committee hohe sowjetische Militärführer zu ermorden. Während Dr. Timaschuk, die Ärztin, die sie angezeigt hatte, feierlich den Leninorden verliehen bekam, legten die Beschuldigten nach einem gebührenden Verhör – einer nach dem anderen – ein »Geständnis« ab. Wie 1936–38 wurden Tausende von Kundgebungen abgehalten, auf denen die Bestrafung der Schuldigen, verstärkte Untersuchungen sowie die Rückkehr zur wahren »bolschewistischen Wachsamkeit« gefordert wurden. In den Wochen nach der Aufdeckung der »Verschwörung der weißen Kittel« ließ eine breite Pressekampagne die Themen aus den Jahren des Großen Terrors wieder aufleben und forderte »mit der kriminellen Sorglosigkeit innerhalb der Partei Schluß zu machen und die Sabotage endgültig auszurotten«. Die Vorstellung von einer großangelegten Verschwörung, an der angeblich Intellektuelle, Juden, Angehörige des Militärs, wichtige Führungskräfte aus der Partei und Wirtschaft sowie Beamte der nichtrussischen Republiken beteiligt seien, machte sich breit und rief die finstersten Momente aus der Zeit der Jeschowschina in Erinnerung.

Wie die heute zugänglichen Dokumente im Zusammenhang mit dieser Affäre belegen[362], war die *Verschwörung der weißen Kittel* ein entscheidender Augenblick des Nachkriegsstalinismus: Sie war zum einen der Höhepunkt der »antikosmopolitischen« – d.h. antisemitischen – Kampagne, die zwar Anfang 1949 ausgelöst wurde, in ihren ersten Anzeichen aber bis in die Jahre 1946/47 zurückgeht. Außerdem bot die Affäre auch den Ansatz einer neuen Säuberungswelle, eines neuen Großen Terrors, den nur Stalins Tod einige Wochen nach der öffentlichen Bekanntgabe der Verschwörung verhinderte. Neben diesen beiden Aspekten gab es noch einen dritten: der Kampf zwischen verschiedenen Gruppierungen des Innenministeriums und des Ministeriums für Staatssicherheit. Die beiden Ministerien waren seit

1946 voneinander getrennt und ständigen Umstrukturierungen unterworfen. Die Auseinandersetzungen innerhalb der politischen Polizei waren das Spiegelbild eines Kampfes innerhalb der politischen Führungsspitze, wo jeder der möglichen Erben Stalins sich bereits als sein Nachfolger sah. Bleibt noch ein letzter, ein besorgniserregender Aspekt der »Affäre«: Acht Jahre nach der Aufdeckung der nationalsozialistischen Vernichtungslager gräbt diese Affäre die von den Bolschewiki bekämpfte alte antisemitische Grundhaltung des Zarentums wieder aus und macht die Verirrungen des Stalinismus in seiner letzten Phase deutlich.

Es gibt keinen Anlaß, hier im einzelnen die Stränge dieser Affäre oder besser dieser Affären zu entwirren, die zu diesem Zeitpunkt zusammenliefen. Wir werden uns damit begnügen, kurz die wesentlichen Etappen in Erinnerung zu rufen, die zu dieser letzten Verschwörung führten. 1942 schuf die sowjetische Regierung, die Druck auf die amerikanischen Juden ausüben wollte, damit diese die amerikanische Regierung dazu drängten, in Europa schneller eine »zweite Front« gegen Nazi-Deutschland zu eröffnen, ein sowjetisches jüdisch-antifaschistisches Komitee unter der Leitung von Salomon Michoels, dem Direktor des berühmten jiddischen Theaters in Moskau. Hunderte von jüdischen Intellektuellen beteiligten sich mit vielfältigen Aktivitäten: der Schriftsteller Ilja Ehrenburg, die Poeten Samuel Marchak und Peretz Markish, der Pianist Emil Gilels, der Schriftsteller Wassilij Grossman, der große Physiker Piotr Kapitza, der Vater der sowjetischen Atombombe, usw. Sehr schnell beschränkte sich das Komitee nicht mehr auf seine Rolle als halbamtlicher Propagandaträger, sondern trat als Einiger der jüdischen Gemeinschaft auf, als repräsentative Organisation des sowjetischen Judentums. Im Februar 1944 richteten die Leiter des Komitees – Michoels, Fefer und Epstein – sogar einen Brief an Stalin mit dem Vorschlag, auf der Krim eine autonome jüdische Republik zu errichten. Dies sollte Birobidschans Versuch aus den dreißiger Jahren, einen »jüdischen Nationalstaat« zu gründen, vergessen machen. Denn es schien offensichtlich ein Mißerfolg zu werden: In zehn Jahren hatten sich weniger als 40 000 Juden in dieser abgelegenen, sumpfigen und menschenleeren Gegend im äußersten Osten Sibiriens an der Grenze zu China angesiedelt![363]

Das Komitee widmete sich auch der Sammlung von Zeugnissen über die von den Nazis begangenen Judenmassaker und über die »die Juden betreffenden unnormalen Phänomene«, ein Euphemismus für die antisemitischen Erscheinungen in der Bevölkerung. Diese waren zahlreich. In der Ukraine und in bestimmten westlichen Regionen Rußlands, vor allem im ehemaligen »Siedlungsgebiet« des Russischen Reiches, wo die Juden mit der ausdrücklichen Erlaubnis der zaristischen Behörden wohnen durften, waren die antisemitischen Traditionen noch sehr lebendig. Mit den ersten Niederlagen der Roten Armee wurde das Ausmaß des in der Bevölkerung vorhandenen Antisemitismus deutlich. Wie einige NKWD-Berichte über »die Geisteshaltung im Hinterland« belegen, waren breite Bevölkerungsschichten für die Propaganda der Nazis empfänglich, nach der die Deutschen nur gegen Juden und Kommunisten Krieg führten. In den von den Deutschen besetzten Gebieten, vor allem in der Ukraine, riefen die Judenmassaker, die vor den Augen der Bevölkerung stattfanden, offenbar wenig Empörung hervor. Die Deutschen rekrutierten etwa 80 000 ukrainische Hilfskräfte, von denen einige an den Judenmassakern teilnahmen. Um die Propaganda der Nazis zu stören und Front wie Hinterland für den Überlebenskampf des gesamten sowjetischen Volkes zu mobilisieren, weigerten sich die bolschewistischen Ideologen auf Anhieb, die Besonderheit des Holocaust anzuerkennen. Auf diesem Nährboden entwickelte sich der Antizionismus und später der Antisemitismus der offiziellen Stellen, der offenbar in den Kreisen des Agit-Prop (Agitation und Propaganda) des Zentralkomitees besonders stark vertreten gewesen ist. Diese Abteilung hatte bereits im August 1942 ein internes Schreiben über »die beherrschende Stellung der Juden in künstlerischen, literarischen und journalistischen Kreisen« verfaßt.

Der Tatendrang des Komitees führte bald schon zur Verärgerung der Behörden. Anfang 1945 wurde der jüdische Dichter Peretz Markish mit einem Publikationsverbot belegt; das Erscheinen des Schwarzbuchs über die Nazigreuel an den Juden wurde unter dem Vorwand abgesagt, »der Leitgedanke des ganzen Buches [sei] die Vorstellung, daß die Deutschen nur mit dem Ziel gegen die UdSSR Krieg geführt [hätten], die Juden auszurotten«. Am 12. Oktober 1946 sandte der Minister für Staatssicherheit, Abakumow, dem Zentralkomitee ein Schreiben »Über die nationalistischen Tendenzen des jüdisch-antifaschistischen Komitees«.[364] Stalin, der aus strategischen Gründen eine Außenpolitik verfolgte, die der Gründung des Staates Israel positiv gegenüberstand, reagierte nicht sofort. Erst nachdem die UdSSR am 29. November 1947 in der UNO dem Teilungsplan Palästinas zugestimmt hatte, erhielt Abakumow grünes Licht für die Auflösung des Komitees.

Am 19. Dezember 1947 wurden mehrere Mitglieder des Komitees verhaftet. Wenige Wochen später, am 13. Januar 1948, wurde Salomon Michoels in Minsk ermordet aufgefunden. Nach offiziellen Angaben war er bei einem Autounfall ums Leben gekommen. Ein paar Monate später, am 21. November 1948, wurde das jüdisch-antifaschistische Komitee unter dem Vorwand aufgelöst, daß es zu einem »Zentrum antisowjetischer Propaganda« geworden sei. Seine verschiedenen Veröffentlichungen, vor allem die jiddische Zeitung *Einikait*, an der die Elite der jüdischen Intellektuellen der Sowjetunion mitarbeitete[365], wurden verboten. In den darauffolgenden Wochen wurden alle Mitglieder des Komitees verhaftet, und im Februar 1949 startete die Presse eine breite »antikosmopolitische« Kampagne. Man bezichtigte die jüdischen Theaterkritiker der »Unfähigkeit, den russischen Nationalcharakter zu verstehen«: »Was kann denn ein Gurwitsch oder ein Jusowski für eine Vorstellung vom Nationalcharakter des sowjetrussischen Menschen haben?« schrieb die *Prawda* am 2. Februar 1949. Vor allem in

Leningrad und Moskau wurden Hunderte von jüdischen Intellektuellen in den ersten Monaten des Jahres 1949 verhaftet.

Die Zeitschrift *Neva* hat kürzlich ein beispielhaftes Dokument für diese Periode veröffentlicht: das Urteil eines Richterkollegiums des Leningrader Gerichts vom 7. Juli 1949, das Achill Grigorjewitsch Leniton, Ilja Seilkowitsch Serman und Rulf Alexandrowna Sewina zu zehn Jahren Lagerhaft verurteilte. Die Angeklagten wurden schuldig gesprochen, untereinander »die Entscheidungen des Zentralkomitees hinsichtlich der Zeitschriften *Swesda* und *Leningrad* mit antisowjetischer Haltung kritisiert zu haben [...], die internationalen Ansichten von Marx in einem konterrevolutionären Geist interpretiert, die kosmopolitischen Schriftsteller gelobt [...] und die Politik der sowjetischen Regierung in bezug auf die Nationalitätenfrage verleumdet zu haben«. Die Angeklagten legten Berufung ein und wurden vom Obersten Gerichtshof mit der folgenden Begründung zu 25 Jahren Haft verurteilt: »Bei der vom Leningrader Gericht auferlegten Strafe wurde die Schwere des begangenen Verbrechens nicht berücksichtigt. [...] Die Angeklagten haben in der Tat unter Ausnutzung von nationalen Vorurteilen konterrevolutionäre Agitation betrieben und die Überlegenheit einer Nation über die anderen Nationen der Sowjetunion vertreten«![366]

Die Juden wurden systematisch kaltgestellt, vor allem in der Kultur, dem Informationswesen, der Presse, dem Verlagswesen, der Medizin, kurz: in all den Bereichen, in denen sie an verantwortlichen Stellen gesessen hatten. Die Verhaftungen nahmen zu, und zwar in den unterschiedlichsten Bereichen: Sie trafen die mehrheitlich jüdischen »Sabotage-Ingenieure« des Stahlkombinats Stalino, die zum Tode verurteilt und am 12. August 1952 hingerichtet wurden, genauso wie Molotows jüdische Ehefrau Paulina Dsemtschujina, eine hohe Funktionärin der Textilindustrie, die am 21. Januar 1949 wegen »Verlusts von Dokumenten, die Staatsgeheimnisse enthielten« verhaftet und nach ihrer Verurteilung für fünf Jahre ins Lager geschickt wurde, oder die – ebenfalls jüdische – Frau von Stalins persönlichem Sekretär, Alexander Poskrebyschew, die der Spionage angeklagt und im Juli 1952 erschossen wurde.[367] Molotow und Poskrebyschew dienten Stalin weiterhin, als sei nichts geschehen.

Indessen zogen sich die strafrechtlichen Ermittlungen gegen die Angeklagten des jüdisch-antifaschistischen Komitees in die Länge. Der unter Ausschluß der Öffentlichkeit geführte Prozeß begann erst im Mai 1952, das heißt zweieinhalb Jahre nach Festnahme der Angeklagten. Warum dieser lange Zeitraum? Nach den heute verfügbaren Dokumenten, die noch Lücken aufweisen, können zwei Gründe für das außergewöhnlich lange Ermittlungsverfahren angeführt werden. Stalin inszenierte zu dieser Zeit – ebenfalls unter größter Geheimhaltung – eine andere Affäre, die sogenannte »Leningrader Affäre«, ein wichtiger Schritt, der zusammen mit der Affäre des jüdisch-antifaschistischen Komitees die große Endsäuberung vorbereiten sollte. Parallel dazu arbeitete er an einer grundlegenden Reorganisation der Sicherheitsdienste. Die in diesem Zusammenhang wichtigste Episode war die Verhaftung von Abakumow im Juli 1951, die sich vor allem gegen den allmächtigen Berija richtete, den Vizepräsidenten des Ministerrats und Mitglied des Politbüros. Die Affäre des jüdisch-antifaschistischen Komitees stand im Zentrum der Macht- und Nachfolgekämpfe, im Zentrum der Vorkehrungen, die zu der *Affäre der Weißen Kittel* und zu einem zweiten Großen Terror führen sollten.

Von allen großen Affären bleibt die »Leningrader Affäre«, die mit der geheimgehaltenen Hinrichtung der maßgeblichen Führer der zweitwichtigsten Organisation der Kommunistischen Partei der Sowjetunion endete, bis heute die mysteriöseste. Am 15. Februar 1949 verabschiedete das Politbüro einen Beschluß »Über die gegen die Partei gerichteten Aktionen von Kusnetsow, Rodionow und Popkow«, drei hohe Parteifunktionäre. Sie wurden ihrer Ämter enthoben, ebenso Wosnessenski, der Vorsitzende des Gosplan, des staatlichen Planungsorgans, sowie die meisten Mitglieder des Leningrader Parteiapparats, einer Stadt, die in Stalins Augen immer verdächtig gewesen war. Im August und September 1949 wurden all diese Funktionäre verhaftet und beschuldigt, eine Gruppe gegründet zu haben, die gegen die Partei gerichtet war und mit dem Intelligence Service in Verbindung stand. Daraufhin startete Abakumow eine wahre Jagd auf »Ehemalige der Leningrader Partei«, die inzwischen in anderen Städten oder Republiken an verantwortlichen Stellen saßen. Hunderte von Leningrader Kommunisten wurden verhaftet und etwa 2000 aus der Partei ausgeschlossen und von ihrer Arbeitsstelle verjagt. Die Repression nahm erstaunliche Formen an und richtete sich gegen die Stadt als historische Einheit. So schlossen die Behörden im August 1949 das Leningrader Museum der Verteidigung, ein Museum über die Heldentaten während der Blockade der Stadt im »Großen Vaterländischen Krieg«. Einige Monate später wurde der für ideologische Fragen zuständige Michael Suslow vom Zentralkomitee beauftragt, eine »Kommission zur Schließung« des Museums einzurichten. Sie arbeitete bis Ende Februar 1953.[368]

Die Hauptangeklagten der Leningrader Affäre – Kusnetsow, Rodionow, Popkow, Wosnessenski, Kapustin, Lasutin – wurden unter Ausschluß der Öffentlichkeit am 30. September 1950 verurteilt und am nächsten Tag – eine Stunde nach Verkündung des Urteils – hingerichtet. Die gesamte Affäre wurde geheimgehalten. Niemand war informiert worden, nicht einmal die Tochter eines der Hauptangeklagten, immerhin die Schwiegertochter von Anastas Mikojan, einem Minister und Mitglied des Politbüros! Im Oktober 1950 wurden in weiteren Prozeßfarcen Dutzende von führenden Parteifunktionären zum Tode verurteilt, die alle der Leningrader Organisation angehört hatten: Solowjew, der erste Sekretär des Regionalkomitees der Krim; Badajew, zweiter Sekretär des Regionalkomitees von Leningrad; Werbitski, zweiter Sekretär des Regionalkomitees von Murmansk;

Bassow, erster Stellvertretender Vorsitzender des russischen Ministerrats usw.[369]

War die Säuberung der »Leningrader« eine einfache Abrechnung zwischen unterschiedlichen Gruppen des Apparats oder das Glied in einer Kette von Affären, die von der Liquidierung des jüdisch-antifaschistischen Komitees über die Festnahme von Abakumow und die »nationalistische mingrelische Verschwörung« zur *Verschwörung der Weißen Kittel* führte? Die zweite Hypothese ist die wahrscheinlichere. Die Leningrader Affäre war vermutlich eine entscheidende Etappe bei den Vorbereitungen zur großen Säuberung, für die am 13. Januar 1953 das Signal gegeben wurde. Die Verbrechen, die den Leningrader Funktionären vorgeworfen wurden, verbinden die Affäre auf bezeichnende Weise mit den düsteren Jahren 1936/38. Auf der Vollversammlung der Führungskräfte der Leningrader Partei im Oktober 1949 verkündete der neue Erste Sekretär Andrianow der verdutzten Zuhörerschaft, daß die ehemaligen Funktionäre trotzkistische und sinowjewistische Literatur veröffentlicht hätten: »In den Dokumenten, die diese Leute veröffentlichten, ließen sie heimlich und in verschleierter Form Artikel der schlimmsten Volksfeinde einfügen: von Sinowjew, Kamenew, Trotzki und anderen.« Die Anklage war grotesk, darüber hinaus aber war die Botschaft für die Parteifunktionäre klar. Jeder mußte sich auf ein weiteres 1937 vorbereiten.[370]

Nach der Hinrichtung der Hauptangeklagten der Leningrader Affäre im Oktober 1950 folgten innerhalb des Sicherheitsdienstes und des Innenministeriums Manöver auf Gegenmanöver. Stalin, der Berija gegenüber mißtrauisch geworden war, erfand eine nationalmingrelische Verschwörung, deren Ziel es gewesen sein soll, Mingrelien, eine Region Georgiens und Heimat von Berija, der Türkei zuzuführen. Berija war gezwungen, seine eigenen »Landsleute« zu dezimieren und eine Säuberung der Kommunistischen Partei Georgiens durchzuführen.[371] Im Oktober 1951 führte Stalin mit der Verhaftung einer Gruppe altgedienter jüdischer Funktionäre des Sicherheitsdienstes und der Staatsanwaltschaft einen weiteren Schlag gegen Berija. Zu den Verhafteten zählten Oberstleutnant Eitingon, der 1940 auf Befehl Berijas die Ermordung Trotzkis organisiert hatte, General Leonid Lew Schwarzmann, der Folterer von Babel und Meyerhold, und der Untersuchungsrichter Lew Scheinin, der rechte Arm von Wyschinski, des Staatsanwalts der Moskauer Prozesse von 1936–38 … Alle wurden beschuldigt, unter der Leitung Abakumows, des Ministers für Staatssicherheit und engen Mitarbeiters Berijas, eine großangelegte »jüdisch-nationalistische Verschwörung« organisiert zu haben.

Abakumow war einige Monate zuvor, am 12. Juli 1951, verhaftet und streng isoliert worden. Zunächst beschuldigte man ihn, den renommierten jüdischen Arzt Jacob Etinger, der im November 1950 verhaftet worden und wenig später im Gefängnis gestorben war, umgebracht zu haben. Mit der »Eliminierung« Etingers, der im Laufe seiner langen Karriere unter anderem Sergej Kirow, Sergo Ordschonikidse, Marschall Tuchatschewski, Palmiro Togliatti, Tito und Georgi Dimitrow behandelt hatte, wollte Abakumow angeblich »verhindern, daß eine Verbrechergruppe aus jüdischen Nationalisten, die sogar die Führungsspitze des Ministeriums für Staatssicherheit unterwandert hat, enttarnt wird«. Einige Monate später wurde Abakumow selbst als das »Gehirn« der jüdisch-nationalistischen Verschwörung hingestellt! So war seine Verhaftung im Juli 1951 eine entscheidende Etappe für die Inszenierung dieser breitangelegten »jüdisch-zionistischen Verschwörung«; sie erleichterte sozusagen den Übergang von der noch geheimgehaltenen Auflösung des jüdischen-antifaschistischen Komitees zur »Verschwörung der weißen Kittel«, dem allgemeinen Signal für die Säuberung. So gesehen nahm das Szenario schon während des Sommers 1951 und nicht erst Ende 1952 Form an.[372]

Vom 11. bis 18. Juli 1952 fand – unter Ausschluß der Öffentlichkeit und strengster Geheimhaltung – der Prozeß gegen die Mitglieder des jüdisch-antifaschistischen Komitees statt. 13 Angeklagte wurden zum Tode verurteilt und am 12. August hingerichtet, gleichzeitig mit zehn anderen »Sabotage-Ingenieuren« (allesamt Juden) der Stalin-Autowerke. Insgesamt kam es in der »Sache« des jüdisch-antifaschistischen Komitees zu 125 Verurteilungen: 25 Todesurteile, die alle vollstreckt wurden, und 100 Verurteilungen zu Lagerhaft zwischen 10 und 25 Jahren.[373]

Im September 1952 war das Szenario für die jüdisch-zionistische Verschwörung eingefädelt. Seine offizielle Aufführung wurde jedoch noch einmal um mehrere Wochen verschoben. Man wollte nämlich den XIX. Parteitag der KPDSU abwarten, der im Oktober 1952 – 13½ Jahre nach dem XVIII. Parteitag – stattfand. Kaum war der Parteitag beendet, wurden die meisten der jüdischen Ärzte, die in die später als »Affäre der weißen Kittel« bekanntgewordene Angelegenheit verwickelt waren, festgenommen, eingesperrt und gefoltert. Parallel zu den zunächst geheimgehaltenen Verhaftungen wurde in Prag am 22. November 1952 der Prozeß gegen Rudolf Slansky, den ehemaligen Generalsekretär der tschechoslowakischen KP, und 13 andere kommunistische Parteifunktionäre eröffnet. Elf von ihnen wurden zum Tode verurteilt und gehängt. Eine der Besonderheiten dieser Justizfarce, die von Anfang bis Ende von den sowjetischen Beratern der politischen Polizei inszeniert worden war, war ihr offen antisemitischer Charakter. Elf von den 14 Angeklagten waren Juden, und was man ihnen vorwarf, war die Bildung einer »trotzkistisch-titoistisch-zionistischen Terrorgruppe«. Während den Vorbereitungen zum Prozeß kam es zu einer regelrechten Jagd auf die in den Apparaten der Kommunistischen Parteien Osteuropas sitzenden Juden.

Am 4. Dezember 1952, kurz nach der Hinrichtung der elf im Slansky-Prozeß zum Tode Verurteilten, ließ Stalin durch das Präsidium des Zentralkomitees eine Resolution »Über die Situation im Ministerium für die Staatssicherheit« verabschieden, die den Parteiinstanzen befahl, »dem unkontrollierten Charakter der Organe der Staatssicherheit ein Ende zu bereiten«. Nun geriet die Staatssicherheit ins Blickfeld; sie hatte eine »allzu große Nachgiebigkeit« bewiesen, es an »Wachsamkeit« fehlen lassen und so den »sabotierenden Medizinern« ihre unheilvollen Aktivitäten ermöglicht. Ein weiterer Schritt war gemacht. Stalin hatte vor, die »Affäre der weißen Kittel« gegen den Staatsicherheitsdienst und gegen Berija zu nutzen. Letzterer war mit Intrigen innerhalb des Apparates allzusehr vertraut: was sich hier abzeichnete, konnte ihm nicht verborgen bleiben.

Was in den Wochen vor Stalins Tod geschah, ist heute noch weitgehend unbekannt. Hinter der »offiziellen« Kampagne, die zur »Stärkung der bolschewistischen Wachsamkeit« und zum »Kampf gegen jede Form von Sorglosigkeit« aufrief, hinter den Kundgebungen, die für die »kosmopolitischen Mörder« eine »exemplarische Bestrafung« forderten, gingen die Ermittlungen gegen die inhaftierten Ärzte und die Verhöre weiter. Jeden Tag wurden neue Leute festgenommen, und mit jeder Verhaftung bekam die Verschwörung eine noch größere Bedeutung.

Am 19. Februar 1953 kam es zur Festnahme von Iwan Maiski, dem Stellvertretenden Außenminister und rechten Arm Molotows. Außerdem war er ehemaliger Botschafter der UdSSR in London. Er wurde unablässig verhört und »gestand«, von Winston Churchill als britischer Spion angeworben worden zu sein – zusammen mit Alexandra Kollontai, einer der ganz Großen des Bolschewismus, die 1921 mit dem 1937 hingerichteten Schljapnikow die Arbeiteropposition angeführt hatte und bis zum Ende des Zweiten Weltkrieges Botschafterin der UdSSR in Stockholm gewesen war.[374]

Aber trotz aller sensationellen »Fortschritte« bei den Ermittlungen in Sachen Verschwörung bleibt festzuhalten, daß sich in der Zeit vom 13. Januar bis zum 5. März (Stalins Tod) – im Gegensatz zu den Ereignissen von 1936/38 – kein einziger der Größen des Regimes öffentlich an der die Affäre betreffenden Denunzierungskampagne beteiligt hat. 1970 sagte Bulganin aus, daß neben Stalin, dem Hauptinitiator und Organisator, nur vier weitere Funktionäre daran beteiligt waren: Malenkow, Suslow, Riumin und Ignatjew. Alle anderen mußten sich also bedroht fühlen. Weiter berichtete Bulganin, daß der Prozeß gegen die jüdischen Ärzte Mitte März beginnen sollte und Massendeportierungen sowjetischer Juden nach Birobidschan geplant waren.[375] Der Zugang zum Archiv des russischen Präsidenten, in denen die vertraulichsten und »heikelsten« Akten aufbewahrt werden, ist immer noch äußerst begrenzt. Nach dem derzeitigen Stand der Dinge kann man jedenfalls keine Aussage darüber machen, ob zu Beginn des Jahres 1953 wirklich ein Plan für großangelegte Judendeportationen geprüft wurde. Eines ist sicher: Der Tod Stalins kam zum rechten Zeitpunkt, um endlich die Liste der Millionen Opfer seiner Diktatur abschließen zu können.

15

Das Ende des Stalinismus

Stalins Tod zur Halbzeit der sieben Jahrzehnte währenden Existenz der Sowjetunion war ein entscheidender Einschnitt, das Ende einer Epoche, wenn nicht gar das Ende eines Systems. Der Tod des obersten Führers enthüllte, wie François Furet schreibt, »das Paradox eines Systems, das vorgeblich den Gesetzen der sozialen Entwicklung gehorcht, in dem aber alles derart von einem einzigen Mann abhängt, daß das System nach dem Tod dieses Mannes etwas ganz Wesentliches verloren hat«. Eine der wichtigsten Komponenten dieses »ganz Wesentlichen« war die in den unterschiedlichsten Formen durchgeführte massive Unterdrückung der Gesellschaft durch den Staat.

Für Stalins wichtigste Mitarbeiter – Malenkow, Molotow, Woroschilow, Mikojan, Kaganowitsch, Chruschtschow, Bulganin und Berija – war die Nachfolge des Parteiführers ein äußerst komplexes politisches Problem. Einerseits sollte die Kontinuität des Systems gewährleistet sein, andererseits waren die Verantwortlichkeiten neu zu verteilen und rasch einige Veränderungen durchzuführen, über die man sich bereits einig war. Außerdem war ein neues Gleichgewicht zwischen der Vorrangstellung eines einzelnen (auch wenn diese nun geringer war) und der kollektiven Führung zu finden, wobei die Ambitionen eines jeden von ihnen und die herrschenden Kräfteverhältnisse berücksichtigt werden mußten.

Wie schwierig es war, diese Ziele miteinander zu verbinden, zeigt sich an dem höchst komplexen und gewundenen Weg der Politik zwischen Stalins Tod und der Eliminierung Berijas (der am 26. Juni 1953 verhaftet wurde).

Die heute zugänglichen stenographischen Protokolle der Vollversammlungen des Zentralkomitees, das am 5. März 1953 (dem Todestag Stalins) und vom 2. bis 7. Juli 1953 (nach der Eliminierung Berijas) zusammentrat[376], machen klar, was für Gründe die sowjetischen Führer dazu bewogen haben, das »Ende des Stalinismus« einzuleiten. Nikita Chruschtschow machte daraus später die »Entstalinisierung« mit dem XX. und dem XXII. Parteitag der KPdSU (Februar 1956/Oktober 1962) als den Höhepunkten.

Der erste Grund war der Überlebensinstinkt, die Selbstverteidigung. Während Stalins letzten Monaten hatten fast alle Funktionäre gespürt, in welchem Maße sie selbst verwundbar geworden waren. Niemand war geschützt, weder Woroschilow, der als »Agent des Intelligence Service« bezeichnet worden war, noch Molotow oder Mikojan, die vom Diktator ihres

Amtes im Präsidium des Zentralkomitees enthoben worden waren, noch Berija, den innerhalb des von Stalin gesteuerten Sicherheitsdienstes dunkle Intrigen bedroht hatten. Auch die nach dem Krieg neu entstandene Verwaltungselite der mittleren Ebene fürchtete die terroristischen Aspekte des Regimes und lehnte sie folglich ab. Und schließlich stand die Allmacht der politischen Polizei der stabilen Karriere eines jeden im Wege. Was Martin Malia zu Recht »die vom verstorbenen Diktator zu seiner eigenen Verwendung aufgebaute Maschinerie« genannt hat, mußte allmählich abgebaut werden. Stalin brauchte diese »Maschinerie« um sichergehen zu können, daß sich niemand mehr ihrer bediente, um sich den eigenen Vorrang gegenüber politischen Kollegen – und Rivalen – zu beweisen. Sehr viel stärker als die grundsätzlichen Meinungsverschiedenheiten im Hinblick auf die erforderlichen Reformen war die Angst vor einem neuen Diktator; sie verbündete die »Erben Stalins« gegen Berija, der zu diesem Zeitpunkt als der mächtigste Funktionär galt, weil er über den riesigen Apparat der Ministerien der Staatssicherheit und des Inneren verfügte. Eine Lektion hatten alle gelernt: Es durfte nicht wieder geschehen, daß die der Repression dienenden Organe der »Kontrolle der Partei entgleiten« – im Klartext: die Waffe eines einzigen werden – und die politische Oligarchie bedrohen.

Der zweite, noch bedeutendere Grund für den Wechsel lag in der Überzeugung aller hohen Funktionäre – von Chruschtschow wie Malenkow –, daß wirtschaftliche und gesellschaftliche Reformen notwendig waren. Die ausschließlich repressive Führung der Wirtschaft, die sich auf ein brutales Abschöpfen der nahezu gesamten Agrarproduktion, auf kriminalisierte soziale Beziehungen und überfüllte Gulag-Lager stützte, hatte zu einer ernsthaften Wirtschaftskrise und zu sozialen Blockierungen geführt, die jeglichen Fortschritt in der Arbeitsproduktivität ausschlossen. Das Wirtschaftsmodell, dessen Einführung gegen den Willen der gewaltigen Mehrheit der Gesellschaft in den dreißiger Jahren zu den in den vorangehenden Kapiteln beschriebenen repressiven Zyklen geführt hat, war überholt.

Der dritte Grund schließlich lag in der Dynamik der Nachfolgekämpfe, die eine Spirale politischer Versprechen nach sich zogen: Mit seiner Strategie der maßvollen und partiellen Entstalinisierung auf politischer Ebene, aber radikalen Entstalinisierung im bezug auf das Alltagsleben der Bevölkerung ging Nikita Chruschtschow schließlich weiter als alle seine Kollegen. Dafür gibt es eine Reihe von Gründen, die an dieser Stelle jedoch nicht näher analysiert werden: Bereitschaft, sich mit seiner Vergangenheit als Stalinist auseinanderzusetzen; ernsthafte Gewissensbisse; politisches Geschick; spezifischer Populismus; das Festhalten an einer bestimmten Form des sozialistischen Glaubens an die »strahlende Zukunft«; der Wille, das wiederherzustellen, was er unter »sozialistischer Gesetzlichkeit verstand« usw. Wie sahen nun die wichtigsten Abbauphasen dieser Unterdrückungsmaschinerie aus? Es handelt sich um eine Bewegung, die in wenigen Jahren dazu beigetragen hatte, aus der Sowjetunion, die zunächst durch eine ausgesprochen starke gerichtliche und außergerichtliche Strafverfolgung geprägt war, einen autoritären Polizeistaat zu machen, in dem die Erinnerung an den Schrecken eine ganze Generation lang zu den besten Garanten der poststalinistischen Ordnung zählte.

Keine zwei Wochen nach Stalins Tod wurde das Gulag-System grundlegend neu organisiert und dem Justizministerium unterstellt. Seine wirtschaftliche Infrastruktur wurde den verschiedenen zuständigen Zivilministerien zugeordnet. Spektakulärer jedoch als diese administrativen Veränderungen, die eine klare Schwächung des bisher allmächtigen Innenministeriums bedeuteten, war eine von der *Prawda* am 28. März 1953 verkündete Amnestie beträchtlichen Ausmaßes. Auf Grund eines am Vorabend vom Präsidium des Obersten Sowjets der UdSSR verkündeten und vom Vorsitzenden Marschall Woroschilow unterzeichneten Erlasses galt die Amnestie für folgende Gruppen:

1. alle, die zu weniger als fünf Jahren verurteilt waren;

2. alle, die wegen Dienstverletzung, Wirtschaftsstraftaten und Machtmißbrauch verurteilt worden waren;

3. schwangere Frauen und Mütter von Kindern, die noch keine zehn Jahre alt waren; Minderjährige; Männer über fünfundfünfzig und Frauen über fünfzig Jahren.

Außerdem sah der Amnestieerlaß die Verringerung der noch abzubüßenden Strafen um die Hälfte bei allen anderen Häftlingen vor, mit Ausnahme der Verurteilungen wegen »konterrevolutionärer« Verbrechen, organisiertem Diebstahl, Banditentum sowie vorsätzlicher Tötung.

In wenigen Wochen wurden 1 200 000 Häftlinge, das heißt fast die Hälfte derer, die in den Lagern und Strafkolonien einsaßen, in die Freiheit entlassen. Die meisten von ihnen waren entweder Kleinkriminelle, die wegen kleiner Diebstähle verurteilt waren, oder – in den meisten Fällen – einfache Bürger, die einem der unzähligen repressiven Gesetze zum Opfer gefallen waren, die fast jeden Arbeitsbereich betrafen, von der »Vernachlässigung des Arbeitsplatzes« bis zum »Verstoß gegen das Gesetz über die Inlandspässe«. Diese Teilamnestie, die vor allem die politischen Gefangenen und die »Sonderumsiedler« ausnahm, spiegelte in ihrer Ambivalenz die unsichere und noch schwer absehbare Entwicklung des Frühjahrs 1953, einer Phase intensiver Machtkämpfe, in der Lawrenti Berija, der Erste Stellvertretende Vorsitzende des Ministerrats und Innenminister, sich zu einem »großen Reformer« zu mausern schien.

Welche Überlegungen haben zu dieser großen Amnestie geführt? Nach Amy Knight[377], der Biographin Lawrenti Berijas, war die Amnestie vom 27. März 1953 auf Initiative des Innenministers persönlich beschlossen worden. Sie zählte zu den politischen Maßnahmen, die von der »liberalen Wende« Berijas zeugten, der sich an den Nachfolgekämpfen um die Macht nach Stalins Tod beteiligte und in einer Spirale sich überbietender politischer Versprechungen gefangen war. Um die Amnestie zu rechtfertigen, hatte Berija dem Vorsitzenden des Zentralkomitees am 24. März ein langes Schreiben geschickt, in dem er erklärte, daß von den 2526402 Gefangenen der Gulag-Lager nur 221435 zum Teil in »speziellen Lagern« »einsitzende Häftlinge« »besonders gefährliche Staatsverbrecher« seien. Die große Mehrheit der Gefangenen, so gab Berija zu (ein bemerkenswertes und erstaunliches Geständnis!), stelle keine ernsthafte Bedrohung des Staates dar. Eine breite Amnestie sei wünschenswert, um das außerordentlich schwerfällige und wenig rentable Strafvollzugsystem rasch zu entlasten.[378]

Seit den frühen fünfziger Jahren kam die Frage nach der immer schwierigeren Verwaltung des riesigen Gulagsystems immer wieder auf. In Anbetracht der bereits lange vor Stalins Tod von den meisten Funktionären erkannten Gulag-Krise erscheint die Amnestie vom 27. März 1953 unter einem anderen Licht: In Hinblick auf die großen Verwaltungsprobleme der überfüllten und immer weniger »rentablen« Lager waren es wirtschaftliche – und nicht nur politische – Gründe, welche die Kandidaten um Stalins Nachfolge dazu brachten, eine große, aber trotzdem nicht allumfassende Amnestie zu verkünden.

Solange Stalin lebte, waren in diesem Bereich radikale Maßnahmen genauso wenig möglich wie in vielen anderen auch. Wie der Historiker Moshe Lewin ganz richtig formulierte, war während der letzten Lebensjahre des Diktators alles »mumifiziert«.

Aber auch nach Stalins Tod war »noch nicht alles möglich«: So waren auch alle diejenigen von der Amnestie ausgeschlossen, die zu den hauptsächlichen Opfern der Systemwillkür gehörten: die »Politischen«, die wegen konterrevolutionärer Aktivitäten verurteilt worden waren.

Der Ausschluß der politischen Gefangenen von der Amnestie vom 27. März 1953 war der Anfang einer Reihe von Aufständen und Revolten der in den Gulag-Speziallagern, dem Retschlag und dem Steplag, einsitzenden Häftlinge.[379]

Am 4. April teilte die *Prawda* mit, daß die »Mörder in weißen Kitteln« die Opfer einer Provokation gewesen und ihre Geständnisse durch »illegale Verhörmethoden« (im Klartext: unter Anwendung der Folter) erzwungen worden seien. Durch die ein paar Tage später vom Zentralkomitee verabschiedete Resolution »Über den Gesetzesbruch durch Organe der Staatssicherheit« bekam das Ereignis eine noch größere Bedeutung. Daraus ging nämlich klar hervor, daß die Affäre der ermordeten Ärzte kein unglücklicher Einzelfall war, daß die Organe der Staatssicherheit in ihren Machtansprüchen maßlos waren und zahlreiche Verstöße gegen das Gesetz begangen hatten. In ihrer Resolution lehnte die Partei diese Methoden ab und verurteilte die außerordentliche Macht der politischen Polizei. Die dadurch geweckten Hoffnungen riefen sofort zahlreiche Reaktionen hervor: Die Gerichte wurden mit Hunderttausenden von Rehabilitierunganträgen überschwemmt. Die Häftlinge, vor allem die der Speziallager, die über den begrenzten und selektiven Charakter der Amnestie vom 27. März verbittert und sich der Verunsicherung ihres Wachpersonals sowie der Krise, in der das Strafsystem steckte, bewußt waren, verweigerten reihenweise die Arbeit und den Gehorsam gegenüber den Lagerkommandanten. Am 14. Mai 1953 organisierten mehr als 14 000 Gefangene verschiedener Sektionen der Strafanstalt Norilsk einen Streik und gründeten Komitees, die von den verschiedenen nationalen Gruppierungen gewählt wurden. Den Ukrainern und Balten kam eine Schlüsselrolle zu. Die Hauptforderungen der Häftlinge waren: Verkürzung des Arbeitstages auf neun Stunden; die Abschaffung der Sträflingsnummer auf der Kleidung; die Aufhebung der Beschränkungen beim Briefverkehr mit der Familie; die Ausweisung aller Spitzel; die Ausweitung der Vergünstigungen der Amnestie auf politische Gefangene.

Die Mitteilung vom 10. Juli 1953, daß Berija verhaftet worden sei und beschuldigt werde, ein englischer Spion und »erbitterter Feind des Volkes« zu sein, bestärkte die Häftlinge in ihrer Vorstellung, daß in Moskau wichtige Veränderungen vor sich gingen, und machte sie in ihren Forderungen unnachgiebig. Das Phänomen der Arbeitsverweigerung weitete sich aus. Am 14. Juli traten mehr als 12 000 Häftlinge der Strafanstalt von Workuta in Streik. Es war ein Zeichen der Veränderungen, daß man in Norilsk genau wie in Workuta Verhandlungen anstrebte und die gewaltsame Niederschlagung der Bewegung mehrfach verschob.

Der Aufruhr in den Sonderzuchtlagern währte vom Sommer 1953 bis zum XX. Parteitag im Februar 1956. Zur größten und längsten Revolte kam es im Mai 1954 in der dritten Sektion der Strafkolonie Steplag in Kengir bei Karaganda (Kasachstan). Sie dauerte 40 Tage und wurde erst niedergeschlagen, nachdem Spezialtruppen des Innenministeriums das Lager mit Panzern eingekesselt hatten. Ungefähr 400 Häftlinge wurden vor Gericht gestellt und erneut verurteilt, und die sechs überlebenden Mitglieder der Kommission, die den Widerstand angeführt hatte, wurden hingerichtet.

Ein Zeichen für die politischen Veränderungen nach Stalins Tod war, daß manche der 1953/54 von den revoltierenden Häftlingen formulierten Forderungen dennoch erfüllt wurden: Der Arbeitstag wurde auf neun Stunden verkürzt. Auch im Alltagsleben der Häftlinge wurden erhebliche Verbesserungen eingeführt.

1954/55 führte die Regierung eine Reihe von Maßnahmen durch, welche die Allmacht des seit der Eliminierung Berijas grundlegend reorganisierten Staatssicherheitsdienstes beschränkten. Die *troiki* – besondere Gerichte, die über die Angelegenheiten im Zuständigkeitsbereich der politischen Polizei urteilten – wurden abgeschafft. Die politische Polizei wurde zu einem selbständigen Organ umgewandelt, dem Komitet Gossudarstwennoj Besopasnosti (KGB = Komitee für Staatssicherheit), im Vergleich zu seiner Personalstärke vor dem März 1953 um 20 Prozent reduziert und der Leitung von General Serow unterstellt. Serow hatte während des Krieges alle Deportationen von Volksgruppen überwacht und verkörperte als Vertrauter von Nikita Chruschtschow die ganze Ambivalenz einer Übergangsphase, in der viele

Verantwortliche des vorangegangenen Regimes weiterhin Schlüsselrollen behielten. Die Regierung erließ weitere Teilamnestien: so kam es im September 1955 zur Freilassung der Häftlinge, die 1945 wegen »Kollaboration mit dem Besatzer« verurteilt worden waren, und der noch in den UdSSR einsitzenden deutschen Kriegsgefangenen. Schließlich wurden gewisse Maßnahmen zugunsten der »Sondersiedler« durchgeführt, die sich nun in einem breiteren Gebiet bewegen durften und sich weniger häufig in den für sie zuständigen *komandaturen* zu melden hatten. Als Folge der auf höchster Ebene geführten deutsch-sowjetischen Verhandlungen waren die deportierten Deutschen, die 40% der »Sondersiedler« ausmachten (etwas mehr als eine Million von insgesamt etwa 2750000), die ersten, die ab September 1955 von der Aufhebung der für diese Kategorie der Verbannten geltenden Restriktionen profitierten. Dessenungeachtet wurde in den Gesetzestexten ausdrücklich darauf hingewiesen, daß die Abschaffung der juristischen und beruflichen Restriktionen sowie der Einschränkung des Status und der Wohnsitzwahl weder zur »Rückgabe des konfiszierten Besitzes noch zum Recht [führe], an den Ort zurückzukehren, von dem aus die Sondersiedler deportiert worden sind«.[380]

Diese Restriktionen waren für den gesamten Prozeß der partiell und schrittweise erfolgenden »Entstalinisierung« sehr bezeichnend. Da sie mit Nikita Chruschtschow von einem Stalinisten durchgeführt wurde, der wie alle hohen Funktionäre seiner Generation direkt an der Repression beteiligt gewesen war – Entkulakisierung, Säuberungen, Deportationen, Hinrichtungen –, mußte sie sich logischerweise auf die Aufdeckung einiger Exzesse der »Periode des Personenkults« beschränken. Der geheime Bericht, den Chruschtschow am Abend des 24. Februar 1956 vor den sowjetischen Delegierten des XX. Parteitags verlas, blieb in seiner Verurteilung des Stalinismus sehr selektiv und stellte keine der seit 1917 von der Partei getroffenen großen Entscheidungen in Frage. Der selektive Charakter zeigte sich sowohl in der Datierung der stalinistischen »Verirrung« – sie wurde in das Jahr 1934 verlegt und schloß somit die Kollektivierung und die Hungersnot von 1932/33 aus der Liste der Verbrechen aus – als auch in der Auswahl der benannten Opfer: Es waren alles Kommunisten, in der Regel strenge Stalinisten, aber niemals die einfachen Bürger. Der Bericht reduzierte die Repressionen allein auf Akte gegen Kommunisten, die Opfer der persönlichen Tyrannei Stalins geworden seien, und auf einzelne Episoden einer Geschichte, die erst nach der Ermordung von Sergej Kirow begann, und entzog sich damit der zentralen Frage: der Frage nach der Verantwortung der Partei in ihrer Gesamtheit – und zwar seit 1917 – gegenüber der Gesellschaft.

Dem geheimen Bericht folgte eine Reihe von konkreten Maßnahmen, welche die bis dahin in die Wege geleiteten begrenzten Vorkehrungen ergänzten. Im März/April 1956 wurden alle Sondersiedler, die einem wegen angeblicher Kollaboration mit Nazideutschland »bestraften Volk« angehörten und 1943/45 umgesiedelt worden waren, »der administrativen Überwachung durch die Organe des Innenministeriums unterstellt«, ohne jedoch den Anspruch auf die Rückgabe ihres konfiszierten Besitzes oder auf Rückkehr in ihre Heimat erheben zu dürfen. Diese halben Maßnahmen führten zur Erbitterung der Deportierten, von denen sich viele weigerten, die von der Verwaltung geforderte schriftliche Erklärung, daß sie weder die Rückgabe ihres Besitzes noch die Rückkehr in ihre Heimat fordern, zu unterschreiben. In Anbetracht dieser Haltung, die für eine bemerkenswerte Veränderung des politischen Klimas und der Mentalitäten steht, machte die sowjetische Regierung weitere Zugeständnisse: am 9. Januar 1957 wurden die ehemaligen Republiken und autonomen Regionen der deportierten Völker, die nach dem Krieg aufgelöst worden waren, wiederhergestellt. Lediglich die Autonome Republik der Krimtataren sollte für immer von der Landkarte verschwinden.

Während die Karatschaier, Kalmücken, Balkaren, Tschetschenen und Inguschen ab 1957 zu Zehntausenden wieder zurückkehrten, mußten die Krimtataren noch weitere drei Jahrzehnte für das Recht auf ihre Rückkehr kämpfen. Die Behörden zeigten den Heimkehrenden keinerlei Entgegenkommen. Es kam zu zahlreichen Zwischenfällen zwischen den ehemaligen Deportierten, die in ihre alten Wohnungen und Häuser zurückkehren wollten, und den russischen Siedlern, die 1945 aus den benachbarten Regionen dorthin gebracht worden waren und nun dort lebten. Da die Zurückkehrenden keine *propiska* besaßen – jene Registrierung bei der örtlichen Polizei, die allein das Recht verlieh, in einem bestimmten Ort zu wohnen –, waren sie wieder einmal gezwungen, sich in provisorischen Baracken, Wellblechhütten, und Zeltlagern einzurichten, immer unter der ständigen Bedrohung, wegen Verstoßes gegen die Paßvorschriften (was mit zwei Jahren Haft bestraft werden konnte) verhaftet zu werden. Im Juli 1958 war die tschetschenische Hauptstadt Grosny Schauplatz blutiger Zusammenstöße zwischen Russen und Tschetschenen. Erst nachdem die Behörden Gelder zur Errichtung von Wohnungen für die ehemaligen Deportierten freigegeben hatten, bruhigte sich die Lage etwas.[381]

Offiziell gab es die Kategorie der Sondersiedler noch bis zum Januar 1960. Die letzten Deportierten, deren Paria-Status aufgehoben wurde, waren die ukrainischen und baltischen Nationalisten. Viele scheuten die Mühe, sich erneut den behördlichen Schikanen auszusetzen. Weniger als die Hälfte der baltischen und ukrainischen Deportierten kehrten in ihre Heimat zurück. Die anderen Überlebenden blieben auf Dauer dort, wohin man sie deportiert hatte.

Die große Mehrheit der konterrevolutionären Häftlinge wurde erst nach dem XX. Parteitag freigelassen. 1954/55 wurden weniger als 90 000 von ihnen auf freien Fuß gesetzt. 1956/57 verließen fast 310 000 Konterrevolutionäre die Lager. Am 1. Januar 1959 befanden sich noch 11 000 politische Gefangene in Lagerhaft.[382] Um das Verfahren zu beschleunigen, schickte man mehr als 200 Sonderkommissionen in die Lager und erließ weitere Amnestien. Die Freilassung bedeutete jedoch noch nicht die Rehabilitierung. In zwei Jahren (1956/57) waren weniger als 60 000 Personen ordnungsgemäß rehabilitiert worden. Die große Mehrheit mußte Jahre, bisweilen Jahrzehnte warten, bevor sie die kostbare Bescheinigung erhielt. Dennoch blieb das Jahr 1956 in der allgemeinen Erinnerung das Jahr der »Rückkehr«, wie sie von Wassilij Grossman in seiner Erzählung *Alles fließt* ... wunderbar beschrieben wurde. Die große Rückkehr, die von offizieller Seite völlig totgeschwiegen wurde, erinnerte auch daran, daß Millionen nie wiederkommen würden. Dies mußte zu tiefer Bestürzung führen, zu einem breiten sozialen und moralischen Trauma, zu einer tragischen Konfrontation innerhalb einer Gesellschaft, in der, wie Lydia Tschukowskaja schrieb, »sich nun zwei Rußlands in die Augen sahen. Das Rußland, das inhaftiert hat, und das Rußland, das inhaftiert wurde.« In Anbetracht dieser Situation ging es den Behörden vor allem darum, keinem individuellen oder kollektiven Antrag auf Verfolgung von Funktionären, die während der Phase des Personenkults gegen die sozialistischen Gesetze verstoßen oder illegale Verhörmethoden angewandt hatten, mehr stattzugeben. Allein die Kontrollkommissionen der Partei boten einen Ausweg. Was die Rehabilitationen betraf, so schickten die politischen Behörden der Staatsanwaltschaft eine Reihe von Rundschreiben, in denen die Prioritäten festgelegt waren: Mitglieder der Partei und Angehörige des Militärs. Es kam zu keinerlei Säuberungen.

Mit der Freilassung der politischen Gefangenen erlebte das poststalinistische Gulagsystem einen Rückgang seiner Häftlingszahlen. Erst in den späten fünfziger und frühen sechziger Jahren kam es mit etwa 900 000 Gefangenen zu einer Stabilisierung der Lagerbelegung. Die Lagerinsassen setzten sich aus einem harten Kern von 300 000 gewöhnlichen (keinen politischen) Häftlingen und Rückfälligen zusammen, die langjährige Strafen verbüßten, und 600 000 Gefangenen, die nach dem immer noch geltenden Strafrecht zu Strafen verurteilt worden waren, die häufig in keinem Verhältnis zur begangenen Straftat standen. Nach und nach verringerte sich die Bedeutung des Gulagsystems als Pionier der Kolonisierung und Bewirtschaftung der natürlichen Schätze des Hohen Nordens und äußersten Ostens der Sowjetunion. Die riesigen Strafkolonien aus der Stalinzeit wurden in kleinere Einheiten aufgeteilt. Auch die Geographie der Gulag-Lager änderte sich: sie wurden wieder mehrheitlich im europäischen Teil der UdSSR errichtet. Die Haftstrafen nahmen nach und nach wieder die regulierende Funktion ein, die sie in jeder Gesellschaft haben, auch wenn es in der nachstalinistischen UdSSR, die immer noch kein Rechtsstaat war, nach wie vor einige Systembesonderheiten gab. Zu den Kriminellen kamen im Zuge der wechselnden Kampagnen, die sporadisch dieses oder jenes Verhalten als nicht hinnehmbar geißelten – Alkoholismus, Rowdytum, »parasitäres Verhalten« –, auch »normale« Bürger und Minderheiten (einige Hundert im Jahr), die meist wegen der Paragraphen 70 und 190 des 1960 verabschiedeten neuen Strafgesetzes verurteilt wurden.

Die verschiedenen Freilassungs- und Amnestiemaßnahmen wurden durch entscheidende Veränderungen der Strafgesetzgebung ergänzt. Zu den ersten die stalinistische Gesetzgebung reformierenden Maßnahmen gehörte ein Erlaß vom 25. April 1956, der das arbeiterfeindliche Gesetz von 1940, das den Arbeitern untersagt hatte, ihren Betrieb zu verlassen, abschaffte. Diesem ersten Schritt zu einer Entkriminalisierung der Arbeitsbeziehungen folgten weitere Anordnungen. All diese Einzelmaßnahmen wurden am 25. Dezember 1958 mit der Verabschiedung neuer »Grundlagen des Strafrechts« in ein Gesamtsystem gebracht. Mit der Einführung dieser Gesetze verschwanden die wichtigsten der früheren strafrechtlichen Vorschriften, vor allem der Begriff des »Volksfeindes« und des »konterrevolutionären Verbrechens«. Außerdem wurde das Alter der Strafmündigkeit von 14 auf 16 Jahre heraufgesetzt; zum Erpressen von Geständnissen durften keine Gewalt und Folter mehr angewandt werden; bei der Verhandlung mußte der Angeklagte anwesend sein, seine Verteidigung übernahm ein Anwalt, der über seinen Fall informiert war; bis auf Ausnahmen sollten die Verhandlungen öffentlich sein. Das Strafgesetzbuch von 1960 behielt jedoch gewisse Paragraphen bei, nach denen jede Form politischer oder ideologischer Abweichung bestraft werden konnte. Nach Paragraph 70 mußte jeder, »der Propaganda betreibt, die darauf ausgerichtet ist, mittels verleumderischer, den Staat und die Gesellschaft verunglimpfender Behauptungen die Sowjetmacht zu schwächen«, mit einer Strafe zwischen sechs Monaten und sieben Jahren Lagerhaft und einer anschließenden innersowjetischen Verbannung von zwei bis fünf Jahren rechnen. Paragraph 190 belegte jegliches »Nichtanzeigen« antisowjetischer Delikte mit einer Strafe von ein bis drei Jahren Lagerhaft oder einer gleichwertigen Strafe in Form von Arbeiten für das Gemeinwohl. In den sechziger und siebziger Jahren kamen diese beiden Paragraphen in zahlreichen Fällen politischer oder ideologischer »Abweichung« zum Einsatz. In 90% der Fälle (es waren einige hundert), die jedes Jahr wegen »Antisowjetismus« verurteilt wurden, kam es zu einer Verurteilung nach diesen beiden Paragraphen.

In den Jahren des politischen »Tauwetters« und der allgemeinen Verbesserung des Lebensstandards, in denen die Erinnerung an die Unterdrückung aber noch sehr lebendig war, fallen die aktiven Formen von Ablehnung oder Protest wenig ins Gewicht: Für die erste Hälfte der sechziger Jahre melden die Berichte des KGB für die »Oppositionellen« folgende Zahlen: 1300 (1961), 2500 (1962), 4500 (1964) und 1300 (1965).[383] In den siebziger Jahren waren drei Kategorien von Bürgern Opfer einer »näheren« Überwachung durch den KGB: die religiösen Minderheiten (Katholiken, Baptisten, Pfingstler, Adventisten), die nationalen Minderheiten, die von den Repressionen der Stalinzeit am stärksten betroffen waren (Balten, Krimtataren, Deutsche, Ukrainer aus den westlichen Regionen, in denen der Widerstand gegen die Sowjetisierung besonders stark gewesen war), sowie die künstlerische Intelligenzija, die der zu Beginn der sechziger Jahre auftauchenden »Dissidentenbewegung« angehörte.[384]

Nach einer letzten antiklerikalen Kampagne des Jahres 1957, die sich zumeist auf die Schließung einer Reihe von Kirchen beschränkte, die seit Kriegsende wiedereröffnet worden waren, wich die offene Konfrontation zwischen Staat und orthodoxer Kirche einem Zusammenleben. Die Aufmerksamkeit des KGB richtete sich nun in stärkerem Maße auf die religiösen Minderheiten, die jedoch weniger wegen ihrer religiösen Überzeugungen verdächtig waren als wegen der Unterstützung, die sie vermeintlich aus dem Ausland erhielten. Die wenigen Daten deuten auf eine Randerscheinung hin: 1973–75 wurden 116 Baptisten verhaftet; 1984 verbüßten 200 Baptisten eine Gefängnis- oder Lagerstrafe, die durchschnittliche Dauer der Haft betrug ein Jahr.

In der westlichen Ukraine, lange Zeit eine der widerspenstigsten Regionen gegenüber der Sowjetisierung, wurden in den Jahren 1961 bis 1973 in Ternopol, Saporoje, Iwano-Frankowks und Lemberg etwa zehn in der Nachfolge der OUN stehende »nationalistische Kleingruppen« ausgehoben. Über die Mitglieder dieser Gruppen wurden in der Regel Strafen zwischen fünf und zehn Jahren Lagerhaft verhängt. In Litauen, einer anderen Region, die in den vierziger Jahren brutal unterworfen worden war, belegen die örtlichen Quellen für die siebziger Jahre nur eine geringe Zahl von Verhaftungen. 1981 kam es unter sehr merkwürdigen Umständen zur Ermordung von drei katholischen Priestern, in die wahrscheinlich der KGB verwickelt war, was allgemein als empörende Provokation empfunden wurde.

Bis zum Untergang der UdSSR blieb das Problem der 1944 deportierten Krimtataren, deren autonome Republik nicht wiederhergestellt worden war, ein schweres Erbe der Stalinzeit. In den späten fünfziger Jahren starteten die Krimtataren, die mehrheitlich in Zentralasien siedelten, eine Petitionskampagne mit dem Ziel ihrer Rehabilitierung und der Erlaubnis, in ihre Heimat zurückzukehren – ein Zeichen dafür, daß die Zeiten sich geändert hatten. 1966 legte eine Tatarendelegation auf dem XXIII. Parteitag eine Petition mit 130 000 Unterschriften vor. Im September 1967 hob ein Erlaß des Präsidiums des Obersten Sowjets die Anklage wegen »kollektiven Verrats« auf. Drei Monate später wurde es den Tataren erlaubt, sich in einer Ortschaft ihrer Wahl niederzulassen. Sie hatten lediglich die Paßgesetze zu beachten, die einen ordnungsgemäßen Arbeitsvertrag vorschrieben. Von 1967 bis 1978 gelang es weniger als 15 000 Personen – das heißt 2 % der tatarischen Bevölkerung –, sich im Sinne der Paßgesetze zu verhalten. Die Bewegung der Krimtataren erfuhr durch das Engagement von General Grigorenko eine neue Unterstützung. Im Mai 1969 wurde Grigorenko in Taschkent verhaftet und in eine psychiatrische Klinik eingewiesen, eine Form der Haft, die in den siebziger Jahren einige Dutzend Menschen pro Jahr betraf.

Die Historiker datieren den Beginn des Dissidententums im allgemeinen auf den ersten öffentlichen politischen Prozeß der nachstalinistischen Ära, auf den Prozeß gegen die Schriftsteller Andrej Sinjawski und Juri Daniel, die im Februar 1966 zu sieben und fünf Jahren Lagerhaft verurteilt worden sind. Am 5. Dezember 1965, kurze Zeit nach der Verhaftung der Schriftsteller, kam es auf dem Puschkin-Platz in Moskau zu einer Unterstützungsdemonstration von etwa 50 Personen. Die Dissidenten – einige hundert Intellektuelle in der Mitte der sechziger Jahre, zwischen 1000 und 2000, als die Bewegung zehn Jahre später ihren Höhepunkt erreicht hatte – starteten eine völlig neue Form des Protests. Anstatt die Legitimität des Regimes abzustreiten, forderten sie die strikte Einhaltung der sowjetischen Gesetze, der Verfassung und der von der UdSSR unterzeichneten internationalen Verträge. Die Art und Weise, wie die Aktivitäten der Dissidenten durchgeführt wurden, entsprach den neuen Grundsätzen: Ablehnung der Untergrundarbeit, Transparenz der Bewegung, Veröffentlichung der durchgeführten Aktionen durch möglichst viele Pressekonferenzen mit ausländischen Korrespondenten.

In dem ungleichen Kräfteverhältnis zwischen ein paar hundert Dissidenten und dem sowjetischen Staat wurde das Gewicht der internationalen Meinung immer entscheidender, vor allem nachdem im Westen Ende 1973 das Buch *Archipel Gulag* von Alexander Solschenizyn erschienen war; bald darauf folgte die Ausweisung des Schriftstellers aus der UdSSR. In ein paar Jahren wurde die Frage nach den Menschenrechten in der UdSSR dank den Aktionen einer winzigen Minderheit zu einer wichtigen internationalen Angelegenheit und zum Hauptthema der Konferenz über Sicherheit und Zusammenarbeit in Europa, die 1973 in Helsinki ihren Anfang nahm. Die von der UdSSR mitunterzeichnete Schlußakte der Konferenz stärkte die Position der Dissidenten, die in den wenigen Städten, in denen sie organisiert waren (Moskau, Leningrad, Kiew, Wilnius usw.) »Kontrollkomitees der Verträge von Helsinki« gründeten, die alle Informationen über Verstöße gegen die Menschenrechte übermitteln sollten. Diese Informationsarbeit hatte 1968 unter den schwierigsten Verhältnissen begonnen; seit dieser Zeit erschien alle zwei bis drei Monate heimlich ein Bulletin mit der Chronik der laufenden Ereignisse, welche die unterschiedlichsten Formen der Angriffe auf die Freiheit verzeichnete. Mit der Internationalisierung der Frage der Menschenrechte in der UdSSR wurde die Polizeimaschinerie teilweise gebremst. Sobald ein Oppositioneller bekannt war, war seine heimliche Verhaftung nicht mehr möglich, denn entsprechende Informationen gelangten rasch ins Ausland. Bezeichnenderweise entwickelte sich der Polizeiapparat in enger Abhängigkeit von der »Entspannung«: Zwischen 1968 und 1972 und zwischen 1979 und 1982 gab es mehr Verhaftungen als in den Jahren zwischen 1973 und 1976. Mit den derzeitig verfügbaren Quellen ist eine genaue Bilanz über die Zahl der von 1960 bis 1985 aus politischen Gründen verhafteten Personen nicht möglich. Die von den Dissidenten erstellten Quellen sprechen von einigen hundert Verhaftungen während der härtesten Jahre. 1970 führte die Chronik der laufenden Ereignisse 106 Verhaftungen an, darunter 20 Personen, für die eine »prophylaktische Einweisung« in eine psychiatrische Klinik angeordnet wurde. Die von der Chronik angeführten entsprechenden Zahlen für 1971 liegen bei 85 und 24. Im Lauf der Jahre 1979 bis 1981, den Jahren der internationalen Konfrontation, wurden etwa 500 Menschen verhaftet.

In einem Land, in dem die Staatsmacht der freien Äußerung nonkonformer Meinungen immer feindlich gegenüber gestanden ist – Meinungen, die eben mit dem Grundwesen dieser Macht nicht einverstanden waren – konnte das Phänomen des Dissidententums (Ausdruck einer radikalen Opposition, einer anderen politischen Vorstellung, die das Recht des Individuums gegenüber den Rechten der Gemeinschaft verteidigt) kaum direkte Auswirkungen auf die gesamte Gesellschaft haben. Die wirkliche Veränderung gelang anderswo: Mit den vielfältigen Bereichen sozialer und kultureller Eigenständigkeit, die seit den sechziger und siebziger Jahren entstanden sind, und vor allem mit der Erkenntnis für die Notwendigkeit eines dem Jahre 1953 vergleichbaren radikalen Wechsels, die sich seit Mitte der achtziger Jahre in Teilen der politischen Elite breitmachte.

16
Eine abschließende Zusammenfassung

An dieser Stelle geht es nicht darum, aufzuzeigen, wie in der UdSSR von staatlicher Seite Gewalt ausgeübt wurde oder was für Repressionsformen das sowjetische Regime in der ersten Hälfte seines Bestehens ins Werk gesetzt hat. Fragen dieser Art sind die Historiker schon seit langem, ohne auf die Öffnung der Archive zu warten, nachgegangen, um die wichtigsten Geschehensabläufe und den Terror in seinen tatsächlichen Ausmaßen nachzuzeichnen. Über den Zugang zu den Quellen kann man jedoch im Hinblick auf die chronologische Abfolge, den quantitativen Aspekt und die Erscheinungsformen des Terrors eine erste Bilanz ziehen. Der vorliegende Abriß ist ein erster Schritt zur Ausarbeitung von Fragen nach den verschiedenen Praktiken der Gewalt, ihren Wiederholungen und Bedeutungen im jeweiligen Kontext.

Dies ist einer der Arbeitsgänge auf der seit zehn Jahren offenen Großbaustelle, im Westen wie in Rußland. Seit der – wenn auch nur eingeschränkten – Öffnung der Archive haben die Historiker vor allem versucht, die in der »Anormalität« entwickelte Geschichtsschreibung den nun zugänglichen Quellen gegenüberzustellen. So haben in den letzten Jahren einige – vor allem russische – Geschichtswissenschaftler Quellenmaterial präsentiert, das bereits heute von fundamentaler Bedeutung ist und allen neueren und noch laufenden Forschungsarbeiten als Grundlage gedient hat. Verschiedene Forschungsbereiche wurden bevorzugt angegangen: die Welt der Konzentrationslager, die Auseinandersetzung zwischen den Machthabern und der Bauernschaft oder die Mechanismen der Entscheidungsfindung in der Führungsspitze. W.N. Zemskow und N. Bugai haben beispielsweise für die Deportierungen der gesamten Stalinzeit eine erste Zahlenbilanz aufgestellt. W.P. Danilow und A. Graziosi – der eine in Rußland, der andere in Italien – haben klar gezeigt, daß die Auseinandersetzungen zwischen dem neuen Regime und der Bauernschaft zwar durch eine ständige Weiterentwicklung, aber auch durch eine konstante Grundkonstellation gekennzeichnet sind. Von O. Chlewniuk stammen hilfreiche Erklärungen über den »ersten Kreml-Kreis«.

Auf der Grundlage dieser Forschungsarbeiten habe ich versucht, die Abfolge der Gewaltzyklen, die in der noch weitgehend zu schreibenden Sozialgeschichte der UdSSR eine zentrale Rolle spielen, von 1917 an zu rekonstruieren. Ohne sich auf irgendwelche Vorarbeiten stützen zu können, haben die »Pioniere« die tragischen Einzelteile dieser Geschichte erarbeitet, und an Hand dieses weitgehend erforschten Grundgerüsts habe ich die Quellen ausgewählt, die mir für die unterschiedlichen Gewalt- und Repressionsformen, die unterschiedlichen Praktiken und Kategorien der Opfer und die unterschiedlich großen Abstände und Widersprüche die besten Beispiele zu sein schienen: Gewalt in seiner Extremform in einer Leninrede gegen die menschewistischen Oppositionellen, die »alle zu erschießen« wären, aber in Wirklichkeit meistens in die Gefängnisse gebracht worden sind. Gewalt in seiner Extremform bei den Beschlagnahmungskommandos, die Ende 1922 – mehr als ein Jahr, nachdem die NEP von der Parteizentrale beschlossen worden ist, – immer noch die ländliche Bevölkerung terrorisierten. In den dreißiger Jahren setzen sich die Widersprüche fort: Phasen der spektakulären Massenverhaftung wechseln sich ab mit Freilassungswellen im Rahmen von Kampagnen für die »Entlastung der Gefängnisse«. Anhand dieser vielfältigen Fallbeispiele soll eine Liste der unterschiedlichen Gewalt- und Repressionsformen erstellt werden, die das für die Fragen nach den Mechanismen, dem Ausmaß und Sinn des Massenterrors gültige Betrachtungsfeld erweitern.

Da diese Praktiken bis zu Stalins Tod permanent angewandt werden und sie für die Sozialgeschichte der UdSSR erhebliche Folgen haben, halte ich es für gerechtfertigt, zumindest in der ersten Phase die politische Geschichte in den Hintergrund zu stellen. Die Bemühungen um eine Rekonstitution beinhalten auch den Versuch einer abschließenden Zusammenfassung, welche die älteren und neueren Erkenntnisse und die neue Fragen auslösenden Dokumente berücksichtigt. Bei den Dokumenten handelt es sich meistens um Berichte an die Moskauer Zentrale – Mitteilungen der lokalen Funktionäre über die Hungersnot, der örtlichen Tschekaverbände über die Arbeiterstreiks von Tula oder der Lagerverwaltung über den Zustand der Häftlinge –, kurz: um Berichte, die konkrete Realitäten und Extremsituationen dieser stark von Gewalt geprägten Welt schildern.

Um die verschiedenen Fragenkomplexe der vorliegenden Arbeit auseinanderhalten zu können, muß man sich zuerst die verschiedenen Zyklen der Gewalt und Repression vergegenwärtigen.

Der erste Zyklus – von Ende 1917 bis Ende 1922 – beginnt mit der Machtergreifung, die nach Lenin notwendigerweise mit einem Bürgerkrieg einhergeht. Nach einer kurzen Phase, in der die spontanen Gewaltausbrüche der Gesellschaft als zersetzende Kräfte gegen die »alte Ordnung« eingesetzt wurden, kommt es bereits im Frühjahr 1918 zu einer bewußt geplanten Offensive gegen die Bauernschaft, die – von der militärischen Auseinandersetzung zwischen den »Roten« und »Weißen« einmal abgesehen – auf Jahrzehnte hinaus die terroristischen Praktiken prägen und die wohl oder übel in Kauf genommene Unbeliebtheit der politischen Machthaber zur Folge haben wird. Trotz allem, was in Anbetracht der wenig gefestigten Macht auf dem Spiel stand, ist es erstaunlich, daß man sich zu keinem Zeitpunkt bemüht hat, über Verhandlungen zu einer Lösung zu kommen. Statt dessen versucht man die Flucht nach vorn, was die Repressionen gegen den natürlichen Verbündeten der Bolschewiki, die Arbeiter, besonders deutlich zum Ausdruck bringen. Die Revolte von Kronstadt ist in dieser Hinsicht nur eine Folge davon. Der erste Zyklus endet weder mit der Niederlage der Weißen noch mit der NEP, sondern erfährt durch eine von der Gewalt geprägte Basis eine weiterführende Dynamik und kommt erst mit der Hungersnot von 1922, die den letzten Widerstand der Bauern bricht, zum Erliegen.

Was für eine Bedeutung soll man der kurzen Pause (1923–27) zwischen den beiden Gewaltzyklen beimessen? Mehrere Gründe sprechen für einen allmählichen Abbau des für den Bürgerkrieg typischen Umfeldes: die Stärke der politischen Polizei wird drastisch verringert, es kommt zu einem Waffenstillstand mit der Bauernschaft und zum Beginn einer gesetzlichen Reglementierung. Von einem völligen Verschwinden der politischen Polizei kann jedoch nicht die Rede sein, denn ihre Kontroll- und Überwachungsfunktion behält sie durchaus bei. Die kurze Dauer der Pause relativiert auch ihre Bedeutung.

Bilden direkte und allgemeine Auseinandersetzungen den Kontext des ersten Zyklus, so ist der des zweiten durch Machtkämpfe innerhalb der Führungsspitze gekennzeichnet. Zu Beginn dieses zweiten Zyklus startet die stalinistische Gruppe erneut einen Angriff gegen die Bauernschaft. Auf beiden Seiten wird dieses Wiederauftreten von extremen Gewaltformen als Wiederaufnahme der alten Feindseligkeiten gewertet. Die politische Macht knüpft an Praktiken an, in denen sie sich einige Jahre zuvor schon gübt hat. Die Brutalisierung der sozialen Beziehungen während des ersten Zyklus war mit Mechanismen verknüpft, die nun für die nächsten 25 Jahre eine neue Terror- und Regressionsdynamik auslösen. Der zweite Krieg gegen die Bauernschaft ist entscheidend für die Institutionalisierung des Terrors als Regierungsform. Und zwar in mehrerer Hinsicht: er benutzt zum Teil die sozialen Spannungen als Mittel zum Zweck und läßt die auf dem Lande seit jeher präsenten Kräfte »archaischer« Gewalt wieder aufleben; er führt das System der Massendeportationen ein, und bildet auf seiner Grundlage die politischen Führungskräfte des Regimes aus. Und schließlich der räuberische Steuereinzug, der den gesamten Produktionszyklus stört, das »militärisch-feudalistische Wirtschaftssystem« der Bauern – um einen Ausdruck Bucharins zu zitieren – in eine neue Form von Leibeigenschaft verwandelt und dem Stalinismus den Weg zu neuen Extremversuchen öffnet: zur Hungersnot von 1933, die in der Bilanz der Opfer während der Stalinzeit am meisten ins Gewicht fällt. Nach dieser Extremsituation – niemand mehr, der aussät, und kein Platz mehr in den Gefängnissen – zeichnet sich für zwei kurze Jahre eine Kampfpause ab: zum ersten Mal kommt es zur Freilassung von Massen. Doch die wenigen Befriedungsmaßnahmen erzeugen neue

Spannungen: die Kinder der deportierten Kulaken bekommen zwar wieder ihre bürgerlichen Ehrenrechte zugesprochen, dürfen aber nicht in ihre Heimat zurückkehren.

Wie entwickeln und äußern sich – vom Bauernkrieg ausgehend – die verschiedenen Terrorphasen während der dreißiger und vierziger Jahre? Zu ihrer Unterscheidung gibt es verschiedene Anhaltspunkte: beispielsweise die Intensität und Radikalität der Repressionen. Mehr als 85 % der während der gesamten Stalinzeit gefällten Todesurteile fallen in die knapp zwei Jahre währende Zeit des Großen Terrors (Ende 1936 bis Ende 1938). Die Opfer dieser Jahre stammen aus den unterschiedlichsten Gesellschaftsschichten. Der relativ hohe Anteil an hingerichteten oder inhaftierten Führungskräften wird durch die in soziologischer Hinsicht bunte Masse, die den »zufälligen« Liquidierungen zwecks Quotenerfüllung zum Opfer fällt, wieder ausgeglichen. Steht diese blinde und barbarische Repression »über alle Maßen« mit ihren terroristischen Hochzeiten nicht für die Unfähigkeit, manche Hindernisse zu umgehen und Konflikte auf andere Weise als durch Liquidierungen zu lösen?

Ein anderes Unterscheidungskriterium für die verschiedenen Terrorphasen bieten uns die verschiedenen Kategorien der Opfer. Bei zunehmender Sanktionierung der sozialen Beziehungen kommt es im Laufe dieses Jahrzehnts zu mehreren bemerkenswerten Offensiven. Die letzte richtet sich ab 1938 mit einer verstärkt arbeiterfeindlichen Gesetzgebung gegen die »kleinen Leute« der Städte.

Mit der Sowjetisierung der neu annektierten Gebiete und dem Großen Vaterländischen Krieg entsteht eine neue Repressionsphase, in der mit den »Nationalisten« und den »feindlichen Völkern« neue Opferkategorien festgelegt und die Massendeportationen eingeführt werden. Die ersten Anzeichen dieser neuen Welle machen sich bereits 1936/37 mit der Deportierung der Koreaner bemerkbar. Es kommt zu einer verschärften Grenzpolitik.

Ab 1939 geben die Annektierungen der östlichen Regionen Polens und der Baltenländer Anlaß zu neuen Eliminierungen: diesmal sind die Vertreter der sogenannten »nationalistischen Bourgeoisie« die Opfer. Gleichzeitig werden Minderheiten deportiert, die Polen aus Ostgalizien beispielsweise. Zu den Hochzeiten des Krieges nimmt diese Praktik weiterhin zu und stellt für die dringend notwendige Verteidigung des am Rande des Zusammenbruchs stehenden Landes eine zusätzliche Beeinträchtigung dar. Die Deportierungen ganzer Völkerschaften – der Deutschen, Tschetschenen, Tataren, Kalmücken – werden fortgesetzt. Bei der Durchführung dieser Operationen machen sich inzwischen die Erfahrungen, die man seit den frühen dreißiger Jahren auf diesem Gebiet gesammelt hat, bemerkbar. Die Deportierungen sind nicht auf die Kriegszeit beschränkt. Im Rahmen des langwierigen Prozesses der Befriedung und Sowjetisierung der neu annektierten Regionen ziehen sie sich in selektierter Form über die ganzen vierziger Jahre hin. Für die Gulag-Lager ergibt sich daraus ein Zustrom von beachtlichen nationalen

Kontingenten, die das Gesicht der Lager grundlegend verändern, denn nun nehmen die Vertreter der »bestraften Völker« und die nationalen Widerstandskämpfer eine vorherrschende Stellung ein.

Parallel dazu kommt es mit dem Ende des Krieges zu einer verstärkten Sanktionierung des sozialen Verhaltens, was für die Gulag-Lager erneut ein Zustrom bedeutet. In diesen Nachkriegsjahren erreichen die Häftlingszahlen ihre Höchstwerte. Doch in den überfüllten, von zahlreichen Spannungen belasteten Lagern wird die wirtschaftliche Rentabilität zu einem immer größeren Problem. Die ersten Anzeichen einer Krise werden deutlich.

Die letzten, noch weitgehend unerforschten Jahre dieses großen stalinistischen Zyklus zeugen übrigens von für jene Zeit typischen Entgleisungen: Mit dem Wiederaufleben eines latenten Antisemitismus und der Rückkehr des bedrohlichen Bildes der Verschwörung wird eine Rivalität zwischen zwei schwer durchschaubaren Kräften in Szene gesetzt: Banden innerhalb der politischen Polizei oder Lokalgruppen der Partei. Die Historiker sehen sich also veranlaßt, sich die Frage nach der Eventualität einer allerletzten Kampagne zu stellen, eines neuen Großen Terrors, der sich vor allem gegen die jüdische Sowjetbevölkerung gerichtet hätte.

Dieser kurze historische Abriß der ersten 35 Jahre der UdSSR hebt die Praktiken der extremem Gewalt als permanente Form der Gesellschaftspolitik hervor.

Stellt sich seitdem nicht die klassische Frage nach der Fortführung des ersten »leninistischen« Zyklus durch den zweiten »stalinistischen« Zyklus, der erste als Vorläufer des zweiten sozusagen? Es ist offensichtlich, daß das historische Umfeld der beiden Zyklen nicht vergleichbar ist. Der »rote Terror« vom Herbst 1918 ist in einem Kontext allgemeiner Auseinandersetzungen verankert, und die Radikalität der angeordneten Repressionen wird zum Teil erst im Hinblick auf diese Extremsituation verständlich. Der jetzt wiederaufgenommene und dem zweiten Zyklus zugrundeliegende Bauernkrieg hingegen trifft ein befriedetes Land. Es stellt sich die Frage, ob es sich hier um einen permanenten Krieg gegen die überwältigende Mehrheit der Gesellschaft handelt. Abgesehen von dem in seiner Dimension nicht herunterzuspielenden unterschiedlichen Kontext wird der Terror bereits vor dem Ausbruch des Bürgerkriegs als zentrales, den politischen Plänen Lenins dienendes Instrument dargestellt und als Aktionsprogramm, das eigentlich nur vorübergehend gelten soll, in Kauf genommen. So gesehen stellt sich in Anbetracht der kurzen Kampfpause während der NEP und den schwierigen Debatten unter den bolschewistischen Parteiführern über die verschiedenen Entwicklungrichtungen nach wie vor die Frage, ob eine Normalisierung überhaupt möglich war und ob die Repression als alleiniges Mittel gegen soziale und wirtschaftliche Spannungen sich nicht überlebt hatte. Die ländliche Bevölkerung lebt nämlich in jenen Jahren sehr zurückgezogen, die Macht und die Gesellschaft kennen sich gegenseitig kaum.

Der Krieg gegen die Bauern, der die beiden Gewaltzyklen miteinander verbindet, bekommt einen matrizenhaften Charakter, denn er scheint die bereits in den Jahren 1918/22 erprobten und entwickelten Praktiken wieder wachzurufen: Beschlagnahmungskampagnen unter Ausnutzung der sozialen Spannungen innerhalb der Bauernschaft, direkte Auseinandersetzungen und das Wiederauftauchen und Wiedererstarken von Formen archaischer Brutalität. Beide Seiten, Täter und Opfer, sind davon überzeugt, erneut ein bereits bekanntes Szenario mitzuerleben.

Auch wenn die Stalinzeit aus einleuchtenden Gründen, die mit der Prägnanz des Terrors als konstitutivem Element der Regierungs- und Gesellschaftspolitik zusammenhängen, uns mit einer völlig eigenen Welt konfrontiert, ist die Frage nach den sich an verschiedenen Aspekten der Repression andeutenden Zusammenhängen dennoch berechtigt. Betrachten wir die Deportationen einmal an Hand ihrer ersten Erscheinungsform: der Entkosakisierung von 1919/20. Als die Kosakengebiete wieder zurückerobert sind, startet die Regierung eine Deportation, welche die gesamte einheimische Bevölkerung betraf. Dieser Operation ging eine erste Offensive gegen reichere Kosaken voraus, bei der es jedoch auch – entsprechend dem Eifer, den die vor Ort agierenden Einheiten bei der Erfüllung ihrer Aufgabe an den Tag legten, – zur »physischen Liquidierung der Massen« gekommen ist. In mehrerer Hinsicht nimmt dieses Geschehnis Praktiken und Abläufe vorweg, die sich zehn Jahre später in einem ganz anderem Maßstab und Zusammenhang wiederholen werden: Ächtung einer sozialen Gruppe, Übereifer bei den Ausführungen der Anweisungen vor Ort und schließlich die Idee, die Feinde mit den Deportationen auszurotten. Für all diese Elemente gibt es erstaunliche Parallelen zu den Praktiken der Entkulakisierung.

Wenn man diese Überlegung jedoch auf das allgemeinere Phänomen des kollektiven Ausschlusses ausdehnt, auf die Isolierung von feindlichen Gruppen mit der sich daran während des Bürgerkrieges anschließenden Errichtung eines Lagersystems, so muß man die starken Brüche zwischen diesen beiden Repressionszyklen betonen. Die während des Bürgerkriegs errichteten Lager und die in den zwanziger Jahren üblichen Verbannungen haben weder in ihrer Zielsetzung noch in ihrer Realität irgendwelche Gemeinsamkeiten mit dem Konzentrationslagersystem, das sich in den dreißiger Jahren entwickelt. Die große Reform von 1929 führt nämlich nicht nur zur Aufgabe der gewöhnlichen Formen der Haft, sondern sie legt auch die Grundlagen für ein neues, unter anderem durch Zwangsarbeit gekennzeichnetes System. Mit der Errichtung der Gulaglager kommt die zentrale Frage auf, ob der Ausschluß von vorneherein beabsichtigt ist oder nicht und ob der Ausschluß ein dauerhaftes Mittel für den Plan der wirtschaftlichen und sozialen Umwandlung ist. Mehrere Punkte, die alle in wichtigen Arbeiten behandelt werden, scheinen dies zu bejahen: In erster Linie ist es der geplante Charakter des Terrors, so wie er durch die Quotenpolitik – angefangen bei der Entkulakisierung bis hin zum Großen Terror – zum Ausdruck kommt. Dieser geplante Charakter kann als Ausdruck dieser grundsätzlichen Absicht verstanden werden. Die Untersuchungen in den Archiven bestätigen diese Zahlenbesessenheit, welche die verschiedenen Verwaltungsebenen – von der Spitze bis zur Basis – in Bewegung hält. Regelmäßige Zahlenbilanzen zeugen offensichtlich von der perfekten Kontrolle der Verantwortlichen über den Repressionsprozeß. Über sie kann der Historiker auch das Maß der Intensität in seiner ganzen Vielschichtigkeit herausfinden, ohne die Zahlen überzubewerten. Die Chronologie der verschiedenen, heute besser bekannten Repressionswellen bestätigt gewissermaßen die Vorstellung von einer geordneten Abfolge von Operationen.

Doch die Rekonstruktion des gesamten Repressionsprozesses, der Kette von Befehlsanweisungen und der Art, wie sie umgesetzt wurden, des Verlaufs der Operationen sozusagen widerlegt in vielerlei Hinsicht die Vorstellung von einem erarbeiteten und überwachten Plan mit langfristigen Zielen. Vor allem bei einer näheren Untersuchung der Repressionsplanung entdeckt man in den verschiedenen Operationsphasen zahlreiche Zufälligkeiten und immer wieder auftretende Schwächen. Eines der markantesten Beispiele in dieser Hinsicht ist die ziellose Deportation der Kulaken. Die Tatsache, daß sie zunächst deportiert und schließlich sich selbst überlassen wurden, zeigt deutlich, welche Rolle die Improvisation und das Chaos dabei spielten. Auch die »Kampagnen zur Entlastung« der Strafanstalten weisen auf das Fehlen einer klaren Planung hin. Und was die Befehlsweiterleitung und Ausführung betrifft, so ist das Bemühen, dem Befehl zuvorzukommen oder ihn mit Übereifer zu befolgen, ein weitverbreitetes Phänomen. Es kommt zu einer erheblichen »Abweichung innerhalb der hierarchischen Linie«.

Auch im Hinblick auf die Gulag-Lager werden die Interessen und Ziele von dem, was sich schließlich als System durchgesetzt hat, mit zunehmender Erforschung immer komplexer und sind schwieriger auseinanderzuhalten. Das Bild von der stalinistischen Ordnung mit dem Gulag-System als seiner »schwarzen«, aber vollendeten Seite erfährt durch die heute einsehbaren Dokumente, welche die zahlreichen Widersprüche der Lagerwelt besser an den Tag bringen, viele Abstriche: die unaufhörliche Ankunft der ausgegrenzten Gruppen scheinen das Produktionssystem eher zu stören als es in seiner Leistungsfähigkeit zu fördern. Trotz einer stark ausgearbeiteten Kategorisierung der Häftlinge scheinen die Grenzen zwischen den verschiedenen Lagerwelten wenig eindeutig zu sein, ja sogar völlig zu fehlen. Auch die Frage nach der wirtschaftlichen Rentabilität dieses Systems stellt sich nach wie vor.

In Anbetracht dieser Widersprüche, Improvisationen und Folgeeffekte wurden mehrere Thesen formuliert, die sich alle mit den Gründen, die in periodischen Abständen zu Massenrepressionen führen, und mit der der Gewalt- und Terrorbewegung innewohnenden Logik beschäftigen.

Bei ihrem Versuch, die Motive, die dem großen stalinistischen Repressionszyklus zugrundeliegen, zu analysieren, haben die Historiker den Anteil der Improvisation und der Flucht nach vorn anläßlich der die Modernisierung einleitenden »Großen Wende« deutlich herausgearbeitet. Diese durch den Bruch entstandene Dynamik entwickelt sich umgehend zu einer so starken Offensive, daß die Macht sich nur über eine wachsende Radikalisierung der Terrorpraktiken in der Illusion wiegen kann, diese zu kontrollieren. Von diesem Moment an befindet man sich innerhalb einer extremen Gewaltbewegung, deren Mechanismen, Folgeeffekte und Maßlosigkeit den Zeitgenossen und auch den Historikern immer noch weitgehend entgehen. Der Repressionsprozeß als einzige Antwort auf die Konflikte und Hindernisse erzeugt neue unkontrollierte Bewegungen, welche die Spirale der Gewalt weiter nach oben treiben.

Der Terror als zentrales Phänomen der Politik- und Sozialgeschichte der UdSSR wirft heute Fragen auf, die sich immer komplexer gestalten. Die gegenwärtigen Forschungsarbeiten widerlegen zumindest teilweise die Thesen, die lange Zeit in der Sowjetologie vorherrschend waren. Ohne eine globale und definitive Erklärung eines Phänomens geben zu wollen, das sich wegen seiner Unfaßbarkeit jedem Verständnis entzieht, bemühen sie sich eher um eine Analyse der Mechanismen und der Dynamik der Gewalt.

In dieser Hinsicht gibt es nach wie vor zahlreiche Dunkelzonen, vor allem was die durch die Gewaltanwendung betroffenen sozialen Verhaltensweisen betrifft. Was in der Forschungsarbeit noch nicht berücksichtigt wurde, ist die Frage nach den Tätern. Man wird also die Gesellschaft in ihrer Gesamtheit prüfen müssen, die Opfer, aber auch diejenigen, die aktiv am Geschehen beteiligt waren.

Anmerkungen

1 Bis zum 1. Februar 1918 galt in Rußland der Julianische Kalender, dem unser Gregorianischer Kalender um 13 Tage vorausging. Dem 25. Oktober 1917 in Rußland entspricht nach der deutschen Zeitrechnung der 7. November 1917.

2 A. Z. Okorokow, *Oktiabr' i krax russkoi burzuaznoi pressy* (Der Oktober und der Zusammenbruch der russischen bürgerlichen Presse), Moskau 1971; V. N. Brovkin, *The Mensheviks after October*, London 1987.

3 G. A. Below, *Iz istorii Vserossiiskoi Crezvycainoi komissii, 1917–1921: Sbornik dokumentov* (Geschichte der Außerordentlichen Kommission, 1917–1921: Dokumentensammlung) Moskau 1958, S. 66; G. Leggett, The Cheka, *Lenin's Political Police*, Oxford 1981, S. 13–15.

4 Below, a. a. O., S. 54–55.

5 Ebd. S. 67.

6 D. I. Kurski, *Izbrannye stati i reci* (Ausgewählte Reden), Moskau 1958, S. 67.

7 E. A. Finn, »Antisovetskaia pecat' na skam'e podsudimyx« (Die antisowjetische Presse auf der Anklagebank), in: *Sowjetskoïe Gosudarstwo i prawo* 1967/2, S. 71–72.

8 S. A. Pawljucenkow, *Krestianskii Brest* (Der Brest-Vertrag für die Bauern), Moskau 1996, S. 25–26.

9 Leggett, a. a. O., S. 7.

10 W. D. Brontsch-Brujewitsch, *Na boevyx postax fevral'skoi i oktiabrskoi revoliutsii* (An den Kampfplätzen der Februar- und Oktoberrevolution), Moskau 1930, S. 191.

11 Brontsch-Brujewitsch, a. a. O., S. 197.

12 Leggett, a. a. O., S. 16.

13 *Lenin i VCK: Sbornik dokumentov* (Lenin und die Tscheka: Dokumentensammlung), Moskau 1975, S. 36–37; vollständiger Text: GARF 130/2/134/26–27.

14 *Delo Naroda*, 3. Dezember 1917.

15 W. I. Lenin, *Polnoe sobranie socinenii* (Gesammelte Werke), Moskau 1958–1966, Bd. XXXV, S. 311.

16 Die Akten können im GARF (Staatsarchiv der Russischen Föderation) eingesehen werden, sogenannter »Prager Archiv«-Bestand, Akten 1–195. Für den betreffenden Zeitraum: Akte 8,2,27.

17 Zit. in O. Figes, *The Russian Revolution*, London 1995, S. 379.

18 Archiv B. Nikolajewski, Hoover Institution, *Polozenie o CK na mestax* (Bericht über die lokalen Organisationen der Tscheka), 11. Juni 1918.

19 Leggett, a. a. O., S. 29–40.

20 M. I. Latsis, *Dva goda borby na vnutrennom fronte* (Zwei Kampfjahre an der inneren Front), Moskau 1920, S. 6.
21 I. Steinberg, *In the Workshop of the Revolution*, London 1955, S. 145.
22 L. Schapiro, *Les Bolcheviks et l'opposition. Origines de l'absolutisme communiste, 1917–1922*, Paris 1957, S. 84–86; Brovkin, a. a. O., S. 46–47 und 59–63.
23 E. Berard, »Pourquoi les Bolcheviks ont-ils quitté Petrograd?«, in: *Cahiers du monde russe et soviétique*, XXXIV (4), Oktober–Dezember 1993, S. 507–528.
24 Lenin, a. a. O., Bd. XXXV, S. 311.
25 CRCEDHC (Centre russe de conservation et d'étude de la documentation historique contemporaine) 158/1/10; Pawljuzenkow, a. a. O., S. 29.
26 *Dekrety Sovetskoi Vlasti* (Dekrete der Sowjetmacht), Bd. 1 (1957), S. 490–491.
27 P. G. Sofinow, *Ocerki Istorii vserossiiskoi crezvycainoi komissii* (Geschichte der Außerordentlichen Kommission), Moskau 1960, S. 43–44; Leggett, a. a. O., S. 35.
28 Below, a. a. O., S. 112–113.
29 Brovkin, a. a. O., S. 159.
30 Lenin, a. a. O., Bd. XXXVI, S. 265.
31 *Protokoly zasedanii VSIK 4-sozyva, Stenograficeskii otcet* (Protokolle der 4. Sitzung des ZEK), Moskau 1918, S. 250.
32 Ebd., S. 389.
33 K. Radek, »Puti russkoi revoliutsii« (Die Wege der Russischen Revolution), in: *Krasnaia* Nov. 1921/4, S. 188.
34 A. Graziosi, *The Great Soviet Peasant War*, Ukrainian Research Institute, Harvard University, 1996, S. 18.
35 Brovkin, a. a. O., S. 220–225.
36 CRCEDHC 17/6/384/97–98.
37 *Novaja Tschizn* (Das Neue Leben) 1. Juni 1918, S. 4.
38 N. Bernstam, *Ural i Prikamie, noiabr' 1917 – ianvar 1919* (Der Ural und das Kamagebiet, November 1917 – Januar 1919), Paris 1982.
39 *Instruksia Crezvycainym Komissiam* (Anweisungen für die örtlichen Tscheka-Verbände), Archiv B. I. Nikolaevski, Hoover Institution Stanford, zit. in Leggett, a. a. O., S. 39–40.
40 L. Trotzki, *O. Lenin* (Lenin), Moskau 1924, S. 101.
41 *Novaja Tschizn* 16., 26., 27., 28. Juni 1918; Brovkin, a. a. O., S. 243–249; S. Rosenberg, »Russian Labor and Bolshevik Power«, in: *Slavic Review 44* (Sommer 1985), S. 233 ff.
42 Lenin, a. a. O., Bd. L, S. 106.
43 L. M. Spirin, *Klassy i partii v grazdanskoivoine v Rossii* (Klassen und Parteien des russischen Bürgerkriegs), Moskau 1968, S. 180 f.
44 Lenin, a. a. O., Bd. L, S. 142.
45 CRCEDHC 2/1/6/898.
46 GARF (Staatsarchiv der Russischen Föderation).
47 CRCEDHC 76/3/22.
48 *Leninskii sbornik* (Sammlung von Texten Lenins), Bd. 18 (1931), S. 145 f., in: D. Volkogonov, *Le Vrai Lénine*, Paris 1995, S. 248.

49 Lenin, a. a. O., Bd. L, S. 143.
50 CRCEDHC 76/3/22/3.
51 *Iswestia*, 23. August 1918; Leggett, a. a. O., S. 104.
52 S. Lyandres, »The 1918 Attempt on the Life of Lenin: A New Look at the Evidence«, in: *Slavic Review*, 48/3 (1989), S. 432–448.
53 *Prawda*, 31. August 1918.
54 *Iswestia*, 4. September 1918.
55 R. Abramowitsch, *The Soviet Revolution*, London 1962, S. 312.
56 *Severnaia Kommuna*, Nr. 109, 19. September 1918, S. 2, in: Leggett, a. a. O., S. 114.
57 *Iswestia*, 10. September 1918.
58 Below, a. a. O., S. 197 f.
59 Leggett, a. a. O., S. 111.
60 *Utro Moskvy* (Der Moskauer Morgen), Nr. 21, 4. November 1918.
61 *Ejenedelnik VCK* (Wochenzeitung der Tscheka), 6 Ausgaben, vom 22. September bis 27. Oktober 1918.
62 Leggett, a. a. O., S. 113.
63 Latsis, a. a. O., S. 25.
64 Brief von J. Martow an A. Stein vom 25. Oktober 1918, in: V. Brovkin, *Behind the Front Lines of the Civil War*, Princeton 1994, S. 283.
65 Bernstam, a. a. O., S. 129.
66 N. N. Gernet, *Protiv smertnoi kazni* (Gegen die Todesstrafe) St. Petersburg 1907, S. 385–423; N. S. Taganschew, *Smertnaia kazn* (Die Todesstrafe), St. Petersburg 1913. Ähnliche Zahlen liefert ein Bericht von Karl Liebknecht (1906 bis 1910: 5735 Todesurteile, davon 3741 vollstreckt; 1825 bis 1905: 525 Urteile, davon 191 vollstreckt) in: M. Ferro, *La Révolution de 1917. La chute du tsarisme et les origines d'Octobre*, Paris 1967, S. 483.
67 CRCEDHC 5/1/2558.
68 *Lenin i VCK* (Lenin und die Tscheka), a. a. O., S. 122.
69 Leggett, a. a. O., S. 204–237.
70 GARF 393/89/10 a.
71 *Vlast'Sovetov* (Die Macht der Sowjets), 1922/1–2, S. 41; L. D. Gerson, *The Secret Police in Lenin's Russia*, Philadelphia 1976, S. 149 f.; Leggett, a. a. O., S. 178; GARF 393/89/18, 393/89/296.
72 Ebd. 393/89/182, 393/89/231, 393/89/295.
73 Gorelik (Hg.), *Gonenia na Anarxizm v Sovetskoi Rosii* (Die Verfolgung des Anarchismus im sowjetischen Rußland), Berlin 1922, S. 27–63.
74 *Iswestia*, 18. März 1919; Gerson, a. a. O., S. 151–152; Leggett, a. a. O., S. 311–316;
75 V. Brovkin, *Behind…*, a. a. O., S. 54.
76 Below, a. a. O., S. 354; CRCEDHC 5/1/2615.
77 Brovkin, *Behind…*, a. a. O., S. 252–257.
78 *Tsirkuliarnoie pis'mo VCK* (Rundbrief der Tscheka), Archiv B. Nikolaevski, in: ebd. S. 267 f.
79 CRCEDHC 17/84/43/2–4.
80 Brovkin, *Behind…*, a. a. O. S. 69; CRCEDHC 17/84/43.
81 Leggett, a. a. O., S. 313; Brovkin, *Behind…*, a. a. O., S. 71; Petrogradskaia Prawda, 13. April 1919, S. 3.

82 CRCEDHC 17/66/68/2–5; 17/6/351.
83 Ebd. 17/6/197/105; 17/66/68.
84 CRCEDHC 17/6/351; *Iswestia TsKa RPK(b)* (Nachrichten vom ZK der KP(b)R) Nr. 3, 4. Juli 1919; CRCEDHC 2/1/24 095; GARF 130/3/363.
85 Brovkin, *Behind…*, a. a. O., S. 82–85; S.P. Melgunov, *La Terreur rouge en Russie, 1918–1924*, Paris 1927, S. 58 ff.; P. Silin, »Astrachanskie rasstrely« (Die Erschiessungen von Astrachansk), in: V. Tschernow, *Tscheka: Materialy po deiatelnosti Cresvycainoi Komisii*, Berlin 1922, S. 248–255;
86 CRCEDHC 2/1/11 957.
87 Trotsky, *Papers*, Bd. II, S. 22.
88 Brovkin, *Behind…*, a. a. O., S. 289.
89 Trotsky, *Papers*, Bd. II, S. 20.
90 Brovkin, *Behind…*, a. a. O., S. 297 f.
91 Brovkin, *Behind…*, a. a. O., S. 292–296.
92 Graziosi, a. a. O.
93 Pawljucenkow, a. a. O., S. 188–240.
94 O. Figes, »The Red Army and Mass Mobilization during the Russian Civil War 1918–1920«, in: *Past and Present*, Nr. 129, November 1990, S. 199–200.
95 *Dekrety sovetskoi vlasti* (Die Dekrete der sowjetischen Macht), Moskau 1968, Bd. IV, S. 167.
96 Brovkin, *Behind…*, a. a. O., S. 318.
97 RGVA (Russisches Militärisches Staatsarchiv) 33 987/3/32.
98 Eine Sammlung dieser Berichte, zusammengestellt von einem Arbeitskreis russischer, französischer und italienischer Historiker, erscheint unter der Leitung von W. P. Danilow Ende 1997 in russischer Sprache.
99 M. S. Frenkin, *Tragedia krestianskix vosstanii v Rossii 1918–1921*, Jerusalem 1987; O. Figes, *Peasant Russia, Civil War: The Volga Countryside in the Revolution*, Oxford 1989; Brovkin, *Behind …*, a. a. O.
100 Taros Hunczak (Hg.), *The Ukraine 1917–1921*, Cambridge 1977.
101 Voline, *La Révolution inconnue*, Paris 1969, S. 509–626; A. Skirda, *Les Cosaques de la liberté*, Paris 1985; R. Pipes, *Russia under the Bolshevik Regime 1919–1924*, London 1994, S. 106 ff.;
102 Ebd., S. 105–131;
103 O. Figes, *Peasant Russia, Civil War*, London 1992, S. 333 f; Brovkin, *Behind…*, a. a. O., S. 323–325.
104 CRCEDHC 76/3/109.
105 V. L. Genis, »Raskazačwanie v Sovetskoi Rossii« (Die Dekosakisierung im sowjetischen Rußland), in: *Voprosy Istorii* (Fragen zur Geschichte) 1994/1, S. 42–55.
106 *Iswestia Tsk KPSS*, 1989 Nr. 6, S. 177–178.
107 CRCEDHC 5/2/106/7.
108 Genis, a. a. O., S. 42–55.
109 CRCEDHC 17/6/83.
110 Genis, a. a. O., S. 50; CRCEDHC 17/84/75.
111 Melgunov, a. a. O., S. 77; Brovkin, *Behind …*, a. a. O., S. 346.
112 CRCEDHC 17/84/75/28.

113 Ebd. 17/84/75/59.
114 Brovkin, *Behind…*, a. a. O., S. 353.
115 CRCEDHC 85/11/131/11.
116 Ebd. 85/11/123/15.
117 *Krasnyi Metsch* (Das rote Schwert), Nr. 1, 18. August 1919, S. 1.
118 CRCEDHC 5/1/2159/35–38.
119 Ebd. 76/3/70/20.
120 Ebd. 17/6/384/62.
121 Ebd. 17/66/66.
122 *Iswestia Odesskogo Soveta rabocix deputatov*, Nr. 36, S. 1, in: Brovkin, *Behind…*, a. a. O., S. 121.
123 Melgunov, a. a. O., S. 61–77; Leggett, a. a. O., S. 199 f.; Brovkin, *Behind…*, a. a. O., S. 122–125; GARF, Bestand der Denikin-Kommission, Akte 134 (Charkow), 157 (Odessa), 194, 195 (Kiew).
124 V. Tschernow (Hg.), *Tscheka: Materialy po deiatelnosti crezvycainoi komissii* (Tscheka: Dokumente über die Aktivität der Außerordentlichen Kommission), Berlin 1922.
125 Die Schätzungen stammen von Melgunov, a. a. O., S. 77; ebenso sozialrevolutionäre Quellen aus Charkow vom Mai 1921.
126 Lenin, a. a. O., Bd. XLII, S. 74.
127 Melgunov, a. a. O., S. 81.
128 W. Danilow und T. Schanin, *Krestianskoie vosstanie v Tambowskoi gubernii v 1919–1921* (Die Bauernrevolte in der Provinz Tambow 1919–1921), Tambow 1994, S. 38–40.
129 CRCEDHC 17/86/103/4; S. Singleton, »The Tambov Revolt«, in: *Slavic Review* Nr. 3 (1966), S. 498–512; O. Radkey, *The Unknown Civil War in Russia. A Study of the Green Movement in the Tambov Region*, Stanford 1976; O. Figes, *Peasant Russia, Civil War*, a. a. O.
130 Danilow/Schanin, a. a. O., S. 63 f.; Radkey, a. a. O., S. 122–126.
131 Lenin, a. a. O., Bd. LI, S. 310.
132 M. Bogdanow, *Razgrom zapadno sibirskogo kulačko-eserovskogo miateya*, Tiumen 1961.
133 CRCEDHC 76/3/208/12.
134 CRCEDHC 76/3/166/3.
135 Brovkin, *Behind…*, a. a. O., S. 392.
136 CRCEDHC 76/3/167/23.
137 P. Avrich, *La Tragédie de Cronstadt*, Paris 1975, S. 153–183.
138 CRCEDHC 76/3/167.
139 *Kronstadt 1921, Dokumenty* (Dokumente), Moskau 1997, S. 15.
140 Leggett, a. a. O., S. 328.
141 S. A. Malsagoff, *An Island Hell: A Soviet Prison in the Far North*, London 1926, S. 45 f.
142 *Kronstadt 1921*, a. a. O., S. 367.
143 Brovkin, a. a. O., S. 400.
144 A. Graziosi, »At the Roots of Soviet Industrial Relations and Practices, Piatakov's Donbass in 1921«, in: *Cahiers du Monde russe*, Bd. XXXVI/1–2 (1995), S. 95–138;
145 Danilow/Schanin, a. a. O., S. 179 f.

146 Ebd. S. 178 f.
147 Danilow/Schanin, a. a. O., S. 226 f.
148 GARF 393/89/182; 393/89/231;393/89/295.
149 CRCEDHC 5/2/244/1.
150 Danilow/Schanin, a. a. O., S. 218.
151 CRCEDHC 17/87/164; 76/3/237.
152 CRCEDHC 17/87/296/35–36.
153 *Prawda*, 21. Juli 1921; M. Heller, »Premier avertissement: un coup de fouet. L'histoire de l'expulsion des personnalités culturelles hors de l'Union soviétique en 1922«, in: *Cahiers du Monde russe et soviétique* XX/2 (April/Juni 1979), S. 131–172;
154 GARF 1064/1/1/33 zit. in M. Wehner, »Golod 1921–22, Samarskoi gubernii«, in: *Cahiers du Monde russe* 1997 (1–2), S. 230.
155 CRCEDHC 2/1/26 847.
156 M. Heller, a. a. O., S. 141.
157 Ebd. S. 143.
158 Ebd. S. 148 f.
159 Ebd. S. 151.
160 S. Adamets, *Catastrophes démographiques en Russie soviétique en 1918–1923*, EHESS 1995, S. 191.
161 A. Beljakow, *Iunost vozdia* (Die Jugend des Führers), Moskau 1960, S. 80 ff., zit. in: Heller, a. a. O., S. 134.
162 CRCEDHC 2/1/22 947/1–4.
163 *Russkia Pravoslavnaia tserkov i kommunisticeskoi gosudarstvo 1917–1941* (Die russisch-orthodoxe Kirche und der kommunistische Staat 1917–1941), Moskau 1966, S. 69.
164 Volkogonov, a. a. O., Paris S. 346.
165 Ebd.
166 H. Carrère d'Encausse, *Le Malheur russe*, Paris 1988, S. 400.
167 Lenin, a. a. O., Bd. LIV, S. 189.
168 Ebd. S. 198.
169 Ebd. S. 265 f.
170 CRCEDHC 76/3/303.
171 Name einer Petrograder Literaturzeitschrift; der Übersetzer.
172 CRCEDHC 2/2/1338.
173 A. Livchine, »›Lettres de l'intérieur‹ à l'époque de la NEP. Les campagnes russes et l'autorité locale«, in: *Communisme* 42–44 (1995), S. 45–56; V. Izmozik, »Voices from the Twenties: private correspondance interceoted by the OGPU «, in: *The Russian Review* 55/2 (April 1996), S. 287–308.
174 N. Werth, G. Moullec, *Rapports secrets soviétiques 1921 -1991, La société russe dans les documents confidentiels*, Paris 1995, S. 36.
175 Ebd. S. 105.
176 CRCEDHC 76/3/307/4–15.
177 *Voprosy Istorii KPSS*, 1988, Nr. 11, S. 42–43.
178 CRCEDHC 76/3/362/1–6.
179 CRCEDHC 76/3/306. In einem Brief an Mechli, gab F. Dserschinski zu, daß 1924 allein in der Republik Rußland 650 Personen von den Diensteinheiten hingerichet wurden (CRCEDHC 76/3/362/7–11).

180 *Istoria sovetskogo gosudarstva i prava* (Geschichte des Staates und des sowjetischen Rechts), Moskau 1968, Bd. 2, S. 580–590.
181 CRCEDHC 76/3/390/3–4.
182 A. Solschenizyn, *Der Archipel Gulag*, Bern und München 1974; W. Schalamow, *Grani* 77 (1972), S. 42 ff.; A. Melnik, A. Socina u. a., »Materialy k istoriko-geograficeskomu atlasu Solowkow« (Dokumente für einen politisch-historischen Atlas der Solowki-Inseln), in: *Zvenia*, Bd. 1, S. 301–330.
183 A. Bennigsen und C. Lemercier-Quelquejay, *Les Musulmans oubliés, L'Islam en Union soviétique*, Paris 1981, S. 55–59.
184 Ebd. S. 53–54.
185 M. Wehner, »Le Soulèvement géorgien de 1924 et la réaction des bolcheviks«, in: *Communisme* 42–44, S. 155–170.
186 »Dokumenty o sobytiax v Cecne 1925« (Dokumente über die Ereignisse in Tschetschenien 1925), in: *Istocnik* 1995/5, S. 140–151.
187 A. Graziosi, *The Great Soviet Peasant War*, a. a. O., S. 44.
188 Graziosi, a. a. O., S. 44 f.
189 M. Lewin, *La Paysannerie et le pouvoir soviétique, 1928–1930*, Paris 1968; E. H. Carr und R.W. Davies, *Foundations of a Planned Economy*, Bd. 1, London 1974, S. 71–112.
190 Carr/Davies, a. a. O., S. 610–642.
191 *Sovetskaia Iustitsia*, 1930, Nr. 24–25, S. 2.
192 Werth/Moullec, a. a. O., S. 355.
193 O. Khlevniouk, *Le Cercle du Kremlin. Staline et le Bureau politique dans les années 1930, les jeux du pouvoir*, Paris 1996, S. 38–40.
194 N. A. Iwnitski, *Kollektivizatsia i raskoulacivanie* (Kollektivierung und Entkulakisierung), Moskau 1994, S. 32–49.
195 Ebd. S. 49–69.
196 Graziosi, a. a. O., S. 449.
197 Russischer Buchweizen- oder Gerstenbrei (Anmerkung des Übersetzers).
198 M. Fainsol, *Smolensk à l'heure de Staline*, Paris 1967, S. 271–277; R.W. Davies, *The Socialist Offensive. The Collectivisation of Soviet Agriculture*, London 1980, S. 243–251.
199 V. Danilov und A. Berelovitch, »Les Documents de la VCK-OGPU-NKVD sur la campagne soviétique, 1918–1837«, in: *Cahiers du Monde russe*, Bd. XXXV (3) 1994, S. 671–676.
200 Ebd. S. 674; A. Graziosi, »Collectivisation, révoltes paysannes et politiques gouvernementales à travers les rapports du GPU d'Ukraine de février– mars 1930«, in: *Cahiers du Monde russe* Bd. XXXV (3) 1994, S. 437–632.
201 Danilov/Berelowitch, a. a. O., S. 674 ff.
202 L. Viola, »Babii bunty« (Die Aufstände der Bäuerinnen), in: *Russian Review* Bd. 45 (1986), S. 23–42.
203 Graziosi, a. a. O.
204 Graziosi, a. a. O., S. 462; W. P. Popow, »Gosudarstvennyi terror v Sovetskoi Rossii 1923–1953« (Der Staatsterror im Sowjetrußland 1923–1953), in: *Otecestvennye Archivy* 1992 Nr. 2, S. 28.
205 Iwnitski, a. a. O., S. 106.
206 Danilov/Berelowitch, a. a. O., S. 665 f.

207 Khlevniouk, a. a. O., S. 37.
208 V. N. Zemskow, »Kulackaia ssylka v 30-ye gody« (Die Deportation der Kulaken in den dreißiger Jahren), in: *Sotsiologiceskie issledovania* 1991 Nr. 10, S. 3–20.
209 N. Werth, »›Déplacés spéciaux‹ et ›colons de travail‹ dans la société stalinienne«, in: *XXe Siècle* Nr. 54 (April–Juni 1997), S. 34–50.
210 Iwnitski, a. a. O., S. 124.
211 Werth/Moullec, a. a. O., S. 140.
212 W. P. Danilow und S. A. Krasilnikow, *Spetzpereselentsy v Zapadnoi Sibiri* (Die Sonderumsiedler in Westsibirien 1930), Bd. 1, Nowossibirsk 1993, S. 57 f.
213 Ebd. S. 167.
214 Danilow/Krasilnikow, a. a. O. (Bd. 3), S. 89–99.
215 Zemskow, a. a. O., S. 4 f.
216 GARF 9414/1/1943/56–61, in: Werth/Moullec, a. a. O., S. 142 ff.
217 Danilow/Krasilnikow, a. a. O. (Bd. 2), S. 81 ff; GARF 9479/1/7/5–12; Werth/Moullec, a. a. O., S. 363–374;
218 GARF 9414/1/1943/52.
219 GARF 1235/2/776/83–86.
220 Danilow/Krasilnikow, a. a. O. (Bd. 3), S. 244 f.
221 GARF 374/28 s/4055/1–12.
222 A. Blum, *Naître, vivre er mourir en URSS 1917–1991*, Paris 1994, S. 99.
223 F. Kupferman, *Au pays des Soviets. Le voyage français in Union soviétique 1917–1939*, Paris 1979, S. 88.
224 A. Graziosi, »Lettres de Kharkov. La famine en Ukraine et dans le Caucase du Nord, à travers les rapports des diplomates italiens 1932–1934«, in: *Cahiers du Monde russe et soviétique* Bd. XXX/1–2 (Januar–Juni 1989), S. 5–106.
225 M. Lewin, *La Formation du système soviétique*, Paris 1987, S. 206–237.
226 GARF 1235/2/1521/71–78; Werth/Moullec, a. a. O., S. 152–155.
227 GARF 3316/2/1254/4–7.
228 Iwnitski, a. a. O., S. 192 f.
229 Iwnitski, a. a. O., S. 198–206.
230 Zemskow, a. a. O., S. 4 f.
231 Graziosi, »Lettres«, a. a. O., S. 51.
232 Iwnitski, a. a. O., S. 198 f.
233 Ebd. S. 204.
234 Graziosi, »Lettres«, a. a. O., S. 59 f.
235 Ebd. S. 79; R. Conquest, *Sanglantes moissons*, Paris 1995, S. 267–296.
236 A.P.F.R. (Archiv des Präsidenten der russischen Föderation) 45/1/827/7–22.
237 N. Aralowetz, »Poteri naselenia v 30-ye gody« (Die Bevölkerungsverluste in den dreißiger Jahren), in: *Otecestvennaia Istoria* 1995/1, S. 135–145; N. Ossokina, »Jertvy goloda 1933. Skol'ko ix?« (Die Zahl der Opfer der Hungersnot von 1933. Wieviele?), in: *Otecestvennaia Istoria* 1995/5., S. 18–26; V. Tsaplin, »Statistika jertv stalinisma« (Statistik der Opfer des Stalinismus), in: *Voprosy Istorii* 1989/4, S. 175–181.
238 S. Merl, »Golod 1932–1933 – genotsid Ukraontsew dlia osuscestvlenia po-

litiki russifikatsii?« (Die Hungersnot von 1932/33 – ein Völkermord zur Russifizierung der Ukraine?), in: *Otecestvennaia Istoria* 1995/1, S. 49–61.

239 Lewin, a. a. O., S. 330–334.

240 Khlevniouk, a. a. O., S. 40–50.

241 Ebd., S. 49.

242 *Pisma J. W. Stalina W. M. Molotowu* (Brief von J. Stalin an W. Molotow), Moskau 1995, S. 193 f.

243 S. Ikonnikow, *Sozdanie i deiatel'nost obedinennyx organow TsKK-RKI v 1923–1934* (Kreativität und Aktivität der ZK-Inspektionsorgane der Arbeiter und Bauern von 1923 bis 1934), Moskau 1971, S. 212 ff.

244 S. Fitzpatrick, *Education and Social Mobility in the Soviet Union 1921–1934*, Cambridge 1979, S. 213–217.

245 N. Timasheff, *Religion in Soviet Russia*, London 1943, S. 64.

246 N. Werth, »Le Pouvoir soviétique et l'Église orthodoxe de la collectivisation à la Constition de 1936«, in: *Revue d'Études comparatives Est-Ouest* 1993/3–4, S. 41–49.

247 GARF 374/28/145/13–26.

248 W. C. Fletcher, *L'Église clandestine en Union soviétique*, Paris 1971.

249 Werth/Moullec, a. a. O., S. 291–304.

250 A. I. Dobkin, »Lischentsy 1918–1936«, (Die Leute, denen das Bürgerrecht entzogen wurde), in: *Zvenia* 2 (1992) S. 600–620.

251 Lewin, a. a. O., S. 311–317.

252 GARF 1235/2/1650/27–34.

253 Ebd.

254 GARF 9479/1/19/7; Werth/Moullec, a. a. O., S. 43 f.

255 GARF 9479/1/19/19.

256 Danilow/Krasilnikow, a. a. O. (Bd. 3), S. 96–99.

257 CRCEDHC 17/120/94/133–136.

258 Khlevniouk, a. a. O., S. 154 ff.

259 GARF 1235/2/2032/15–29.

260 J. A. Getty, G. T. Rittersporn und V. N. Zemskov, »Les victimes de la répression pénale dans l'URSS d'avant-guerre«, in: *Revues des Études Slaves* Bd. 65/4 (1993), S. 641.

261 Graziosi, »Lettres«, a. a. O., S. 77.

262 CRCEDHC 17/3/922/56–58.

263 Popow, a. a. O., S. 28.

264 Alla Kirilina, *L'Assassinat de Kirov. Destin d'un stalinien, 1888–1934*, Paris 1995.

265 R. Conquest, *La Grande Terreur*, Paris 1995, S. 429 f.

266 Khlevniouk, a. a. O., S. 150–154.

267 Ebd., S. 158.

268 Khlevniouk, a. a. O., S. 156–159; über die Kampagne: J. A. Getty, *Origins of the Great Purges: the soviet CP Reconsidered*, 1933–1938, Cambridge 1985; CRCEDHC 17/120/240.

269 CRCEDHC 17/162/17; Khlevniouk, a. a. O., S. 154; Werth/Moullec, a. a. O., S. 376 f.

270 Popow, a. a. O., S. 28.

271 N. Werth, *Les Procès de Moscou*, 1936–1938, Brüssel 1987, S. 61.

272 R. Conquest, *La Grande Terreur*, a. a. O.

273 J. A. Getty, *Origins of the Great Purges: The Soviet CR Reconsidered, 1933–1938*, Cambridge 1985; G. Rittersporn, *Simplifications staliniennes et complications soviétiques, 1933–1953*, Paris 1988; J. A. Getty und R. T. Manning (Hg.), *Stalinist Terror. New Perspectives*, Cambridge 1993.

274 *Stalinskoie Politburo v 30-ye gody* (Das stalinistische Politbüro in den dreißiger Jahren), Dokumentensammlung zusammengestellt von O. W. Chlewniuk, A. W. Kwaschonkin, L. P. Koschlewa und L. A. Rogowaja, Moskau 1995; O. V. Khlevniouk, L. P. Kocheleva und J. Howlett, L. Rogovaia, »Les Sources archivistiques des organes dirigeants du PC(b)R«, in: *Communisme* Nr. 42–44 (1995) S. 15–34.

275 *Troud*, 4. Juni 1992.

276 GARF 9479/1/978/32.

277 *Troud*, 4. Juni 1992.

278 Khlevniouk, *Le Cercle du Kremlin*, a. a. O., S. 208–210.

279 Khlevniouk, a. a. O., S. 212.

280 *Reabilitatsia. Politiceskie processy 30–50 godow* (Rehabilitierung. Die politischen Prozesse der dreißiger, vierziger und fünfziger Jahre), Moskau 1991, S. 39; *Istocnik* 1995/1, S. 117–130:

281 *Iswestia*, 10. Juni 1992, S. 2.

282 Zeitplan und Liste der von Stalin im Kreml empfangenen Besucher (für die Jahre 1936/7), in: *Istoriceskii Arxiv* 1995/4, S. 15–73.

283 *Istocnik* 1995/1, S. 117–132; Popow, a. a. O., S. 20–31.

284 Getty/Rittersporn/Zemskov, a. a. O., S. 631–663.

285 Getty/Rittersporn/Zemskov, a. a. O., S. 655.

286 W. Zemskow, »Gulag«, in: *Sotsiologiceskie Issledovania* 1991/6, S. 14–15.

287 *Leningradski Martirolog* (Martyrologium von Leningrad) *1937–1938*, St. Petersburg 1995, S. 3–50.

288 CRCEDHC 17/120/285/24–37.

289 Conquest, a. a. O., S. 918–921.

290 Ebd., S. 886–912.

291 A. Cristiani und V. Michaleva (Hg.), *Le Repressioni degli anni trenta nell' Armata rossa*, Dokumentensammlung, Neapel 1996.

292 Ebd. S. 20 ff.

293 Conquest, a. a. O., S. 749–772; V. Chentalinski, *La Parole ressuscitée, Dans les archives littéraires du KGB*, Paris 1993.

294 M. I. Odinsow, *Na puti k svobode sovesti* (Auf dem Weg zur Gewissensfreiheit), Moskau 1990, S. 53 f.

295 GARF 3316/2/1615/116–149.

296 Getty/Rittersporn/Zemskov, a. a. O.; N. Werth, *Goulag, les vrais chiffres*, a. a. O.; A. Nove, »Victims of Stalinism: How many?«, in: Getty/Mannig, *Stalinist Terror*, a. a. O.

297 Popow, a. a. O., S. 20–31.

298 Zemskov, »Goulag«, a. a. O., S. 11.

299 Chlewniuk, »Prinuditelnyi trud v ekonomike SSSR, 1929–1941« (Die Zwangsarbeit in der Wirtschaft der UdSSR), in: *Svobodnaja Mysl* 1992/13. S. 78–92.

300 Werth/Moullec, a. a. O., S. 345–379.

301 Zemskov, a. a. O., S. 11–15.
302 Chlewniuk, a. a. O., S. 88 f.
303 Getty/Rittersporn/Zemskov, a. a. O., S. 650–657.
304 Die Zahlen stammen überwiegend aus den bisher zitierten Artikeln und Buchtiteln, besonders: Getty/Rittersporn/Zemskov, a. a. O.; Zemskow, a. a. O.; Werth, a. a. O.; Popow, a. a. O.; Khlevniouk, a. a. O.; *Istocnik* 1995/1, S. 117–130; Blum, a. a. O.
305 K. Sword, *Deportation and Exile, Poles in the Soviet Union, 1939–1948*, London 1994, S. 7.
306 Zemskow, »Spetzposelentsi«, a. a. O., S. 5.
307 Z. S. Siemaszko, *W sowieckim osaczeniu*, London 1991; W. Wielhorski, *Los Polakow niewoli sowieckiej*, London 1956.
308 Sword, a. a. O., S. 15–23.
309 GARF 940/1/4475.
310 Zemskow, *»Gulag«*, a. a. O., S. 19.
311 GARF 9492/2/42/125.
312 GARF 9492/2/42.
313 Werth/Moullec, a. a. O., S. 229.
314 *Istocnik* 1994/3, S. 107–112.
315 *Moskva Voennaia: Memuary i arkhivnye dokumenty* (Moskau im Krieg: Erinnerungen und Dokumente aus den Archiven), Moskau 1995.
316 CRCEDHC 17/88/45.
317 N. Bugai, *L. Berija – J. Stalinu, »Soglasno vasemu ukazaniu«* (L. Berija an J. Stalin, »Gemäß Ihren Anweisungen«), Moskau 1995, S. 27–55; N. Bugai, »40-ye gody: Avtonomiu Nemtsev Powoljia likwidirowat'« (Die vierziger Jahre: Die Aufhebung der Autonomie der Wolgadeutschen), in: *Istoria SSSR* 1991/2, S. 172–182; J.-J. Marie, *Les peuples déportés d'Union soviétique*, Brüssel 1995, S. 35–56.
318 Bugai, xxx, a. a. O., S. 56–220; Zemskov, a. a. O., S. 8–17; M. Guboglo und A. Kusnetsow (Hg.), *Deportatsii narodow SSSR, 1930-ye – 1950-ye gody* (Die Deportation der Völker der UdSSR zwischen 1930 und 1960), Dokumentensammlung, Moskau 1992; Marie, a. a. O., S. 57–128.
319 Bugai, xxx, a. a. O., S. 153.
320 Marie, a. a. O., S. 81 f.
321 Ebd., S. 103.
322 Ebd., S. 66.
323 Ebd., S. 64 f.
324 Zemskow, »Gulag«, S. 9.
325 Marie, a. a. O., S. 107 f.
326 Bugai, a. a. O., S. 153–156.
327 Zemskow, »Gulag«, S. 9.
328 W. Zemskow, »›Kulatskaja ssylka‹ nakanune i v gody Velikoi Otecestvennoi voiny« (Die »Kulakendeportation« kurz vor und während des Großen Vaterländischen Krieges), in: *Sotsiologiceskie Issledovania* 1992/2, S. 3–26.
329 GARF 9414/1/330/56–62.
330 Werth/Moullec, a. a. O., S. 379–391; E. Bacon, *The Gulag at War: Stalin's Forced Labour System in the Light of the Archives*, London 1994.

331 Zemskow, »Gulag«, S. 14 f.
332 Mit Bleistift unterstrichen. Am Rande, mit Bleistift: »Man fragt sich, wozu man sie ›mitgebracht‹ hat?«
333 Im Artikel 58 des Strafgesetzbuchs wurden alle »konterrevolutionären Verbrechen« abgehandelt. Er enthielt nicht weniger als 14 Abschnitte. In den Straflagern bezeichnete man die politischen Häftlinge als die »58er«. Art. 58 Abschn. 10 richtete sich gegen »die Propaganda oder die Machenschaften mit dem Ziel, die Sowjetmacht zu zerstören oder zu schwächen«. Auf »Gruppenpropaganda« – ein häufiger Anklagepunkt – stand als Mindeststrafe: dreijährige Lagerhaft und als Höchststrafe: Todesstrafe.
334 Mit Bleistift unterstrichen. Am Rande, mit Bleistift: »Man sollte sie ein zweites Mal verurteilen oder sie vor die OS bringen.« (OS = Spezialkommission des NKWD, außerhalb der Rechtsordnung stehendes Organ zur Bekämpfung der »konterrevolutionären Verbrechen«).
335 Bacon, *Gulag*, a. a. O.
336 J. Rossi, *Spravocnik po Gulagu* (Gulag-Lexikon), Moskau 1991, Stichworte: Speziallager, Zuchthaus.
337 GARF 9414/1/68/1–61 in *Istoričeski Arkhiv* 1994/3, S. 61–86.
338 GARF 9414/1/330/56–62.
339 Zemskow, »Gulag«, a. a. O., S. 8.
340 Zemskow, »Gulag«, a. a. O., S. 4.
341 *Sotsiologiceskie Issledowania* 1991/7, S. 4 f.
342 *Deportatsii narodow*, a. a. O., S. 162.
343 Subkowa, *Obszestwo i reformy, 1945–1964* (Die Gesellschaft und die Reformen, 1945–1964), Moskau 1993, S. 16–44.
344 W. F. Sima, »Poslewoiennoie obszestwo. Presupnost i golod, 1946–1947« (Die Nachkriegsgesellschaft. Kriminalität und Hungersnot, 1946–1947), in: *Otezestwennaia Istoria* 1995/5, S. 45–58.
345 W.P. Popow, »Golod i gosudarstwennaja politika, 1946–1947« (Die Hungersnot und die Regierungspolitik, 1946–1947), in: *Otezestwennye Arxivy* 1992/6, S. 36–60; Werth/Moullec, a. a. O., S. 162–165.
346 Popow, *Gosudarstwennyi terror*, a. a. O., S. 27.
347 Zemskow, *»Gulag«*, a. a. O., S. 10 f.
348 Popow, *Gosudarstwennyi terror*, a. a. O., S. 27.
349 Zemskow, *»Gulag«*, a. a. O., S. 11 f.
350 Sima, a. a. O., S. 45–58; Subkowa, a. a. O., S. 63–69.
351 Marie, a. a. O., S. 124.
352 Marie, a. a. O., S. 122–126.
353 Bugai, *Berija – Stalinu*, a. a. O., S. 232.
354 W. I. Tsaranow, »O likwidatsii kulazestwa w Moldawii letom 1949« (Die Liquidierung der molawischen Kulaken im Sommer 1949), in *Otezestwennaja Istoria* 1996/2, S. 71–79; Marie, a. a. O., S. 127 f.
355 Y. Bilinsky, *The Second Soviet Republic: the Ukraine after World War II*, New Brunswick 1960, S. 132–135.
356 *Deportasii narodow SSSR*, a. a. O., S. 160.
357 GARF 9414/1 s/1391–1392.
358 M. Craveri und N. Formosow, »La résistance au Goulag. Grèves, révoltes,

évasions dans les camps de travail soviétiques de 1920 à 1956« in *Communisme* 42–44 (1995), S. 197–209.

359 GARF 9414/1 s/513/185.

360 GARF 9414/1 s/642/60–91; N. Werth, »L'Ensemble concentrationnaire de Norilsk en 1951«, in: *XX*[e] *Siècle*, Nr. 47, Juli – September 1994, S. 88–100.

361 M. Craveri und O. Khlevniouk, »Krizis ekonomiki MVD« (Die Wirtschaftskrise des MVD), in: *Cahiers du Monde russe*, Bd. XXXVI/1–2, (1995), S. 179–190.

362 G. Kostyrzenko und S. Redlich, *Evreiskii Anitifazistkii Komitet v SSSR* (Das jüdisch-antifaschistische Komitee der UdSSR), Dokumentensammlung, Moskau 1996.

363 Kostyrzenko, a. a. O., S. 45 ff.

364 *Iswestia* KPSS, 1989, 12, S. 37.

365 Kostyrzenko/Redlich, a. a. O., S. 326–384.

366 Marie, a. a. O., S. 60 f.

367 Kostyrzenko, *V plenu*, a. a. O., S. 136 f.

368 W. I. Demidow und W. A. Kutusow, *Leningradskoie Delo* (Die Leningrad-Affäre), Leningrad 1990, S. 38–90.

369 Ebd., S. 139–151; Marie, a. a. O., S. 77–99.

370 Marie, a. a. O., S. 90 f.

371 Knight, a. a. O., S. 239–247.

372 Sudoplatow, a. a. O., S. 385–434; Kostyrzenko, *V plenu*, a. a. O., S. 289–314.

373 W. P. Naumow (Hg.), *Neprawednyi sud. Stenograma sudebnogo protsessa nad clenami Evreiskogo Antifazistkogo Komiteta* (Stenogramme des Prozesses gegen die Mitglieder der jüdisch-antifaschistischen Komitees), Moskau 1994.

374 Marie, a. a. O., S. 159; Sudoplatow, a. a. O., S. 424 ff.

375 I. Rapoport, *Souvenirs du procès des Blouses blanches*, Paris 1989, S. 140 f.

376 *Istocnik* 1994/1, S. 106–111; *Iswestia TsK* 1991/1, S. 139–214; 1991/2, S. 141–208.

377 Knight, a. a. O.

378 Knight, a. a. O., S. 276.

379 M. Craveri und N. Formozov, »La résistance au Goulag«, in: *Communisme* 42–44 (1995), S. 197–209.

380 W. N. Zemskow, »Massowoie osvsbosdenie spetzposelentsew i ssylnyx« (»Die Freilassung in Massen von Sonderdeportierten und Verbannten«), in: *Sotsiologiceskie Issledowania* 1991/1, S. 5–26.

381 Marie, a. a. O., S. 120 ff.

382 Zemskow, »Gulag«, a. a. O., S. 14.

383 Werth/Moullec, a. a. O., S. 501 ff.

384 L. Alexeïeva, *Soviet Dissent, Contemporary Movements for National, Religious and Human Rights*, Wesleyan UP 1985. Die vollständigste Zusammenfassung über die Dissidentenbewegungen, aus der auch die hier kursorisch dargestellten Informationen stammen.

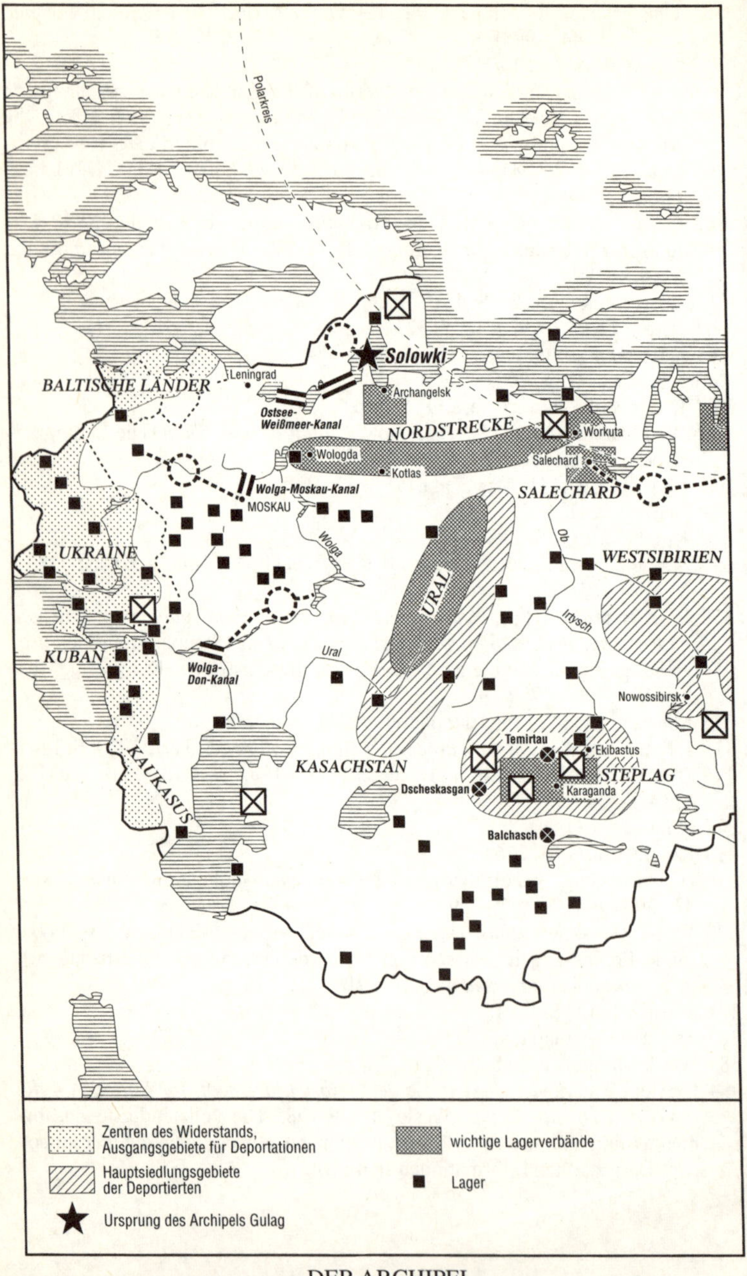

DER ARCHIPEL

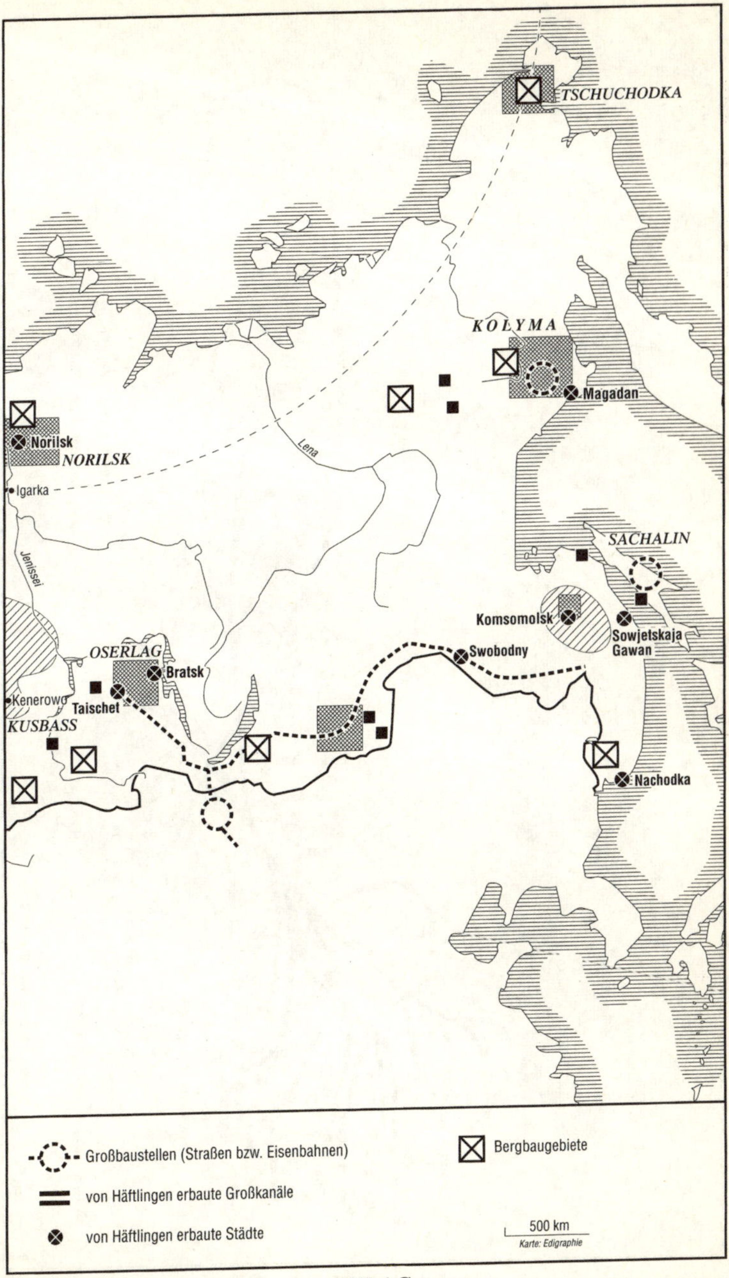
TSCHUCHODKA
KOLYMA
Magadan
Norilsk
NORILSK
Lena
Igarka
Jenissei
SACHALIN
Komsomolsk
Sowjetskaja Gawan
Swobodny
OSERLAG
Bratsk
Kenerowo
Taischet
KUSBASS
Nachodka
Großbaustellen (Straßen bzw. Eisenbahnen)
Bergbaugebiete
von Häftlingen erbaute Großkanäle
von Häftlingen erbaute Städte
500 km
Karte: Edigraphie

GULAG

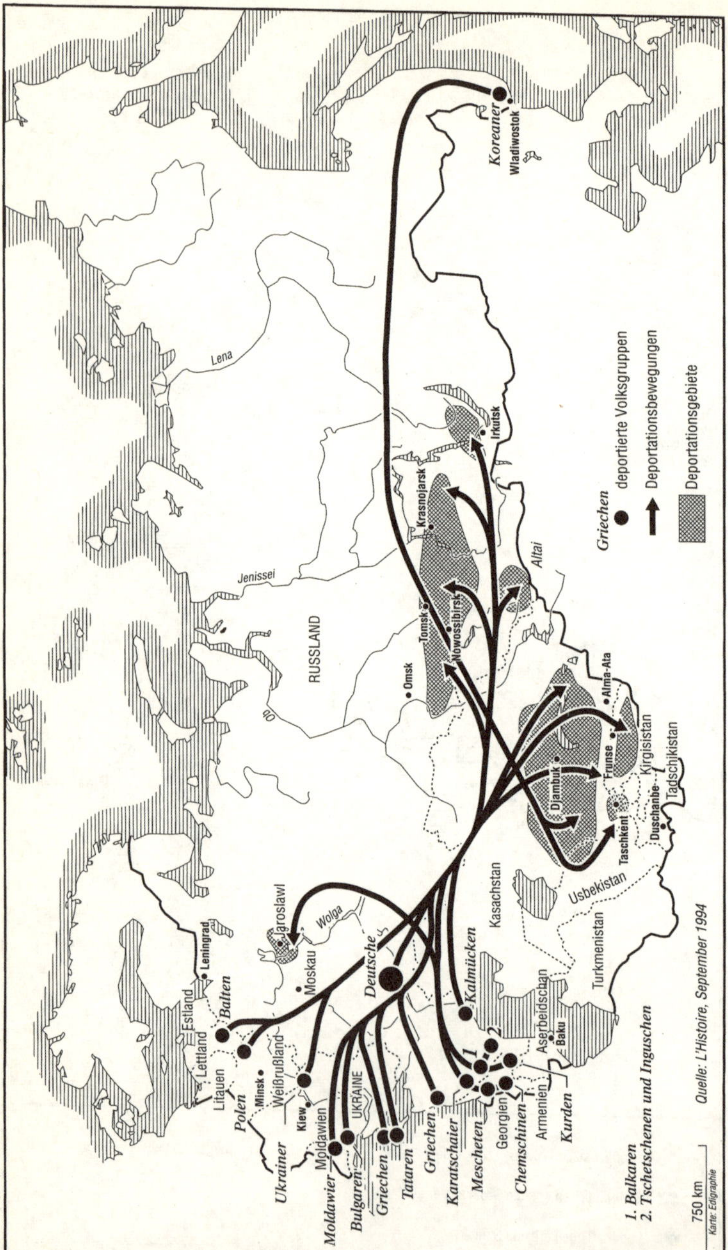

WEGE DER DEPORTATION

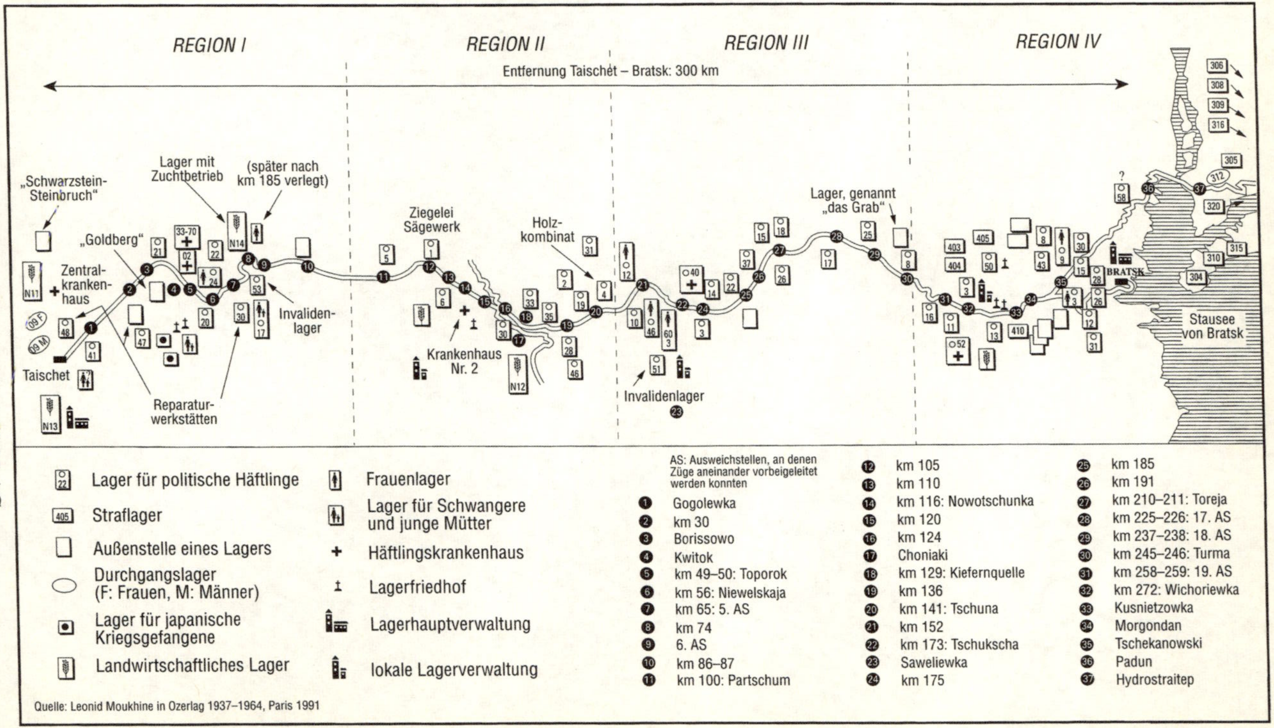

DER ARCHIPEL OSERLAG

Personenregister

Politik und Zeitgeschichte

Jörg Friedrich

Das Gesetz des Krieges

Das deutsche Heer in Rußland 1941–1945. Der Prozeß gegen das Oberkommando der Wehrmacht. 1085 Seiten. SP 2116

Das größte Militärunternehmen der Geschichte, der Hitler-Stalin-Krieg, lieferte dem Autor den Tatsachenstoff, aus dem eine Enzyklopädie menschlichen Verhaltens im totalen Krieg entstanden ist. Friedrich legt dar, wie zwischen 1941 und 1945 das Militärhandwerk zum systematischen Terror greift. Völkermord, Massaker, Repressalien, Verwüstung und Vertreibung, Flächenbombardements, Aushungerung, Versklavung haben den Krieg barbarisiert wie nie zuvor im Abendland. Auf der Basis der Prozeßprotokolle des Gerichtsverfahrens gegen das Oberkommando der Wehrmacht, das 1948 vor amerikanischen Richtern in Nürnberg stattfand, beschreibt Jörg Friedrich die Geschichte des Rußlandfeldzugs und die Rolle der Wehrmacht.

»Der Verfasser hat mit großer analytischer und sprachlicher Kraft ein Werk geschaffen, das auf neue Weise das Wesen des Krieges in seiner Eigendynamik schildert.« Frankfurter Allgemeine

SERIE PIPER

Ferdinand Seibt

Deutschland und die Tschechen

Geschichte einer Nachbarschaft in der Mitte Europas. Aktualisierte Neuausgabe. 516 Seiten. SP 1632

Der Zerfall der Ostblockländer und die Öffnung der Grenzen machen jahrzehntelang voneinander geschiedene Länder wieder zu dem, was sie ihrer Lage nach eigentlich sind: Nachbarländer, die auf eine über tausend Jahre währende, wechselvolle Geschichte ihrer Beziehungen zurückblicken können. Erst in der Mitte des 20. Jahrhunderts geriet diese Nachbarschaft in eine Katastrophe: Die deutsche Aggression bedrohte zum erstenmal das tschechische Volk in seiner Existenz. Was durch Protektoratsterror, Judenmord, Vertreibung der Deutschen und die Zeit des »Eisernen Vorhangs« gewaltsam abgeschnitten und vergessen wurde, das holt dieses Buch in die Gegenwart zurück.

Politik und Zeitgeschichte

Joachim C. Fest
Das Gesicht des Dritten Reiches
Profile einer totalitären Herrschaft. 516 Seiten. SP 1842

Joachim C. Fests psychologisch-biographisch angelegte Porträts der führenden Figuren des Dritten Reiches sind längst zum Standardwerk geworden. Das Buch beabsichtigt nicht die umfassende, systematische Erläuterung von Herrschaftsstrukturen: vielmehr zielt es, ausgehend vom individuellen Hintergrund, auf die Exponenten des nationalsozialistischen Deutschland, geht jedoch in zwei Richtungen über eine reine Geschichte der Personen hinaus: Immer nämlich sind diese Personen ja auch Repräsentanten ihrer sozialen Herkunft, der Motive, Affekte und Verhaltensweisen der sozialen Schicht, der sie entstammen: zum anderen stehen sie für einen bestimmten Bereich der Politik des Nationalsozialismus. So beleuchtet zum Beispiel die Studie über Ribbentrop auch die Außenpolitik, die über Goebbels auch die Propaganda dieser Periode der deutschen Geschichte. Fest ergänzt seine Darstellung durch Gruppenporträts über das Offizierskorps, über die Intellektuellen und die Rolle der Frauen im Dritten Reich.

Das Dritte Reich im Überblick
Chronik · Ereignisse · Zusammenhänge. Herausgegeben von Martin Broszat und Norbert Frei in Verbindung mit Wolfgang Benz, Manfred Funke, Hermann Graml, Lothar Gruchmann, Ludolf Herbst, Hartmut Mehringer, Günter Plum, Werner Röder, Albrecht Tyrell. 335 Seiten. SP 1091

Dieser Band ist Nachschlagewerk und Gesamtdarstellung in einem: in zwölf prägnanten Essays beschreiben ausgewiesene Sachkenner die einzelnen Phasen und die wichtigsten Aspekte des nationalsozialistischen Herrschaftssystems, seine Zielsetzungen, die Innen- wie die Außenpolitik. Kernstück des Buches ist eine ausführliche Chronik aller wesentlichen Daten und Fakten des Dritten Reiches.

Jürgen Roth

Absturz

Das Ende unseres Wohlstands. Mit einem Nachwort zur Taschenbuchausgabe. 279 Seiten SP 2617

Deutschland ist immer noch ein reiches Land. Aber immer mehr Menschen fallen aus dieser reichen Gesellschaft heraus. Handwerker, qualifizierte Angestellte, Akademiker: Niemand ist mehr sicher vor dem Absturz. Wer jetzt arbeitslos wird, wird es lange bleiben – und dabei arm werden. Immer mehr Deutschen, die sich bisher sicher wähnten, droht der Absturz. Jürgen Roth beschreibt diese Entwicklung zu einer Zweidrittelgesellschaft, an deren Anfang wir stehen, und erklärt, wie es zum Abbau des demokratischen Staates kommt, wer davon profitiert und auf wessen Kosten er geht.

»Jürgen Roths ›Absturz‹ genießt traurige Aktualität.«
Die Welt

Kurt Sontheimer, Wilhelm Bleek

Grundzüge des politischen Systems der Bundesrepublik Deutschland

Aktualisierte Neuausgabe. 440 Seiten. SP 1200

Im Mittelpunkt dieser aktualisierten Neuausgabe des anerkannten Standardwerkes zur politischen Bildung steht die Frage nach der Kontinuität und dem Wandel des politischen Systems der Bundesrepublik Deutschland. Aus historischer Sicht wird herausgearbeitet, wie sich die demokratischen Institutionen der alten Bundesrepublik in vier Jahrzehnten weitgehend bewährt haben und 1990 im Prozeß der deutschen Vereinigung auf die neuen Bundesländer übertragen worden sind. Gleichzeitig wird aus der aktuellen Perspektive deutlich, daß unser Staat durch die Vereinigung und die europäische Integration, die Veränderungen der Weltpolitik und die wirtschaftlichen Strukturkrisen der Industriegesellschaften vor neue Herausforderungen gestellt wird.

SERIE PIPER

Politik und Zeitgeschichte

Brigitte Hamann

Hitlers Wien

Lehrjahre eines Diktators.
652 Seiten. SP 2653

Brigitte Hamann auf Spurensuche in Hitlers Wien. Niemand hat bisher eine derartige Fülle von zeitgenössischen Quellen ausgewertet. Die Autorin ist damit zu *der* Expertin für Hitlers frühe Jahre in Wien geworden. Ihr Buch ist die umfassendste Biographie des jungen Hitler und zugleich das Porträt einer Stadt, die ihm verhaßt war und in die er 1938 als Triumphator zurückkehren sollte.

»Die Lektüre des Buches ist ein erstaunliches Erlebnis. Unbewußt ertappt sich der Leser zunächst dabei, Verständnis für das schmächtige Bürschchen aufzubringen, das sich mittellos in einer Großstadt wie Wien durchs Leben schlagen muß, einer Stadt, die der Einwanderung aus dem Osten kaum Herr wird – die Ernüchterung bleibt aber nicht aus. Brigitte Hamann entfaltet das Soziogramm der Habsburg-Metropole, beschreibt die Bevölkerungsschichten (Österreicher, Deutsche, Slawen, Ungarn, Ruthenen, Böhmen u.a.), eruierte die Mietpreise und Lebenshaltungskosten, sogar Hitlers Monatseinkommen, führt uns das Leben in dieser Stadt plastisch vor Augen. Als deprimierendes Fazit bleibt der Gedanke, daß nicht, aber auch gar nichts von Hitlers politischen Wahnvorstellungen ein Eigenprodukt war. Nicht nur in diesem Sinne war Hitler der größte Betrüger dieses Jahrhunderts.«

Süddeutsche Zeitung

»Dieses Buch wird unentbehrlich sein für die künftige Hitlerforschung, die nun überhaupt erst richtig einsetzen kann – eine Herausforderung nicht nur für Zeithistoriker, sondern ebenso für Soziologen, Politologen und Psychologen.«

Karl-Heinz Janßen. Die Zeit

Friedemann Bedürftig

Taschenlexikon Karl V.

247 Seiten. SP 2870

In seinem Reich ging die Sonne nicht unter: Karl V. (1500–1558) ist eine Schlüsselfigur am Ausgang des Mittelalters. Als Kaiser verkörperte er das Ringen zwischen Beharrung und Aufbruch und brachte die Kaisermacht noch einmal zu ungeahnter Entfaltung.

Taschenlexikon Bismarck

240 Seiten. SP 2593

Hundert Jahre nach dem Tod des »Eisernen Kanzlers« hat seine Figur nichts an Faszination verloren. Freilich stellen wir Bismarck nicht mehr auf den Sockel, wie es zu seiner Zeit üblich war. Und doch bewundert jede Generation erneut Weitsicht, Energie und politisches Gespür dieses Geschichte-Machers. Seine Gestaltungskraft, sein souveränes Jonglieren mit den Mächten, aber auch sein entschiedener Wille zum Frieden sichern ihm ungebrochenes Interesse.

Taschenlexikon Deutschland nach 1945

Mit einem Vorwort von Kurt Sontheimer. 459 Seiten mit zahlreichen Abbildungen. SP 2495

»Dieser enzyklopädisch erfahrene Publizist gibt hier begrifflich genau und biographisch anschaulich Auskunft über die vergangenen fünf Jahrzehnte. Sein Rückblick reicht von der Besatzungszeit bis hin zur Wiedervereinigung samt ihren Folgen.«

Frankfurter Allgemeine Zeitung

SERIE PIPER

SERIE PIPER

Jeanne Hersch

Das philosophische Staunen

Einblicke in die Geschichte des Denkens. Aus dem Französischen von Frieda Fischer und Cejatan Freund. 354 Seiten. SP 1059

Selten zuvor haben Menschen so dringlich nach dem Sinn ihres Lebens gefragt, haben sie angesichts der Entwicklungen der Gegenwart vor so schwerwiegenden Entscheidungen gestanden. Das Bedürfnis nach philosophisch-gedanklicher Durchdringung dieser Probleme ist weit verbreitet. Es fehlen jedoch die Ausdrucksmittel, die Kenntnis möglicher philosphischer Standpunkte; es fehlt vielleicht jene geistige Beweglichkeit, die aus der Beschäftigung mit den Gedanken und Einsichten der großen Denker herrührt. Diesem Mangel versucht die Genfer Philosophin Jeanne Hersch abzuhelfen. Ihr Buch, das sich bewußt an ein philosophisch interessiertes allgemeines Publikum wendet, verfolgt drei Ziele: Es möchte mit den großen Epochen der Philosophiegeschichte bekanntmachen, die Werkzeuge philosophischer Reflexion bereitstellen: Begriffe, Denkschemata, Problemstellungen. Vor allem aber möchte es den Leser dazu bringen, das schöpferische Staunen der großen Philosophen denkend nachzuvollziehen und die Gegenwartsfragen philosophierend aufzugreifen.

SERIE PIPER

Hannah Arendt

Eichmann in Jerusalem
Ein Bericht von der Banalität des Bösen. Mit einem Essay von Hans Mommsen. 358 Seiten. SP 308

Elemente und Ursprünge totaler Herrschaft
Antisemitismus. Imperialismus, Totalitarismus. 758 Seiten. SP 645

Macht und Gewalt
Von der Verfasserin durchgesehene Übersetzung. Aus dem Englischen von Gisela Uellenberg. 137 Seiten. SP 1

Rahel Varnhagen
Lebensgeschichte einer deutschen Jüdin aus der Romantik. 298 Seiten. SP 230

Über die Revolution
426 Seiten. SP 1746

Vita activa oder Vom tätigen Leben
375 Seiten. SP 217

Ich will verstehen
Selbstauskünfte zu Leben und Werk. Herausgegeben von Ursula Ludz. Mit einer vollständigen Bibliographie. 256 Seiten. SP 2238

Die Texte – Briefe, Aufzeichnungen von Gesprächen – geben der Person Hannah Arendt Farben, Konturen und überraschende Glanzlichter.

Vom Leben des Geistes
Das Denken – Das Wollen. Herausgegeben von Mary McCarthy. Aus dem Amerikanischen von Hermann Vetter. 506 Seiten. SP 2555

Zwischen Vergangenheit und Zukunft
Übungen im politischen Denken I. Herausgegeben von Ursula Ludz. 440 Seiten. SP 1421

Hannah Arendt / Karl Jaspers

Briefwechsel 1926–1969
Herausgegeben von Lotte Köhler und Hans Saner. 859 Seiten. SP 1757

Elżbieta Ettinger

Hannah Arendt Martin Heidegger
Eine Geschichte. Aus dem Amerikanischen von Brigitte Stein. 141 Seiten. SP 1904

Hannah Arendt / Mary McCarthy

Im Vertrauen
Briefwechsel 1949–1975. Herausgegeben und mit einer Einführung von Carol Brightman. Aus dem Amerikanischen von Ursula Ludz und Hans Moll. 583 Seiten. SP 2475

SERIE PIPER

Elisabeth Endres

Edith Stein

Christliche Philosophin und jüdische Märtyrerin. 309 Seiten mit 12 Abbildungen. SP 2704

»Elisabeth Endres ist eine exzellente Biographie gelungen, sehr anschaulich geschrieben, mit bemerkenswert breiter Sachkompetenz. Mit intellektueller Brillanz und Anmut erreichte sie hier das Einfache, das (deshalb) so hochkompliziert in der Bewältigung ist.«
Münchner Merkur

»Die Geschichte einer Frau aus einer preußisch-jüdischen Familie, die, hochbegabt, sich der Philosophie zuwendet, zum Christentum konvertiert, in ein Kloster eintritt, nach Holland ausweicht, aber von den Schergen des Dritten Reiches erreicht und in Auschwitz ermordet wird. Es ist auch die Geschichte einer besonderen philosophischen Begabung, der aber Habilitation und akademische Karriere verwehrt bleiben: die Geschichte einer doppelten Diskriminierung, als Jüdin und als Frau.«
Neue Zürcher Zeitung

Ruth Elias

Die Hoffnung erhielt mich am Leben

Mein Weg von Theresienstadt und Auschwitz nach Israel.
Mit einem Nachwort zur Taschenbuchausgabe.
342 Seiten mit acht Abbildugnen.
SP 1286

Ruth Elias hat in diesem Buch nach Jahrzehnten des Schweigens die Geschichte ihres Überlebens in Theresienstadt und Auschwitz erzählt, aufgeschrieben für ihre Enkel. Nach dem deutschen Einmarsch in ihrer mährischen Heimat als Jüdin verfolgt, wird sie zunächst nach Theresienstadt deportiert, 1943 nach Auschwitz, wo es nur noch um das nackte Überleben geht. Sie sieht, wie Tausende ihrer Mitgefangenen verhungern, zu Tode gequält, vergast werden. Hier bringt sie ein Kind zur Welt – und tötet es, als der KZ-Arzt Dr. Mengele Experimente an ihm durchführen will. Viele haben versucht, Auschwitz – »das Unverständliche, das niemand verstehen kann« (Elias) – zu schildern, es »anderen« nahezubringen. Soweit dies überhaupt möglich ist, ist es in diesem Bericht gelungen.

Jeremy Josephs
mit Susi Bechhöfer

Rosas Tochter

Bericht über eine wiedergefundene Kindheit. Aus dem Englischen von Michael Hofmann. 191 Seiten mit 17 Fotos. SP 2944

Als es Nacht über Deutschland und die Judenverfolgung unübersehbar geworden war, beschloß 1939 die englische Regierung eine besondere Hilfsaktion: Über 10000 jüdische Kinder durften ohne Visum aus Deutschland einreisen – mit Namensschild, Notgepäck und Kuscheltier kamen sie in London an. Susi Bechhöfer und ihre Zwillingsschwester Lotte, drei Jahre alt, waren unter ihnen. Jahrzehnte später erst fand Susi den Mut, die Spuren ihrer Herkunft zu suchen.

Im Mai 1939 kamen die dreijährige Susi und ihre Zwillingsschwester Lotte mit einem Kindertransport, der 10000 jüdischen Kindern das Leben rettete, aus Deutschland nach London. Die beiden Mädchen wurden von einem kinderlosen Baptisten-Ehepaar aufgenommen, das die jüdische und deutsche Herkunft der Kinder verheimlichte und sie als eigene Töchter ausgab. Fünfzig Jahre später: Lotte ist inzwischen gestorben, und Susi glaubt, die einzige Überlebende zu sein. Da erfährt sie plötzlich von ihrer jüdischen Herkunft. Über Suchanzeigen kommt sie in Kontakt zu einem ganzen Zweig der Familie, der mittlerweile in New York lebt. Und in Leipzig taucht unverhofft eine Halbschwester auf. Nach dieser glücklichen Familienzusammenführung muß sich Susi aber noch einer schmerzhaften Aufgabe stellen: der Suche nach dem Schicksal ihrer Mutter, die damals in Deutschland zurückbleiben mußte.

»Ein erschütterndes, nichts beschönigendes Zeitdokument, das der Leser, einmal begonnen, nicht mehr aus der Hand gibt.«
Münchner Merkur

SERIE PIPER

SERIE PIPER

Tadeusz Borowski

Bei uns in Auschwitz

Erzählungen. Nachwort von Andrzej Wirth. Aus dem Polnischen von Vera Cerny. 280 Seiten. SP 258

Diese Erzählungen Borowskis – 1963 unter dem Titel »Die steinerne Welt« erstmals erschienen – gehören zu den beklemmendsten Zeugnissen des zwanzigsten Jahrhunderts. Einer, der das Inferno der Konzentrationslager erlebt hat, berichtet über Bedrohung und Versuchung, Angst und Hoffnung. Die Einmaligkeit von Borowskis Werk besteht nicht nur darin, daß er die Greuel der Vernichtungslager mit literarischen Mitteln zu beschreiben versucht – ganz und gar eigenständig ist auch die Konzeption der Tragik, die einen Unterton von scheinbarem Zynismus, scheinbarer moralischer Indifferenz bedingt.

Lawrence Sutin

Eine Liebe im Schatten des Krieges

Aus dem Amerikanischen von Barbara Heller. 320 Seiten. SP 2650

Die berührende, authentische Liebesgeschichte der beiden jüdischen Partisanen Jack und Rochelle ist zugleich ein Bericht über den alltäglichen Überlebenskampf im polnischen Untergrund. Beide kamen aus angesehenen jüdischen Familien einer Kleinstadt in Ostpolen, lernten sich auf einem Tanzfest in den dreißiger Jahren kennen und trafen sich im Winter 1942 unter völlig veränderten Umständen wieder: Unabhängig voneinander war es ihnen gelungen, dem Hunger und dem Terror des Ghettos zu entfliehen und sich in den nahen Wäldern zu verstecken. Sie überlebten, drei Jahre kämpften sie gegen die ständige Todesgefahr – und ihre Liebe half ihnen dabei.

»Seine große Aufrichtigkeit macht dieses schonungslose, berührende Buch zu einer wirklichen Bereicherung der Holocaust-Literatur.«
The New York Times Book Review

Lesen Sie täglich eine Neuerscheinung.

Auf unseren Buch-Seiten und in unseren Literatur-Beilagen finden Sie Besprechungen der interessantesten Neuerscheinungen. Testen Sie uns. Mit dem Probeabo zwei Wochen kostenlos. Tel.: 0800/8 666 8 66. Online: www.fr-aktuell.de

Frankfurter Rundschau

Eine Perspektive, die Sie weiterbringt.